Täbris
Kaspisches
M
Elburs Gebirge
Damawand
5671
TEHERAN
Große Salzwüste
Sanandsch
Hamadan
Qum
IRAN
Wüste Lut
Isfahan
Yazd
Zagros Gebirge
Ahwas
Haur al-Hammar
Basra
Abadan
Schiras
KUWAIT
KUWAIT
Bushir
Persischer Golf
N
0
100 km

Gerhard Konzelmann

Der schwarze Turban

Gerhard Konzelmann

Der schwarze Turban

Glaube und Macht der Schiiten

Herbig

Besuchen Sie uns im Internet unter
http://www.herbig-verlag.de

Schutzumschlag: Wolfgang Heinzel
Umschlagfoto: AP, Frankfurt
Vorsatzkarte: Eckehard Radehose, Schliersee
Herstellung und Satz: VerlagsService Dr. Helmut Neuberger
& Karl Schaumann GmbH, Heimstetten
Gesetzt aus der 11/13,5 Punkt Palatino
Druck und Binden: GGP Media GmbH, Pößneck
Printed in Germany
ISBN 3-7766-2391-8

Inhalt

Ayatollah Baqr al-Hakim
Der »schwarze Turban« im Trümmerschutt

Nur an dem blutbefleckten schwarzen Tuch war zu erkennen, wo der Körper der imposanten Erscheinung des Ayatollah Mohammed Baqr al-Hakim vom Druck der Explosion zerfetzt wurde. Es war Freitag, der 29. August 2003, um die Mittagszeit; der hohe schiitische Geistliche hatte eben die Moschee verlassen, die den Schrein des verehrten Imam Ali birgt. Baqr al-Hakim hatte dort gebetet, und mit ihm nahezu 1000 Gläubige. Viele hatten ihn umdrängt, als der Ayatollah hinaustrat auf die enge Straße, um die bereitstehende Limousine zu besteigen. Gewaltig war die Wucht der Explosion. Sie traf Al-Hakim und 267 Gläubige, die nahe bei ihm waren. 125 waren auf der Stelle tot. Von Mohammed Baqr al-Hakim war die rechte Hand der einzige Körperteil, der identifiziert werden konnte. Schätzungen besagen, daß die Attentäter 750 Kilogramm Sprengstoff zur Detonation gebracht hatten.

Gefunden wurde der »schwarze Turban« des Ayatollah – das Zeichen seiner Zugehörigkeit zur Familie des Propheten Mohammed und zugleich der Ausweis der Berechtigung, den Schiiten insgesamt persönliche, religiöse und politische Vorschriften erlassen zu dürfen. Die Mehrheit der Schiiten sind überzeugt, daß nur ein Geistlicher, der den »schwarzen Turban« trägt, das Recht besitze, sie zu regieren. Ayatollah Mohammed Baqr al-Hakim führte die Liste derer an, die in der Zukunft an der Spitze der schiitischen Mehrheit des Irak stehen sollten.

Wer hatte Interesse am Tod des Schiitenführers? Die US-Besatzungstruppen, die zuständig sind für die Sicherheit des Bezirks der Stadt Nadschaf, in der sich die Explosion ereignete, bekamen den Vorwurf zu hören, sie hätten nicht für den Schutz des hohen Geistlichen gesorgt. Major Rick Hall, der Sprecher des 1st Battalion of the 7th Marines in Nadschaf konnte schon nach wenigen Stunden bekanntgeben: »15 Verdächtige wurden verhaftet.« Der Chef der irakischen Polizei nannte Details: »Sie stammen aus Saudi-Arabien, aus Kuwait. Einige sind Palästinenser mit jordanischen Pässen.

Auch Iraker befinden sich unter den Verhafteten.« Der Polizeichef war sich sicher: »Sie stehen alle in Verbindung mit Al-Qaida!« Diese Feststellung mochte voreilig sein – sicher ist allein, daß alle Verdächtigen Sunniten sind. Sie gehören nach schiitischer Vorstellung damit zu dem Teil der Menschheit, dem das Heil verwehrt bleibt, wenn sich nicht die »Heilige Familie« am Tag des Jüngsten Gerichts für sie einsetzt. Gemeint ist die Sippe, die in direkter Linie blutsverwandt ist mit dem Propheten Mohammed.

Im Gegensatz zu den Sunniten erlauben die Schiiten bildliche Darstellungen der »Heiligen Familie«. Im schiitischen Persien sind derartige Darstellungen eine Selbstverständlichkeit. Berühmt sind die reich ausgestalteten Illustrationen der Editionen des Heldengedichts »Schah-Name«, die vor 400 Jahren entstanden sind – in Persien.

Die Sonderstellung der »Heiligen Familie«

Der Autor Firdausi ist im Jahr 1020 gestorben, in der Stadt Tos, die im Nordosten Persiens liegt. Die Bewohner von Tos unterschieden sich in einem wichtigen Punkt von anderen Untertanen des persischen Herrschers: Sie waren überzeugt, sie dürften nur von jemand regiert werden, der den Vorzug besitze, in direkter Linie vom Propheten Mohammed abzustammen. Den persischen Herrscher jener Zeit zeichnete dieser Vorzug nicht aus. Sultan Mahmud gehörte zur Sippe der Abbasiden, die nur auf eine entfernte Verwandtschaft mit der Familie des Propheten Mohammed verweisen konnte.

Firdausi, der Dichter aus Tos, mußte sich verstellen, um am Hofe akzeptiert zu werden. Er betonte, er sei »rechtgläubig« und glaube nicht an eine Sonderstellung der »Heiligen Familie«. Der Herrscher aber glaubte ihm schließlich nicht. Sultan Mahmud tobte: »Du stammst aus Tos! Alle Leute von Tos sind gleich.«

Im Heldenepos »Schah-Name« verbirgt Firdausi seine Überzeugung nicht. Im Text enthalten ist die Schilderung der Notsituation, in der sich Schiffe und deren Besatzungen auf hoher See befinden. Die farbenfrohe Illustration macht das Geschehen bildhaft deutlich: 70 Schiffe sind unterwegs auf den Wogen. Die Besatzungen bestehen aus weißen, schwarzen und braunen Männern. Sie sind, gemäß dem Willen Allahs, auf der Suche nach dem Heil.

Die 70 Schiffe symbolisieren siebzig unterschiedliche Religionen, die auf der Erde existieren. Sie sind in Gefahr, den Zugang zum Heil nicht zu finden – sie sind vom Untergang bedroht. Helfen kann allein die Besatzung eines Schiffes. Sie streckt den Gefährdeten die Hände entgegen.

Dieses eine Schiff fällt durch seine Pracht auf. Gold, Silber und Edelsteine sind seine Zierde. Auf diesem Schiff ist die »Heilige Familie« unterwegs. Der Prophet Mohammed ist nicht allein die zentrale Persönlichkeit. Ihm gleichwertig zugeordnet ist Ali, der Schwiegersohn des Propheten. Wichtig sind auch die Prophetenenkel Hasan und Husain – sie stehen hinter dem Baldachin, der Mohammed und Ali vor Wind und Wetter schützt.

Ali ist der Freund Allahs – und des Propheten

Jeder Moslem hat das Glaubensbekenntnis zu sprechen: »Es gibt keinen andern Gott als Allah und Mohammed ist sein Prophet.« Dieses Bekenntnis muß zu fünf Tageszeiten gebetet werden: Ehe sich die Sonne am frühen Morgen über dem Horizont erhebt, wenn die Sonne ihren höchsten Punkt erreicht hat, wenn die Sonne die Hälfte des Wegs zwischen Zenit und Horizont zurückgelegt hat, sofort nach Sonnenuntergang und zu Beginn der Schlafzeit.

Die Schiiten unterscheiden sich beim Gebet dieses Glaubensbekenntnisses durch wenige Worte von den Sunniten: Sie beten: »Ich bezeuge, daß Ali der Freund Allah ist.«

Als sicher gilt, daß Ali der Vetter des Propheten war und durch Heirat mit der Prophetentochter Fatima dessen Schwiegersohn wurde. »Seine Gesichtsfarbe war dunkelbraun; die Augen traten hervor; er war korpulent; von kleiner Statur und kahlköpfig. Ali trug einen langen weißen Bart. Wenn er lächelte, zeigte er seine Zähne«, so die Personenbeschreibung der »Shorter Encyclopaedia of Islam«.

Seine größte Leistung war, daß er – als Mohammed in Mekka in Bedrängnis geraten war – seinem Schwiegervater das Leben rettete.

Damals hatte sich Zorn angesammelt in den Gemütern der Einwohner von Mekka: Sie waren überzeugt, Mohammeds Entschluß, die bisherigen Götter in der Stadt durch Allah zu entmachten, werde den Handel ruinieren, weil Mekka dann kein Pilgerort mehr wäre. Der Zorn steigerte sich so, daß Mohammed fürchten mußte, getötet zu werden. Um dem Anschlag zu entgehen, entwich Mohammed aus Mekka – er verließ die Stadt bei Nacht in Richtung der Siedlung Jathrib, aus der sich später Medina entwickelte. Um die Flucht des »Gesandten Allahs« zu verschleiern, erweckte Ali noch tagelang den Eindruck, das Leben in Mohammeds Haus nehme seinen normalen Verlauf. Als die Täuschung entdeckt wurde, hatte Mohammed den 300 Kilometer weiten Weg nach Jathrib unbehelligt zurückgelegt.

Dieses Ereignis hat sich im Jahre 622 westlicher Zeitrechnung zugetragen. Mit der Ankunft des Propheten, mit der Wandlung der Stadt Jathrib in »Medinat al-Rasul«, die »Stadt des Propheten«, beginnt die islamische Zeitrechnung. 622 ist das Jahr 0; wobei festgestellt werden muß, daß die islamischen Jahre Mondjahre sind, und damit jeweils um 11 Tage kürzer als die in der christlich orientierten Welt sonst gebräuchlichen Sonnenjahre.

Vom Jahr 622 bis zu seinem Tod im Jahr 632 nahm Mohammed die Chance wahr, mit Hilfe seines Schwiegersohns Ali die menschliche Gesellschaftsordnung auf der Arabischen Halbinsel zu reformieren. Die in der Offenbarung des Koran verankerten Gesetze wurden verbindliche Rechtsvorschriften für Frauen und Männer jeder Altersstufe. In Jathrib und im Umland, wo seit Menschengedenken Rechtsunsicherheit galt, herrschte ab dem Jahr 622 »das Gesetz Allahs«. Mohammed war der weltliche und geistliche Herrscher eines sich entwickelnden Staates, der sich rasch Ansehen und Wohlstand erwarb.

Ali, er hieß mit vollem Namen Ali Ibn Abu Talib, war zu jener Zeit 25 Jahre alt. Er war zum wichtigsten Mitarbeiter des Propheten Mohammed geworden – dieser hatte ihn mit seiner Tochter Fatima vermählt. Diese Auszeichnung machte Ali sicher in der Annahme, er sei ausersehen, die Nachfolge Mohammeds als Staatsoberhaupt im islamischen Gemeinwesen anzutreten. Doch Alis Wunsch erfüllte sich nicht. Es muß am 8. Juni des Jahres 632 n. Chr. geschehen sein, daß Ali Zeuge wurde, wie der »Gesandte Allahs« starb. Der Schwiegersohn soll dies berichtet haben: »Sein Kopf lag an meiner

Brust. Da floß Blut aus seinem Munde auf meine Hand. Ich strich das Blut über mein Gesicht. Ich hatte dann die Aufgabe, die Waschung seines Leibes vorzunehmen. Die Engel waren meine Helfer. Das Haus und die Höfe waren vom Lärm der Engel erfüllt. Viele Engel stiegen vom Himmel herab. Andere aber stiegen empor. Sie beteten für Mohammed, bis wir ihn in sein Grab versenkt hatten. Wer stand dem Gesandten Allahs wohl näher im Leben und im Tod als ich?«

Für die Schiiten ist dieser Bericht Beweis dafür, daß Mohammed sein Amt als Oberhaupt des Islamischen Staates auf Ali übertragen hatte – der Mann der Prophetentochter Fatima sollte Nachfolger sein. Doch die Entwicklung verlief anders.

Die Entwicklung der Schiiten: die frühe Phase

Nur langsam wollte sich die Erkenntnis in Jathrib/Medina durchsetzen, daß der Gesandte Allahs diese Welt verlassen hatte. Erstaunlicherweise soll sich Ali während der Stunden des Machtvakuums im Islamischen Staat nicht um die fälligen politischen Entscheidungen gekümmert haben. Berichtet wird, Ali habe die Koranfragmente geordnet, die auf Tischen, Bänken und Regalen lagen. Offenbar wollte er verhindern, daß die zu erwartenden Trauergäste die Blätter als Erinnerungsstücke entwenden. So geschah es, daß eine Entwicklung stattfand, die von historischer Bedeutung war für die islamische Welt.

Als erste begriffen die Ältesten der traditionellen Familien der einstigen Stadt Jathrib, daß sich ihnen die Möglichkeit bot, die früheren Machtverhältnisse wiederherzustellen. Zehn Jahre lang hatten Mohammed und die Männer, die mit ihm aus Mekka geflohen waren, die Stadt dominiert. Die alteingesessenen Sheikhs hatten nur die Funktion von »Helfern« ausüben dürfen. Im Haus des Saad Ibn Ibade, eines angesehenen Kaufmanns aus einer alten Jathrib-Familie, fand die Beratung über die Zukunft Medinas statt. Der hochgeachtete Mann pries ausführlich die Verdienste der Traditionsfamilien – doch seine Rede war wohl zu lang: Die Zeit wurde von anderen genutzt. Vor dem Haus war der Schrei zu hören »Abu

Bakr soll regieren!« Die Massen waren mobilisiert worden – zu Gunsten eines Mannes, der mit dem Propheten aus Mekka gekommen war. Die islamische Überlieferung legt Wert auf die Feststellung, daß Abdallah Abu Bakr bei fast allen militärischen Unternehmungen des Propheten, die der Ausdehnung des Herrschaftsbereichs der Korangesetzgebung dienten, an der Seite des »Gesandten Allahs« zu sehen war. Im Jahre 9 des Islam – es entspricht dem Jahr 631 westlicher Zeitrechnung – war er beauftragt worden, die Pilgerfahrt der Gläubigen von Medina zur Ka'aba in Mekka anzuführen. Er hatte dabei den Propheten vertreten. Daß er in diesem Fall vor Ali bevorzugt wurde, war der Grund dafür, daß er nach Mohammeds Tod mit einiger Berechtigung Anspruch auf die Herrschaft im Staat stellen konnte.

In der Versammlung der Sheikhs der alten Jathrib-Familien im Haus des Saad Ibn Ibade verblaßte die Forderung nach der Machtübernahme durch die einst mächtigen Familien. Das Treffen der Sheikhs endete, im Gegensatz zur ursprünglichen Absicht, mit dem Beschluß, Abdallah Abu Bakr zum Staatschef zu proklamieren.

Möglich ist durchaus, daß Abu Bakrs Tochter Aisha – sie war die Lieblingsfrau des Propheten gewesen – eine gewichtige Rolle beim Sinneswandel der Sheikhs gespielt hat. Sie war nicht müde geworden, für die Bevorzugung des Vaters durch den »Gesandten Allahs« zu sorgen.

Als sich Ali Ibn Abu Talib endlich in der Öffentlichkeit zeigte und sich über die Entwicklung in Medina zu informieren versuchte, da war die Entscheidung längst zu seinen Ungunsten gefallen. Nur wenige Bewaffnete in Medina standen zu Ali. Die Legende erzählt vom unglücklichen Ausgang der halbherzigen Treuekundgebung: Der Anführer der Ali-Bewegung stolperte und verlor sein Schwert. Die meisten der Anhänger des Ali sahen in diesem Vorgang ein Gottesurteil: Vom Schwiegersohn des toten Propheten wollten sie sich nichts mehr sagen lassen.

Alis Frau Fatima al-Zahra aber war empört über die Behandlung ihres Mannes durch Abu Bakr, den Gewinner der Auseinandersetzung. Über Tage hin dringen aus ihrem Haus Klagegesänge, Proteste gegen die ungerechte Behandlung des vom Propheten einst Bevorzugten. Da sie die Tochter Mohammeds war, erregte ihr Verhalten einige Aufmerksamkeit.

Abu Bakr reagierte zornig. Er erinnerte sich plötzlich an eine Vorschrift des Propheten, daß nach dessen Tod sein Eigentum in Gemeinbesitz übergehen müsse. Für die Verwaltung der Güter sei Mohammeds Nachfolger, also Abu Bakr, zuständig. Aufgrund dieser angeblichen Vorschrift wurde vor allem das Erbe der Fatima, die beiden fruchtbaren Oasen Fedak und Chaibar, vom Kalifen Abu Bakr enteignet.

Fatima al-Zahra blieb unbeugsam und setzte sich unverdrossen weiter für ihren Mann ein. Dieser aber mied jeden Konflikt mit den nun Herrschenden. Ali kümmerte sich um religiöse Ordnung: Er bemühte sich um die Feststellung der chronologischen Reihenfolge der Offenbarungen seines Schwiegervaters.

Die »Schiat Ali«, die »Partei des Ali«

Die Zahl derer wuchs langsam, die sich daran erinnerten, daß Ali von Abu Bakr schlecht behandelt worden war und daß allein Ali das Recht hatte, sich »Herr der Gläubigen« zu nennen. Drei Persönlichkeiten setzten sich massiv für die Rechte des Ali ein: Salman al-Farisi, Abu Dharr und Al-Mikdal Ibn Aswad Kindi.

Salman al-Farisis Lebensgeschichte ist schiitischen Gläubigen ganz besonders vertraut: Er stammte aus einer persischen Familie. Als ganz junger Mann habe ihn die Lehre des Christentums fasziniert; er sei einem Mönch auf dem Weg nach Syrien gefolgt. Beduinen erzählten ihm, irgendwo auf der Arabischen Halbinsel lehre ein Prophet, der den Glauben des Abraham an den einen und allmächtigen Gott wieder zur einzig wahren Lehre erhoben habe. Salman al-Farisi suchte diesen Propheten – und fand Mohammed. Er bekannte sich zum »Gesandten Allahs« und wurde dessen treuer Gefolgsmann.

Für die Überzeugung der Schiiten ist Salman al-Farisi deshalb bedeutsam, weil er konsequent die Ansicht vertreten habe, zu Unrecht sei Ali bei Einsetzung des Abu Bakr übergangen worden. Ali allein sei berechtigt gewesen, Nachfolger des Propheten, Kalif zu werden.

Es soll Salman al-Farisi gewesen sein, der darauf hinwies, daß der Prophet Mohammeds selbst vor seinem Tod gesagt haben soll:

»Wenn ich nicht mehr bin, hinterlasse ich zwei wertvolle Geschenke Allahs. Das sind der Koran als das bindende Gesetz für alle Menschen und meine Familie.« Damit habe der Gesandte Allahs die Forderung aufgestellt, es dürfe nur jemand aus seiner Familie die Gläubigen Allahs regieren. Die Herrschaft müsse auf der Grundlage des Koran ausgeübt werden; der Koran sei das ewige Gesetzbuch, das Allah den Menschen durch Mohammed übergeben habe.

Eine zweite überlieferte Äußerung des Propheten sollte den Machtanspruch des Ali untermauern: »Ich bin der Baum des Paradieses. Dieser Baum reicht mit seinen Zweigen bis auf die Erde. Wer diese Zweige ehrt, wer bei diesen Zweigen das Heil sucht, dem ist das Paradies sicher.« Damit war die Grundlage gelegt für die Sonderstellung der Nachkommen des Propheten. Ihnen allein ist die Pforte zum Heil der Menschen anvertraut. Daß diese Familie in der Vorstellung der »Schiat Ali«, der Parteigänger des Ali, bald zur »Heiligen Familie« wurde, ist nahezu eine Selbstverständlichkeit.

Ali aber, der Repräsentant der »Schiat Ali«, wollte noch immer keinen Konflikt mit den Regierenden. Er diente dem Kalifen sogar zeitweise als Ratgeber. Von Ali stammte der Vorschlag, den islamischen Kalender mit der raschen Abreise des Propheten Mohammed, der »Hidschra« beginnen zu lassen.

Nur zwei Jahre lang hielt sich der Kalif Abu Bakr an der Macht – er starb im Jahr 634 westlicher Zeitrechnung. Dann wurde Omar Ibn al-Chattab zum Kalifen proklamiert. Auch er war ein Schwiegervater des Propheten Mohammed.

Diesem Herrscher verdankte das islamische Reich seine gewaltige Ausdehnung. Die Anweisung des Kalifen an den Feldherrn Khaled Ibn al-Walid hatte gelautet: »Ziehe gegen das Land um Euphrat und Tigris. Besetze das fruchtbare Mesopotamien. Reite bis zu den Grenzfestungen gegen Indien. Behandle freundlich das Volk der Perser, wenn es sich unterwerfen läßt.«

Die gesteckten Ziele wurden rasch erreicht. Wenige Monate nach dem Beginn des islamischen Ansturms zeigte das Perserreich Zerfallserscheinungen. Nur sechs Jahre später floß der Nil im einstigen Land der Pharaonen über weite Strecken an Moscheen vorbei.

Nach zehn Jahren Amtszeit wurde Kalif Omar Ibn al-Chattab im Jahr 644 n. Chr. von einem persischen Sklaven getötet. Rache für die Eroberung Persiens durch den Islam, und die damit verbundene

Auslöschung der angestammten persischen Religion, mag das Motiv gewesen sein.

Unmittelbar nach Omars Tod wird in Mekka durch Akklamation der dritte Kalif bestimmt. Sein Name war Uthman Ibn Affan. Er gehörte zur alteingesessenen Familie Umaja, die vor der Zeit des Propheten Mohammed die Geschicke der Stadt Mekka mitbestimmt hatte. Uthman Ibn Affan soll sich schon um das Jahr 615 n. Chr. zum Glauben des Propheten bekannt haben. Das Bündnis der beiden Männer wurde besiegelt durch Heirat von Mohammeds Tochter Rukaya mit dem wohlhabenden Uthman. Als Rukaya starb, sorgte der Prophet für den Fortbestand der Familienbande: Mohammed gab seine Tochter Um Kulthum dem Uthman zur Frau.

Uthman war darauf bedacht, seinen Reichtum zu demonstrieren. Wie berichtet wird, soll er außergewöhnlichen Wert auf seine Kleidung gelegt haben. Ein Wandel vollzog sich in Mekka: Bis dahin war der Charakter der Stadt von der sie umgebenden Wüste geprägt gewesen, von der kargen Landschaft. Die Bewohner waren verbunden gewesen mit dem Leben der Beduinen, die mit ihren Herden den Sandstürmen, der täglichen Hitze und der nächtlichen Kälte ausgesetzt sind. Luxus kannten die Beduinen nicht – und die Städter auch nicht. Jetzt aber präsentierte sich eine Erscheinung, die Wert auf Farbigkeit der Kleidung legte, auf Schmuck, auf einen Anflug von Eleganz. Uthman war stolz darauf, der reichen Familie Umaja anzugehören. Sie verdankte ihren Wohlstand Geldgeschäften mit den Händlern und Herdenbesitzern der Oasen auf der Arabischen Halbinsel.

Zum Kalifen, zum Oberhaupt des islamischen Staatsgebildes, war Uthman gewählt worden, weil er Garantie dafür bot, daß Ali auch weiterhin von der Macht ferngehalten wurde. Uthman hatte mit dem Versprechen geworben, in Mekka werde der Reichtum in den Händen bleiben, die ihn bisher schon festhielten. Die Familie Umaja war nicht daran interessiert, eine Umverteilung des Wohlstands in Mekka und Medina stattfinden zu lassen. Ali aber hatte sich nach und nach zum Anwalt der Armen entwickelt. Er begann, »die soziale Gerechtigkeit« als Parole der »Schiat Ali« zu proklamieren.

Uthman reagierte durch eine geschickte Koranrevision. Bis in die Zeit nach dem Jahr 644 n. Chr. existierten keine einheitliche und verbindliche Fassung des Heiligen Buches. Ali hatte beim Tod des Propheten die Koranfragmente, die sich in Mohammeds Sterbekammer befanden unsystematisch zusammengefügt. Es existierten inzwischen Abschriften dieser Fragmente – häufig aber wichen die Texte voneinander ab. Kalif Uthman hatte die vernünftige Idee, für die Gläubigen eine Art Standard-Koran zu schaffen. Dabei verfolgte er allerdings zwei Ziele: Er wollte aus dem Heiligen Buch alle Passagen tilgen lassen, die deutlich machten, daß die Sippe Umaja jahrelang nicht zu den Gläubigen des Islam gezählt hatte, daß sie sogar gegen den Propheten Mohammed gewirkt hatte. Die Erinnerung an die eigene »unislamische Vergangenheit« sollte für immer ausgelöscht werden.

Ali mußte befürchten, daß die Koranrevision das Ziel verfolgte, auch Texte zu vernichten, in denen Alis besonderer Mut und seine Glaubenstreue gelobt wurden. Auf diese Weise bestand die Gefahr, daß Alis Ansprüche auf die Macht im islamischen Staat auf einfache Weise reduziert werden könnte.

Beginn des schiitischen Widerstands

Nicht nur Ali begriff damals, daß sich dem Kalifen Uthman die Chance zum Betrug am Schwiegersohn des »Gesandten Allahs« bot. In der Stadt Kufa am Euphrat lebte Abdallah Ibn Masu'ud, ein angesehener Korangelehrter. Als ihm zu Ohren kam, daß künftig nur noch der revidierte Standard-Koran Gültigkeit besitzen sollte, soll er an einem Freitag ganz offen in Kufa gegen den Kalifen und seine Maßnahme gepredigt haben: »O Männer von Kufa, verbergt eure Koranbücher und haltet sie in Ehren! Was kann das neue Buch wert sein? Ist es doch zusammengestellt von einem Mann, der noch kaum geboren war, als ich schon über siebzig Suren des Koran aus dem Munde des Propheten gehört und auswendig gelernt hatte.«

Abdallah Ibn Masu'ud wurde wegen dieser Predigt verhaftet – mit der Begründung, er predige Aufruhr in Kufa. Die Verhaftung löste im Land am Euphrat Empörung aus. Daß Ali für den Verhafteten eintrat, steigerte seine Popularität. Kalif Uthman spürte die Feindschaft der Menschen im Zweistromland. Seine Reaktion: »Ali befindet sich auf Irrwegen, und er unterstützt alle anderen, die sich auf Irrwegen befinden!«

In Kufa bildet sich ein Zentrum des Widerstands gegen das Haus Umaja. Vorgeworfen wurde dem Herrscher aber vor allem, er besetze alle wichtigen Gouverneursposten im Islamischen Reich mit Männern aus seiner Sippe. Uthman verteidigte sich damit, daß die Verwalter der Provinzen völlig unabhängig handeln könnten. Und: Die Bande der Verwandtschaft aber würden sie an den Kalifen, an die Regierungszentrale, binden. Dagegen wiederum argumentierten die Prediger in der Moschee von Kufa: »Der Kalif gelangt viel zu stark unter den Einfluß der Gouverneure, seiner Verwandten. Sie entscheiden letztlich, was geschieht.«

Die Prediger waren im Recht. Uthman Ibn Affan war bei seinem Amtsantritt bereits siebzig Jahre alt und – er ließ sich tatsächlich beeinflussen. Zum Beispiel vom Gouverneur, der in Kufa zuständig war. Er hieß Walid Ibn Okba und war Umajade – also ein enger Verwandter des Kalifen. In den Augen der »Schiat Ali« prägte ihn ein gewaltiger Fehler: Er trank Wein zu jeder Tageszeit.

Zu seinen Aufgaben gehörte es, freitags in der Moschee von Kufa die Gebete zu sprechen. Einmal kam er, nach einer durchzechten Nacht, mit den Gebetstexten nicht mehr zurecht. Er schlief schließlich auf dem Gebetsteppich ein. Diese Gelegenheit nutzten die Anhänger des Ali: Sie streiften dem Schlafenden das Zeichen seiner Gouverneurswürde, den Siegelring, vom Finger. Sie schickten den Ring an Ali, der sich weiterhin in Medina aufhielt. Ali führte vor dem Kalifen Uthman Klage gegen Gouverneur Walid Ibn Okba.

Ali verlangte, daß der Gouverneur nach dem islamischen Gesetz wegen Trunkenheit mit 80 Stockschlägen bestraft würde. Uthman war nicht gewillt, diese Strafe an seinem Verwandten vollziehen zu lassen, doch Ali bestand auf der Züchtigung. Als sich niemand bereit fand, Walid Ibn Okba zu verprügeln, nahm Ali schließlich selbst den Stock in die Hand. Fortan hatte Ali den Umajadenclan zum Todfeind.

Uthman hatte von seinem Vorgänger Omar für die Finanzierung der Staatsausgaben folgendes Regierungsprinzip übernommen: Das Reich dehnte sich durch Eroberungen aus, die neuen Provinzen wurden angegliedert und die eroberten Gebiete hatten hohe Abgaben zu leisten. Die in Mekka eingehenden Vermögen wurden dazu benützt, die Bewaffneten und die Staatsdiener zu bezahlen, große

Teile der vereinnahmten Gelder und Edelmetalle flossen aber in die Schatzhäuser der Sippe Umaja.

Gegen dieses Prinzip der Regierung und Finanzierung richtete sich nach und nach der Zorn derer, die nicht davon profitierten. Sie kamen erst in kleinen Gruppen, dann zogen Hunderte, schließlich Tausende aus fast allen Provinzen nach Medina. Sie demonstrierten gegen den Kalifen – und für Ali, für die »Schiat Ali«.

Der Vorwurf, das Regime des Uthman sei ungerecht gegen breite Bevölkerungsschichten, traf die Sachlage: Die Sippe Umaja wurde immer gieriger. Sie griff nicht allein nach Geld und Edelsteinen, sondern mehr und mehr nach Grundbesitz. Uthmans Neffe Merwan verteilte Landgüter nach seinem Ermessen. So entstand innerhalb weniger Jahre eine Schicht von Feudalherren, die es bisher im Islamischen Staat nicht gegeben hatte.

Ali, so ist überliefert, gab dem Kalifen den Rat, die Familie zu zügeln. Überliefert sind diese Worte: »Der beste Diener Allahs ist der gerechte Imam, der rechtgeleitet wird, und der selbst recht leitet. Es gehört zu seinen Aufgaben, jeden Vorgang zu prüfen, ob er den Gläubigen Nutzen bringt. Entspricht ein Vorgang dieser Anforderung nicht, dann muß er korrigiert werden.«

Zur Erklärung des Begriffs »Imam« sei die »Shorter Encyclopaedia of Islam« zitiert: »In einer frühen Phase des Islam wird verlangt, daß jemand, der Imam genannt sein will, nachweisen muß, daß er von Ali abstammt, und zwar in direkter Linie. Er muß über gesunden Verstand und über einen gesunden Körper verfügen. Er muß eine gründliche theologische Ausbildung erfahren haben. Er besitzt die Fähigkeit, zu regieren.« Hieraus kann abgeleitet werden, daß Ali der erste Imam ist in der Geschichte der »Schiat Ali«.

Ratschläge von Ali nahm der Kalif Uthman nicht an. Er versuchte sich zu rechtfertigen: »Was habe ich alles für Medina getan? Ehe ich hier Kalif wurde, da gab es kein trinkbares Wasser. Ich habe für Medina die Quelle Bir Rimah gekauft. Heute sind wir soweit gekommen, daß meine Mägde es nicht mehr wagen können, von dieser Quelle Wasser zu schöpfen, sie wurden daran gehindert. Die Moschee war zu eng für die Gläubigen. Ich habe sie vergrößern lassen – jetzt wage ich es nicht mehr, dort zu beten.«

Ein Ereignis untergrub schließlich Uthmans Autorität völlig: Im Jahre 30 des Islam verschwand sein Siegelring auf rätselhafte Weise.

Wie der Kalif berichtete, sei der Ring in den Brunnen Aris gefallen. Uthman hatte damit das Symbol seiner Herrscherwürde verloren.

Zur gleichen Zeit trifft den islamischen Staat eine ökonomische Krise: Das Reichsgebiet weitete sich nicht mehr aus. Die Konsequenz war, daß Einnahmen ausblieben. Die Leidtragenden waren vor allem die Armen. Die Sippe Umaja aber bestand weiterhin auf regelmäßigen Zahlungen aus der Staatskasse.

Wenn Uthman sein Haus verließ, wurde er beschimpft, mit Schmutz beworfen, mit Prügeln bedroht. Doch da waren nicht wenige kluge Köpfe, die Sorge vor der Zukunft hatten. Der Sohn des früheren Kalifen Omar meinte warnend: »Wenn Uthman getötet wird, dann geht die Gemeinsamkeit, die Einheit der Moslems verloren. Wir werden nie mehr alle gemeinsam beten und nie mehr gemeinsam gegen die Ungläubigen kämpfen.« Diese Voraussage wurde Realität – die Spaltung wurde zum Fluch der Moslems.

Die Ereignisse des Jahres 656 n. Chr. wirken sich aus bis in die Gegenwart. Damals revoltierte die schiitische Masse. Dem Herrscher blieb keine Bewegungsfreiheit – seine Macht verblaßte.

Im Jahre 656 n. Chr. schrieb der Kalif in seiner Not einen Brief an den Befehlshaber der Bewaffneten; er befahl, die Rädelsführer der »Schiat Ali« zu töten. Die Aufforderung wurde nicht befolgt. Kalif Uthman dagegen wurde 656 n. Chr. von den wütenden Massen erschlagen. Drei Tage lang lag der Leichnam auf dem Boden der Frauengemächer des Kalifenhauses. Er wurde außerhalb von Medina bestattet. Die Parallele zur Neuzeit: Im Jahr 1978/79 rebellierte die schiitische Masse im Iran. Mohammed Reza Pahlawi verlangte die Niederwerfung des Aufstands in Teheran. Auch dieser dringende Wunsch blieb unbeachtet. Dem Schah gelang jedoch die Flucht.

»Nur wer den Armen hilft, kann mit der Liebe des Volkes rechnen«

Die Stimmung in Medina war 656 n. Chr. reif für die Machtübernahme durch Ali. Er sollte wieder Ruhe und Stabilität in der Hauptstadt des Islamischen Reiches schaffen. Die Sheikhs der großen Familien sahen ein, daß die offene Bevorzugung der Reichen durch

Uthman die soziale Katastrophe ausgelöst hatte. Alis Parolen von Gerechtigkeit zündeten: »Kümmert euch nicht um Reichtum und nicht um Würden.« Im Jahr 35 islamischer Zeitrechnung – nach westlicher Zeitrechnung handelt es sich um das Jahr 656 n. Chr. – hatte Ali sein Ziel erreicht: Er wurde zum Kalifen proklamiert – inzwischen war er fast 60 Jahre alt geworden.

Von Anfang seiner Herrschaft an war Ali darauf aus, den Armen zu helfen, aber auch die Position seiner eigenen Sippe zu stärken. Er wollte die Dynastie der Nachkommen des Propheten absichern: »Der Segen Allahs ruht auf allen, die dem Samen des Gesandten Allahs entsprungen sind.« Damit verfolgte er nicht die Absicht, seine eigene Sonderstellung zu festigen. Er verdankte ja seine Existenz nicht dem »Samen des Propheten Mohammed« – gemeint waren seine Söhne Hasan und Husain, die durch ihre Mutter, die Prophetentochter Fatima, blutsverwandt mit Mohammed waren. Hasan und Husain waren nach Alis Ansicht dazu ausersehen, nach ihm die Führung der »Schiat Ali« zu übernehmen und fortzuführen.

Durch Alis Revolution hatte die Sippe Umaja die Macht im Islamischen Reich verloren. Doch es war ihr eine wichtige Stadt geblieben, die als Basis für eine positive Entwicklung in der Zukunft dienen konnte: die Oase Damaskus. Dort residierte auch weiterhin ein Familienmitglied der Umajaden: Muawija. Er war einst vom Kalifen Uthman eingesetzt worden und dachte nicht daran, sich dem neuen Kalifen Ali zu unterwerfen. Muawija war entschlossen, Krieg zu führen gegen Ali und der »Schiat Ali« ein Ende zu bereiten.

Ali, der glaubte, er könne den Gouverneur von Damaskus von der Rechtmäßigkeit seines Kalifats überzeugen, schrieb nach Damaskus: »Mir haben alle die Männer gehuldigt, die Abu Bakr, Omar und Uthman gehuldigt haben. Ich stehe also in der Reihe der Kalifen, die auf den Gesandten Allahs gefolgt sind. Die ehrenwerten Männer haben mir in der vorgeschriebenen Weise die Treue versprochen. Gegen die Wahl des Imam ist keine Berufung möglich.« Eine Antwort aus Damaskus bekam Ali nie.

Daß Ali tatsächlich darauf bedacht war, die Armen zu entlasten und dafür den Reichen weniger an Geld und Gütern zukommen zu lassen, alarmierte nicht nur die Sippe Muawija, sondern auch den

Clan Koraisch, dem der Prophet Mohammed angehört hatte. Ali war auch für seine Verwandten eine Art Sozialrevolutionär, der ihrem Wohlstand gefährlich werden konnte.

Die Sippe suchte und fand einen Ansatzpunkt um Ali in Verlegenheit und schließlich in Mißkredit zu bringen: Die Ältesten der Sippe verlangten, Ali müsse diejenigen bestrafen, die den Kalifen Uthman erschlagen hatten. Aisha, die Witwe des Propheten Mohammed, wurde zum Sprachrohr derjenigen, die die Tötung der Uthman-Attentäter forderten. Außerdem behauptete sie, Ali habe seine Anhänger, die gesamte »Schiat Ali«, zum Mord an Uthman angestiftet. Schließlich traten sogar »Augenzeugen« auf, die behaupteten, dabeigewesen zu sein, als Ali auf den Kalifen einschlug. Und Muawija, der Gouverneur von Damaskus, hetzte offen gegen Ali: Er ließ in der Moschee von Damaskus ein Hemd zeigen, das große Blutflecken aufwies. Behauptet wurde, dies sei das Hemd des Uthman gewesen und die Flecken seien der Beweis von der Leidensgeschichte dieses gerechten Kalifen.

Das Land um Euphrat und Tigris wird zum Land der »Schiat Ali«

Aischa, die einstige Lieblingsfrau des Propheten Mohammed, hatte wenig Glück mit dem Versuch, im Bereich der Stadt Kufa die Rebellion gegen Ali zu schüren. Die Menschen im Zweistromland wollten sich nicht von einer Frau aufhetzen lassen. Die führenden Köpfe bemerkten auch rasch, daß Aisha eine intrigante Person war, die nur ihren Ruhm im Sinn hatte. Wütend über ihren Mißerfolg zog sie mit den Frauen ihres Hofstaats wieder nach Mekka zurück. Sie überließ Kufa dem Kalifen Ali.

Muawija, der Herr über Damaskus, dessen Bluff mit dem blutigen Hemd wenig bewirkt hatte, rüstete eine Truppe zum Kampf gegen den »Mörder Ali« aus, doch als er den Befehl gab, in das Zweistromland zu reiten, war niemand so recht bereit, ihm zu folgen. Keiner wollte das angenehme Leben in Damaskus aufgeben.

Während der folgenden Wochen wurde der Konflikt in Briefen ausgetragen. Die schiitische historische Tradition hat die Erinnerung an die Brieftexte bewahrt – wenn der Wortlaut auch kaum als authentisch gelten kann. Damals soll Ali diesen Text verfaßt haben:

»Bei meinem Leben, Muawija, wenn du unseren Streit vernünftig und ganz ohne Leidenschaft betrachtest, dann wirst auch du zur Überzeugung gelangen, daß ich ganz unschuldig bin am Blut des Uthman. Ich war gar nicht anwesend, als Uthman erschlagen wurde. Was deine ständigen Predigten über Uthman in der Moschee angeht, so will ich dir nur das eine sagen: Du hast ihm nur dann geholfen, wenn dir diese Hilfe genützt hat. Du hast ihn jedoch im Stich gelassen, als er deine Hilfe dringend gebraucht hätte. Hüte dich vor dem Tag, an dem Rechenschaft gefordert wird. Auf diesen Tag kann sich nur derjenige freuen, der am Ende seines Lebens Lob verdient hat. Fürchte Allah und wende dein Gesicht dem Jenseits zu, denn dorthin führt auch dein Weg.«

Die Antwort, die Kufa erreichte, war, wenn die Überlieferung den Text korrekt wiedergibt, von Hohn durchtränkt: »Schön ist deine Handschrift und reich verziert war der Umschlag, in dem du mir deine Ermahnung geschickt hast. Doch alles, was du mir mitteilst, beruht auf Irrtum. Dein Schreiben ist der Brief eines Mannes, der keine Einsicht besitzt, und keinen Ratgeber, der ihm die richtigen Gedanken einflößt.« Ali wiederum wies auf die Sonderstellung seiner Sippe hin: »Wir, die Sippe Hashem, wir haben uns nicht, wie ihr, spät dem Islam angeschlossen. Zu uns, zur Sippe Hashem, gehört der Prophet Mohammed. Unseren Kindern ist das Paradies versprochen – euren Kindern aber das Höllenfeuer!«

In Kufa am Euphrat spürte Ali, daß sich im Zentrum des Islamischen Reiches, in Mekka und in Medina, allmählich ein Sinneswandel vollzog: Ihm schlug von dort Ablehnung entgegen. Warum seine Autorität so rapide schwand, war für Ali schwer verständlich. Uthman war verhaßt gewesen bis zu seinem gewaltsamen Tod. Aus diesem Haß heraus hatten sich in Mekka und Medina angesehene Männer entschlossen, die »Schiat Ali« zu unterstützen. Kaum aber begann Ali, wie von der »Schiat Ali« gewünscht, den Islamischen Staat zu regieren, da wollte niemand mehr den Anordnungen des Kalifen Ali gehorchen.

Dahinter steckte Aisha. Sie konnte Ali auch deswegen nicht leiden, weil dieser ihr Auftreten in der Öffentlichkeit ablehnte. In ihrer Aversion gegen Ali ging sie soweit, den Rechtsanspruch der Sippe

Umaja auf das Amt des Kalifen zu unterstützen. Muawijas Anhängerschaft in Mekka wurde immer größer.

Um die Herrschaft über das zentrale Gebiet des Islamischen Staates für sich zu retten, verließ Ali Kufa. Nach Mekka zu reiten, konnte Ali schon nicht mehr wagen – er verfügte nur noch in Medina über Getreue. Als er dort allerdings in der Moschee nach dem Freitagsgebet zum Krieg gegen die Abtrünnigen in Mekka aufrief, da wurde der Kalif Ali, der Schwiegersohn des Propheten, ganz offen ausgelacht.

Ali verließ daraufhin das Gebiet von Mekka und Medina und ritt zurück nach Kufa an den Euphrat – entschlossen, nicht mehr in die Städte zurückzukehren, in denen der Prophet Mohammed gelebt und gewirkt hatte.

Ali wurde jetzt unsanft daran erinnert, daß er gegenüber Aisha Jahre zuvor einen schweren Fehler begangen hatte: Als der Verdacht bestand, Aisha habe sich mit einem anderen Mann eingelassen, hatte Ali seinem Schwiegervater sehr bestimmt den Rat gegeben, sich von Aisha scheiden zu lassen. Daß sie auf Alis Betreiben hin damals nahezu von ihrem Mann verstoßen worden war, hatte Aisha Ali nie verziehen. Sie erkannte jetzt die Chance, sich zu rächen. Von ihrer geringen Einsicht in politische Entwicklungen bezeugte allerdings ihr Entschluß, gerade an Euphrat und Tigris, im Kernland der »Schiat Ali«, aktiv zu werden.

Aisha reiste verhältnismäßig bequem von Medina aus nach Basra am Shatt el-Arab, dem Zusammenfluß von Tigris und Euphrat. Sie saß in einem mit Vorhängen versehenen hölzernen Kasten, der auf einem Kamelrücken festgeschnallt war. Bewaffnete Männer ritten nebenher. Die Frauen, die zu Aishas Hofstaat gehörten, saßen in ähnlichen, nur weniger komfortablen Sänften.

Nach einer Reise von mindestens 14 Tagen erreichte die Karawane Basra. Der Empfang in der Hafenstadt am Shatt el-Arab war allerdings eher unfreundlich. Ein Sheikh soll gleich bei Aishas Ankunft seine Abneigung so zum Ausdruck gebracht haben: »Bei Allah, dein Benehmen ist strafbarer als das der Mörder des Uthman. Du warst das Heiligtum des Propheten, und du hast dieses Heiligtum entweiht. Du hast dich unter Männern aufgehalten.«

Es gelang Aisha nach diesem Empfang nicht, die Männer von Basra gegen Ali zu mobilisieren. Mit geringem Erfolg wirkte Aisha an Euphrat und Tigris auch als Wortführerin des Clans Umaja. Die Zahl ihrer Anhänger wuchs nur geringfügig.

Jetzt ließ Ali in Mekka und Medina die Mobilmachung proklamieren – gegen Aishas Umtriebe an Euphrat und Tigris. Niemand hatte gegen die abtrünnige Stadt Mekka in den Kampf ziehen wollen, aber als in Medina bekannt wurde, daß das Ziel des Feldzugs das »sagenhaft reiche Zweistromland« sein sollte, da folgten dem Aufruf 700 Bewaffnete. Auch sie waren rund 14 Tage unterwegs.

Vor den Bewaffneten war Alis Sohn Hasan im Zweistromland angekommen. Hasan aktivierte Freitagsprediger in den Moscheen zur Propaganda für Ali. Berichtet wird, derartige Texte hätten Ali populär gemacht: »O Gläubige, wir müssen von einem Mann geführt werden, der den Unterdrückten zu ihrem Recht verhilft. Ali ist dieser würdige Mann. Er stand dem Gesandten Allahs am nächsten. Ali kennt die Lehren des Glaubens am besten. Ali hängt den Freuden des Lebens am wenigsten nach. Ali trennt Wahrheit von Lüge. Ali schaffte Streit und Zwist aus der Welt.«

Diese Aufrufe waren von Wirkung in Kufa. 7000 Bewaffnete sollen sich zum Kampf gegen Aishas Männer gemeldet haben.

Zum Zusammenstoß der Krieger von Aisha und Ali kam es bei Basra. Der Kampf wird in der islamischen Geschichtsschreibung als »Kamelschlacht« bezeichnet. Arabische Historiker berichten, Ali habe gesiegt, weil es seinen Leuten gelang, dem Kamel, das Aishas Sänftenkasten trug, die Sehnen der Vorderbeine durchzutrennen. Mit dem Sturz des Kamels glitt der Sänftenkasten unsanft zu Boden. Da war niemand mehr, der Aisha zur Seite gestanden hätte – ihre Begleiter waren während des Kampfes gefallen oder geflohen.

Im Jahr 36 des islamischen Kalenders hat die »Kamelschlacht« stattgefunden. Es war das Jahr 656 christlicher Zeitrechnung.

Die politische Karriere der ehrgeizigen Prophetenwitwe war zu Ende. Aisha machte nun den Vorschlag, sie werde künftig für immer bei Ali bleiben und auf seiner Seite stehen – auch beim Kampf gegen Alis Feinde in Damaskus. Ali aber nahm dieses Angebot nicht an. Er schickte Aisha nach Mekka und Medina zurück.

Mit dem Ausscheiden Aishas aus dem Konflikt zwischen dem Haus Umaja und der »Schiat Ali« kehrte keineswegs Ruhe im Zweistromland ein. Muawija, der Herrscher in Damaskus, erhielt unvermittelt einen überaus effektiven Verbündeten, den Feldherrn Amr

Ibn Al Asi al-Sahmi, einst ein Kampfgenosse des Propheten Mohammed. Der erfahrene Befehlshaber organisierte eine Streitmacht von 80 000 Bewaffneten. Ali soll über 70 000 Kämpfer verfügt haben.

In der Nähe der Stadt Rakka – sie liegt in Syrien, in der Nähe des heutigen Euphratstaudamms – standen sich beide Heere gegenüber. Aber keiner der Kommandeure wagte es, den Kampf zu eröffnen. Die Truppen lagerten, jeweils in Sichtweite des Gegners – drei Monate lang geschah nichts. Beide, Ali und Amr, waren unentschlossen.

Für Ali rächte sich seine Untätigkeit. Mit jedem Tag des Abwartens minderte sich Alis Ansehen bei seinen Männern – offenbar war sich der Kalif seiner Sache gar nicht sicher. Nach einem Freitagsgebet versuchte sich Ali zu rechtfertigen: »Bei Allah, ich hätte die Entscheidung nicht um einen Tag hinausgeschoben, wenn mich nicht die Hoffnung bewegt hätte, die Männer aus Damaskus würden sich mir anschließen. Ich will sie doch auf den rechten Weg zurückbringen. Wenn sie wegen ihres Irrtums ihr Leben verlieren, ist die Brücke zu ihren Herzen zerstört.«

Von derartigen Reden hielten die Männer um Ali längst nichts mehr. Ungeduldig und unzufrieden, hatten sie nur noch die Heimkehr ins Zweistromland im Sinn. Auch die Bauern der Gegend wollten die Plage mit der ständigen Verpflegung zweier Heere gerne loswerden. Die Bewaffneten verzehrten die geringen Vorräte – und bezahlten nicht. Sie belästigten außerdem ihre Frauen.

Es war Ali, der die Tatenlosigkeit beendete. Mit diesen Worten, die er an seine Bewaffneten gerichtet haben soll, eröffnete er den Kampf: »Die Tore des Himmels sind offen. Die Jungfrauen des Paradieses warten auf uns. Entweder wir siegen, oder wir begegnen noch heute dem Propheten«.

Langsam, aber unaufhörlich drang Alis Reiterei vor. Der Sieg der Männer aus Kufa schien nahe. Amr sah voraus, daß seine Verteidigungslinie zerbrechen würde. Er begriff, daß ihn nur noch eine List retten konnte. In aller Eile wurde eine Sammlung von Koranseiten unter die Reiter aus Damaskus verteilt: Sie hatten die Blätter deutlich sichtbar an ihre Lanzen zu stecken. Diese Seiten vor sich hertragend griffen die Umaja-Reiter die Gegner aus Kufa an. Erschrocken wichen Alis Kämpfer zurück. Die Blätter der heiligen Schrift lähmten ihren Kampfwillen. Mehr als diese Lähmung wollte Amr gar nicht erreichen. Seine Reiter senkten die Lanzen – sie hatten Anweisung, niemanden zu töten. Es war die Absicht des Damaszener Feldherrn, eine Situation zu schaffen für eine Lösung ohne Einsatz von Waffen und von Bewaffneten – Amr wollte die Entscheidung, wer – Ali oder Muawija – rechtmäßig das Kalifenamt ausübt, durch ein Schiedsgericht treffen lassen.

Ali wehrte sich zunächst gegen diese Idee. Diese Worte des Kalifen Ali sind überliefert: »Amr hat sich eine List ausgedacht. Er hat Angst vor einer Niederlage seiner Bewaffneten. Jetzt haben sie die Absicht, auf unserer Seite Zwietracht zu säen. Muawija und Amr haben ständig die Gesetze Allahs übertreten. Keiner von ihnen glaubt wirklich an den Koran.«

Ali wußte, daß er mit der Annahme des Schiedsgerichts seine eigene feste Position, daß er der rechtmäßig proklamierte Kalif sei, aufgab und außerdem zugab, daß über seine Position entschieden werden konnte. In diesem Fall ließ Ali erkennen, daß er selbst nicht so ganz von seiner Legalität überzeugt war. Und doch beugte sich Ali. Er akzeptierte die Regeln, die für das Schiedsgericht bindend sein sollten – und die wurden von Muawija bestimmt: Jede Partei durfte einen Schiedsrichter benennen.

Muawija forderte General Amr auf, dieses Amt für die Damaszener Partei zu übernehmen. Ali schlug seinen Vetter Abdallah Ibn Abbas vor. Damit stieß er sofort auf Widerstand. Muawija argumentierte, von einem derart nahen Verwandten sei kein unparteiisches Urteil zu erwarten. Ali hätte diesen Protest zurückweisen können mit dem Argument, General Amr sei schließlich der engste Freund des Gouverneurs Muawija, und deshalb auch nicht geeignet, unter Umständen gegen seinen Freund zu entscheiden. Ali zog daraufhin, eingeschüchtert, seinen Vorschlag, Abdallah Ibn Abbas zu benennen, zurück. Muawija gab vor, Ali aus der Verlegenheit helfen zu wollen und nannte seinerseits einen Schiedsrichter, der die Partei Alis vertreten könne. Sein Name: Abu Musa al-Ashari. Er galt als profunder Korankenner, doch unparteiisch war er nicht – er vertrat eigene Familieninteressen. Die Erfüllung seiner ehrgeizigen Wünsche erhoffte er sich vom Gouverneur in Damaskus. Ihm wollte er gefällig sein.

Beim ersten Treffen der zwei »Schiedsrichter« Amr und Abu Musa al-Ashari wurde festgelegt, daß Muawija grundsätzlich das Recht habe, den Mörder des Kalifen Uthman bestrafen zu lassen –

unausgeräumt war noch immer der Vorwurf, Ali sei der Mörder gewesen. Verfahrensrechtlich war Ali in den Kreis der Verdächtigen einbezogen.

Der härteste Schlag traf Ali bei der schriftlichen Festlegung der Verfahrensrichtlinien. Ali ging davon aus, daß er mit seinem Kalifentitel in diesem Dokument bezeichnet wurde. Amr war jedoch damit nicht einverstanden: Er wies darauf hin, daß es doch gerade die Aufgabe des Schiedsgerichts sei, festzustellen, ob sich Ali mit vollem Recht Kalif nenne. Würde Ali bereits im ersten Verhandlungsdokument als Kalif bezeichnet, sei dem Schiedsgericht die Entscheidung vorweggenommen. Abu Musa al-Ashari beugte sich dieser Logik.

Damit war Ali so gut wie abgesetzt. Sein Vertreter hatte stellvertretend für ihn auf das Kalifenamt verzichtet.

General Amr handelte entschlossen: Da es nun keinen amtierenden Kalifen gab, wurde das Machtvakuum gefüllt. Amr proklamierte Muawija, den Gouverneur von Damaskus, zum Kalifen, zum »Herrn der Gläubigen«. Ali wurde zum Verlierer des Schiedsverfahrens erklärt.

»La ukma illa li Allah« – Allah allein gebührt die Entscheidung. Mit diesem Ruf fochten Alis Anhänger die Entscheidung des Schiedsgerichts an. Sie verlangten, daß ein Kampf stattfinde. Dazu konnte sich Ali jedoch nicht durchringen. Jetzt brach Meuterei in den Reihen der Verbände aus Kufa los. 12 000 Kämpfer trennten sich von Ali – sie nahmen aus seinem Munde keine Befehle mehr entgegen. Die arabische Geschichtsschreibung gibt dieser Gruppe den Namen »Kharidjiten« – die »Ausgetretenen«. Die »Kharidjiten« ritten zurück in die Gegend von Kufa, in das Dorf Harura. Dort wählten sie sich als Oberhaupt einen Mann aus ihren Reihen.

Die Trennung der »Kharidjiten« von Ali geschah im Jahr 37 des Islam, im Jahr 657 westlicher Zeitrechnung. Die »Shorter Encyclopaedia of Islam« bezeichnet die »Kharidjiten« als »erste Sekte« in der Geschichte des Islam. Sie bleiben ein wenig bedeutsamer Faktor in der weiteren Entwicklung der Religion; sie gelten als die permanent Unzufriedenen.

Nach der Niederlage im Schiedsgerichtsverfahren und dem Auszug der Abtrünnigen zog sich Ali nach Kufa zurück. Von dort aus versuchte er immer wieder, ein schlagkräftiges Heer gegen Muawija zu mobilisieren, mit dem Argument, die Sippe Umaja habe ihn, den Schwiegersohn des Propheten Mohammed, um sein Recht betrogen. Doch kaum jemand war zu einem erneuten Feldzug bereit.

Die »Schiat Ali« läßt Ali im Stich

Alis Verzweiflung über das Verhalten der Männer von Kufa spiegelt sich in seiner Rede, deren Text in Bruchstücken erhalten geblieben ist:

»Ich habe euch bei Tag und bei Nacht, in vertraulichen Gesprächen und auch öffentlich aufgefordert, die Sippe Umaja zu bekämpfen, ehe euch die Leute aus Damaskus überfallen. Bei Allah, in dessen Hand meine Seele liegt, ihr habt mich verlassen, ihr wolltet nicht mehr kämpfen. Meine Worte sind euch lästig geworden. Ihr habt mir eure Rücken zugewandt. Wie erstaunlich, daß Muawija siegt, obgleich er im Unrecht ist. Ihr weigert euch, für das Recht zu kämpfen. Wenn ich im Winter zu den Waffen rufe, dann sagt ihr, die Zeit der Kälte sei dafür nicht geeignet. Will ich euch im Sommer gegen den Feind führen, dann klagt ihr, daß euch die Hitze lähme. Wenn ihr euch aber vor Kälte und Hitze fürchtet, bei Allah, dann fürchtet ihr das Schwert noch viel mehr. Ihr seht zwar wie Männer aus, doch ihr seid keine Männer. Ihr seid Menschen von weiblichem Verstand und gemeiner Gesinnung.«

Seine Worte empfanden die Bewaffneten von Kufa als Jammertöne und in einigen Köpfen wuchs der Gedanke an Verschwörung gegen Ali. Die Stimmung in Kufa war ähnlich wie die während der letzten Lebensmonate des Kalifen Uthman in Mekka. Offen wurde am Euphrat darüber geredet, daß Ali getötet werden müsse. Da seine Autorität immer mehr verblaßte, löste sich die Truppe der Bewaffneten allmählich in Haufen auf, die sich selbst ihre Anführer bestimmten. Diese Banden terrorisierten die Dorfbewohner, die dem Euphrat entlang in Lehmhütten hausten.

Ali konnte niemand mehr Schutz gewähren. Er war alt geworden. Seit dem Tod des Propheten Mohammed waren dreißig Jahre vergangen. Für Ali waren diese Jahre eine Zeitspanne der Demütigung und des permanenten Kampfes. Er fühlte keine Kraft mehr in sich.

Es war um das Jahr 660 n. Chr., da erreichte die Zeit der Gewalt und Rechtlosigkeit im Islamischen Reich einen Höhepunkt: Räuber und Mörder hatten die Macht übernommen im Zweistromland. Da schworen drei Männer bei Allah, daß sie die Wurzel des Unglücks, das die »Schiat Ali« befallen hatte, ausreißen wollten. Sie gaben die Schuld nicht allein Ali, sondern auch den Verantwortlichen in Damaskus, dem Herrscher Muawija und seinem Befehlshaber Amr. Die drei Verschwörer nahmen sich vor, diese drei am selben Tag zu töten. Als Termin war der 17. Tag des Fastenmonats Ramadan im islamischen Jahr 40 bestimmt. Im christlichen Kalender war es der 24. Januar des Jahres 661.

Ali – der erste Märtyrer der »Schiat Ali«

Die drei Attentate sollten in Kufa, Damaskus und in der islamischen Militärkolonie Fostat am Nil erfolgen. Ali hielt sich in Kufa auf, Muawija in Damaskus und General Amr, der gerade dabei war, das Niltal für die Sippe Umaja zu erobern, in Fostat. Die Pläne für die Attentate waren genau abgesprochen, der Zeitpunkt war auf die Stunde festgelegt.

Doch der Dolch der Mörder traf nur Ali. Amr blieb deshalb verschont, weil er sich in seinem Hause aufhielt – er fühlte sich unwohl. An seiner Stelle traf es den Kommandeur der Leibgarde, der das Gebäude in Fostat verließ. Ihn stach der Mörder nieder. Der Verschwörer aber, der Muawija töten sollte, war am Tag zuvor enttarnt und verhaftet worden.

Der 24. Januar war damals ein Freitag, und damit der heilige Wochentag der Moslems. Als die Stunde des Freitagsgebets angebrochen war, befand sich der Kalif Ali in engen Gassen zwischen den Lehmhäusern von Kufa auf dem Weg zur Moschee. Hier stieß der Mörder mit einem vergifteten Dolch zu. Der Stahl durchschlug den Stirnknochen und traf das Gehirn. Der Todeskampf Alis war qualvoll – er dauerte zwei Tage und zwei Nächte.

Der Schwiegersohn des Propheten wurde weit draußen vor der Stadt bestattet, im Schutz des Dammes, der die Euphratfluten von Kufa fernhielt. Ali hatte testamentarisch die Anweisung hinterlassen: »Legt meinen Leib nach meinem Tod auf den Rücken eines Kamels und treibt dann das Tier aus Kufa hinaus. Versucht nicht, seinen Weg zu lenken. Dort, wo sich das Kamel aus eigenem Antrieb niederlegt, werdet ihr mich beerdigen.«

Die Männer, die das Kamel aus Kufa hinausbegleitet hatten, verschwiegen den Platz des Grabes. Bei der Rückkehr nach Kufa erzählten sie, Kamel und Leiche seien plötzlich verschwunden gewesen. Durch diese Lüge schützten sie Alis toten Körper vor Schändung – sie fürchteten, Muawija werde sich dazu hinreißen lassen, die Totenruhe des Ali zu stören.

Erst eineinhalb Jahrhunderte später waren Männer der »Schiat Ali« davon überzeugt, das Grab des ersten Märtyrers ihrer Glaubensrichtung aufgefunden zu haben. Inzwischen hatte sich die Erinnerung an den ersten Imam verfestigt. Er ist in der Vorstellung der »Schiat Ali« zum absoluten Gerechten geworden, zum Symbol der Güte. Von Ali wurde gesagt, er habe im Einklang gelebt mit Allah und mit dem Propheten. Legenden überdauern die Zeit. Aus den Legenden erfahren die Gläubigen, daß Ali schon in der Nacht vor seinem Tod durch eine Traumvision vom Propheten Mohammed ins Paradies geleitet worden sei. Mohammed soll Ali aufgefordert haben, die Welt der undankbaren Gläubigen zu verlassen.

Ali hat die Welt der Gläubigen zwar verlassen, doch seine Lehren sind geblieben und werden von den Predigern der Schiiten von Generation zu Generation weitergegeben. Hochgeachtet wird in unserer Zeit die Sammlung »Nahjul Balagha«, die alle erreichbaren Äußerungen des »Imam Ali« enthält – Predigten, Briefe, Lebensregeln. Wichtig ist die Predigt 106, die Alis Auffassung vom Islam enthält:

»Gepriesen sei Allah, der den Menschen den Islam gegeben hat, und der die Lehre verständlich macht für denjenigen, der sich ihr nähert. Der Islam gibt dem Kraft, der gegen diejenigen kämpft, die den Islam untergehen lassen wollen. Allah schuf den Islam als Quelle des Friedens für alle, die an ihm festhalten. Der Islam gibt allen Sicherheit, die an ihn glauben. Der Islam erleuchtet diejenigen, die Erleuchtung suchen. Er gibt dem Weisheit, der Weisheit benötigt. Der Islam ist unter allen Wegen der Pfad, der Erleuchtung bedeutet. Der Prophet Mohammed hat leuchtende Flammen entzündet für den, der den richtigen Weg sucht.«

Alis bittere Erfahrung mit den Moslems kommt in der Predigt 108 der Sammlung »Nahjul Balagha« zum Ausdruck: »Die Moslems haben sich nicht leuchten lassen vom Licht der Weisheit. Sie haben sich benommen wie weidendes Vieh. Nur wenigen ist Kenntnis zuteil geworden. Nur wenige haben die Zeichen erkannt, die ihnen den Weg weisen sollten.«

Seinem Sohn Hasan hinterließ Ali – nach der Überlieferung – dieses Vermächtnis: »Vom Vater, der sich vom Leben morgen abwendet, an den Sohn, den ein Leben erwartet, das noch im Dunkeln liegt. Ich empfehle dir die Furcht vor Allah. Ich verlange von dir, daß du für Allahs Sache eintrittst. Mein Sohn, als ich mich alt werden sah und meine zunehmende Schwäche bemerkte, da beschäftigte ich mich mit meinem Vermächtnis an dich. Ich wollte das, was in mir ist, an dich weitergeben. Wenn ich auch nicht für ein Leben bestimmt war, wie es dem Propheten bestimmt war, so bin ich doch seinen Spuren gefolgt. Wisse, daß Allah der Herrscher über den Tod auch der Herrscher über das Leben ist. Wäge genau ab, wie du dich gegenüber anderen verhältst. Unterdrücke niemand. Sage nie etwas, was du nicht sicher weißt; geringe Kenntnis von einem Sachverhalt genügt nicht für eine Aussage.«

Alis Heilsordnung – und seine eigene »Heilige Familie«

Von der Erschaffung des Menschen, so wird in der schiitischen Tradition weitergegeben, habe Ali dies berichtet: »Allah sammelte von dem Rauhen und von dem Glatten, dem Süßen und vom Salzigen der Erde alles was in Form von Staub vorhanden war zusammen, und er feuchtete diesen Staub mit Wasser an. Der Staub verband sich zu einem Brei. Daraus formte Allah eine Gestalt, mit Körperteilen, Gliedern und Gelenken. Er ließ die Gestalt erstarren, bis sie fest war. Dann blies Allah ein weniges von seinem eigenen Geist in die Gestalt und sie wurde ein Mensch mit Intelligenz, und mit Gedanken, über die er frei verfügte, mit Gliedmaßen, die ihm als Werkzeuge dienen. Er kann das wahre und das Falsche beurteilen. Der Mensch verfügt über die Fähigkeit, zu schmecken, zu riechen und Farben zu unterscheiden.«

Allah, so der Bericht, habe den Engeln befohlen, sich niederzuwerfen vor dem Menschen, der zunächst nur in einem einzigen Exemplar auf der Erde existierte. Alle Engel gehorchten, nur der Engel Iblis verweigerte die Geste, sich niederzuwerfen. Er sei aus Feuer geschaffen und brauche sich deshalb nicht vor einem Wesen zu neigen, das aus Staub und Wasser gefertigt sei. Den ersten Menschen aber interessierte gerade dieser Engel Iblis. Der Mensch ließ sich mit Iblis in Gespräche ein und war nach und nach von Zweifeln befallen an der Größe und an der Kraft Allahs.

Allah reagierte enttäuscht über die Zweifel des Menschen und vertrieb den Menschen aus dem »Garten des angenehmen Lebens«. Doch der Mensch zeigte Einsicht und Reue. Da sich der Mensch als unwissend erwiesen hatte und keine Ahnung gehabt hatte vom wahren Sein Allahs, schickte ihm Allah Gesandte, Propheten. Sie trafen auf den Menschen, der sich inzwischen Götzenbilder formte. Die Gesandten sollten den Menschen mahnen, sein Verhältnis zu Allah zu ordnen.

Die »Schiat Ali« weiß von Ali, daß er drei dieser frühen Propheten besonders hervorgehoben habe: Moses, David und Jesus. Von Jesus ist diese Meinung überliefert: »Er trug grobe Gewänder und ruhte auf Steinen. Der Hunger war sein täglicher Begleiter. Seine Lampe bei Nacht war der Mond. Jesus aß das an Früchten und Gemüsen, was auch das Vieh frißt. Jesus besaß keine Frau, die ihn hätte verführen können. Jesus besaß keinen Sohn, der ihm hätte Kummer bereiten können. Jesus besaß keinen Reichtum, der seine Gedanken hätte ablenken können. Er kannte keine Gier, die ihm Schande bereitet hätte. Jesus brauchte keine Diener – dazu hatte er seine zwei Hände.«

Jesus war, nach der Ansicht des Ali, makellos als Prophet. Aber eines wird in der Predigt 160 der Sammlung »Nahjul Balagha« deutlich klargestellt: »Er ist der Sohn der Maryam«, der Sohn der Maria. Jesus ist nicht Gottes Sohn.

Es war Jesus auch nicht vergönnt, die Vollkommenheit der Offenbarung zu erreichen. Sie blieb dem Propheten Mohammed vorbehalten. Die Propheten vor ihm hatten nicht die Kraft, die Welt nach dem Willen Allahs zu ordnen. Als Mohammed die Aufgabe des Gesandten Allahs übernahm, da lebten die Menschen noch in der Zeit der Unwissenheit, ohne Belehrung vom wirklichen Wesen

Allahs. Mohammed wurde von Allah geschickt, um den Menschen ein Licht zu bringen, das ihnen den Weg weisen konnte. Ali definierte dieses Licht: Es ist der heilige Koran.

Nun wies Ali auf seine eigene Genealogie hin: »Allah hat für die Aufgabe der Übermittlung des Koran einen Mann aus der besten Familie ausgewählt, die überhaupt existierte. Mohammed«, so soll sich Ali geäußert haben, »hat einen untadeligen Stammbaum, seine Zweige sind alle in gleichmäßiger Form ausgebildet, sie tragen reiche Früchte.«

Die auserlesene Herkunft des Propheten ist ein wichtiger Punkt in Alis Predigten und Briefen. Es darf nicht vergessen werden, daß Ali selbst zu dieser bevorzugten »Heiligen Familie« gehörte, und daß er seine eigenen Rechte aus dieser Herkunft ableitete. Ganz selbstverständlich war ihm das Recht, Kalif, Herrscher zu sein, vorbehalten, ihm allein gebührte die Macht im Islamischen Staat. Unverständlich war es ihm, daß viele Bewohner der Arabischen Halbinsel dieses Vorrecht nicht anerkannten. Wer zu jenen gehörte, war ein Verblendeter oder gar ein Verbrecher.

Ali sah sich als Beauftragter Allahs, der verantwortlich ist für die Reinhaltung des Glaubens. Der Titel, den Ali führte, heißt Imam. Die »Shorter Encyclopaedia of Islam« definiert die Auffassung der »Schiat Ali« von der Stellung des Imam so: »Die Kernidee, in der sämtliche Gruppierungen der Schiiten übereinstimmen ist, daß der Imam ein direkter Nachkomme des Ali Ibn Abu Talib ist in der Funktion, der höchste Herrscher der Welt des Islam zu sein.«

Von der frühesten Zeit an wird vom Imam eine makellose Genealogie verlangt. Nachweisbar muß die Abstammung von Ali, von dessen Söhnen Hasan und Husain sein. Gegenüber der Erfüllung dieser genealogischen Forderung ist nebensächlich der geforderte Nachweis, daß der Imam über gesunden Geist und gesunden Körper verfügt, daß er theologische Kenntnisse besitzt und die charakterliche Fähigkeit, zu herrschen. Der Gedanke, daß dem Imam das Recht zusteht, zu herrschen, führte schließlich dazu, daß für die Schiiten der Begriff »Imam« zum Synonym für »Kalif« wurde.

Zum Gedanken, allein der Imam sei geeignet, Fehlinterpretationen und Mißverständnisse in der Auslegung des Koran zu verhindern, nannte Ali ein konkretes Beispiel: »Ein Fall wird einem Richter vorgetragen, damit dieser ein Urteil fälle. Der Richter fällt ein Urteil, das er für richtig hält. Ein anderer Richter hat sich mit demselben Fall zu befassen. Sein Urteil aber entspricht genau dem Gegenteil dessen, was der erste Richter als Recht erkannte. Beide Richter begeben sich zu ihrem Herrscher, um seine Entscheidung einzuholen. Der Herrscher folgt dem bequemen Weg: Er billigt beide Urteile. Der daraus resultierende Streit wäre vermeidbar, wenn sich die Moslems entschließen könnten, sich allein dem Urteil des Imam zu beugen, dem Urteil eines Mannes, aus der von Allah bevorzugten Familie.«

Hasan – der zweite Imam der »Schiat Ali«

Nach dem Mord an Ali stand der »Schiat Ali« der älteste Sohn des Ermordeten bereit, die Nachfolge anzutreten. Sein Name: Hasan Ibn Ali Ibn Abu Talib. Er ist im Jahre 3 oder im Jahre 4 der islamischen Zeitrechnung geboren worden. Hasan war also etwa 57 Jahre alt, als er an die Spitze der »Schiat Ali« trat und Herrscher an Euphrat und Tigris wurde.

Hasan hatte zuvor wenig Interesse gezeigt an den Auseinandersetzungen seines Vaters Ali. Die Überlieferung besagt, er sei damals mit dem Spitznamen »mitlak« belegt worden – der »Scheidungsbeflissene«. Die »Shorter Encyclopaedia« behauptet, mehr als hundert Eheschließungen und Scheidungen seien registriert worden – wobei er jedoch darauf geachtet haben soll, nie mehr als die nach islamischem Gesetz erlaubten vier Ehefrauen auf einmal in seinem Haushalt zu beherbergen.

Die Amtsübergabe von Ali auf Hasan, so besagen die Traditionserzählungen der Schiiten, sei schon vor Alis gewaltsamem Tod vollzogen worden. Ali habe sein persönliches Koranexemplar und sein Schwert an Hasan mit den Worten übergeben: »Mein Sohn, der Gesandte Allahs, der bei Allah weilt, hat mir befohlen, dir Koran und Schwert zu reichen. Wenn du stirbst, gib Koran und Schwert weiter an deinen Bruder Husain. Er soll beides weitergeben an seine Söhne.«

Verbunden mit der Übergabe an Hasan war die Verpflichtung, Krieg gegen den Mächtigen in Damaskus zu führen.

Die Proklamation des Krieges gegen die Sippe Umaja war durchaus populär in Kufa. Die Schuldigen an Alis Tod sollten bestraft werden, und die Drahtzieher des Anschlags seien in Damaskus zu finden. 40 000 Männer ließen sich als Freiwillige in die Stammlisten der Armee der »Schiat Ali« eintragen. Die Unterstützung, um die Ali so dringend gebeten hatte, wurde jetzt Hasan zuteil, dem sie völlig ungelegen kam. Dieselben Männer, die sich kurze Zeit zuvor noch die Ohren zugehalten hatten, um nicht die Klagen des Ali, der Feind raube immer mehr Gebiete, vernehmen zu müssen, waren jetzt plötzlich für den Krieg gegen die Umaja-Sippe.

Hasan, der aus den bösen Erfahrungen des Vaters gelernt hatte, fürchtete den Wankelmut der Männer aus dem Land an Euphrat und Tigris. Ali hatte Probleme gehabt mit den Sheikhs, die ihn beraten hatten. In ihrer Gesamtheit waren sie mächtiger gewesen als der Kalif. Sie hatten ihn lenken können, weil sie Bescheid gewußt hatten über die Stimmungsschwankungen der Menschen in der Stadt.

Die Fehler des Vaters wollte Hasan vermeiden – er gab sich tatkräftig. Den Kommandeuren der Berittenen sagte er: »Ich verlange von euch, daß ihr Krieg führt, mit wem ich Krieg führen will. Ihr müßt aber auch Frieden schließen, mit wem ich Frieden schließen will!« Mit diesen Worten wollte er in Kufa die Priorität der Politik fixieren.

Doch Unentschlossenheit bestimmte weiterhin das Geschehen. Da sie keinen Marschbefehl erhielten, lagerten die 40 000 Bewaffneten in und vor der Stadt. Sie verlangten Nahrung und Geld, und sie wollten auch mit Wein versorgt werden, dessen Genuß den Moslems verboten ist. Waren die Männer betrunken, brach leicht Streit aus. Hasan wurde bedrängt, seine Kämpfer endlich gegen den Feind zu führen.

Hasan gab schließlich den Befehl zum Abmarsch in Richtung Westen. Er selbst blieb zunächst in Kufa – in der Hoffnung, der Sieg könne auch ohne ihn, den Oberbefehlshaber, errungen werden.

Doch die Erfolgsmeldungen trafen nicht ein. Beunruhigt wollte Hasan schließlich selbst die Situation am oberen Euphrat überprüfen. Als er dort eintraf, war schon nichts mehr zu retten: Die Streitkräfte hatten sich verzettelt. Sie waren nicht zu einem konzentrierten Angriff geführt worden, sondern zu einzelnen Gefechten, die zu keiner strategischen oder taktischen Entscheidung führen konnten. Nach und nach wurden die verschiedenen Haufen aufgerieben.

Hasan traf auf ratlose und mutlose Kommandeure, die keine Gewalt mehr über ihre Männer hatten, die auf Zahlung des Solds warteten. So geschah es, daß die Unzufriedenen über Hasan herfielen, ihn verprügelten und ausplünderten. Hasan wurde bei diesem Vorfall verwundet. Er war froh, daß er die Zelte seines Haushalts vor den verwilderten Horden retten konnte.

Für ein gutes Ende des militärischen Abenteuers blieb Hasan keine Hoffnung mehr. Er war jedoch klug genug zu erkennen, daß eine politische Lösung gefunden werden mußte. Durch Boten ließ er Muawija in Damaskus wissen, daß er den Konflikt beenden wollte.

Muawija und Hasan einigten sich endlich auf dieser Basis: Hasan verzichtete auf alle Ansprüche, die auf ihn von seinem Vater Ali überkommen waren – er wollte nicht länger Kalif und Beherrscher der Gläubigen sein. Leichten Herzens gab er Funktion und Amt des Imam, der Leitgestalt für die »Schiat Ali«, ab. Für den Verzicht forderte Hasan allerdings eine finanzielle Entschädigung. Über den Betrag schwieg er noch.

Die Antwort aus Damaskus traf rasch in Kufa ein. Muawija wollte sich ebenfalls auf keinen Betrag festlegen – Hasan sollte eine Forderung stellen. Diese wurde umgehend durch berittene Boten nach Damaskus abgeschickt. Die »Shorter Encyclopaedia of Islam« gibt konkrete Zahlen an: Die Höhe des Betrags war gewaltig. Eine Umrechnung in Kaufkraft unserer Zeit ist schwer möglich. Hasan war mit der Gewährung einer »Pension« nicht zufrieden – er verlangte die Übereignung der Einkünfte einer reichen persischen Provinz auf Lebenszeit. Hasan dachte auch an die Versorgung seines jüngeren Bruders Husain, dem ein Betrag von zwei Millionen Dirham ausbezahlt werden sollte.

Das Geschäft wurde reibungslos abgewickelt. Hasan und sein Bruder Husain verließen daraufhin formlos Kufa. In Angst und Sorge blieben die Bewohner zurück. Als sie erfuhren, daß sich Muawija mit unzähligen Bewaffneten dem Zweistromland und der Stadt Kufa näherte, herrschte in Kufa die Besorgnis, daß Muawija das Geld, das er an Hasan bezahlt hatte, von den Sippen in Kufa wieder eintreiben würde. Diese Sorge war nicht unberechtigt.

Hasan und Husain hatten sich nach Mekka zurückgezogen – und enthielten sich völlig der Politik. Die in Damaskus regierende Sippe

Umaja sah keinen Anlaß mehr, sich um die Nachfahren des Propheten Mohammed und des Ali zu kümmern.

Doch in den Überlieferungen der »Schiat Ali« lebt die Erinnerung weiter, daß Hasan als Märtyrer gestorben sei, ermordet auf Befehl des »Teufels Muawija«. In seinem Auftrag sei Hasans Frau Asma ein Tuch überbracht worden, das mit Gift getränkt worden war. Dieses Gift habe die Eigenschaft besessen, durch die Haut in den Körper einzudringen. Fazit: Die Sippe Umaja hat das Leben des Prophetenenkels Hasan auslöschen lassen.

Die Schiiten des Irak unserer Zeit halten es für unzulässig, zu bezweifeln, daß Hasan den »Märtyrertod« erlitten hat. Wird das Thema der »Ablösesumme« für Hasan und Husain angeschnitten, bricht pure Wut aus. Die Reaktion der Schiiten an Euphrat und Tigris: »Hasan ist kein Verräter an der ›Schiat Ali‹ – er hat von den Teufeln in Damaskus nie Geld angenommen.« Der Hinweis auf die »Shorter Encyclopaedia of Islam« als Quelle der Information, fruchtet nichts.

Die gleiche Quelle nennt Schwindsucht als Todesursache des Hasan. Hasans Tod sei im Jahr 49 des Islam eingetreten.

Husain – bis heute der wichtigste Märtyrer der »Schiat Ali«

Mit dem Tod des Hasan rückte der jüngere Sohn des Ali und der Prophetentochter Fatima an die Spitze der Schiitenpartei. Seine Geburtsstadt ist Medina. Angenommen wird, daß Husain im vierten oder fünften Jahr des Islam geboren wurde – so etwa 627 n. Chr. Husain stand beim Tod des Bruders schon ungefähr im 50. Lebensjahr.

Großvater Mohammed – er war 632 n. Chr. gestorben – soll sich einst mit großer Zärtlichkeit um den Enkel Husain gekümmert haben. Aus dieser Erinnerung an eine lang zurückliegende Zeit zogen viele im Zweistromland das Fazit, der Großvater habe für Husain eine von Allah begünstigte und gesegnete Zukunft vorausgesehen. Als Husain nach Alis Tod nachrückte in der Führung der »Schiat Ali«, widerstand er den Lockungen der Parteigänger im Zweistromland. Er wollte nichts mit den wankelmütigen Männern zu tun haben, die Ali und Hasan Unglück gebracht hatten. Ärger und Streit mit der Sippe Umaja wollte Husain vermeiden. Er zeigte eine distanzierte, würdige, aber durchaus nicht feindliche Haltung gegenüber Muawija, der das Kalifenamt seinem Vater Ali entrissen hatte.

Mit großem psychologischen Geschick hatte der Kalif aus dem Haus Umaja einen Mann für sich gewonnen, der bisher der »Schiat Ali« nahegestanden hatte. Sein Name: Ziad. Dieser Mann litt sehr unter dem Makel, daß ihn eine Sklavin geboren hatte. Sein Vater und der Vater des Muawija aber waren dieselbe Person. Ziad und der Kalif Muawija waren somit Kinder eines Mannes, doch eine gewaltige Kluft trennte Muawija und Ziad.

Der Sohn der Sklavin erwies sich als geschickter Administrator und Muawija erkannte, daß ihm seine Dienste nützlich sein konnten – er adoptierte den Halbbruder. Für die Aufnahme in die Familie Umaja war Ziad für immer dankbar. In das Zweistromland versetzt, sorgte er an Euphrat und Tigris für Ordnung. Die Ansätze schiitischer Aufstände unterdrückte er mit harter Hand. Das Land um die großen Flüsse war seit Alis Zeit von Banden beherrscht worden; sie hatten davon profitiert, daß in Kufa nie ein wirklich starker Mann regiert hatte. Jetzt aber wurde das Land, das heute Irak genannt wird, eine stabile Basis für weitere Eroberungen im Osten. Die Reiterheere der Moslems drangen in die Region des Aralsees vor, annektierten dort kleine unabhängige Monarchien und erreichten schließlich die Randgebiete des indischen Subkontinents. Ein zweites Expansionsgebiet war Nordafrika. Dort fiel ein breiter Küstenstreifen in die Hand der Moslems. Ihr Herrschaftsgebiet dehnte sich schließlich bis zum Atlantik aus.

Muawija hatte es geschafft, Streit und Kämpfe zwischen den Gläubigen zu unterbinden. Die Armeen zerschlissen ihre Kraft nicht in internen Auseinandersetzungen; ihre Energie konzentrierte sich auf Eroberungen.

Diese Leistung des Kalifen in Damaskus schätzte der Prophetenenkel Husain hoch ein. Er honorierte sie durch politische Enthaltsamkeit, während er in Mekka und Medina vom Staatssold lebte, auf den Verwandte des Propheten und die Kampfgefährten des Gesandten Allahs Anspruch hatten.

Mit einem Traum, so soll Husain selbst erzählt haben, endete die

Zeit der Zurückhaltung des Enkels des Propheten Mohammed: Während des nächtlichen Schlafs sah er den Sessel des Kalifen Muawija umgestürzt auf dem Boden des brennenden Kalifenpalasts liegen. Husain wußte beim Erwachen, daß in dieser Nacht Muawija gestorben war.

Wenige Tage später wurde Husain eingeladen, zum umajadischen Stadtkommandanten von Medina zu kommen. Eine ähnliche Einladung erging an die Sheikhs aller wichtigen Sippen der Stadt. Husain erkannte intuitiv die Bedeutung der Aufforderung: Der bisherige Kalif war tot – ein Nachfolger stand fest, und dieser Nachfolger verlangte von allen Sippen den Treueid. Die Huldigung für den neuen Mann aus der Familie Umaja wollte Husain nicht so ohne weiteres leisten. Er reagierte zunächst nicht auf die Einladung des Stadtkommandanten.

Husain soll darauf diesen Brief aus Damaskus erhalten haben:

»Im Namen Allahs, des Allerbarmers, des Allwissenden. Verfasser des Schreibens ist Jezid, der Beherrscher der Gläubigen. Der Kalif Muawija ist in Ehren und in der Furcht Allahs gestorben. Ich, Jezid, bin sein Nachfolger. Alle Bewohner des Reichs, Vornehme und Geringe, haben mir zu huldigen, Gehorsam und Unterwerfung zu schwören.«

Jezid war der Sohn des verstorbenen Kalifen Muawija, ein Mann von 40 Jahren, der zu keiner Zeit dem Kreis um den Propheten Mohammed angehört hatte.

In Husain, der sich über Jahre hin gegenüber der Sippe Umaja loyal verhalten hatte, erwachte jetzt Widerspruchsgeist. Ihm wurde bewußt, daß allein seine Familie das Recht besaß, den Islamischen Staat zu regieren. Da er den Treueschwur auf Jezid nicht leisten wollte, suchte er nach einem Ausweg. Er ließ dem Stadtkommandanten mitteilen: »Dem Sohn des mächtigen Kalifen Muawija gebührt ein Treueschwur am passenden Ort, im Angesicht Allahs. Ich bin bereit, den Treueschwur vor den Gläubigen am Freitag in der Moschee zu leisten.«

Am Freitag aber wartete der Statthalter des Kalifen Jezid vergebens in der Moschee. Der Mann, dessen Huldigung erwartet worden war, hatte während der Nacht Medina verlassen.

Auf die Nachricht von der glücklichen Flucht des Sohnes ihres einstigen Kalifen Ali, reagierte die »Schiat Ali« in Kufa entschlossen.

Rasch verbreitete sich die Ansicht: Husain hat seine Aufgabe als Sheikh seiner Sippe übernommen – er wird wieder »Beherrscher der Gläubigen« sein. Die Menschen strömten auf dem Platz vor der Moschee in Kufa zusammen. Sie jubelten und tanzten. Die Umajaden-Administration, die Zusammenstöße fürchtete, zog klugerweise ihre Truppen aus der Stadt ab.

Die Propagandisten der »Schiat Ali« nutzten die plötzliche und unerwartete Freiheit. Sie organisierten Sprechchöre, deren Parolen die Massen aufforderten, an Husain, dem Enkel des Propheten, alles gutzumachen, was gegenüber Ali an Gehorsam versäumt worden sei. Der Ruf »Husain! … Husain! … Husain! …« hallte durch Kufa.

Die Sheikhs der Sippen, die sich zur »Schiat Ali« zählten, schickten Boten ab nach Medina, die den Prophetenenkel auffordern sollten, sofort in das ihm »immer treue« Land um Euphrat und Tigris zu kommen. Vier solcher Boten waren unterwegs auf schnellen Kamelen – sie hatten zur Sicherheit unterschiedliche Routen durch die Wüste gewählt, aus Sorge, Patrouillen des Kalifen Jezid könnten an Wasserstellen auf sie lauern. Einer dieser Boten trug das Ergebnis einer »Unterschriftensammlung« bei sich, die noch rasch in Kufa durchgeführt worden war. Auf 150 Lederhäuten waren die Zeichen eingekritzelt, mit denen mehrere tausend Männer bezeugten, daß sie Husain als Imam und als Beherrscher der Gläubigen haben wollten.

Alle vier Boten und die bekritzelten Lederhäute kamen in Medina an – in der Hoffnung, Husain werde sich sofort zur Abreise nach Kufa entschließen. Der aber zögerte. Husain hatte die Beispiele von Ali und Hasan vor Augen, die beide letztlich gescheitert waren, weil sie im Stich gelassen worden waren. Husain fürchtete die Anfälligkeit der »Schiat Ali« für rasche Stimmungsumschwünge, die, deutlich gesagt, in Verrat gemündet hatten. Husain hatte allen Grund zur Furcht, daß ein offenes Eintreten für die Rebellen im Zweistromland mit dem Tod enden könnte. Natürlich reizte es ihn, trotz aller Bedenken, noch einmal zu versuchen, der Familie des Propheten ihr Recht zu regieren zu erkämpfen. Das Abenteuer erschien ihm äußerst gefährlich. Um sich abzusichern, schickte er einen Kundschafter voraus nach Kufa. Sein Vetter Muslim Ibn Akil schien ihm der geeignete Mann dafür zu sein. Von seinen Berichten erhoffte sich Husain die nötigen Informationen, um dann in Ruhe und mit Überlegung entscheiden zu können, ob er selbst den Ritt wagen sollte.

Muslim Ibn Akil hatte den Auftrag, in Kufa nicht als Kundschafter der »Heiligen Familie« aufzutreten, sondern als Kaufmann aus Medina, der in Geschäften unterwegs war. Die Situation, die Muslim Ibn Akil in Kufa vorfand, war für Husains Vorhaben wenig ermutigend: Die Begeisterung der Einwohner von Kufa für den Nachfahren des Propheten Mohammed war deutlich abgeflaut. Wieder war nach wenigen Wochen der Begeisterung ein Umschwung zur Gleichgültigkeit eingetreten. Es hatte sich sogar Furcht in Kufa breitgemacht.

Nicht mehr der geschickte Ziad, der adoptierte Halbbruder des einstigen Kalifen Muawija, war der Vertreter des Herrscher über das Islamische Reich. Auf dessen Posten hatte Jezid, der Nachfolger des Muawija, einen Beamten namens Numan Ibn Bashir geschickt. Er war ein harter Repräsentant der Macht seines Herrn in Damaskus. Sein Prinzip war: Keine Schwäche zeigen gegenüber der »Schiat Ali«. Er wußte Bescheid über die Reiter, die heimlich auf den Wüstenrouten nach Medina unterwegs waren. Den Sippen in Kufa teilte er mit: »Ich weiß genau, was bei euch und in euch vorgeht. Ich werde allerdings geduldig abwarten. Erst wenn der Beweis vor mir liegt, daß ihr euch gegen den rechtmäßigen Kalifen Jezid stellt, wird euch mein Schwert treffen.«

Der Kalif in Damaskus aber benötigte ein rasches Ergebnis der Bereinigung der Situation im Zweistromland. Die Region um Euphrat und Tigris besaß eine Brückenfunktion in der strategischen Verbindungslinie zwischen Arabien und Persien. Von Persien kam jetzt der Reichtum des Islamischen Staates – und auf Gold, Edelsteine, feine Gewebe und Gewürze aus dem Osten wollte Jezid nicht verzichten.

Numan Ibn Bashir galt bald nicht mehr als Garant für die Stabilisierung der Situation an den großen Flüssen. Er wurde durch Ubeid Allah Ibn Ziad ersetzt. Dieser war der Sohn des legendären Ziad, des Halbbruders von Muawija. Wie sein Vater verfügte Ubeid Allah Ibn Ziad über eine Vielzahl von Tricks, die er einsetzen wollte, um die wahre Stimmung in Kufa zu erkunden.

An einem späten Nachmittag kam der neue Gouverneur mit einer kleinen Begleitmannschaft von Berittenen in der Provinzhauptstadt am Tigris an. Auf die Frage der Torwächter, wer der Fremde sei, der sein Gesicht nicht zeigen wollte, antwortete einer der Begleiter:

»Husain ist angekommen!« Da gaben die Torwächter den Weg frei und die Gruppe ritt langsam in die Stadt.

Nach wenigen Minuten trafen die Fremden auf ganz offenbar begeisterte Anhänger der »Schiat Ali«. Der Schrei »Husain ist gekommen!« war überall zu hören. Der Schrei steigerte sich an Lautstärke – er löste Glücksgefühl aus. Die Stunde war gekommen, auf die fast alle gewartet hatten: »Der Einzige und Einmalige« war jetzt in der Stadt, der das Recht hatte, sich Kalif zu nennen und der als Beschützer der Gläubigen wahrhaftig akzeptiert wurde.

Der bisherige Gouverneur Numan Ibn Bashir, der noch nichts von seiner Absetzung gehört und der keine Ahnung hatte, daß sein Nachfolger unterwegs war, ließ die Tore seines Amtsgebäudes schließen. Als der vermeintliche Husain vor dem Gebäude erschien, rief er ihm zu: »Verlaß Kufa rasch. Steige hier nicht ab. Du wirst in dieser Stadt schmachvoll zu Grunde gehen. Ich will nicht, daß es dereinst heißen wird, Husain, der Sohn des Ali, der Enkel des Gesandten Allahs, sei vor dem Haus des Numan Ibn Bashir umgebracht worden!«

Jetzt erst gab sich Ubeid Allah Ibn Ziad, der neue Gouverneur, zu erkennen. Die Begeisterung der Masse schlug um in Panik. Von Furcht gepackt, rannten die Frauen, Männer und Kinder davon. Jeder suchte Zuflucht in seinem Haus. Die Türen wurden verriegelt. Straßen, Gassen und Plätze waren verlassen.

Ubeid Allah Ibn Ziad wartete keinen Augenblick ab. Er gab seine Befehle. Anordnung Nummer 1: Die Bewohner von Kufa hätten zu prüfen, ob in der Verwandtschaft oder in den Familien der Nachbarschaft irgend jemand im Verdacht stehe, zu den Anführern der »Schiat Ali« zu gehören. Verdachtsmomente seien zu melden. Argwohn legte sich auf Kufa. Keiner konnte mehr dem anderen trauen.

Husains Vetter Muslim Ibn Akil versteckte sich bei Getreuen der »Schiat Ali«. Sicher war er dort allerdings nicht, denn überall waren Späher unterwegs in Kufa. Ubeid Allah Ibn Ziad ließ verlauten, daß er den Verdacht hege, ein Agent aus Husains Familie halte sich in Kufa auf.

Der Verdacht des neuen Gouverneurs konzentrierte sich bald auf ein Gebäude und auf einen Familiensheikh. Der Mann wurde in den Amtssitz des Ubeid Allah Ibn Ziad gebracht. Der Vorgeladene verschwieg nicht, daß er voll Sympathie für Husain und dessen Sache sei. Er leugnete nicht einmal, mit Husain in Verbindung zu stehen.

Ubeid Allah Ibn Ziad wurde wütend über so viel Kühnheit und Aufsässigkeit. Er verlor die Beherrschung und prügelte auf den Parteigänger der »Schiat Ali« ein. Der Mißhandelte war allerdings ein angesehener Mann in Kufa. Die Nachricht von den Vorfällen im Haus des neuen Gouverneurs erregte die Gemüter. Sie rotteten sich zusammen und brüllten Haßgesänge gegen Ubeid Allah Ibn Ziad. Doch sie konnten ihre Wut an niemand auslassen: Das Gouverneurshaus war wie eine Festung. Da sich drinnen nichts regte, ging die Menge bei Anbruch der Dunkelheit auseinander. Allmählich zog wieder Ruhe ein in Kufa.

Die Späher des Ubeid Allah Ibn Ziad waren inzwischen nicht untätig gewesen: Sie hatten Muslim Ibn Akil schließlich entdeckt und verhaftet. Wieder brach Entrüstung los in der Stadt. Geordnete Gruppen zogen diesmal los zum Hauptplatz. Sie brachen in weinendes Geheul aus, Frauen schlugen sich gegen die Brust. Ubeid Allah Ibn Ziad reagierte zunächst nicht. Erst als sich die Menschen erneut beruhigt hatten, entschloß sich der Gouverneur zu einer drastischen Maßnahme: Muslim Ibn Akil wurde auf das Dach des Gebäudes gebracht, in dem Ubeid Allah Ibn Ziad residierte. Der Vertraute des Husain mußte sich am äußersten Rand der Dachfläche aufstellen, direkt über dem großen Platz. Dort versammelten sich bald schon wieder die Frauen, Männer und Kinder von Kufa. Als die Masse den Platz füllte, gab der Gouverneur dem bereitstehenden Schafrichter ein Zeichen. Der schlug mit seinem Schwert so geschickt zu, daß der Kopf des Muslim Ibn Akil durch die Luft wirbelte und mitten unter die Menschen flog. Ein heulender Aufschrei war die Folge.

Ubeid Allah Ibn Ziad hatte, für alle sichtbar, ein Zeichen gesetzt. Jeder begriff, daß an eine Machtergreifung durch die »Schiat Ali« nicht zu denken war. Kaum einer war noch geneigt, die Ambitionen des Husain zu unterstützen.

Der Prophetenenkel, der bisher so vorsichtig gehandelt hatte, war inzwischen unruhig geworden – die erwarteten Berichte aus Kufa waren ausgeblieben. Husain hatte sich entschlossen, nicht länger abzuwarten: Er hatte Medina verlassen und war bereits unterwegs ins Zweistromland.

Die Karawane umfaßte 20 Kamele, die Sänften trugen, in denen Husains Frauen und Kinder untergebracht waren. 100 Bewaffnete auf Pferden und Kamelen umringten Husain und seinen »Haushalt«. Den direkten Weg von Zentralarabien nach Kufa mied Husain aus Sorge vor Patrouillen des Umajadenclans. Er wählte ungewöhnliche Pfade durch die Steppe, die sich von den Küstenzonen des Roten Meeres bis zum Euphrat erstrecken – Kufa liegt an einem rechten Seitenarm des großen Flusses.

Drei Wochen lang dauerte der Ritt durch trostlose Gegenden, dann erreichten Husain, sein »Haushalt« und die Getreuen das kleine Dorf Kadesia – es liegt zehn Kilometer vom Euphrat entfernt, im Nordwesten von Kufa.

Im Dorf Kadesia erfuhr Husain von der Hinrichtung seines Vetters Muslim Ibn Akil. Die Hoffnung, in Kufa unter Freudengeschrei der Bewohner einziehen zu können, zerstob. Kufa, das wußte Husain jetzt, blieb ihm verschlossen. Damit wurde ihm klar, daß er kein Machtzentrum, keine Hauptstadt besaß – eine Perspektive für die Zukunft existierte nicht mehr.

Husain mußte feststellen, daß ihm sämtliche Wege abgeschnitten waren. Berittene Streitkräfte aus Medina waren der Karawane des Husain gefolgt, wenn auch in großem Abstand. Die Männer aus Medina hatten den Befehl, zu verhindern, daß die Familie und die Anhänger des Prophetenenkels zu ihrem Ausgangspunkt zurückkehrten. Die umajadisch orientierten Mächtigen in den geheiligten Städten wollten die unruhigen Geister der Prophetennachfahren auf keinen Fall mehr in ihrer Umgebung dulden.

Der Rückweg war abgeschnitten, der Pfad in Richtung Kufa war blockiert. Ubeid Allah Ibn Ziad hatte Fußvolk und Reiterei so postiert, daß sie einen Riegel bildeten. Husain bemerkte die Gefahr der Umzingelung. Aus Sorge, vom Wasser abgeschnitten zu werden, verlegte er sein Lager näher an den Euphrat heran. Er wollte sich auf eine lange Verhandlungszeit mit dem Gegner einrichten. Seine Chance bestand darin, sein Prestige als Enkel des Propheten Mohammed auszuspielen. Ihm war bewußt, daß ganz besonders die einfachen Kämpfer Ehrfurcht vor ihm empfanden.

Die Situation wurde bedrohlicher, als sich von Westen her ein Heer näherte, das in Damaskus aufgebrochen war. Sein Befehlshaber hatte eindeutig die Order, das Haupt der »Schiat Ali« zu töten, und der Schiitenbewegung insgesamt das Rückgrat zu brechen.

Die ersten Gespräche zwischen Husain und dem Kommandeur der Bewaffneten aus Damaskus war geprägt von erlesenen Formen arabischer Höflichkeit. Der Befehlshaber der Umajadentruppe betonte, er schätze die Ehre, dem Enkel des Propheten Mohammed gegenüberstehen zu dürfen. Husain aber ließ durchblicken, daß er sich der Autorität des Kalifen Jezid beugen werde, wenn er mit seiner Familie und den Getreuen unbehelligt nach Medina zurückkehren könne. Husain bot schließlich an, er werde seine irdische Existenz zurückgezogen beenden, wenn ihm ein Haus in der Nähe einer heiligen Stätte zugewiesen würde. Schließlich verzichtete Husain auf alle Ansprüche, die sich aus seiner Abstammung ableiten ließen. Der Verzicht schloß auch seine Nachkommen ein. Daß ihm diese Wünsche abgeschlagen werden würden, hielt der Prophetenenkel für ausgeschlossen. Doch der Befehlshaber besaß keine Vollmacht für Zugeständnisse. Er gab die Kompromißvorschläge an Ubeid Allah Ibn Ziad zur Entscheidung weiter.

Der Vertreter der Umajaden in Kufa aber wollte für alle Zeit den Umtrieben der »Schiat Ali« ein Ende bereiten. Eine Spaltung der islamischen Religion in zwei Glaubenssphären glaubte Ubeid Allah jetzt und an diesem Ort verhindern zu können – und damit zugleich auch eine Spaltung des Islamischen Reiches. Mit dem Tod des Husain, davon war der Gouverneur überzeugt, war die Einheit von Glaube und Reich bewahrt.

Kerbela wird zum Begriff von Husains Märtyrertum

Kerbela heißt der Ort, der am nächsten lag zum Lagerplatz der Karawane des Husain, ein unbedeutender Ort, der aus wenigen Lehmhütten bestand. Irgendwann in früher Geschichte des Islam soll der Feldherr Khaled Ibn al-Walid, der den Ehrentitel »Schwert Allahs« führte, in einer dieser Lehmhütten übernachtet haben.

Am Nachmittag des 9. Oktober 680 n. Chr. kämpfte der Umajadenkommandeur Umair Ibn Sa'd mit einem Gewissenskonflikt: Es wurde von ihm erwartet, daß er Husain tötete. Doch dieser hatte Scheu davor, das Blut eines Mannes zu vergießen, der in direkter Linie vom Gesandten Allahs abstammte. Als gläubiger Moslem mußte er annehmen, daß der Prophet am Tag des Jüngsten Gerichts neben Allah sitzen würde, um Gericht zu halten über die Menschen. Dann war auch das Urteil über ihn, den Umajadenkommandeur, fällig – es konnte nur in ewiger Verdammnis münden, wenn er Husain tötete. Um der Hölle zu entgehen, versuchte der Befehlshaber Umair Ibn Sa'd Husain zur freiwilligen Aufgabe zu bewegen. Das Problem, was mit dem Prophetenenkel zu geschehen habe, mußte dann von Ubeid Allah Ibn Ziad gelöst werden, und nicht von ihm, einem untergeordneten Befehlshaber. Doch Husain hatte beschlossen, sich auf keinen Fall dem Gouverneur des Hauses Umaja zu ergeben.

Bemerkenswerte Erkenntnisse soll Husain während der letzten Nacht seines Lebens geäußert haben. Der Tag war heiß gewesen, erst nach Mitternacht hatte der Wind Kühlung gebracht. Husain sprach mit den Männern seiner Verwandtschaft. Überliefert ist, daß Husain gesagt habe, der Prophet habe den Menschen insgesamt den Islam geschenkt und den Koran als das Wort Allahs. Doch, so meinte Husain, wäre es besser gewesen, wenn Ali, Hasan und er sich zurückgehalten hätten. Streit sei entstanden, Spaltung und Zwist.

Nur für kurze Zeit fand Husain Schlaf in dieser Nacht. Bei Sonnenaufgang aber erfüllten ihn tröstliche Gedanken. Den Vertrauten erzählte er, der Prophet Mohammed sei ihm erschienen. Dies seien seine Worte gewesen: »Am Abend wirst du bei mir im Paradies sein. Unbedeutend ist der Schritt vom Leben zum Tod und doch beendet er alle Leiden. Ich habe dir versprochen, daß du eingehen wirst ins Paradies. Mein Wort soll dir Vertrauen geben.«

Als Husain diese Worte sprach, weinten die Frauen, die ihm zuhörten. Er aber verlangte Beherrschung: »Wenn ihr weint«, so meinte er vorwurfsvoll, »lacht unser Gegner. Wer von uns will dem Haus Umaja das Lachen gönnen?«

Da Husain nicht kapitulieren wollte, blieb ihm nur der Kampf mit der Waffe. Doch er war sich auch bewußt, daß er sich auf seine Stimme, auf seine Sprachgewalt verlassen konnte. Der Prophetenenkel bestieg, als die Sonne halbhoch am Himmel stand, sein Kamel, um seine Worte über den Kreis der Verwandten und Anhänger hinaus, vor allem den Feinden hörbar zu machen. Den Moslems, die sich Schiiten nennen, sind die Worte des todgeweihten Husain heute heiliger denn je:

»Wißt ihr denn nicht, daß ich der Sohn Fatimas bin, der Tochter des Gesandten Allahs? Ich bin der Sohn des Ali, des ersten Gläubigen im Islam, zu dem der Prophet Mohammed gesagt hat: ›Dein Fleisch ist mein Fleisch, und dein Blut ist mein Blut.‹ Bin ich nicht Hasans Bruder, von dem der Gesandte Allahs gesagt hat: ›Dieser Jüngling Hasan ist der Beherrscher aller Bewohner des Paradieses.‹ Wenn ihr Moslems seid, und wenn ihr zum Volk meines Großvaters gehört, wie wollt ihr dann am Tag der Auferstehung die Feindschaft mit mir rechtfertigen? Verehren doch die Christen sogar den Staub, der sich unter den Hufen des Esels von Jesus befand, und die Juden verehren die Spur, die sich von Mose erhalten hat. Ihr aber wollt mein Blut vergießen, obgleich ich bei Mohammed hoch angesehen war? Bin ich ein Mörder? Bin ich ein Räuber?«

Schließlich wandte sich Husain an die Männer von Kufa, die sich bei Kerbela eingefunden hatten: »O ihr Männer aus Kufa! Ich lebte zurückgezogen an den heiligen Stätten des Propheten, bis ihr mich schriftlich aufgefordert habt, als Beherrscher der Gläubigen zu euch zu kommen. Wenn ihr euch die Gnade Allahs erhalten wollt und die Fürsprache meines Großvaters, so laßt mich nach Mekka zurückkehren, denn mich reizt keine weltliche Macht mehr.«

Die Überlieferung besagt, Husain habe lange geredet. Die Vernunft sprach er an und das Gefühl; er benutzte Argumente und Worte der Poesie. Husain glaubte, er könne sich durch Zeitgewinn die Möglichkeit schaffen, Zugang zu den Herzen der Zuhörer zu finden. Er ließ sich nicht durch die Ungeduld der Umajadensheikhs beirren. Seine Stimme hielt durch bis zur Stunde der Mittagshitze. Kehle und Zunge waren ausgetrocknet. Da sei ganz plötzlich Abbas Ibn Ali an Husain herangetreten und habe ihm eine Schale mit Wasser gereicht.

Der Name des Mannes besagt, daß er der Sohn des Ali war, ein Halbbruder des Husain. Ihm war es gelungen, den Ring der Gegner um das Lager des Husain zu durchbrechen, um zum Euphrat zu gelangen. Dort hatte er Wasser geschöpft, das er dann dem durstigen Redner überreichte. Von Abbas Ibn Ali wird erzählt, er sei ein Wunschkind seines Vaters Ali gewesen. Ali hatte gewollt, daß er einen Sohn habe, der als Reiter besser sei, als jeder andere in Arabien. Um diesen Sohn zu bekommen, habe sich Ali eine Frau aus einem Stamm ausgewählt, dessen Männer dafür berühmt waren, schnell und ausdauernd zu reiten. Der Wunsch des Ali sei erfüllt worden. Abbas habe sich zum Ideal in Ritterlichkeit und Tapferkeit entwickelt. Im Kampf bei Kerbela habe Abbas, so wird berichtet, seinen Halbbruder Husain unterstützt. Als Husain die Aussichtslosigkeit seiner Lage erkannt hatte, forderte er seine Verwandten und Gefährten auf, sich in Sicherheit zu bringen, solange dazu noch die Möglichkeit bestand. Abbas Ibn Ali aber lehnte diesen Vorschlag ab mit den Worten: »Genau dies werden wir nicht tun! Wie können wir weiterleben, wenn du den Tod gefunden hast?«

Die ersten Angriffe der Umaja-Bewaffneten wurden von Husains Männern abgewiesen. Die Historie schiitischer Tradition erzählt, Husain habe mit außerordentlicher Tapferkeit gekämpft. Mehrere der Gegner seien durch sein Schwert tödlich verwundet worden. Husain habe das Zentrum des Widerstands gebildet – zusammen mit Abbas Ibn Ali. Von ihm wird berichtet, er habe das Banner des Husain hochgehalten. Legenden haben sich erhalten von der Statur des Ali-Sohnes. Groß und kräftig sei er gewesen. Selbst wenn er auf dem Pferd ritt, hätten seine Füße am Boden Abdrücke hinterlassen. Seine Tapferkeit wird gerühmt: Mehrmals sei ihm der Durchbruch zum Euphrat gelungen; so habe er in der Mittagshitze für die durstigen Frauen und Kinder Wasser besorgen können. Dabei war Abbas von einem Rudel der Feinde attackiert worden, doch er habe sie auseinandergetrieben, »so wie ein Wolf eine Herde Lämmer verängstigt«. Schließlich habe Abbas Ibn Ali seine rechte Hand im Kampf eingebüßt, habe aber mit der linken Hand weitergefochten.

Das Gefecht zog sich hin bis in den Nachmittag. Als Abbas Ibn Ali getötet wurde, da soll Husain ausgerufen haben: »Nun ist meine Stärke dahin!« Die Kräfte der Verteidiger ließen nach. Eine geordnete Verteidigung war nicht mehr möglich: Husains Männer wurden auseinandergetrieben – nun waren sie die Lämmer, verfolgt vom Wolf. Husain, schwerverwundet, habe sich noch zum Euphrat durchschlagen können. Einen Schluck Wasser trank er noch, dann wurde er durch Schwerthiebe getötet. Schiitische Historiker wissen Bescheid über die Verwundungen des Husain: Er blutete aus 34 Schwertwunden und aus 33 Pfeilwunden.

Blutrausch packte nun die Kämpfer des Hauses Umaja. Sie drangen zu den Zelten der Frauen des Husain durch. Manche ließen sich dazu hinreißen, kleine Kinder im Sand zu zertreten. Umair Ibn Sa'd, der Befehlshaber der Bewaffneten aus Damaskus, der seine »Blutschuld« gegenüber der »Heiligen Familie« gering halten wollte, gab sich Mühe, derartige Brutalitäten zu verhindern. Er hatte schließlich Erfolg.

Dem toten Husain wurde der Kopf abgeschlagen. Umair Ibn Sa'd übergab den Kopf einem Mann aus seiner Begleitung, der ihn nach Damaskus bringen sollte. Dieser Bote sollte dem Herrscher den Tod des Husain so schildern: »Es währte nicht lang. Der Übergang zum Tod brauchte nur so lang, wie es dauert, bis ein geopfertes Kamel stirbt.«

Den kopflosen Leib des Husain ließen die Sieger im Sand liegen. Er wurde einige Tage später von Männern aus dem Dorf Kerbela bestattet – so, wie man ein totes Tier verscharrt. Den Dorfbewohnern war die Bedeutung dieses Toten nicht bewußt.

Kalif Jezid war nicht glücklich über den Ausgang dieses Kampfes bei Kerbela. Er spürte, daß künftig mit einem Märtyrer zu rechnen war. Der tote Husain konnte gefährlicher sein als der lebende. Eigentlich hatte Jezid nur die Umtriebe der »Aliden« unterbinden wollen, der Nachkommen des Ali. Doch nun war Blut geflossen. Die »Schiat Ali« hatten jetzt einen Heiligen, eine Symbolfigur.

Kalif Jezid konnte das Geschehen nicht mehr ändern, doch wollte er zumindest das Unglück nicht vergrößern. Er wies Umair Ibn Sa'd an, die Überlebenden, meist Frauen und Kinder, in guten Quartieren der Stadt Kufa unterzubringen. Der Befehl wurde befolgt.

Vor Schwäche und Kummer taumelnd trafen die Frauen in der Stadt ein, von der sich die Sippe des Husain Erfolg und glückliche Zeiten erhofft hatte. Die Neugierigen aus der Stadt, die am Tor gewartet hatten, begannen sofort zu weinen und verfielen bald in Ausbrüche der Hysterie. Gellende Schreie der Frauen waren zu hören, in selbstquälerischen Posen, in Verrenkungen kauerten die Männer am Boden. Sie jammerten weniger über den Tod des Husain, als über das eigene Versagen, über die eigene Schuld am schmählichen Ende des Prophetenenkels. Zu bemerken war, daß sich die »Aliden«, die Nachkommen des Ali, in schiitischer Vorstellung innerhalb kurzer Zeit in das edelste Geschlecht verwandelt hatten, das jemals auf dem Boden der islamischen Welt gelebt hat.

Der Fluch der Zeinab Bint Ali

Zu den Frauen, die erschöpft durch die Gassen von Kufa taumelten, gehörte auch Zeinab Bint Ali, die Schwester des toten Husain. Sie wird von den Schiiten, auch in der Gegenwart, als mutige Frau verehrt. Überliefert ist, daß sich Zeinab mit schroffen Worten an die Jammernden wandte, die am Wegrand standen: »Warum weint ihr? Etwa wegen unseres Schicksals? Ihr habt uns durch Briefe und Boten hierhergelockt. Dann haben eure Männer unsere Männer erschlagen. Unsere Kinder wurde von euren Leuten umgebracht! Jetzt seid ihr es, die weinen!«

Von Kufa wurden die Gefangenen nach Damaskus deportiert. Sie mußten den langen Weg nicht zu Fuß zurücklegen. Die Frauen konnten ihre Kamelsänften benützen, die repariert worden waren. Die wenigen männlichen Überlebenden durften reiten. In Damaskus angekommen, wurden sie vom Kalifen Jezid erwartet. Dieser begegnete den Frauen mit geringem Interesse. Er wollte vor allem den abgeschlagenen Kopf des Husain sehen. Zu den Frauen, die Zeugen waren im Hof der Umajadenresidenz, gehörte auch Zeinab. Sie nahm allen Mut zusammen und trat auf den Kalifen zu. Mit starker Stimme sprach sie: »Du bist der Mörder der Familie des Propheten. Der Zorn Allahs wird dich und deine Familie für alle Zeit und für die Ewigkeit treffen. Du und die Deinen seien verflucht!«

Seit Zeinabs Fluch gilt der Kalif Jezid für die Schiiten als Verkörperung des Teufels. Wenn die Schiiten glauben, jemand füge ihnen Böses zu, wird er mit dem Kalifen Jezid gleichgesetzt. Im 20. Jahrhundert widerfuhr dies dem iranischen Schah Mohammed Reza Pahlawi – im 21. Jahrhundert widerfährt dies den amerikanischen Besatzern des Irak.

Zeinab hat damals im 61. Jahr islamischer Zeitrechnung – es war das Jahr 680 n. Chr. – der »Schiat Ali« ein Beispiel für Mut gegeben. Sie war in Damaskus keiner weiteren Verfolgung ausgesetzt, Kalif Jezid hielt sich zurück. Zeinab hat ihre letzte Ruhestätte in Damaskus gefunden. Außerhalb der Stadt an der Fernstraße zur Provinz Hauran liegt ihre Grabmoschee. Sie befindet sich im nicht-schiitisch orientierten Gebiet Syriens. Sie ist heute ein prächtiges Bauwerk im persischen Stil. Jahrhundertelang war das Grab der Zeinab ein schmuckloses Mausoleum gewesen. Die Damaszener hatten sich nicht dafür interessiert – sie waren in der Mehrzahl keine Schiiten. Doch als im Jahr 1980 Iran und Irak Krieg gegeneinander führten, waren den zahlreichen iranischen schiitischen Gläubigen die Heiligtümer des Ali und des Husain im Irak verschlossen. Wenn sie Gedenkstätten des Ali und des Husain aufsuchen wollten, mußten diese Gläubigen von Iran aus nach Damaskus fliegen. Dort stand ihnen das Mausoleum der Zeinab Bint Ali, der Tochter des Ali und Schwester des Husain, zum Besuch offen.

Es waren die Ayatollahs des Iran, die den Schiiten ihres Landes die Pilgerfahrt nach Damaskus ermöglichten. Sie finanzierten den Ausbau des Zeinab-Mausoleums. Die Baumeister nahmen üppig ausgestattete Bethäuser in Teheran und der Stadt Qum zum Vorbild. Die Architektur wird beherrscht von Decken, die aus Tausenden von Spiegelstückchen bestehen und das Licht tausendfach reflektieren. Der Gläubige hat das Gefühl, er werde vom Licht des Paradieses umflutet, er stehe in einer Woge der Helligkeit.

Unter der Kuppel des Mausoleums befindet sich das Grab der Ali-Tochter. Es ist umgeben von einem silberglänzenden Gitter, das den Blick aufs Zentrum des Grabs verhindert. Im Dunkel dieses Zentrum ist von einem Sarkophag nichts zu erkennen.

Die Gläubigen drängen sich um das Silbergitter. Während ihres Gebets werfen viele ein Kleidungsstück auf den oberen Teil des Gitters – es soll dort hängenbleiben. Bleibt ein Schal oder ein Umhang zurück auf dem Grab der Zeinab, so hat der Gläubige das Gefühl, er sei aufgenommen in den Umkreis der »Heiligen Familie«.

Der Fremde, der sich in dieses Mausoleum hineinwagt, empfindet, daß die Gläubigen ihn ablehnen, ihn nicht einbeziehen wollen in ihre Glaubenswelt. Ihre Gesichtszüge sind streng und ernsthaft; da zeigt sich kein Lächeln. Der Gedanke an die Leiden des Märtyrers Husain vertreibt jedes Gefühl von Freude. Die Vision vom möglichen eigenen Märtyrertum in der Nachfolge der »Heiligen Familie« bestimmt das Denken.

Schiiten besuchen in der syrischen Hauptstadt noch ein weiteres Heiligtum: die Grabmoschee der Rokija. Die Frau war eine Schwester der Zeinab. Sie hatte ebenfalls die Schlacht von Kerbela erlebt und die Deportation über Kufa nach Damaskus. Dort war sie der Schwester zur Seite gestanden. Das Gebäude in der Damaszener Innenstadt ist klein und niedrig. Es ist nicht ratsam, als Fremder einzutreten. Wer nicht zur »Schiat Ali« gehört, dem wird deutlich gemacht, daß sein Besuch unerwünscht ist. Rokijas Mausoleum wird hauptsächlich von verschleierten und verhüllten Frauen besucht, die ganz offensichtlich mit Christen auch auf Entfernung nicht in Kontakt kommen wollen.

Nur wenige, die nicht zum engsten Kreis der gläubigen Schiiten gehören, wissen, daß sich der abgetrennte Kopf des Husain in einem Versteck der Umajaden-Moschee in Damaskus befindet: in einem Raum im Ostteil des großen Bauwerks. Schiiten suchen dieses Versteck auf. Keine Stadtbeschreibung gibt darüber Auskunft.

Außerhalb der Heiligtümer der Zeinab und der Rokija werden runde Plättchen verkauft, die – nach Ansicht der Gläubigen – aus dem blutgetränkten Sand von Kerbela gepreßt sind. Der Sand enthalte Spuren des Bluts des Märtyrers Husain, und wer beim Gebet seine Stirn auf eines dieser Plättchen drücke, der ziehe den Segen des Märtyrers Husain auf sich.

Die »Schiat Ali« spricht die Armen an

Wie berichtet wird, habe der Kalif Jezid kurz vor dem letzten Atemzug furchterregend aufgestöhnt. Die »Schiat Ali« sah darin ein Zeichen, daß der Kalif in diesem Augenblick seine Sünden erkannt habe, die besonders darin bestünden, den Tod des Prophetenenkels Husain angeordnet zu haben. Fortan lastete der Fluch der Zeinab Bint Ali auf den Regierenden der Sippe Umaja – davon sind die Schiiten überzeugt.

Als Todesjahr des Kalifen Jezid wird 680 angenommen. Der Nachfolger war rasch bestimmt – der Sohn folgte auf den Vater. Sein Name: Muawija II. Nach nur fünf Amtsmonaten starb dieser Herrscher. Vermutlich war er mit Gift umgebracht worden. Möglicherweise hat ihm die eigene Familie den Vorwurf gemacht, daß er die erneut anschwellende schiitische Gefahr verkannt habe. Einleuchtend unter diesem Gesichtspunkt die Handlungsweise der Sippe

Umaja: Sie war in Sorge, der schwache Muawija II. stelle sich der »Schiat Ali« nicht kraftvoll genug entgegen.

Mit dem Tod der Leitfiguren Ali und Husain war die Existenz der »Schiat Ali« keineswegs ausgelöscht. Die »Aliden« zeigten erstaunliche Aktivität: Am Ende des Freitagsgebets in der Moschee der Hauptstadt Damaskus machte sich ein Mann aus angesehener Familie bemerkbar: Laut lobte er die »Heiligkeit« des Ali und des Husain. Der Mann erregte deshalb Aufsehen, weil er Kommandeur der Leibwache des Kalifen Muawija II. gewesen war. Er war seit langem eine Säule des Machtsystems der Sippe Umaja gewesen. Jetzt aber griff er diese Sippe mit Vorwürfen an. Er mißbilligte den Machthunger des Kalifen Muawija II.

Der Hintergrund dieser Unruhestiftung in der Moschee blieb unklar. Vermutungen bieten sich an: Der Unzufriedene stammte aus Mekka und war offenbar dagegen, daß sich die Macht im Islamischen Staat von Mekka und Medina, von den Wirkungsstätten des Propheten Mohammed, in die Oasenstadt Damaskus verlagerte. Die Wüstenorte verloren immer mehr an Bedeutung – und damit büßten die Sheikhs der Beduinenstämme an Einfluß ein. Der Charakter des Islam begann sich zu verändern: War er bisher von der bescheidenen Lebensart der Beduinen geprägt gewesen, machte sich jetzt die Bequemlichkeit der Oasen-Bevölkerung breit und Reichtum gewann an Bedeutung. Der Prophet, Ali und Husain waren nicht sichtbar wohlhabend gewesen, nun aber begannen diejenigen das Leben der Gläubigen zu bestimmen, deren Ansehen auf ihrer Finanzlage beruhte. Möglich ist, daß der Unzufriedene in der Moschee auf diese Wandlung der islamischen Gesellschaft hinweisen wollte.

Die Gläubigen, die an jenem Freitag zum Gebet versammelt waren, protestierten gegen den Aufmüpfigen. Sie packten und verprügelten ihn, dann warfen sie ihn aus der Moschee. Diejenigen, die sich nicht daran erinnern lassen wollten, daß die Einflußreichen im Islam früher bescheidener auftraten, waren von der Sorge geplagt, die Oase Damaskus könne an politischer und wirtschaftlicher Bedeutung zugunsten von Mekka und Medina reduziert werden. Der Standort »Oase« garantierte ein hohes Einkommen, der Standort »Wüste« bedeutete ein karges Einkommen.

Doch vom Standort »Oase« profitierten eben nicht alle. Die Reichen gaben den Ton an und die Armen aber bildeten die Mehrheit.

Viele lebten im weiteren Umkreis des Kalifenpalastes in niederen Lehmhäusern. Wo die Armen hausten, war die Gegend trocken und staubig, litt unter Wassermangel. Die Kalifen der Sippe Umaja sorgten für sich und ihre soziale Schicht für Wasser. Sie hatten sich die Kontrolle über den Fluß Barada besorgt, der die Oase durchzieht. Der Fluß Barada – der Name Barada ist abgeleitet vom arabischen Wort »barid«, das »kühl« bedeutet, sogar »kalt« – speiste Kanäle, natürliche und künstliche. Der wichtigste der Baradakanäle, die das Oasengebiet durchzogen, wurde nach dem Kalifen Jezid benannt, der als »Mörder des Husain« bezeichnet wird: Der »Jezidkanal« ist das Symbol der Herrschaft der reichen Schicht. Sein Wasser gilt als besonders klar und erfrischend – es war dem Clan der Umaja vorbehalten. Die Gleichheit aller Gläubigen, die einst dem Propheten Mohammed wichtig gewesen war, wurde mehr und mehr durch Klassenunterschiede ersetzt.

In dieser Zeit der beginnenden sozialen Spannungen begannen sich viele im ganzen Land an Äußerungen des Ali zu erinnern, die zu Bescheidenheit aufgefordert haben. Ali hatte gesagt: Mohammed verachtete den Reichtum und schätzte ihn gering ein. Er wandte sich von Geld und Besitz ab. Er lehnte es ab, Prunkgewänder zu tragen; weil er sich nicht »erheben wollte über andere«.

In Damaskus fanden sich einfache Männer, die mit erstaunlichen Kenntnissen von Alis Aussagen hervortraten. Sie wußten von seinen Instruktionen, die sich mit der gerechten Verteilung des Reichtums befaßten – und mit der Verantwortung derer, die Eigentum besitzen: »Vergiß nicht, daß Allah Fürsorge auferlegt hat, gegenüber solchen, die nur geringe Mittel zum Lebensunterhalt besitzen. Sie sind angewiesen auf die Gerechtigkeit der Besitzenden. Am Tag, an dem Allah Rechenschaft fordert, werden diejenigen gefragt werden, die Eigentum besitzen, wie sie sich anderen gegenüber verhalten haben.«

Die Erinnerung daran machte sich breit, daß Ali gepredigt hatte, nur ein »gerechter Imam« dürfe die Gläubigen regieren – und daß er selbst ein solcher »gerechter Imam« gewesen sei. Die Frage wurde gestellt, ob aus der Familie Umaja ein solch »gerechter Imam« überhaupt erwachsen könne.

Rätselhafte Vorgänge in der Hauptstadt ergaben mannigfachen Gesprächsstoff unter Reichen und Armen. Walid Ibn Otba beispielsweise, ein reicher Mann, der früher einmal Feldherr des islamischen Heeres gewesen war, starb in der Moschee mitten im Gebet. Er war gerade beim zweiten Ausruf »Allahu Akbar« – »Allah ist der Erhabenste« – angekommen, da traf ihn der Dolch eines Mörders in den Rücken. Der Attentäter konnte nicht gefaßt werden. Die gängige Meinung der Wohlhabenden aber war: Die »Schiat Ali« hat zugeschlagen. Bekanntgeworden war, daß Walid Ibn Otba insgeheim Kandidat für die Nachfolge von Muawija II. gewesen war.

Die Sippe Umaja hatte mit der Ernennung eines neuen Kalifen zu lange gezögert. Dann aber entschied sich der Familienrat entschlossen und proklamierte Merwan I. Ibn al-Hakam zum »Beherrscher der Gläubigen«. Dies geschah im Jahr 684 n. Chr. Er starb allerdings bereits ein Jahr später.

Auch die »Schiat Ali« hat Probleme in der Nachfolgefrage

Ein Mann wurde gesucht, der dafür geschaffen war, »Imam« der »Schiat Ali« zu sein. Er mußte in direkter Linie vom Propheten Mohammed, dessen Tochter Fatima und dessen Schwiegersohn Ali abstammen. Führende Köpfe der »Schiat Ali« erinnerten sich, daß noch ein Sohn des Ali am Leben war. Von ihm war bekannt, daß er die heißen und blutigen Stunden des Kampfes bei Kerbela miterlebt hatte. Sie lagen vier Jahre zurück, und sie hatten sich ereignet im Jahr 61 der islamischen Zeitrechnung – im Jahr 680 n. Chr.

Ein Mann mit einer derartigen Vorgeschichte war der Idealfall für die Führungsposition der »Schiat Ali«. Er besaß das Recht der direkten Blutsverwandten, Rache zu fordern für den Tod des Husain. Doch dieser Mohammed zeigte keine Neigung, sich an die Spitze der »Schiat Ali« zu stellen. Er wollte sich nicht hineinziehen lassen in die Auseinandersetzungen der Vergangenheit. Der Vater, Ali, hatte sein Leben verloren, weil er nicht abseits stehen wollte; der älteste Bruder Hasan war unter seltsamen Umständen gestorben; der nächste der Brüder, Husain, hatte sich von der »Schiat Ali« an den Euphrat locken lassen. Mohammed, der jüngste der Brüder, hatte erlebt, wie Husains Blut vergossen wurde. Die Familie, so glaubte Mohammed Ibn Ali, hatte schon genügend Opfer gebracht. Er hatte kein Verlangen, sich in die Reihe der Märtyrer einordnen zu lassen.

Doch der Mann, der seine Kandidatur betrieb, kannte die Tricks des politischen Spiels. Sein Name war Muchtar; er hatte einst in einfacher Position bei Ali gedient. Bei Ali hatte Muchtar das Handwerk der Politik im Islam gelernt und er wußte, daß Ali, der Gerechte, noch immer eine Symbolfigur für die Armen war.

Ohne Wissen des Mohammed Ibn Ali verlas Muchtar Proklamationen, die Mohammeds Unterschrift trugen. Sie versprachen Gleichberechtigung für Unterdrückte, für Arme. Eine andere Proklamation verkündete, Mohammed Ibn Ali sei Herr über alles Wissen um Allah – von Husain habe er die Kenntnis vom Sein der himmlischen Sphären erhalten. So langsam entstand der Eindruck, dieser Mohammed sei unfehlbar.

Ihn behinderte jedoch ein Mangel, der nur schwer zu überwinden war: Er stammte nicht vom Propheten Mohammed ab und konnte nicht von sich sagen, in seinen Adern fließe das Blut des Gesandten Allahs. Dieser Mangel erklärt sich folgendermaßen: Die Mutter von Hasan und Husain war Fatima gewesen, die Tochter des Propheten. Alis Sohn Mohammed aber war von einer anderen Frau geboren worden, und so beruhte seine Zugehörigkeit zur »Heiligen Familie« allein auf der Abstammung von Ali. Er galt zwar als »Alide«, doch er war gegenüber Hasan und Husain eben nur ein »Alide« zweiter Klasse. Sein korrekter Name war Mohammed Ibn al-Hanafija. Die Bezeichnung Ibn al-Hanafija ging auf seine Mutter zurück.

Die Richtung in der »Schiat Ali« bestimmte nicht Mohammed al-Hanafija, sondern Muchtar. Er wollte den Kampf führen gegen die während der Umajadenherrschaft entstandene Adelsschicht. Seine revolutionäre Basis befand sich im Zweistromland: Muchtar sprach die Angehörigen der Hilfsvölker an, die im Osten des Islamischen Reiches für die Armee rekrutiert worden waren, denen jedoch die vollen Rechte als Moslems nicht zugestanden wurden. Diese Unterprivilegierten wurden zum Reservoir der sozialen Revolution, die Muchtar zu organisieren begann. Mohammed Ibn al-Hanafija übernahm nie wirklich Verantwortung innerhalb dieser revolutionären Organisation. Muchtar gab ihm keine Gelegenheit, Entscheidungen zu treffen. Mohammed Ibn al-Hanafija galt zwar als

»Bannerträger der Revolution«, doch erfuhr er zunächst nichts von dem, was an Euphrat und Tigris geschah.

In Kufa vollzog Muchtar ein furchtbares Blutgericht. Durch den Inhalt eines riesigen Korbes erfuhr Mohammed al-Hanafija davon: Im Korb befanden sich abgeschnittene Köpfe. Was sich ereignet hatte, konnte Mohammed al-Hanafija dem beigefügten Schreiben entnehmen: »Wisse, meine Nachsicht und Schonung ist zu Ende. Ich habe die Köpfe derjenigen, die Husain getötet haben, abgeschnitten. Ich übersende dir hiermit diese Köpfe. Das ist erst der Anfang der Bestrafung. Alle, die am Krieg gegen Husain teilgenommen haben, werden mit Allahs Hilfe aufgefunden und getötet werden. Der Friede Allahs sei mit dir!«

Die Verantwortlichen in Damaskus sahen sich veranlaßt, energisch einzuschreiten. Da die »Schiat Ali« im militärischen Sinne unorganisiert war, fiel dem Damaszener Heer der Einmarsch ins Zweistromland leicht. Der letzte Widerstand war bald zerrieben. Die Militärmacht aus Syrien dominierte wieder in Kufa.

Muchtar und Mohammed Ibn al-Hanafija hatten aus Kufa fliehen können. Die Historie weiß nach dieser Flucht nichts Bemerkenswertes über Mohammed Ibn al-Hanafija zu berichten. Möglich ist, daß er sich in das legendäre schluchtenreiche Bergland um Radwa zurückgezogen hat, das aus heutiger Sicht schwer zu lokalisieren ist. Überliefert sind seine Aussagen, er habe sich auf künftige Aufgaben vorzubereiten und komme wieder, um die Armen und Ausgebeuteten zu befreien.

Mohammed Ibn al-Hanafija scheint für seine Anhänger die Funktion eines Erlösers eingenommen zu haben. Der Erlösungsgedanke wurde nach und nach Bestandteil des Glaubens der Schiiten: Einer wird kommen, der dafür sorgt, daß Gerechtigkeit in dieser Welt regiert. Dieser eine – das wird zur Überzeugung – hat schon Erfahrungen mit dem Charakter und mit dem Verhalten der Gläubigen gemacht. Er zieht sich für lange Zeit zurück, um in der Meditation und im Zwiegespräch mit Allah die Einsicht und die Kraft für seine Funktion als »Mahdi«, als der »Geleitete«, zu erlangen.

Die »Shorter Encyclopaedia of Islam« informiert, daß schon der Prophet Mohammed bereits den Titel »Mahdi« eingeführt haben soll. Der »Mahdi« sei jemand, der sich am Ende der Zeit und der Welt zeigen wird. Als »Mahdi« wird Ali bezeichnet, der Schwiegersohn des Propheten Mohammed; er unterscheidet sich dadurch grundsätzlich von den drei Kalifen Abu Bakr, Omar und Uthman, die dem Ali vorangingen.

Dem Glauben an den »Mahdi« liegt eine eher pessimistische Weltsicht zugrunde: Es ist ganz selbstverständlich, daß der Mensch auf Irrwege gerät, und daß er wieder auf den rechten Weg gebracht werden muß. Im Lauf der Weltzeiten wenden sich die Menschen von Allah ab und orientieren sich auf Ideale zu, die mit dem Irdischen verhaftet sind. Letztlich wird die Überzeugung deutlich, daß am Ende der Menschheitsentwicklung die Ka'aba, das Heiligtum in Mekka, nicht mehr zu sehen sei, und daß die Schriftzeichen auf den Koranseiten verschwinden; niemand werde sich an die Worte des Koran erinnern. Die Gedanken der Menschen seien dann erfüllt durch Gedichte und Lieder weltlicher Art. Wenn die Menschen diesen Zustand – ferne von Allah – erreicht haben, werde der »Mahdi« erscheinen, um die Fehler und Irrtümer der Erdbewohner zu korrigieren.

Eine Sekte der Schiiten hat diesen Glauben an den »Mahdi« bis in unsere Zeit beibehalten. In präziser Form aber lebt diese Überzeugung im Glaubensgrundsatz nahezu aller Schiiten weiter, der »entrückte, der zwölfte Imam« werde wiederkehren.

Der »Mahdi«, der »Geleitete«, der Vorgänger des »Entrückten« starb um das Jahr 700 n. Chr. Für seine Anhänger ist er nicht gestorben. Sie warten auf ihn.

Die Abbasiden benützen die »Schiat Ali«

»Schläft das Haus Umaja? Oder wacht das Haus Umaja? Voll Verwunderung stelle ich diese Frage. Ich sehe glühende Kohlen unter der Asche glimmen. Bald wird die lodernde Flamme aufbrennen. Wenn die Klugen nicht die Glut ersticken, wird dieses Feuer bald Kopf und Rumpf des Reiches der Gläubigen verzehren. Krieg entzündet sich aus aufrührerischen Reden.« Um das Jahr 738 n. Chr. hat diese verzweifelten Worte der Statthalter des Hauses Umaja in den Grenzgebieten zwischen Zweistromland und Persien an seinen Dienstherrn, den Kalifen aus dem Hause Umaja in Damaskus geschrieben.

Dem Statthalter waren geheimnisvolle schwarze Fahnen gemeldet worden; sie wehten über vereinzelten Gebäuden der Städte um Euphrat und Tigris. Niemand konnte plausibel deuten, welchen Sinn die schwarze Farbe der Fahnen habe.

Hinter der Demonstration der schwarzen Fahnen mußte eine Organisation stecken. Ein Name wurde immer häufiger genannt: Abu Muslim. Verbreitet wurden Parolen, die Abu Muslim formuliert haben soll: »Mein Schwert wird die Verbrechen derer sühnen, die nicht auf unserer Seite stehen.« Die Rede war sogar von »unserer Partei« – gemeint sein konnte nur die »Schiat Ali«. Und Abu Muslim drohte: »Wer nicht zu unserer Partei gehört, dem wird das Grab ewiges Gefängnis sein!« Abu Muslim versprach Gerechtigkeit. Die Ketten der Unterdrückung sollten zerbrochen werden, die Armut sollte ein Ende finden.

Tausende Menschen sammelten sich um Abu Muslim. Er wurde zur Leitfigur des Kampfes gegen die Reichen, vor allem aber gegen den Clan der Umajaden.

Klassenkämpferische Parolen mischten sich mit religiöser Argumentation. Abu Muslim predigte den Zorn gegen den Kalifen, der seine geistlichen Aufgaben zu Gunsten der Methoden eines ausbeuterischen Königtums verraten habe. Die Schlußfolgerung war einfach: Hätte Ali damals, beim Tode des Propheten, die Macht in Mekka und Medina übernommen, hätte die gesellschaftliche Fehlentwicklung zu monarchischen und absolutistischen Herrschaftsprinzipien gar nicht geschehen können. Daraus ergab sich: »Die Befreiung vom Übel der Korruption und ein Ende des Verfalls der Moral der Obrigkeit ist erst dann möglich, wenn die Nachkommen des Propheten Mohammed die religiöse und weltliche Regierung übernehmen.«

Abu Muslim wartete ab, bis die Zahl der Männer, die ihm folgten, auf 50 000 angestiegen war. Dann zog er mit seinen Gefolgsleuten nach Kufa, in das traditionelle Zentrum des schiitischen Widerstands gegen die Umajaden. Die Truppen des Kalifen, die bisher in der Garnison Kufa stationiert waren, zogen rechtzeitig nach Westen ab. Ohne Widerstand vollzog sich die Machtübernahme und Abu Muslim konnte die riesige schwarze Fahne, die seinen Bewaffneten vorangetragen worden war, vom Dach des Gouverneursgebäudes in Kufa flattern lassen.

Am Freitag nach dem Einzug des Abu Muslim präsentierte dieser die Person, die der wahre Anführer der Rebellion gegen das Haus Umaja war. In der Moschee von Kufa erfuhren die gespannt wartenden Männer seinen Namen: Er hieß Abdallah Ibn Mohammed und war 24 Jahre alt.

Abdallah Ibn Mohammed war verwandt mit dem Propheten. Als seinen Stammvater gab er Abdallah Ibn Abbas an, einen Vetter des Propheten. Früh hatte er den Glauben des Islam angenommen. Zur Zeit der Rebellion des Abdallah Ibn Mohammed war in Vergessenheit geraten, daß dieser Stammvater lange Jahre eine Stütze des Hauses Umaja war. Er war jedoch deshalb in unangenehmer Erinnerung, weil er dem Ali einst geraten hatte, gar nicht erst für das Kalifenamt zu kandidieren. Seine Bemerkung aus dem Jahr 656 n. Chr. ist überliefert: »Du brauchst gar nicht erst das Wahlgremium aufzusuchen, du wirst ja doch nicht gewählt!«

Jetzt, im Jahr 749 n. Chr., war die Erinnerung an Abdallah Ibn Abbas makellos und in strahlendem Glanz. Abdallah Ibn Mohammed konnte sich darauf berufen, nahm den Namen des Stammvaters an und nannte sich Abdallah Abu Abbas. Ihm wurde am 28. November des Jahres 749 – nach christlicher Zeitrechnung – in Kufa gehuldigt.

Unmittelbar nach der Huldigung verkündete dieser sein Programm. Es war ganz deutlich vom Denken der »Schiat Ali« geprägt:

»Gepriesen sei Allah, der den Islam als das Edelste den Menschen gegeben hat. Unsere Familie aber hat Allah selbst zur würdigsten unter allen Sippen ausgewählt. Durch die Verwandtschaft mit dem Gesandten Allahs sind wir über alle anderen erhaben. Wir sind aus demselben edlen Stamm wie der Prophet Mohammed entsprossen. Allah hat uns im Islam einen hohen Rang zugewiesen. Im Koran hat Allah unsere Rechte festgelegt, in dem er sagte: ›Ich will euch durch die Familie des Propheten von der Sünde befreien und euch reinigen.‹ Ferner bestimmte Allah: ›Was dem Gesandten Allahs gehört, das bleibt für immer seinen Verwandten vorbehalten. Allah hat den Gläubigen unsere Vorzüge deutlich gemacht. Allah hat den Gläubigen vorgeschrieben, uns zu lieben und unsere Rechte zu achten. Allah hat uns durch einen großen Anteil an jeder Beute geehrt und bevorzugt. O ihr Bewohner von Kufa, ihr habt stets zu uns gehalten. Ihr habt mit festem Mut jede Tyrannei ertragen, bis die Zeit gekommen ist, daß Allah uns euch wieder als Herrscher geschenkt hat. Ihr sollt von uns bevorzugt werden. Ich erlaube euch, Blut zu vergießen bis die Rache vollständig ist.« Überliefert ist, daß Abdallah Abu Abbas am Ende des letzten Satzes von heftigem Schüttelfrost befallen worden sei.

Die Schwäche war bald überwunden und aus seinem Mund waren diese Handlungsprinzipien zu vernehmen: »Geduld ist eine edle Tugend, doch sie ist gottlos, wenn sie die Position des Herrschers schwächt. Behutsamkeit ist zu empfehlen, doch sie wird von Allah verdammt, wenn durch Behutsamkeit eine günstige Gelegenheit im Kampf für die gerechte Sache verpaßt wird!« Die Rebellion, die aus dem Osten hervorbrach, besaß eine derartige Gewalt, daß jeder Widerstand des Hauses Umaja zerbrach. Im Jahr 750 n. Chr. übernahmen die »Abbasiden« die Macht im Islamischen Reich. Der Umbruch war radikal: Kaum war Abu Abbas in den Kalifenpalast von Damaskus eingezogen, da ließ er die Gräber der Umajadenfamilie aufbrechen. Die Toten der Sippe wurden unter den Bögen der Umajaden-Moschee den Gläubigen präsentiert. Abu Abbas übte Rache für das, was den »Aliden« hundert Jahre zuvor angetan worden war.

Der neue Herrscher in Damaskus gab sich selbst den Namen »Al-Saffah« – der Blutvergießer. Arabische Historiker, die nicht zur »Schiat Ali« zu rechnen sind, glauben, daß 600 000 Menschen durch die »Rache der Abbasiden« damals ihr Leben lassen mußten.

Auch schiitische Historiker waren der Meinung, daß die Rebellion des Abu Abbas Unglück gebracht hatte. Da wird ein Brief zitiert, den Abu Muslim, der Organisator der Rebellion, an den Abbasidenkalifen Abu Dschafar Mansur geschrieben haben soll:

»Ich vertraute einem Mann aus dem Hause des Propheten. Er sollte mein Führer sein auf dem Weg zu Allah. Ich glaubte, durch diesen Mann die Erkenntnis der Wahrheit zu finden, doch er führte mich zum Irrtum. Er verdrehte und mißdeutete den Koran. Er tat dies mit Absicht. Reich wollte er werden und mächtig. Im Namen Allahs befahl er mir, das Schwert zu ziehen. Ich mußte jedes Gefühl des Mitleids aus dem Herzen verbannen. Den Gegnern durfte ich keine Entschuldigung gestatten. Kein Verzeihen war erlaubt. Ich unternahm alles, um eurer Familie den Weg zur Herrschaft zu öffnen. Plötzlich aber befreite mich Allah von meinem Irrtum.«

Abu Muslim sollte nach dieser heftigen Kritik an Abu Abbas nicht mehr lange leben: Er wurde im Auftrag des Kalifen erschlagen.

Beachtenswert sind die Reformen, die Abu Abbas einführte. Bislang hatten Araber eine Sonderstellung im Islamischen Reich eingenommen gegenüber den Menschen aus persischen Gebieten. Die Ungerechtigkeit der Klassentrennung zwischen arabischen und nichtarabischen Moslems verschwand. Damit löste sich das bisherige Übergewicht der Araber in der Bevölkerungsstruktur des Islamischen Reiches auf. Die Menschen aus dem Osten waren in der Überzahl. Die Kultur des Staates veränderte sich. Der Schwerpunkt hatte sich mit den Umajadenkalifen von Mekka und Medina nach Damaskus verlagert – jetzt bildete sich das Zweistromland als Zentrum heraus. Der »Schiat Ali« kam diese Bewegung entgegen. Sie hatte immer ihre Heimat an Euphrat und Tigris und in den Gebieten noch weiter im Osten gesehen. Kufa wurde allerdings nicht die Hauptstadt des Abbasidenstaates. Der Kalif Abu Dschafar al-Mansur legte im Frühjahr 762 n. Chr. den ersten Stein für die Mauern einer neuen Stadt in die Erde. Sie sollte Baghdad heißen. Der Name kann mit »Geschenk Gottes« oder »Garten der Gerechtigkeit« übersetzt werden. Die Vision des Kalifen sah den Bau einer runden Stadt vor, deren Struktur dem Herrscher absolute Sicherheit bieten sollte.

Zwei Mauern umschlossen ringförmig den Stadtkern. Der innere Wall war höher gemauert als der äußere. Vier Tore sicherten den Zugang zur Stadt. Die Straßen waren wie die Speichen eines Rades ausgerichtet auf das Zentrum, wo der Palast und die Moschee standen. Um die Sicherheit zu gewährleisten, konnte jeder Stadtteil vom anderen abgeriegelt werden.

Die Konstruktion der Stadt folgte dem Beispiel bereits existierender persischer Rundburgen. Baghdad war eine Stadt des Ostens. Sie war geprägt vom Mißtrauen des Herrschers gegen die Menschen draußen vor der Stadt, aber auch gegen die Menschen, die hinter den Mauern der kompakten Anlage lebten. Da gab es keine Möglichkeit mehr des Kontakts zwischen Herrscher und Volk.

Längst war der Gedanke vergessen, daß die »Schiat Ali« von den Abbasidenkalifen profitieren könnte. Die Ungerechtigkeit nahm schlimmere Formen an als zur Zeit der Sippe Umaja. Die »Heilige Familie« befand sich in einer Krise. Die Zeit der starken Persönlichkeiten an der Spitze der »Aliden« war vorüber. Und doch überlebt die Überzeugung, daß die Imame von Allah auch weiterhin gelenkt werden, so wie Ali, Hasan und Husain einst »den Funken Allahs« in sich gespürt haben.

Die Sonderstellung der Imame: Sie bewahren den Geist des Propheten Mohammed

Verworren erscheint der Fortgang der Imam-Geschichte zur Zeit der letzten Umajadenkalifen und der ersten aus der Abbasidensippe. Da wird der Imam Zain al-Abidin genannt. Dieser Name läßt sich mit »Schmuck der Frommen« übersetzen. Innerhalb der »Heiligen Familie« wurde seine Position so gesehen: Zain al-Abidin sei der Sohn einer persischen Prinzessin gewesen; sie sei einst von Ali seinem Sohn Husain geschenkt worden. Aus der Verbindung von Husain und dieser Prinzessin aus Persien sei der »Schmuck der Frommen« entsprungen.

Diese Erzählung zeigt die Öffnung der Alidensippe, die bisher rein arabisch ausgerichtet war, nach Osten. Die Bande der Blutsverwandtschaft der Ali-Nachkommen mit der persischen Aristokratie wird betont. Ein Zitat aus überlieferten Äußerungen des Propheten Mohammed erklärt die Klammer zwischen der »Schiat Ali« und Persien: »Die Familie des Propheten ist die beste im ganzen arabischen Volk – die Perser aber sind das beste Volk außerhalb Arabiens.«

Als berichtenswert gilt, daß Zain al-Abidin mit gewaltiger Sprachkraft und wortreich den Tod des Prophetenenkels Husain bei Kerbela zu schildern wußte. Dabei seien ihm Tränen über die Backen gestürzt. Wenn dieser Imam die Ereignisse von Kerbela erzählte, weinten auch die Zuhörer. Seine Wirkung auf die Emotionen der Gläubigen habe die Mächtigen in Damaskus geärgert. Die schiitische Tradition hält daran fest, daß dieser Imam vergiftet worden sei. Das sei im Auftrag der Umajaden geschehen. Zain al-Abidin wird zu den Märtyrern der Schiiten gezählt.

Nachfolger als Imam wurde der Sohn des Zain al-Abidin. Sein Name: Mohammed al-Baqir. Er gilt als der fünfte der Imame. Sein Großvater war Husain, der Prophetenenkel. Als der Prophetenenkel bei Kerbela im Oktober 680 sein Leben verlor, sei Mohammed al-Baqir gerade drei Jahre alt gewesen. Die schiitische Historie gibt die Überzeugung weiter, Mohammed al-Baqir sei noch von Husain selbst gesegnet worden.

Mohammed al-Baqir, so wird erzählt, konnte Wunder wirken: Er erweckte Tote zum Leben, er heilte Leprakranke und er machte Blinde sehend. 31 Wundertaten werden ihm zugeschrieben.

Der Phantasie entsprungen erscheint manche Geschichte, die von den Wunderkräften des Mohammed al-Baqir erzählt: Ein junger Mann habe ihn voll Verzweiflung aufgesucht. Sein Vater sei gestorben, sagte der Besucher, ohne Angaben zu hinterlassen, wo das Vermögen der Familie versteckt sei. Mohammed al-Baqir schickte den jungen Mann auf den Friedhof; dort werde sich ihm sein toter Vater zeigen. Tatsächlich trat dem Sohn der Tote entgegen, der allerdings gezeichnet war von Spuren des Höllenfeuers. Der Vater bereute, daß er zu Lebzeiten so viele Sünden begangen habe. Ehe der Vater wieder ins Grab zurücksank, nannte er noch das Versteck des Familienvermögens.

Andere Geschichten erzählen davon, daß der Imam Mohammed al-Baqir aus einer völlig vertrockneten Dattelpalme innerhalb kurzer Zeit süße Früchte wachsen ließ. Oder: Wo sein Fuß die Wüste berührte, sei frisches Wasser gesprudelt. In seiner Nähe brauchte niemand zu hungern und Durst zu leiden.

Über seine Stellung gegenüber Mensch und Welt sagte der Imam Mohammed al-Baqir, der Enkel des Märtyrers Husain: »Die Imame sind reine Menschen; die Männer aus der Familie des Propheten Mohammed sind frei von allen Sünden. Die ganze Welt steht unter der Herrschaft der Imame. Durch die Imame fällt das Auge der Gnade Allahs auf die Menschen. Wären die Imame nicht auf der Erde, müßten alle Menschen untergehen.«

Den Unterschied zwischen dem Propheten Mohammed und einem Imam sah der fünfte der Geheiligten, deren Reihe mit Ali anfängt, so: »Der Prophet Mohammed konnte die Offenbarung aus den Stimmen der Engel hören. Er sah die Engel in körperlicher Form vor sich. Der Imam hört ebenfalls die Stimmen der Engel, doch er sieht sie nicht.«

Die Gläubigen erinnerten sich später noch der Definition, die Mohammed al-Baqir vom Wesen des Imam geäußert hat: »Der Prophet Mohammed hat im Koran zwar die volle Wahrheit verkündet, gewisse Geheimnisse hat Mohammed jedoch für sich behalten. Diese Geheimnisse gab der Prophet an Ali weiter. Ali hat sie dann den Imamen Hasan und Husain anvertraut. Jeder Imam trägt die Geheimnisse weiter an die nächste Generation.« Als Mohammed al-Baqir starb, da ging die Umajadenherrschaft zu Ende; da erhob sich im Osten der Abbasidensturm (750 n. Chr.).

Mohammed al-Baqirs Nachfolger, der sechste Imam, war Dschafar as-Sadiq.

Der Abbasidenkalif Abu Dschafar al-Mansur (754 bis 775 n. Chr.), der im Zweistromland herrschte, verfolgte mit Hartnäckigkeit die Absicht, den Imam der »Schiat Ali« aus Medina wegzuholen, um ihn an Euphrat und Tigris besser unter Kontrolle halten zu können. Dem Befehl zur Abreise aus Medina widersetzte sich Dschafar as-Sadiq jedoch mit diesen Worten: »Ich vernahm, wie mein Vater von seinem Vater und der wiederum vom Großvater, dem Gesandten Allahs, ein kluges Wort übernommen hat. Dieses Wort lautet so: ›Der Mann, der seine Heimat verläßt, der wird ein Ziel erreichen; doch derjenige, der in seiner Heimat bleibt, der wird sein Leben verlängern.‹«

Imam Dschafar as-Sadiq zeichnete sich dadurch aus, daß er in seinem Haus islamische Denker aufnahm, die Alis Gedankenwelt weiterspannen, die Interpretationen neuer Art entwickelten, die neuen Einblick in den Willen Allahs gewannen. Bei ihm hat Abu Hanifa al-Numan Ibn Thabit Ibn Zuya, der als bedeutender Gelehrter gilt, eine geistige Heimat gefunden. Er ist im Jahr 81 der islamischen Zeitrechnung in Kufa geboren worden (700 n. Chr.). Seit der Ermordung des Ali in jener Stadt waren 40 Jahre vergangen.

Die schiitische Tradition legt Wert auf die Feststellung, Abu Hanifa stamme aus einer altehrwürdigen persischen Königsfamilie. Außerdem wird hervorgehoben, daß Ali voraussehend den Segen Allahs für Abu Hanifa erfleht habe.

Der junge Mann entwickelte sich zum gelehrten Kenner des islamischen Rechts – mehrfach ist ihm ein Richteramt angeboten worden. Der Kalif Dschafar al-Mansur hätte ihn gerne in seine Dienste genommen, doch Abu Hanifa lehnte die Abbasidenherrscher ab, er wollte nicht mit ihnen in Verbindung gebracht werden. Seinen Lebensunterhalt verdiente er als Tuchhändler in Kufa.

Gelehrte Männer des Islam beschäftigten sich zu jener Zeit mit der Frage, ob der Mensch nach freiem Willen handeln könne oder ob alles Tun im Buch Allahs vorbestimmt sei.

Der sechste Imam, Dschafar as-Sadiq, nahm folgenden Standpunkt ein: »Allah hat für vieles direkte Vorbestimmungen erlassen. Für andere Sachverhalte hat er unseren Willen eingesetzt. Die Vorbestimmung, die Allah getroffen hat, die bleibt uns verborgen. Was unserem Willen unterworfen ist, das wurde uns offenbart. Wir sollten uns deshalb weniger darum kümmern, was Allah für uns vorbestimmt hat, sondern um das, was wir beeinflussen können.«

Manche Spruchweisheit der Schiiten werden dem Imam Dschafar as-Sadiq zugeschrieben: »Wen Allah aus dem Sumpf der Sünde zu den Höhen der Gnade erhebt, der wird von Allah reich gemacht, ohne daß ihm Eigentum übertragen wird, der wird von Allah vor anderen ausgezeichnet, ohne daß ihm eine sichtbare Auszeichnung zuteil wird. Wer Allah ehrt, der wird von allen anderen Menschen geehrt. Wer Allah nicht fürchtet, der lebt selbst in Angst.«

Wenn die Überlieferung die Wahrheit sagt, dann hat Dschafar as-Sadiq ganz wesentlich dazu beigetragen, die Sonderstellung der »Heiligen Familie« zu festigen. Die Festigung bewirkt dieser Text:

»Als Allah sich entschloß, die Schöpfung zu beginnen, wurde die Erde ausgebreitet und der Himmel gespannt. Allah existierte damals allein als Autorität und Macht. Er warf einen Lichtstrahl, eine Flamme seines Geistes. Das Licht fiel auf kleine Partikel, aus denen Allah die Gestalt des Propheten Mohammed formte. Allah, der Allmächtige, sprach zu ihm: »Du wirst der erste sein, der sprechen wird. Dir habe ich mein Licht anvertraut. Um deinetwillen werde ich den Wassern freien Lauf lassen; um deinetwillen werde ich die Himmel aufrichten; um deinetwillen existieren Höllenfeuer und Paradies. Die Männer deiner Familie werden meinen Willen den Menschen mitteilen. Ich werde deinen Nachkommen das Wissen um meine Geheimnisse öffnen. Keine Wahrheit wird vor deiner Familie verborgen sein. Kein Geheimnis bleibt vor deiner Familie verhüllt.«

Und er soll dieses Fazit gezogen haben: »So sind wir das Licht von Himmel und Erde. In unsere Hand ist das Heil gelegt. Wir sind auserlesen aus der Menschheit. Wer sich an unsere Freundschaft klammert, der wird in diesem Leben davon profitieren – im Leben nach dem Tode aber werden wir ihm beistehen.«

Gestorben ist der sechste Imam im Jahr 765 n. Chr., es war das Jahr 148 islamischer Zeitrechnung. Auch Dschafar as-Sadiq gilt als Märtyrer: Der Kalif Abu Dschafar al-Mansur – er starb 775 n. Chr. – soll ihm vergiftetes Taubenfleisch vorsetzen haben lassen.

Die »Siebener Schiiten« – Die Ismailiten spalten sich von der »Schiat Ali« ab

25 Jahre lang hatte Dschafar as-Sadiq die Würde des Imam getragen. Sein Nachfolger, der siebte Imam, sollte ihn um acht Jahre übertreffen. Sein Name: Musa al-Kazim, der Sohn des sechsten Imam.

Seine Einsetzung war umstritten innerhalb der »Schiat Ali«. Dschafar as-Sadiq hatte zunächst seinen Erstgeborenen, der Isma'il hieß, mit dem Licht des hohen Amtes begnadet, doch dieser Isma'il war noch vor seinem Vater gestorben. Der plötzliche Tod löste Ratlosigkeit aus. Die Diskussion flammte sofort auf, ob es zulässig sei, in einem derartigen Notfall einen Ersatzmann für den Toten mit der Imamwürde zu betrauen. Viele theologisch geschulten Männer waren der Meinung, Allah habe ein Zeichen gesetzt: Die Zahl der Imame sei erfüllt. Andere aber sagten, Isma'il sei überhaupt nicht gestorben, er sei »entrückt«. Allah halte Isma'il verborgen vor den Augen der Gläubigen bis zu einem ganz bestimmten Tag, den nur Allah kenne.

Mit dem Tod des sechsten Imam durchfuhr ein Riß die »Schiat Ali«. Diejenigen, die den Ersatzmann Musa al-Kazim nicht anerkannten, verweigerten dem zweiten Sohn des verstorbenen Imam die Anerkennung mit der Begründung, es sei ganz unmöglich, daß dieser das Licht Allahs in sich trage. Da der Träger des Lichts, aus welchem Grunde, die ihm zustehende Würde nicht übernehmen könne, wollten sie fortan warten, bis der rechtmäßige Imam von Allah auf die Erde zurückgerufen werde. Die Gläubigen, die sich zu diesem Glauben bekannten, wurden fortan als »Sab'iyeh« bezeichnet, als Sekte der »Siebener Schiiten«. Ihre Anhänger leben noch heute in Indien, in Teilen von Persien und in Zentralasien.

Ehe Musa al-Kazim, nach Willen der Mehrheit, zum rechtmäßigen Imam bestimmt wurde, hatte er beweisen müssen, daß Allah ihn auserwählt habe. Die Legende erzählt, im Hof seines Hauses sei Brennholz aufgeschichtet und entzündet worden. Musa al-Kazim trat in die Flammen, ohne daß seinem Leib oder seinen Kleidern der geringste Schaden geschah. Von dieser Stunde an, bezweifelten nur noch die »Siebener Schiiten«, daß Musa Kazim sich zu recht Imam nennen ließ.

Im Jahr 786 n. Chr. wurde Harun al-Rashid Kalif und »Beherrscher der Gläubigen«. Er wollte seine Hauptstadt Baghdad in eine prachtvolle Stadt verwandeln. Das Geld dazu entnahm Harun al-Rashid dem Steueraufkommen, das fast ausschließlich von Bauern bezahlt wurde. Unterschiedlich hoch waren die Steuersätze. Die Bauern entrichteten mindestens ein Drittel bis maximal die Hälfte vom Wert ihres Jahresertrags an die Steuereinnehmer. Viele der Bauern traten, um den Steuereintreibern zu entgehen, ihr Land an die Großgrundbesitzer ab. Die auf diese Weise Entrechteten blickten auf die Familie des Propheten in der Hoffnung, von dieser Seite Worte der Gerechtigkeit zu hören. Tatsächlich bezog Imam Musa al-Kazim Position gegen den Kalifen Harun al-Rashid und seine Steuerpolitik. Die Historienschreiber der »Schiat Ali« berichten, der Imam sei deshalb mehrmals eingesperrt worden und schließlich von Medina nach Baghdad deportiert worden. Sicher ist, daß der siebte Imam im Gefängnis der Hauptstadt starb – auf welche Weise, ist unklar. Harun al-Rashid hat ihn wohl ermorden lassen. Wahrscheinlich hat jemand dem Herrscher eingeredet, Musa al-Kazim plane eine schiitische Revolution zum Sturz der Abbasidenherrschaft.

Der Kalif wollte alle Gerüchte unterbinden, die in Baghdad über die Todesursache in Umlauf waren. Die Richter der Stadt mußten sich den Leichnam des Imam anschauen. Sie teilten danach der Öffentlichkeit mit, der tote Körper weise keine Verletzung auf, es sei keine Spur von Gewaltanwendung zu erkennen und keine Verfärbung der Haut lasse auf eine Vergiftung schließen. Die vom Kalifen bestellten Richter gaben offiziell bekannt, Musa al-Kazim sei eines natürlichen Todes gestorben. Nur wenige glaubten diesen »Sachverständigen«. Doch selbst führende Köpfe der »Schiat Ali« hüteten sich, den Kalifen Harun al-Rashid des Mordes zu bezichtigen – der Herrscher hatte sich verdient gemacht um die »Heilige Familie«.

Der Kalif findet das Grab des Ali

Die Märchengestalt aus »Tausendundeiner Nacht« ist kein Phantasiegebilde. Der fünfte Kalif aus dem Geschlecht der Abbasiden war ein Herrscher, der Spuren hinterließ. Mehr als jeder andere war er ein Repräsentant des Ostens im gewaltigen Islamischen Reich. Harun al-Rashid lebte in üppigem Glanz und im Luxus – aber er war auch von der Sorge getrieben, für seine Untertanen sei nicht ausreichend gesorgt. Die Legendenerzähler, die mehr als andere das Herz ihres Herrschers kennen, berichten, Harun al-Rashid sei nachts oft von quälender Unruhe geplagt worden, von Schlaflosigkeit und trüben Gedanken. Selten verbrachte er die Nacht im Palast, der den Mittelpunkt der runden Stadt Baghdad bildete. Er ging hinaus in die Wohnviertel, verkleidet als Händler. Er ging unerkannt durch die Straßen der Fladenbrotbäcker, der Schuhflicker, der Färber und Goldhändler. Er besuchte oft das Haus eines »Mädchenwirts«, so hieß der Bordellbesitzer in jener Zeit. Er nahm sich ein Mädchen, das 20 oder 30 Dinar die Stunde kostete. Lange hielt sich Harun dort nicht auf. Er wollte erleben, wie gearbeitet wurde zur Nachtzeit in Baghdad, wenn die Leichenwäscherin und der Totengräber unterwegs waren, die Bewaffneten der Wache, die Metzger und Lastträger, und die Fischhändler ihre Verkaufsstände für den Morgen vorbereiteten.

Harun al-Rashid ging nie denselben Weg, doch am Ende der Wanderung kam er immer zum Ufer des Tigris. Dort ruhte er sich aus. Er sah, wie der Mond seine Sichel spiegeln ließ auf der Oberfläche des Wassers. Kühle stieg auf vom großen Fluß.

In den Geschichten, die überliefert sind vom täglichen und nächtlichen Leben in den Palästen des Harun al-Rashid, spiegeln sich manchmal ganz überraschend die Spannung, die bestand zwischen Ost und West, zwischen Kufa und Medina. Der Kalif soll zwei Sklavinnen besonders geschätzt haben: Die eine Sklavin kam aus Medina, sie war stolz darauf, aus der Familie Koraisch zu stammen, und damit aus der Verwandtschaft des Propheten Mohammed. Die andere Sklavin war in Kufa aufgewachsen; ihre Vorfahren hatten zu den Kampfgenossen des Ali gezählt.

Die beiden Frauen stritten mit ihren Körpern und mit Worten gegeneinander – um die Gunst des Kalifen.

Erzählt wird, daß Harun al-Rashid eines Nachts mit den beiden Frauen auf weichen Teppichen lag. Er war in Halbschlaf versunken. Da griff die Sklavin aus Medina nach dem Glied des Herrschers, das sich aufrichtete. Energisch stieß die Frau aus Kufa das andere Mädchen weg und wollte ebenfalls nach dem Glied greifen. Doch die Sklavin aus Medina sprach: »Der Gesandte Allahs, der gesegnet sei, hat gesagt: ›Wer braches Land lebendig macht, dem gehört es.‹« Doch auch die Frau aus Kufa wußte einen Ausspruch des Propheten: »Das Wild gehört dem, der es fängt, nicht dem, der es aufschreckt.« Der Kalif habe sich in jener Nacht für die Frau aus Kufa entschieden. Die Historienschreiber der »Schiat Ali« betrachteten den Ausgang dieser Auseinandersetzung als Sieg der Sache des Ali.

Nach Überzeugung der Schiiten gab es im Leben des Kalifen Harun al-Rashid einen weit entscheidenderen Erfolg, den er zu Gunsten derjenigen erzielte, die Ali als den Erhabensten aller Imame betrachten.

Erinnert sei daran, daß Ali im Jahre 40 islamischer Zeitrechnung (im Jahr 661 n. Chr.) ermordet worden ist. Er hatte diese testamentarische Anweisung hinterlassen: »Legt meinen Leib nach meinem Tod auf den Rücken eines Kamels und treibt dann das Tier aus Kufa hinaus. Dort, wo sich das Kamel aus eigenem Antrieb niederlegt, werdet ihr mich begraben.« Die Männer, die Ali bestatteten verschwiegen damals den Platz, wo der Leichnam lag aus Angst, die Bewaffneten der Umajaden könnten den Leichnam schänden. Über 130 Jahre lang hatte niemand nachgeforscht, niemand hatte im Sand die sterblichen Überreste des Ali gesucht. Auch Harun al-Rashid befand sich nicht absichtlich eines Tages in jener Gegend. Er war zur Jagd unterwegs, als sein Pferd plötzlich stehenblieb. So sehr es der Kalif auch antrieb, es ging keinen Schritt mehr voran. Am Boden war keine Besonderheit zu entdecken. Der Kalif befahl seinen Höflingen, die Leute der Umgebung zu befragen, ob gerade dieser Platz etwa in der Vergangenheit besonders geheiligt worden wäre. Die Leute, verstört, daß sich der »Beherrscher der Gläubigen« für ihre Gegend interessierte, gaben keine Auskunft. Da ließ der Kalif an dieser Stelle graben. Nur eine geringe Menge Sand mußte weggeschaufelt werden, da kam eine Leiche zum Vorschein, die noch recht gut erhalten war. Der Kalif Harun al-Rashid und alle Männer, die auf die Leiche starrten, waren überzeugt, es handle sich um Ali Ibn Abu Talib, den Schwiegersohn des Propheten Mohammed. Berichtet wird, Harun al-Rashid habe sogar die Wunden zählen können, die mehr als einhundertdreißig Jahre zuvor den Tod des Imam Ali herbeigeführt hatten.

Der Abbasidenherrscher soll tiefergriffen gewesen sein, daß gerade ihm Allahs Gnade zuteil geworden ist, den Leichnam des Ali aufzuspüren, eines Mannes, der einst dem Propheten Mohammed nähergestanden war als jede andere Persönlichkeit. Harun al-Rashid ließ über dem Grab ein Mausoleum errichten. Die schiitische Glaubensgemeinschaft hatte fortan ein Heiligtum und die »Schiat Ali« hatte ein Zentrum gewonnen. Rund um das Mausoleum entstand eine Ortschaft und schließlich eine Stadt. Die Menschen der Stadt und der Umgebung gaben und geben der Siedlung den Namen »Meshed Ali« – die Moschee, das Grabmal des Ali. Die heutige offizielle Ortsbezeichnung »An Nadschaf« ist abgeleitet vom Namen der Wüste, an deren Rand der geheiligte Ort liegt. Er befindet sich zehn Kilometer westlich von Kufa.

Die Geschichte, daß Harun al-Rashid das Grab des Ali Ibn Abu Talib gefunden habe, wird selbst von schiitischen Gelehrten früherer Jahrhunderte nicht ernstgenommen – aber gerne wiedergegeben. Nachweisbar ist das Mausoleum erst ab dem Jahr 368 islamischer Zeitrechnung, also ab dem Jahr 980 n. Chr., als an Euphrat und Tigris längst die Abbasiden abgelöst worden waren. Seit 945 herrschte dort die persische Dynastie der Bujiden. An Nadschaf entwickelte sich zum Markt und vor allem zum Pilgerort.

Eine Besonderheit von An Nadschaf aber muß hervorgehoben werden:

Wo Ali begraben liegt, will jeder Schiit bestattet werden

Der Friedhof von An Nadschaf nimmt bis in unsere Zeit mehr tote Schiiten auf als jeder andere. Tausende von Sterbenden äußern den letzten Wunsch, in der Nähe des Ali Ibn Abu Talib die ewige Ruhe und den Zugang ins Paradies zu finden. Der Märtyrer Ali gilt als effektivster Beschützer der Gläubigen auf dem Weg ins Paradies. Wer sich Ali anvertraut, der wird auf den richtigen Pfad geleitet, der steht auch unter dem Schutz des Imam, wenn das Urteil des Jüngsten Gerichts gefällt wird. Ali vermag es, dieses Urteil zu mildern. Die Gläubigen aller Zeiten bis heute, berufen sich auf das Wort des sechsten Imam Dschafar as-Sadiq: »Ein Tag in der Nähe des Imam Ali bringt größere Gnade als siebenhundert Jahre gläubiger Gebete.«

Die Aussage des sechsten Imam hat im Verlauf der Jahrhunderte angesehene islamische Familien veranlaßt, die Verstorbenen über weite Strecken aus Arabien und Persien nach An Nadschaf zu transportieren, damit sie in Alis Nähe Ruhe und Frieden finden. Der Abbasidenkalif Dschafar al-Mansur (754 bis 775 n. Chr.) gab das Beispiel: Er suchte das Grab für seinen Sohn in An Nadschaf aus. Der siebte Imam Musa al-Kazim festigte die Tradition: Er wollte im Tode nicht auf die Nähe zum Imam Ali verzichten.

Bei der Schilderung der Besonderheit von An Nadschaf trifft man immer wieder auf das Wort »Leichenverkehr«. Die britische Literatur verwendet dafür den Bergriff »corpse traffic«. Transportunternehmen entstanden, die sich auf den Leichentransport nach An Nadschaf spezialisierten. Sie blühten auf, als im 16. Jahrhundert Persien ein weitgehend schiitisches Land wurde. Es drang schnell in das Bewußtsein der schiitischen Perser, daß ein Grab in An Nadschaf durch die Nähe zu Ali den Weg ins Paradies erleichtere.

Zwischen den persischen Städten und An Nadschaf waren regelmäßig Karawanen unterwegs, die Leichen beförderten. Bald konnten es sich auch die armen Schiiten leisten, ihre verstorbenen Verwandten über weite Strecken transportieren zu lassen – die Massenbeförderung verbilligte die Kosten. Die Fläche des Friedhofs der Stadt beim Mausoleum des Ali Ibn Abu Talib vergrößerte sich ab dem Jahr 1501 n. Chr. immer mehr. Am Ende der osmanischen Herrschaft, zum Beginn des 20. Jahrhunderts, gab es eine offizielle Schätzung des türkischen Gouverneurs im Zweistromland, die besagte, pro Jahr würden 20 000 Tote nach An Nadschaf gebracht, um dort bestattet zu werden. Die meisten stammten aus Iran; die Zahl der Leichen aus dem Zweistromland wurde mit 5300 angegeben.

Es war Tradition, daß die Toten, wenn sie nach An Nadschaf gebracht wurden, zunächst zur Moschee des Ali getragen wurden. Sie ist ein weitläufiges, von goldenen Kuppeln geschmücktes Gebäude geworden. Vor dieser Moschee ist am Freitag, den 29. August 2003, Ayatollah Mohammed Baqr al-Hakim durch eine Sprengstoffexplosion ums Leben gekommen. Seine Ruhestätte befindet sich in der heiligen Stadt. Im Frühjahr und Sommer 2004 wird um Friedhof und Moschee des Ali gekämpft.

Zahlreiche Mitglieder der Familie des Propheten ruhen in der Nähe des Imam Ali. Der siebte Imam Musa al-Kazim hat die Tradition eröffnet, daß die Imame, die Alis Erbe angetreten hatten, nach dem Lebensende zu Ali zurückkehren. Der achte Imam ist in Chorasan verstorben, in Persien; er ist auch dort bestattet worden. Der neunte Imam, er hieß Mohammed Taki, starb an vergifteten Trauben – als seine Ruhestätte gilt der Friedhof von An Nadschaf.

Die wundersame Geschichte des zwölften Imam

Der elfte Imam heiratete, wie der schiitischen Tradition zu entnehmen ist, eine persische Prinzessin. Die enge Verbindung der letzten Imame mit Persien wird damit dokumentiert. Die phantasievolle Geschichte ist kaum wegen ihres nicht vorhandenen Wahrheitsgehalts lesenswert, sondern weil sie auf sehr direkte Weise die Überlegenheit des schiitischen Islam in der Beziehung zum Christentum beansprucht:

»Bashar Ibn Sulaiman war ein Freund des zehnten Imam, der in Samarra unter Aufsicht des Kalifen in einer Art von Ehrenhaft lebte. Dieser Freund erhielt vom zehnten Imam den Auftrag, eine Sklavin zu erwerben für den Sohn des Imam. Er bekam einen Brief mit, geschrieben in der Schrift der Christen, und eine Geldtasche, in der sich die beachtliche Summe von 220 Dinare befand. Vom Imam erhielt Bashar Ibn Sulaiman dazuhin noch die mündliche Anweisung: Gehe nach Baghdad zum Tigrishafen. Begib dich genau dorthin, wo die Schiffe aus Syrien ausgeladen werden. Du wirst feststellen, daß die meisten Käufer syrischer Sklavinnen Abgesandte des Kalifen sind. Du wartest auf einen Schiffseigner, der Amir Ibn Jezid heißt. Achte darauf, ob er eine junge Frau anbietet, die sich durch zwei seidene Umhänge verhüllt. Sie wird in der Sprache der Christen reden. Du wirst sie sagen hören, daß sie jeden Mann verflucht, der sie auch nur anrühren will. Wenn du diese Sklavin erkannt hast, gib ihr den Brief.«

Bashar Ibn Sulaiman berichtete, was er erlebte: »Als ich das Mädchen erkannt hatte und ihr den Brief gab, konnte sie ihre Tränen nicht zurückhalten. Zum Sklavenhändler sagte sie: ›Verkaufe mich an diesen Mann, sonst bringe ich mich um!‹ Wir einigten uns auf die 220 Dinar, die ich in der Geldtasche bei mir trug. Das Mädchen ging mit mir und war sehr glücklich. Den Brief des Imam küßte sie mehrmals und hielt ihn an der Herzgegend an ihren Leib. Auf dem langen Weg von Baghdad nach Samarra, den wir auf zwei Reitkamelen zurücklegten erzählte sie mir ihre Geschichte.«

»Ich bin Prinzessin«, so begann ihr Bericht, »ich bin eine Enkelin des Kaisers von Byzanz. Meine Mutter stammt von Simon ab, der einst ein Jünger des Propheten Jesus war. Mein Großvater, der Kaiser von Byzanz, wollte mich eigentlich an seinen Neffen verheiraten. Als er diesen Entschluß faßte, war ich gerade dreizehn Jahre alt geworden. Zum geplanten Hochzeitsfest kamen siebenhundert Männer aus dem christlichen Adel und viertausend Militärkommandeure und Beamte. Ringsum in der Halle standen Steinfiguren; sie stellten Heilige dar, die in der Nachfolge der Jünger des Jesus gewirkt hatten. Mein Großvater, der Kaiser, erhob sich und verlangte, daß das Buch der Lebensgeschichte Jesu geöffnet werde. In diesem Augenblick brachen die Beine des Sessels weg, auf dem mein künftiger Mann saß. Dieser fiel zu Boden. Auch einige der heiligen Standbilder waren umgestürzt. Schrecken verbreitete sich. Jeder glaubte, dies sei ein schlechtes Zeichen für unseren Glauben. Mein Großvater wollte von derartigen Gedanken nichts wissen. Die Standbilder und der Sessel meines künftigen Mannes wurden wieder aufgestellt. Erneut sollte die Hochzeitsfeierlichkeit beginnen. Kaum aber war das Buch Jesu geöffnet, da geschah dasselbe schreckliche Ereignis erneut: Der Sessel und die Steinfiguren kippten um. Der Neffe des Kaisers lag am Boden. Da packte die siebenhundert Männer des christlichen Adels und die viertausend Militärkommandeure und Beamte Furcht, die an Wahnsinn grenzte. Sie rannten davon. Mein Großvater, der Kaiser von Byzanz, aber begab sich mit bekümmertem Herzen in seinen Palast.«

In der Nacht nach diesem furchterregenden Ereignis, so erzählte die Prinzessin von Byzanz, habe sie dies geträumt: »Jesus erschien mir mit allen seinen Jüngern. Sie standen in der Halle, in der die Hochzeitsfeierlichkeiten hätten stattfinden sollen. In der Halle wartete schon der Prophet Mohammed; bei ihm stand Ali, der von Allah gesegnete Märtyrer, der für seinen Glauben gestorben ist. Aber auch alle die anderen Imame waren anwesend – im hellen Licht. Jesus umarmte den Propheten Mohammed. Der Prophet aber sprach: ›Du bist Geist Allahs! Ich bin gekommen, um die Tochter aus der Familie deines Jüngers Simon für meinen Nachfahren, der den Namen Hasan trägt, zu erbitten.‹ Jesus blickte auf Simon und sagte: ›Deine Sippe und die Familie des Mohammed sollen vereinigt sein. Dies ist mein Wunsch!‹ Simon stimmte der Hochzeit zu.«

»Nach diesem Traum«, so die Prinzessin von Byzanz weiter, »habe ich nicht den Mut gehabt, von diesem Traum irgend jemand ein Wort zu sagen. Ich aß kaum noch, ich trank vor allen Dingen keinen Schluck Wein mehr. Ich wurde krank. Etwas besser erging es mir, als ich dem Kaiser das Zugeständnis abgerungen hatte, die islamischen Gefangenen im Byzantinischen Reich würden freigelassen werden.«

Vollständige Heilung von der Gemütskrankheit aber sei erst eingetreten, als ihr Fatima, die Tochter des Propheten Mohammed, zusammen mit der Jungfrau Maria im Traum zuredeten, sie solle den Glauben des Propheten Mohammed und des Märtyrers Ali annehmen und sprechen: »Allah ist der einzige Gott, und Mohammed ist sein Prophet.«

Keinen Augenblick habe die Prinzessin gezögert, als sie vom Traum erwacht war, dieses Glaubensbekenntnis zu sprechen. Von dieser Stunde an sei Hasan, der Sohn des Imam, deutlich spürbar während der Nächte bei ihr gelegen und habe die von Mohammed beschlossene Ehe vollzogen.

Sklavin sei die Prinzessin auf diese Weise geworden: Sie habe Byzanz verlassen, um für immer ihrem Mann nahe zu sein. In Männerkleidung habe sie sich einer byzantinischen Reitertruppe angeschlossen. Die Truppe sei in eine Falle der Moslems und in Gefangenschaft geraten. Sie sei als Frau erkannt und schließlich in Baghdad als Sklavin verkauft worden.

Möglich ist, daß der elfte Imam, der den Namen Hasan trug, mit einer Sklavin, die früher einmal Christin gewesen war, zusammenlebte – und daß die Frau ihm einen Sohn schenkte. Wahr ist, daß

Hasan unbeachtet im Zweistromland lebte und im Jahr 873 n. Chr. starb – es war das 251. Jahr islamischer Zeitrechnung. Er soll wie viele seiner Vorfahren »Märtyrer« geworden sein, ermordet durch Gift, verabreicht im Auftrag des Kalifen al-Mutamid Allahi. Der Kalif starb 19 Jahre später selbst eines gewaltsamen Todes.

Glaubensgrundsatz der Schiiten: Der zwölfte, der entrückte Imam wird wiederkehren

Der Prophet Mohammed soll diese Voraussage hinterlassen haben: »O du Volk! Ich bin der Prophet, und Ali ist mein Erbe. Aus unserem Stamme wird der Geleitete kommen, der letzte der Imame. Er wird alle übrigen Religionen besiegen. Er wird Rache nehmen an den Bösen. Er wird Festungen einnehmen und sie zerstören. Er wird die Stämme der Götzenanbeter auseinanderjagen. Er wird diejenigen bestrafen, die am Tod der Märtyrer Allahs schuld tragen. Er wird Wasser aus dem Brunnen der göttlichen Weisheit fließen lassen. Der letzte der Imame ist der Auserwählte Allahs! Ihm wird Allah den Islam anvertrauen.«

Im Verlauf der Zeit verstärkte sich die Überzeugung der Gläubigen, daß gegen Ende der Weltgeschichte ein Mann kommen würde, der für Gerechtigkeit sorge und die Einheit des Islam wiederherstelle.

Bezweifelt wurde nicht, daß dieser Mächtigste aller Imame aus der Familie des Propheten Mohammed kommen müsse und daß er mit Sicherheit ein Nachfahre des Märtyrers Ali sei. Die Überzeugung wuchs vor allem bei den Schiiten, daß Allah in seiner Weisheit den zwölften der Imame zum Retter der Welt bestimmt habe.

200 Jahre nach Mohammeds Tod erinnerte sich mancher an bisher kaum beachtete Aussprüche des »Gesandten Allahs«, die konkrete Angaben enthalten über die Person des letzten Imam. Mohammed soll gesagt haben: »Sein Name wird derselbe sein, wie mein Name! Er wird genannt werden »Der Geleitete, der Langerwartete, der Meister aller Zeiten«.

Dieser »Langerwartete« ist wahrscheinlich im Jahr 872 geboren worden, noch vor dem Tod seines Vaters, des elften Imam, im Jahr

873. Das Leben des »Meisters aller Zeiten« begann mit Wundertaten. Berichtet wird, daß er sofort nach der Geburt zum Gebet niederkniete, den rechten Zeigefinger in Richtung Himmel hielt und sagte: »Preis sei dem Herrn der Welten! Heil für Mohammed und seine Familie!«

Der zwölfte Imam soll während der ersten Lebenstage dieses Bekenntnis abgelegt haben: »Ich bezeuge, daß es allein Allah gibt. Mein Vater ist ein Freund Allahs! Er ist der Elfte von würdigen Männern, die dem Gesandten Allahs nachfolgten. Ich bin der Zwölfte der Imame. O Allah, gib, daß ich meine Aufgabe erfülle, laß mich stark sein in deinem Dienst; stärke meine Autorität vor den Gläubigen; fülle die Erde mit Aufrichtigkeit und Gerechtigkeit!«

Die Schiiten halten fest an der Überzeugung, sein Vater, der elfte Imam, habe die Würde, Imam zu sein, selbst auf den Sohn, der Mohammed hieß, übertragen. Ein Augenzeuge, er hieß Isma'il, schildert den Vorgang:

»Ich saß am Bett des Imam Hasan, der sich eben bemühte, eine Medizin einzunehmen. Doch seine Hand zitterte so sehr, daß die Schale an seine Zähne schlug. Der Imam setzte die Schale ab und sagte zu seinem Diener: ›Geh in den Raum dort und hole mir das Kind, das betet!‹ Erst nach Abschluß des Gebets ließ sich der Sohn zu seinem Vater bringen. Als ihn der sterbende elfte Imam sah, sagte dieser: ›Dir gehören bald Haus und Haushalt. Ich gehe bald zu dem, der alles beschützt. Gib du mir die Medizin zu trinken!‹ Jetzt zitterte Imam Hasan nicht mehr. Der sterbende Imam sagte: ›Bereite mich für das Gebet!‹ Da nahm der Junge ein Handtuch, verrichtete an seinem Vater die vorgeschriebene Waschung. Er bestrich ihm auch Haupt und Füße mit Öl. Dann sagte der Imam, der diese Erde verließ: ›Mein Kind, du bist der Herr über alle Zeiten. Du bist der Geleitete und der Leiter. Du bist auf Erden der Beweis von der Existenz Allahs. Du bist der letzte der Imame. Der Gesandte Allahs hatte schon dein Kommen verkündet.‹ Nach diesen Worten soll der elfte Imam gestorben sein.«

Der zwölfte Imam mag sechs oder sieben Jahre alt gewesen sein, als ihm sein Vater die Würde übergab. Historisch betrachtet, besaß diese Würde zu jener Zeit keine politische und keine religiöse Bedeutung mehr. Der Imam war eine Kuriosität, dessen Genealogie vielleicht bestaunt wurde. Daß der Imam in direkter Linie vom Propheten Mohammed abstammte, hat – im besten Fall – Respekt eingeflößt, doch man fragte ihn nicht in religiösen Streitfällen.

Der Imam bildete auch keine Gefahr für die Macht des Kalifen – der Imam bezog keine Stellung in aktuellen Tagesfragen. Der Imam war kein Faktor, der zählte im Leben der Menschen an Euphrat und Tigris.

Die Geburt und die Übertragung der Würde hatte kein Echo gefunden bei den Gläubigen. Bemerkt wurde zunächst auch nicht, daß er verschwand, daß er »entrückt« wurde. Der Junge, der Mohammed hieß, wurde von einem Augenblick zum anderen nie mehr gesehen. Wie die »Entrückung« sich ereignete, wußte und weiß niemand. Was in Wirklichkeit geschah, und was heute geglaubt wird, das entzieht sich der Logik des menschlichen Verstandes. Der betreffende Satz heißt: »Er ist geboren worden, und er lebt im Verborgenen. Nach dem Willen Allahs wird er wiederkommen am Ende der Zeiten.«

Ein »Heiliger Krieg« wird diesem Kommen des zwölften Imam vorausgehen. Vorbereitet wird dieser Krieg durch Ali Ibn Abu Talib, dem Schwiegersohn des Propheten Mohammed, der 661 n. Chr. in Kufa zum Märtyrer geworden war. Ali wird, so glauben viele, den Siegelring des Salomo und den Stab Mose tragen. Am Euphrat, bei Kufa, wird sich sein Heer sammeln und die Getreuen von einst werden sich um ihn scharen. Alis Gegner ist der Satan, der ebenfalls Streitkräfte kommandiert. Sie sind mächtiger als Alis Truppe, denn zu ihm stoßen alle, die seit Adams Zeiten dem Teufel geholfen haben.

Das Riesenheer der Teufelsanhänger wird zunächst siegen. Alis Männer weichen zurück, bis sie nahezu in den Euphrat getrieben werden. Doch Allah wird den Untergang der Gläubigen nicht zulassen. Die größte und letzte Schlacht aller Zeiten wird mit dem Sieg der Guten, der Streitkräfte des Ali, enden. Das Böse hat damit für immer seine Macht verloren. Der Tag des Jüngsten Gerichts kann anbrechen.

Schiitische Theologen haben sich eine präzise Vorstellung davon ausgedacht, wie die endgültige Abrechnung mit denen ablaufen wird, die Schuld auf sich geladen haben. Zwei Gruppen werden zuerst den Schuldspruch erfahren: Die Besten der Guten und die Schlimmsten der Bösen. Ein Teil der Buße für die besonders Bösen besteht darin, daß sie zusehen müssen, wie wunderbar die Rechtgläubigen und Fehlerfreien belohnt werden. Dann erst beginnt die nicht endende Zeit der Qualen für diejenigen, die sich nicht Ali und die Imame zum Vorbild genommen haben.

Am Urteilsspruch ist der zwölfte, der entrückte Imam, maßgeblich beteiligt. Kurz vor Eintritt des Jüngsten Gerichts erscheint er wieder den Menschen. Er wird die Toten aus den Gräbern rufen: Zuerst die Anführer der ganz Bösen und der Guten. Der Märtyrer Husain wird an der Spitze derer stehen, die nie gefehlt haben. Hinter Jezid Ibn Muawija, dem einstigen Kalifen, versuchen sich alle zu verstecken, deren Leben von Schlechtigkeit geprägt war. Der Kalif Jezid ist für die Schiiten die absolute Verkörperung des Schlechten dieser Welt. Bemerkenswert ist, daß nur die Männer, nicht aber die Frauen, vom Strafgericht betroffen sind.

Diejenigen, die weder extrem gut noch extrem böse waren, werden so lange in ihren Gräbern ruhen, bis der zwölfte Imam seine Aufgabe der Aburteilung dieser Extremfälle abgeschlossen hat. Denen, die vorläufig in den Gräbern bleiben, gilt nur geringes Interesse des »Herrn aller Zeiten« – sie werden summarisch abgeurteilt. Die Männer, die sich zur »Schiat Ali« bekannten – durch Taten, aber auch durch Worte – werden Befreiung von den Höllenqualen finden.

Schon bald nach dem Tod des Märtyrers Husain bei Kerbela sei bereits durch einen der Imame die umfassendste Definition der Funktion des Imam überhaupt erfolgt: »Wir, die Imame, sind die Anführer aller Gläubigen. Am Tag der letzten Abrechnung werden diejenigen, die sich zur ›Schiat Ali‹ bekennen, durch uns ins Paradies einziehen. Ihre Gesichter, Hände und Füße werden weiß sein, als ob das Licht sie reingewaschen habe. Als die Führer der Getreuen werden wir das Volk der Gläubigen vor dem Zorn Allahs retten. Solange die Imame auf Erden sind, solange wird das Gericht ausbleiben, solange wird es kein Strafurteil geben. Doch wenn wir Imame von der Erde genommen werden, muß dies als Zeichen gewertet werden, daß Vernichtung und Tod allen droht, die auf dieser Erde wohnen. Wenn die Sterne aus ihren Verankerungen fallen, ist dies ein Zeichen dafür, daß die Himmel einstürzen. Die Imame sind diejenigen, die mit der Gnade Allahs die Himmel an ihrem Platz bewahren, damit sie nicht auf die Erde stürzen. Dieser Sturz wird erst am Tag des Gerichts geschehen. Der Segen der Imame veranlaßt Allah, die Himmel vorerst nicht zerbrechen zu lassen. Wir bewahren die Bewohner der Erde davor, von den Trümmern der einstürzenden Himmel begraben zu werden. Wir Imame sind für Allah Anlaß, die Erde zum Erblühen zu bringen. Wenn es keinen Imam geben würde, dann würde alles , was auf der Welt lebt, untergehen.«

Mit der »Entrückung« des zwölften Imam ist, davon sind viele Schiiten unserer Zeit überzeugt, eine Warnung an die Menschheit ausgesprochen worden. Solange der zwölfte Imam, wenn auch im Verborgenen, auf der Erde weilt, solange ist den Gläubigen noch die Chance gegeben, sich einzuordnen unter seine Getreuen. Nur wer in der Furcht lebt vor dem »entrückten« Imam, der wird seine Seele vor dem Höllenfeuer retten können.

Auf dem Weg in eine neue Zeit: Der schiitische Glaube wird »Staatsreligion« in Persien

Bald schon nach dem Tod des Propheten Mohammed verlor Persien seine religiöse Eigenständigkeit. Nach Niederlagen bei Qadisiya (637 n. Chr.) und Nihavand (641 n. Chr.) war das Persische Reich unter den Schlägen der anstürmenden arabischen Reiterheere zerbrochen. Das Land mit seiner alten Kultur wurde Bestandteil des sich ständig ausbreitenden Islamischen Reiches. Im Lauf der Jahrzehnte aber kamen die unterdrückten kulturellen und religiösen Strömungen wieder zum Durchbruch. Als der Hofstaat des Kalifen von Damaskus nach Baghdad umsiedelte, drangen Elemente alter persischer Zivilisation in den Lebenskreis der Araber ein. Schließlich wurde der persische Einfluß so gewaltig, daß er das politische Geschehen bestimmte.

Die Perser waren die absolute Monarchie gewohnt. Sie verwandelten nach und nach das Amt des Kalifen, das ursprünglich nichts anderes bedeutete als Stellvertretung des verstorbenen Propheten Mohammed, in eine Monarchie von Despoten. Schon im Auftreten, in der Kleidung, sahen die Abbasidenkalifen wie altpersische Herrscher aus. Das Ritual am Hofe, das Zeremoniell gewann an Bedeutung. Die bisher mächtigen arabischen Familien hatten nicht mehr die Kraft, sich gegen diese Entwicklung zu wehren.

Die »Schiat Ali« wurde immer unbedeutender. Die Schiiten besaßen keine Basis mehr, um ihre Ansprüche vertreten zu können. Das Zweistromland befand sich fest in der Hand ihrer Gegner, die »Sunniten« genannt werden. Die »Shorter Encyclopaedia of Islam« definiert die Begriffe »Sunna« und »Sunniten« so: »Die Gläubigen der Sunna sind diejenigen, die sich hüten von der reinen Lehre und der überkommenen Praxis abzuweichen.« Konkreter ist die Definition, die »Meyers Großes Universal-Lexikon« im Band 13, Seite 597 gibt: »Im Gegensatz zu den Schiiten erkennen sie die Nachfolger des Propheten Mohammed, die nicht dessen Nachkommenschaft entstammen, als rechtmäßig an. Ihre Glaubens- und Pflichtenlehre beruhen auf der ›Sunna‹ des Propheten.«

Für diesen Begriff »Sunna« gibt dasselbe Lexikon folgende Erklärung: »Sunna läßt sich übersetzen mit ›Überkommene Handlungsweise‹. ›Sunna‹ wird als die Gesamtheit der von Mohammed überlieferten Aussprüche, Entscheidungen und Verhaltensweisen, die im Islam als Richtschnur des Handelns im persönlichen, gesellschaftlichen und staatlichen Bereich gelten, betrachtet.«

Ab dem Jahr 1256 traf das Unheil diejenigen, die sich »Sunniten« nennen konnten: Die Mongolen fielen in das Islamische Reich ein. Der Kalif in Baghdad – er hieß Al-Muatasim Billahi – bemühte sich gar nicht erst, eine Verteidigungsfront aufzubauen. Er hatte schnell begriffen, daß der Feind von der Bevölkerungsschicht unterstützt wurde, die lange Jahre unbeachtet geblieben war: von den Schiiten.

Als sich im Jahr 1258 Baghdad den Mongolen ergab, starb der Kalif unter dem Schwert des Henkers. Die Stadt wurde geplündert, Tausende wurden erschlagen. Der Kern der »Schiat Ali« überlebte die Tage des Mordens und der Zerstörung. Auf den Einfall der Fremden, der Mongolen, hatten sie ihre Hoffnung gesetzt.

Die führenden Köpfe der »Schiat Ali« hatten damals auf den Sturz des Kalifen, auf den Untergang der herrschenden Schicht hingearbeitet. Die schiitischen Gläubigen waren unterdrückt worden, verfolgt und ausgebeutet. Der Kalif Al-Muatasim Billahi, der seit dem Jahr 1242 n. Chr. die Macht hatte, regierte die Region von Euphrat und Tigris wie ein Diktator. Es entging ihm und seinen Agenten allerdings, daß Kontakte bestanden zwischen der »Schiat Ali« und mongolischen Feldherrn, die im Osten auf ihre Chance warteten, das reiche Land Mesopotamien in die Hand zu bekommen.

Die Initiative zur Kontaktaufnahme hatte ein Wissenschaftler ergriffen, der Mathematiker und Astronom Nasiraddin al-Tusi, der sich zur schiitischen Ausprägung des Islam bekannte. Er gab den Gläubigen, die auf ihn hörten, den Rat, sich den Mongolen zu unterwerfen. Und: Nasiraddin al-Tusi hatte die Mongolen ermuntert, das Zweistromland zu besetzen, um den Schiiten ihre Freiheit zu geben. Wenn schon nicht im gesamten Islamischen Reich, so bestanden doch für die Schiiten an Euphrat und Tigris und am Shatt el-Arab gute Aussichten, die stärkste Kraft zu werden. Der Mongoleneinbruch sollte die Voraussetzung dafür schaffen. Für dieses Ziel der »Selbstverwaltung« wollten sie die Anwesenheit der Fremden, der Mongolen, zunächst einmal hinnehmen. Damals klagte der arabische Historiker Ibn al-Athir: »Schrecklich ist das, was geschehen ist. Ich zögere wieder und wieder. Leicht ist es nicht, den Untergang des Islam und der Moslems zu beschreiben. Ein schlimmerer Schlag hat den Islam bisher nicht getroffen. Nie mehr kann es Schlimmeres geben.«

Die Schiiten stimmten damals nicht ein in die Klage des Ibn al-Athir. Sie hatten endlich Luft zum Atmen. Mit Geschicklichkeit und Flexibilität kooperierten sie mit den Fremden. Das Nebeneinander von Schiiten und Mongolen entwickelte sich nicht zur Feindschaft: Die Schiiten überwanden die Mongolen schließlich dann auf der Glaubensebene. 50 Jahre nach der Eroberung von Baghdad gelang es der »Schiat Ali« den mongolischen Herrscher Oltschaitu von ihrem Glaubensbekenntnis zu überzeugen. Dies geschah im Jahr 1309 n. Chr. Oltschaitu war bisher Anhänger des Buddhismus gewesen. Mancher seiner Vorgänger hatte sogar Neigungen zum Christentum gezeigt.

Der mongolische Schiit Oltschaitu löste das persische Gebiet vom übrigen Mongolenreich. Er erwies sich als gerechter Monarch und führte eine Steuerreform ein. Das Papiergeld, das seine Vorgänger nach chinesischem Vorbild übernommen hatten, verschwand wieder aus dem Handel – auf den persischen Märkten wurde wieder mit Metallmünzen bezahlt. Der Handel profitierte davon: Optimismus verbreitete sich in den Handelszentren Persiens.

In dieser Phase der Entwicklung konnte die »Schiat Ali« beweisen, daß ihre Glaubensgrundsätze nicht nur in aufrüttelnden Predigten ihre Wirksamkeit bewiesen, sondern auch in der Realität.

Oltschaitu war seit Ali Ibn Abu Talib der erste wirkliche Herrscher, der von schiitischen Grundsätzen geleitet wurde. Zwar regierte er nicht im traditionellen Kernland der »Schiat Ali«, sondern in Persien. Und dort entwickelte sich von nun an ein Zentrum der schiitischen Ausprägung des Islam.

Oltschaitu bemühte sich, den Prinzipien des ersten Imam zu folgen. Er hütete sich, Unterdrücker zu sein. Er schonte die Reichen nicht. Oltschaitu sorgte dafür, daß den ärmeren Schichten Belastungen abgenommen wurden. Die Folge: Die Popularität der »Schiat Ali« nahm in der Region ostwärts von Euphrat und Tigris zu. Nach und nach bekannte sich dort die Mehrheit der Bevölkerung zu den Glaubensgrundsätzen der Schiiten. Die Gläubigen, die sich auf die Tradition des Ali und seiner Nachfolger als Imame beriefen, waren längst nicht mehr auf die ärmeren Schichten und auf die Rechtlosen beschränkt. Die »Schiat Ali« war auch zur religiösen Heimat derer geworden, die Eigentum besaßen.

Ganz ohne Reibungen vollzog sich der Wandel der Mongolen, die sich noch immer als Herrscher fühlten in Persien, vom Buddhismus zum Islam nicht. Die Mongolenherren waren beispielsweise lange Zeit gegen die rituellen Waschungen der Moslems zu den Gebetsstunden. Der Grund dafür war, daß sie der Meinung waren, dadurch würden die Brunnen verunreinigt. Die Waschungen wurden verboten – ebenso die islamischen Schlachtungsvorschriften. Diese Verbote wurden mit Murren hingenommen.

Oltschaitu erwies sich als Herrscher, der auf Wünsche der »Schiat Ali« einging. Das Problem der Versorgungsansprüche der Familien früherer Imame wurde geregelt. Elf Imame – der zwölfte war noch zu jung gewesen – hatten Frauen und Kinder, die sich alle darauf beriefen, direkt von Ali Ibn Abu Talib abzustammen. Die Angehörigen der »Heiligen Familie« stellten Ansprüche auf besondere Behandlung. Sie forderten vor allem Geld für ihren Lebensunterhalt. Sie fühlten sich als Angehörige des höchsten religiösen Adels – ihnen konnte keine Arbeit zugemutet werden.

Um kontrollieren zu können, wer zum Kreis derer gehörte, die einen berechtigten Anspruch auf Zuwendungen besaßen, setzte der Mongolenherrscher einen »Adelsmarschall« ein. Er war die Instanz, die alle Versorgungsansprüche des Ali-Clans zu prüfen hatte. Er war Vermittler zwischen der Staatsgewalt und den Anspruchsberechtigten der Prophetenfamilie. Lange übte er seine Tätigkeit nicht aus – er wurde ermordet.

Der Überlebenskampf der »Schiat Ali«

Die positive Entwicklung für die Schiiten Persiens fand zunächst ein Ende um das Jahr 1315 n. Chr., als das mongolisch beherrschte Staatsgebilde in mehrere autonome regionale Gebiete zerfiel und keiner der Provinzherrscher sich dem anderen unterordnen wollte. In diesem Chaos entwickelte sich islamischer Widerstand gegen die Fremden. Er wurde jedoch nicht getragen von der »Schiat Ali«, sondern von ihren Gegnern, den Sunniten, die immer mächtiger wurden. Diese sunnitischen Herrscher glaubten nicht daran, daß der zwölfte, der entrückte Imam wiederkehren werde, um im Sinne des Ali Ibn Abu Talib zu regieren. Sie wollten nicht »Regierende auf Abruf« sein, die jederzeit abgelöst werden könnten; sie wollten Souveräne sein, allein sich selbst verantwortlich.

Die entscheidendste Maßnahme der jetzt Mächtigen war die Aufhebung der Versorgungsansprüche der »Heiligen Familie«. Die Nachkommen des Ali verloren ihre Anerkennung durch den Staat und damit ihr Anrecht auf Bezüge aus der Staatskasse.

Als die »Schiat Ali« an einem Tiefpunkt ihrer Entwicklung angelangt war, da geschah ein Wunder: Auf persischem Gebiet, in Ardabil, nur wenige Kilometer vom Südwestufer des Kaspischen Meeres entfernt, organisierten Männer, die sich zu den Glaubenslehren der Schiiten bekannten, ein unabhängiges Territorium, das sie freihielten von sunnitischen Einflüssen. Was Ali Ibn Abu Talib einst getan und gesagt hatte, wurde zum Maßstab für das Leben in und um Ardabil. Die bestimmende Persönlichkeit war Safi Ad Din Ishaq. Er behauptete von sich, ein direkter Nachkomme des Ali Ibn Abu Talib zu sein. Seine Vorfahren seien einst im Verlauf der arabischen Eroberung aus Mekka nach Persien gekommen.

Daß seinem Herrschaftsgebiet Gefahr drohte, das wußte Safi Ad Din Ishaq. Um Feinde abzuwehren, schuf er in Ardabil eine kleine, aber schlagkräftige Truppe. Der schiitische Kleinstaat mußte zeitweise Niederlagen hinnehmen, vernichtet aber wurde er nicht. Safi

Ad Din Ishaq blieb Souverän seines Gebiets bis zu seinem Tod im Jahr 1334.

Im Verlauf eines Jahrhunderts stabilisierte sich das schiitische Gemeinwesen sogar. In Ardabil etablierte sich eine Dynastie, benannt Safawiya – nach ihrem Gründer Safi Ad Din Ishaq; die Herrscher gaben sich den Titel »Sultan«.

Geschickt nützte die Dynastie den latenten Nationalismus der Menschen in Persien aus. Seit Jahrhunderten fühlten sich die Bewohner des riesigen Landstrichs zwischen dem Zweistromland und den afghanischen Bergmassiven als unterdrückt. Sie waren der Fremdherrschaft ausgeliefert gewesen: Erst regierten die Umajaden, dann die Abbasiden, schließlich die Mongolen. Der Safawiya-Clan aber betonte ausdrücklich, daß die Sippe seit langem in Persien angesiedelt sei; es seien Jahrhunderte vergangen, seitdem ihr Vorfahr, der Ali-Nachkomme, Arabien verlassen habe. Der schiitische Clan präsentierte sich als legitimer Anführer einer persischen Nationalbewegung. Durch die starke Profilierung ihrer schiitischen Überzeugung wurden die Unterschiede betont zu den Moslems, die weiter im Westen und auf der Arabischen Halbinsel wohnten. Die Perser besaßen von nun an ihr Nationalbewußtsein und ihren eigenen Glauben.

Ihn betonten besonders die Mitglieder der Reiterverbände des schiitischen Staatsgebildes. Sie trugen einheitlich geformte Mützen; sie wiesen zwölf Zipfel auf – als Sinnbild der zwölf Imame, der zwölf geheiligten Persönlichkeiten der Schiiten.

Im Jahr 1501 n. Chr. eroberten die Rotmützen die Stadt Täbris im persischen Aserbaidschan. Ihr Anführer zu jener Zeit hieß Isma'il. Kaum in Täbris angekommen, ließ sich Isma'il zum Schah von Persien krönen. Er dekretierte, daß in Persien fortan der schiitische Glaube Staatsreligion sei. Damit werde eine Korrektur der Ereignisse vollzogen, die am Lebensende des Propheten Mohammed zu Irrtümern geführt hätten.

Zur Überzeugung der Schiiten gehört, daß der Prophet Mohammed daran gehindert worden sei, seiner Offenbarung die letzte gültige Fassung zu geben. Dem Lehrbuch »Shi'ite Islam« des Sayyid Muhammad Husain Tabatabai (Seite 69) ist zu entnehmen: »Vor seinem Tode sagte der heilige Prophet: ›Bringt mir Tinte und Papier, ich will etwas niederschreiben, das euch auf dem rechten Weg halten, und das euch vor Irrungen bewahren soll.‹ Doch Umar trat dazwischen. Er verhinderte, daß Tinte und Papier zum Propheten gebracht wurden. Er sagte: ›Seine Krankheit ist so weit fortgeschritten, daß er bereits im Delirium redet!‹« Für die Schiiten steht fest, daß der Prophet zu diesem Zeitpunkt die Würde des Imam auf Ali Ibn Abu Talib habe übertragen wollen. Umar aber, der zielstrebig das Kalifenamt an sich reißen wollte, habe dem Propheten die Gelegenheit genommen, seine Nachfolge zu regeln.

Im Staat der Safawiya wurden an jedem Freitag während des Feiertagsgebets in der Moschee die drei Kalifen Abu Bakr, Omar und Uthman, die nicht zur Familie des Propheten gerechnet werden, verflucht. Ali Ibn Abu Talib gilt allein als rechtmäßiger Nachfolger des Propheten Mohammed.

Die Attraktion der schiitischen Ausprägung des Islam war beachtlich. Schiit zu werden, war populär. Diese Stimmung beschleunigte die Ausdehnung der Macht des Isma'il. Die Eroberung weiterer persischer Provinzen stellte kein Problem dar. Die Anhänger des Isma'il wurden schließlich auch im Zweistromland freudig begrüßt. Die Heiligtümer Kufa, Kerbela und An Nadschaf öffneten sich dem Mann, dem die »Schiat Ali« neuen Glanz verdankte.

Allerdings entstanden Probleme durch Prediger, die den wichtigsten schiitischen Glaubensgrundsatz ins Extrem trieben. War den Schiiten bisher Ali Ibn Abu Talib der Imam, der den Glauben der Menschen an Mohammed und Allah auf den richtigen Weg gelenkt hatte, so wurde seine Stellung in einigen schiitischen Gemeinschaften jetzt entscheidend aufgewertet: Sie entwickelten den Grundsatz, daß Ali die Schöpferkraft der Welt sei. Überspitzt formuliert, diese Extremisten der Religion ersetzten Allah durch Ali.

Isma'il duldete derartige Ketzereien nicht; sie hätten den Zusammenhalt seines Staates, der auf Einheit des Glaubens aufgebaut war, gefährdet. Der zwölfte Imam wäre entwertet worden: Die Überzeugung, daß er in den Kreis der Gläubigen zurückkehren wird, gab dem schiitischen Staat Stabilität.

Die Dynastie Safawiya versäumte es nie, jeden Zweifel daran zu beseitigen, daß sie die Herrschaft nur stellvertretend für den »Entrückten Imam« ausübe. Der zwölfte Imam weile immer – als der eigentliche Monarch – unter den Gläubigen. Erst spät geriet der Gedanke, der offiziell Regierende sei in Wahrheit gar nicht der Mächtige, in Vergessenheit.

Die Dynastie Safawiya blieb 220 Jahre lang an der Macht in Persien. Die territoriale Integrität konnte, trotz Gefahren von innen und außen, bewahrt werden. Handwerk und Kunst entwickelten sich. Doch nicht alle Herrscher der Dynastie blieben den schiitischen Staatsprinzipien treu. War Isma'ils Sohn Tahmasp (1524 bis 1576) noch ein würdiger Nachfolger, so kehrte dessen Sohn – seinen Namen Mohammed Khuda Banda lassen die Historiker gerne ungenannt – dem Glauben des Großvaters und des Vaters den Rücken. Von einem Freitag zum anderen verbot er die Verfluchung der einstigen Kalifen Abu Bakr, Omar und Uthman – das Verfluchungsritual wurde aus dem Ablauf des Freitagsgebets gestrichen. Als die Untertanen die Überzeugung gewannen, die Denkkapazität dieses Herrschers sei durch ständigen Genuß von Rauschgift zerstört, entwickelte sich am Hofe eine Zelle des Widerstands: Sie sorgte dafür, daß dieser Safawide durch Gift starb.

Die Mordversion wird nicht von allen Historikern als richtig anerkannt. Manche sind der Meinung, er sei vom Gouverneur von Meshed abgesetzt worden, weil durch sein Verhalten die Behauptung nicht mehr zu rechtfertigen war, er sei die »Inkarnation des Ali«. Diese Behauptung aber war am Hof der Safawiden seit den Herrschaftsjahren des Isma'il gängiges Zeremoniell. Isma'il hatte den Titel geschaffen »Schah-i-Vilayat«, der »König der Heiligkeit«.

Abbas I. – die »Inkarnation des Ali Ibn Abu Talib«

16 Jahre alt war der junge Mann aus der Sippe Safawiya, der dem schwachen Vater nachfolgte. Die Situation an den Grenzen war bedrohlich. Während der Regierungszeit des Mohammed Khuda Banda (1578 bis 1587) war es den sunnitischen Osmanen gelungen, persische Gebiete im Osten des Shatt el-Arab zu annektieren. Sunnitische Osmanenfürsten waren durch die Aufweichung der schiitischen Glaubensformulierungen zu einer aggressiven und expansiven Politik ermutigt worden. Daß Abu Bakr, Omar und Uthman

nicht mehr verflucht wurden, sehen die Sunniten als Schwäche der Schiiten an.

Schah Abbas gelang es, seinen Frieden mit den sunnitischen Osmanen zu schließen. Abbas gewann so eine Frist, um seine Herrschaft zu stabilisieren. Mittelpunkt seiner Macht wurde die Stadt Isfahan; sie wurde zu einer der schönsten Städte der damaligen Welt. Auch in den christlichen Ländern wurde von Isfahan gesprochen. Botschafter aus Italien und Frankreich trafen ein, um der »Inkarnation des Ali« ihre Reverenz zu erweisen. In den Hauptstädten Europas wußte kaum jemand Bescheid über die Bedeutung der »Schiat Ali«. Wer Ali Ibn Abu Talib war, interessierte niemand. Was ins Bewußtsein europäischer Dichter und Denker drang, war die Empfindung von Glanz und Schönheit Persiens. Das Land weit im Osten genoß Sympathie. Über Generationen hin hatte Europa unter der Bedrohung durch die »Türken« gelitten, durch die Osmanen. Jetzt war ein Gegenpol zu den Türken entstanden, zum Reich des Sultans. Eine politische Balance war entstanden im Orient – die türkische Gefahr war neutralisiert. Zunächst profitierte der Handel davon. Europa und Persien entdeckten sich gegenseitig als Märkte.

In der Beziehung zur »Schiat Ali« befand sich Abbas I., die »Inkarnation des Ali«, in einer schwierigen Lage. Er hatte die Tilgung der Verfluchung der Kalifen Abu Bakr, Omar und Uthman, die sein Vorgänger ausgesprochen hat, beibehalten – zum Ärger wichtiger Prediger der »Schiat Ali«. Sie beruhigte er mit dem Versprechen, Ali bleibe auch weiterhin seine Leitfigur. Abbas betonte vor allem seine enge Verbindung zu den Nachfolgern des Ali, zu den Imamen. Um diese Verbindung zu beweisen, pilgerte Abbas nahezu 1000 Kilometer von Isfahan nach Meshed zu Fuß.

Meshed ist die wichtigste Stadt der persischen Provinz Chorasan und der bedeutendste Pilgerort der persischen Schiiten. Die persische Geschichtsschreibung widmet dem Ort Meshed ein besonderes Kapitel: Hier war der Kalif Harun al-Rashid gestorben. Er war im Begriff, Chorasan zu erobern. Dies war im Jahr 193 des Islam, im Jahr 809 nach christlicher Zeitrechnung.

Genau zehn Jahre später besuchte der Kalif al-Mamun diesen Ort. In seiner Begleitung befand sich Rida Ali Ibn Musa, der zum Nachfolger des Kalifen al-Mamun bestimmt worden war.

Abbas blickt in die Vergangenheit: ein Imam als Kalifanwärter

Rida Ali Ibn Musa zeichnete sich durch eine Doppelfunktion aus: Er war Anwärter auf das politische Amt des Kalifen und zugleich der achte Imam, also Nachfahre des Ali Ibn Abu Talib. An dieser Persönlichkeit war Abbas, der schiitische Herrscher von Persien, besonders interessiert gewesen.

Über den achten Imam ist im Buch »Shi'ite Islam« des Schiitenspezialisten Muhammad Husain Tabataba'i dieses vermerkt:

»Imam Rida Ali Ibn Musa, der Sohn des siebten Imam, wurde im 148. Jahres Islam (765 n. Chr.) geboren Durch Allahs Befehl wurde ihm nach dem Tod des Vaters die Imamwürde übertragen. In jener Zeit befolgten die Abbasidenkalifen gegenüber den Schiiten eine Politik der Härte, die zunehmend grausamer wurde. Hin und wieder wehrten sich Männer der ›Schiat Ali‹. Sie führten Kriege, betrieben Aufstände und brachten damit das System des Kalifats in Schwierigkeiten.

Die Imame selbst wollten sich aus den Konflikten heraushalten. Doch diese Einstellung ließ sich nicht leicht durchsetzen: Die Mehrheit der Bevölkerung sahen im Imam den politischen Führer, dem absolut gehorcht werden mußte. Die Schiiten insgesamt glaubten, nur der Imam habe das Recht zu regieren. Im Kalifen aber sahen sie keine geheiligte Person; der Kalif war den Schiiten zu weltlich interessiert. Der Kalif wurde von der Mehrheit der Bevölkerung – die meisten Untertanen waren Schiiten – abgelehnt.

Der Nachfolger des Harun al-Rashid erkannte die gefährliche Situation. Den Ausweg sah er darin, daß er die verwegene Idee realisierte, den achten Imam zu seinem Nachfolger zu bestimmen.

Dahinter stand keine gute Absicht. Mit der Ernennung des Imam Ali Ibn Musa zum Kalifenkandidaten konnte erreicht werden, daß die schiitischen Rebellionen gegen den Kalifen Mamun aufhörten, denn Mamun war nur noch Kalif auf Abruf. Da konnte jedoch noch ein zweites Ziel erreicht werden: Die ›Schiat Ali‹ wurde nach und nach einbezogen in die ganz weltliche Politik. Bisher hielten die Schiiten die weltliche Orientierung insgesamt für schmutzig und schlecht. Waren die Schiiten an der weltlichen Orientierung beteiligt, dann schwand ihre religiöse Basis dahin. War dieses Ziel erreicht, dann konnte der achte Imam leicht aus der Welt geschafft werden.

Der achte Imam Rida Ali Ibn Musa lehnte die Verquickung mit der Politik zunächst ab. Im Jahr 200 des Islam (814 n. Chr.) aber nahm der Imam den Vorschlag des Kalifen an: Er wurde zum Nachfolger des Kalifen proklamiert.

Der Herrscher merkte aber schnell, daß er einen Fehler gemacht hatte. Der achte Imam wurde bejubelt, daß er sich für die politische Funktion entschieden hatte. Das Resultat: Die ›Schiat Ali‹ bekam mehr Zulauf als je zuvor. Um weiteres ›Unheil‹ zu vermeiden, gab der Kalif den Befehl, Rida Ali Ibn Musa zu vergiften. Dies geschah im Jahr 203 des Islam (817 n. Chr.).«

Soweit die Darstellung der Lebensgeschichte des achten Imam, von Muhammad Husain Tabataba'i.

Nahe beim Dorf Sanabadh, in dem einst Harun al-Rashid gestorben war, wurde der achte Imam bestattet. Das Mausoleum, das um dessen Grab entstand, wurde »Meshed« genannt, was sich mit Mausoleum übersetzen läßt. Um das Grabmal entstand rasch eine Stadt. Sie ist auch für Nichtmoslems zugängig. Verschlossen aber bleibt Menschen, die nicht Gläubige des Islam sind, das eigentliche Heiligtum des achten Imam.

43 Jahre lang dauerte die Regierungszeit des Schahs Abbas, der sich »Inkarnation des Ali« nannte, aber auch »Schahanschah« – »König aller Könige«.

Unter den Nachfolgern des Abbas wurden die Prediger der »Schiat Ali« immer mächtiger. Sie handelten allerdings oft keineswegs weise. Sie wollten sich rächen für die Unterdrückung der Schiiten während vergangener Jahrhunderte. Die Parole lautete: »Strafe für die Mörder des Ali und Husain«. Solche Parolen lösten oft brutale Verfolgungen der Sunniten aus. Für lange Zeit sollte Persien den Weg zur Stabilität nicht mehr finden.

Im Zweistromland – Die Schiiten erwachen langsam

Die Herrschaft über die schiitischen Heiligtümer an Euphrat und Tigris wechselte häufig zwischen osmanischen und persischen Oberherren. Im Jahr 1508 n. Chr. besetzten die Safawiden das Heiligtum in An Nadschaf. Schah Isma'il war damals entsetzt über den Zustand der Moschee und der Wohngebäude. Er ordnete an, daß An Nadschaf gereinigt werden müsse. Schah Tahmasp, der An Nadschaf im Jahr 1527 besuchte, bekam Klagen zu hören über Mängel in der Wasserversorgung. Er versuchte das Problem durch einen Kanal zu lösen, der Wasser vom Euphrat in die Stadt bringen sollte. Er versandete jedoch nach kurzer Zeit wieder.

Ein halbes Jahrhundert später hatten die sunnitischen Osmanen die Kontrolle über das schiitische Heiligtum in der Hand. Zuständig war der Gouverneur Sinan Pascha. Er war auch mit dem Problem beschäftigt, wie der Wassermangel in An Nadschaf zu beheben sei. Zeitweise fehlte an der Begräbnismoschee des Ali das Wasser für die rituellen Waschungen. In einer Eingabe an den Sultan des Osmanischen Reiches – es handelte sich um Murad III., der von 1574 bis 1595 n. Chr. regierte – bat der Gouverneur um Verbesserung der Wasserversorgung. Sinan Paschas Eingabe an den Hof in Istanbul zeigte keine Wirkung.

Der Notstand hatte zur Folge, daß viele Einwohner die Stadt verließen. Hatte die Zahl der bewohnten Häuser um das Jahr 1500 mehr als 2000 betragen, so war diese Zahl zur Zeit des Sunniten Sinan Pascha auf 30 abgesunken. Es herrschte ein Mangel an Männern, die geeignet waren, an Freitagen den Ablauf der Gebetszermonien zu gewährleisten. Niemand sorgte für den Erhalt der Moschee – sie war vom Zerfall bedroht.

Die Situation verbesserte sich erst, als der persische Schah Abbas I. um 1625 n. Chr. den Schutz der Schiiten in An Nadschaf garantierte. Er ließ einen Kanal graben, der Euphratwasser in die Stadt leitete. Doch die positive Entwicklung endete schon wenige Jahre später wieder, als der Osmane – und damit Sunnit – Ibrahim Pascha die persische Verwaltung aus der Stadt trieb. Die Bevölkerungszahl stagnierte. Die »Schiat Ali« wurde zum unbedeutenden Faktor im religiösen und politischen Leben in der islamischen Welt insgesamt. Die Zahl der Pilger sank – erneut machte Wassermangel das Heiligtum des Märtyrers Ali Ibn Abu Talib unattraktiv für die schiitischen Gläubigen aus Persien.

Dieser Zustand veränderte sich nicht bis zum Beginn des 19. Jahrhunderts. Der Streit um das Zweistromland hielt an. Der letzte Krieg zwischen dem sunnitischen Osmanenreich und dem schiitischen Persien fand von1821 bis 1823 n. Chr. statt. Persien wurde in jener Zeit vom schwachen Schah Mehmed regiert, der mit dem osmanischen Sultan den Frieden von Erzerum schloß. Das Resultat war, daß sich die Beziehungen zwischen dem Osmanischen Reich und Persien normalisierten. Die Spannungen zwischen sunnitischen und schiitischen Regionen der islamischen Welt verminderten sich. Endlich konnte das Wasserproblem in An Nadschaf durch Bau eines großzügigen Kanalsystems gelöst werden.

Mit der ausreichenden Wasserversorgung endete der Niedergang des Schiitenzentrums An Nadschaf. Pilger verloren ihre Sorge, die rituellen Waschungen gegen das Gebot des Propheten unterlassen zu müssen; sie empfanden das Heiligtum in An Nadschaf wieder als attraktiv. Auch schiitische Gelehrte kamen zum Heiligtum des Ali – und viel blieben. So entstand in An Nadschaf ein Zentrum der Gelehrsamkeit.

An Nadschaf stand im Wettbewerb mit der ebenso heiligen Stadt Kerbela. An Nadschaf konnte Ali Ibn Abu Talib als geheiligte Gestalt des Islam aufweisen – kaum hundert Kilometer weiter im Norden findet sich Kerbela, der Ort, wo der Märtyrer Husain den Tod erlitten hatte.

Im 19. Jahrhundert war Kerbela geprägt durch einen starken persischen Anteil seiner Bevölkerung. Von den rund 50 000 Einwohnern waren 75 Prozent Perser. Darin unterschied sich Kerbela von An Nadschaf. Die Stadt des Ali hatte ein arabisches Aussehen, die Stadt des Husain sah aus wie ein persisches Gemeinwesen. Persische Pilger besaßen eine starke Neigung zur Person und zur Leidensgeschichte des Husain. Arabische Gläubige sahen in Ali Ibn Abu Talib zwar auch den Märtyrer, aber doch eher den gerechten Sheikh einer Großfamilie.

Der Wettbewerb zwischen den beiden Heiligtümern endete im 19. Jahrhundert zu Gunsten von An Nadschaf. Als dort Wasser in Fülle vorhanden war, lockten die Brunnen die bisher sunnitischen Beduinenfamilien in die Stadt. Sie ließen sich in den Außenbezirken nieder; sie passten sich an und fügten sich bald in die schiitische Glaubensgemeinschaft ein. Die Zahl der Schiiten nahm auf diese Weise rasch zu.

Am Ende des 19. Jahrhunderts versuchte die osmanisch-sunnitische Verwaltung, die schiitische Ausbreitung einzudämmen. Der osmanische Gouverneur wußte wohl, daß in Kerbela und An Nadschaf wenig zu erreichen war. Ansatzpunkte für die sunnitische Offensive waren Baghdad und Samarra – in beiden Städten waren die Bewohner überwiegend sunnitisch. Der osmanische Gouverneur ordnete die Einrichtung sunnitischer Schulen an. Geistliche wurden zu Lehrkräften ausgebildet. Sie hatten die Aufgabe, die schiitische Propaganda einzudämmen.

Der Versuch, Samarra dem sunnitischen Lager zuzuordnen, stieß auf Widerstand. In Samarra befinden sich die Gräber zweier Imame – der zehnte und der elfte Imam waren in Samarra ums Leben gekommen. Der zehnte Imam Ali Ibn Mohammed Naqi war im islamischen Jahr 254 (868 n. Chr.) vergiftet worden auf Befehl des Abbasidenkalifen Mutazz. Der Imam hatte den Märtyrertod erlitten, weil seine Existenz als führender Kopf der »Heiligen Familie« dem Herrschenden in Baghdad ein Dorn im Auge war.

Samarra, im Zweistromland gelegen, war für die Schiiten nicht nur geheiligt durch das Märtyrertum des Imam Ali Ibn Mohammed Naqi, sondern auch durch das harte Schicksal des Imam Hasan Ibn Ali Askari, des elften Imam. Er war überaus vorsichtig bei seinen Kontakten zu Öffentlichkeit, aber doch war seine Verkündigung bekanntgeworden, sein Sohn werde einst der »Mahdi« sein, der die Gläubigen auf den rechten Weg bringe. Der elfte Imam hatte in Samarra das Kommen des zwölften Imam angekündigt, der zum Retter der Menschen bestimmt sei.

Die Erwartung, der zwölfte Imam kehre wieder – vielleicht sogar in Samarra – zog viele Schiiten in diese Stadt nördlich von Baghdad. Religiöse Stiftungen zogen Geld der Gläubigen an. Diese Stiftungen wiederum finanzierten den Aufbau von Lehrinstituten.

In ihrem Bestreben, die schiitische Expansion in Samarra zu begrenzen, ernannte die osmanisch-sunnitische Verwaltung einen Sunniten zum »Wächter der heiligen Stätten«. Diese Maßnahme war erfolgreich. Viele Studenten, die Prediger werden wollten, zogen um nach An Nadschaf. Die Bevormundung durch die sunnitische Aufsicht war ihnen zuwider.

Trotz mancher Beschränkung hatte die schiitische Propaganda in der zweiten Hälfte des 19. Jahrhunderts Erfolg. Im Jahre 1919 n. Chr. soll der Anteil der Schiiten an der Bevölkerung des Zweistromlands nach schiitischer Schätzung bereits 53 Prozent betragen haben. Der rasche Anstieg ist so zu erklären: Von der Arabischen Halbinsel her wuchs massiver Druck auf das Land an Euphrat und Tigris. Es handelte sich dabei nicht um Druck, der ausgelöst war durch Anschwellen der Bevölkerung in Zentralarabien; es handelte sich um Druck aus ideologischen Gründen. Die Wahhabiten der Arabischen Halbinsel waren aktive Feinde der Schiiten. Die Schiiten wehrten sich und mobilisierten befreundete Stämme zum Abwehrkampf. Diese Freunde wurden mit der Zeit ebenfalls Schiiten.

Gefahr für die Schiiten: die Wahhabiten

Die Gefahr hatte sich schon seit einem Jahrhundert abgezeichnet: Um das Jahr 1760 n. Chr. hatten sich ein Stammeschef der Arabischen Halbinsel und ein Prediger in der Nähe der heutigen Stadt Riyadh getroffen. Der Stammeschef hieß Emir Mohammed Ibn Saud und war der Sheikh des Stammes As-Saud. Der Prediger hieß Mohammed Ibn Abdel Wahhab.

Der Prediger hatte eine Vision, er wollte Gewohnheiten abschaffen, die nicht den Vorschriften des Koran entsprachen. Beispielgebend sollten die Vorschriften sein, die dem Propheten Mohammed zugeschrieben wurden. Das Leben der Gläubigen sollte dem Vorbild entsprechen, das Mohammed vorgelebt hatte.

Da der Prophet Mohammed bestimmt hatte, allein Allah dürfe angebetet werden, begann Mohammed Ibn Abdel Wahhab gegen Heiligtümer in den Oasen der Arabischen Halbinsel zu polemisieren. Das Ziel des Predigers war, sämtliche »Götzenbilder« in der islamischen Welt zu vernichten. Nicht einmal das Mausoleum des »Gesandten Allahs« in Medina sollte letztlich erhalten bleiben dürfen. Der Prediger rief dazu auf, diese Heiligtümer einzuebnen. Frauen sollten sich nicht mehr vor den Gräbern ihrer Männer verneigen dürfen. Verneigung gab es fortan nur vor Allah. Der Prediger begründete das Verbot des Gebets an Gräbern so: Wer sich vor Verstorbenen verneigt, der wendet sich von Allah ab. Wer so handelt, der wird von Allah zur Rechenschaft gezogen und zu Höllenstrafen verurteilt.

Es sollen die Frauen des Stammes As-Saud, gewesen sein, die den Emir bestürmten, dem Prediger Mohammed Ibn Abdel Wahhab zu folgen. Sie waren begeistert von der Wortgewalt dieses Mannes. Und der Emir begriff, daß der Prediger ihm eine einmalige Chance bot. Wenn sich das Haus As-Saud mit der Ideologie des Mohammed Ibn Abdel Wahhab verbündete, dann war eine Allianz von Schwert und religiöser Ideologie geschaffen, die absolute Unterwerfung aller Stämme verlangte, die sich dem wahhabitischen Denken nicht anschlossen.

Die Ideologie berief sich auf die Autorität Allahs. Diese höchste Macht verlangte die bedingungslose Beachtung seiner Gesetze. Der Vorteil lag auf der Hand: Wer für Allah kämpfte, dem mußte letztlich der Sieg und die Belohnung sicher sein. Garantiert waren Beute und Ruhm. Mohammed Ibn Abdel Wahhab versprach dem Emir Mohammed Ibn Saud, seine Sippe werde die Arabische Halbinsel und die Gebiete der Araber über Zentralarabien hinaus beherrschen. Daß dies geschehe, sei der Wille Allahs. Wer sich dem Haus As-Saud widersetze, der müsse vernichtet und getötet werden – denn er sei ein Feind nicht allein des Hauses As-Saud, sondern er sei ein Feind Allahs. Die Allianz mit Allah bot noch einen wesentlichen Vorteil: Fand ein Gläubiger, der die Ideologie des Mohammed Ibn Abdel Wahhab streng beachtete, im Verlauf der Kämpfe gegen die »Feinde Allahs« den Tod, dann war ihm der Einzug ins Paradies sicher.

Beim Tod des Emirs und des Predigers war ein wesentliches Ziel längst erreicht: Die Stämme der Arabischen Halbinsel waren durch das Schwert dazu gebracht worden, jeglichen Luxus aufzugeben und sich strengen Lebensregeln zu unterwerfen. Erlaubt waren den

Männern und Frauen der Stämme die Existenz unter den Lebensbedingungen, die auch das irdische Sein des Propheten Mohammed bestimmt hatten. Werkzeuge, Möbelstücke und alle Hilfsmittel des täglichen Lebens, die der »Gesandte Allahs« (gestorben 632 n. Chr.) nicht gekannt und verwendet hatte, wurden verbannt.

Ein Gerät aber, das der Prophet Mohammed bestimmt nicht verwendet hatte, wurde bei der Vernichtungsaktion, beim Sturm auf die Güter der Neuzeit mit Absicht übersehen: das Gewehr. Ohne diese Waffe hätten der Emir und der Prediger kaum Erfolg erzielen können!

Längst waren der Emir und der Prediger verstorben, aber die wahhabitische Ideologie lebte weiter. Der Sohn des Emirs war inzwischen »Beherrscher der Gläubigen« geworden. Sein Name: Abdel Aziz Ibn Saud. Er wollte vollenden, was dem Vater und dem Prediger nicht gelungen war: Die Schiiten des Zweistromlandes dafür zu bestrafen, daß sie an Imame glaubten, an von Allah gesegnete Männer – den »Wahhabiten« war der Kult um Ali und Husain ein Ärgernis. Die letzten Spuren der Existenz dieser beiden auszulöschen, das war das Ziel des Abdel Aziz Ibn Saud.

Im Frühjahr 1802 n. Chr. schickte der Emir des Hauses As-Saud seine Reiterei von Riyadh aus nach Norden. Sie durchquerte die Wüste nördlich des zentralarabischen Oasengürtels und erreichte schließlich den Euphrat. Ihm folgten sie stromaufwärts. 1000 Kilometer hatten die Reiter zurückgelegt, als sie Kerbela erreichten, und damit das Mausoleum des schiitischen Märtyrers Husain. Für die 3000 Einwohner kam der Überfall völlig überraschend. Niemand in Kerbela hatte damit gerechnet. Auf Widerstand trafen die wahhabitischen Reiter nicht. Keiner soll den Messern und Flinten der Angreifer entkommen sein. Gebäude, die an den Märtyrer Husain erinnerten, wurden bis auf die Fundamente abgebrochen.

Seit jenem Ereignis beherrscht bis heute unversöhnlicher Haß auf das Haus As-Saud, auf die »Wahhabiten«, auf die Sunniten insgesamt das Bewußtsein der Schiiten. Nie kann den heutigen Wahhabiten verziehen werden, daß durch ihre Vorfahren der Platz geschändet worden ist, auf dem Husain den Märtyrertod erlitten hat.

Auch während der folgenden Jahre wiederholten sich Einbrüche der wahhabitischen Reiter in das Zweistromland. Die Schiitenstämme am Euphrat organisierten eine Art Miliz zur Verteidigung.

Doch gegen die entschlossenen »Wahhabiten« hatte diese Miliz wenig Chancen. Auch An Nadschaf wurde nicht verschont.

Daß das schiitische Zweistromland nicht auf Dauer von den Wahhabiten beherrscht wurde, war einer Kraft von außen zu verdanken: Den ägyptischen Streitkräften des Mehmed Ali gelang es im Jahr 1811 n. Chr. die Wahhabiten entscheidend zu schwächen.

1000 Jahre nach dem Verschwinden des zwölften Imam: Hoffnung auf seine Wiederkehr

Am 13. Mai 1844 jährte sich der Tag, an dem nach dem Glauben der Schiiten der zwölfte Imam entrückt wurde – zum tausendsten Mal. Bei dieser Berechnung ist der islamische Kalender zugrunde gelegt. Die westlichen Historiker nehmen an, der zwölfte Imam sei 872 n. Chr. »entrückt« worden. Mit jenem Datum waren in der schiitischen Welt große Erwartungen verbunden: Viele Schiiten waren überzeugt, der Imam werde sich zumindest zeigen, um Zweifler zu überzeugen.

Vom Imam selbst erfolgte kein Zeichen an jenem betreffenden Tag, doch da machte ein gläubiger Mann auf sich aufmerksam, der Sayyed Ali Mohammed hieß. Mit dem Wort »Sayyed«, das mit »Herr« übersetzt werden kann, machte jener Ali Mohammed darauf aufmerksam, daß er zur »Heiligen Familie« des Propheten Mohammed zählte – und zwar in direkter Abstammung. Diese Behauptung gab ihm beim Freitagsgebet in der Moschee von Schiras (Persien) die innere Kraft, von sich zu behaupten, er sei das »Tor«, durch das die Gläubigen mit dem zwölften Imam in Verbindung treten können – er sei damit der Zugang zum Vollstrecker des Willens der göttlichen Macht.

»Tor« heißt auf arabisch »Bab«. Die Lehre, daß ein derartiges »Bab« existieren müsse, war durch Sayyed Ali Mohammed nicht neu in das Lehrgebäude der Schiiten – vor allem in Persien – eingeführt worden. Die »Babis« hatte es schon seit einiger Zeit gegeben. »Babis« wurden diejenigen genannt, die ganz fest davon überzeugt waren, daß der Gläubige verpflichtet sei, das »Tor zu Allah« zu suchen.

So traf die Behauptung des Sayyed Ali Mohammed, er sei die Kontaktperson zum zwölften »entrückten« Imam auf vorbereitete Gemüter. Innerhalb von wenigen Stunden sammelten sich Männer und Frauen im Hof der Moschee von Schiras. Sie verlangten von Sayyed Ali Mohammed, daß er sie zum Heil führe, daß er sie vertraut mache mit dem zwölften Imam, der im Verborgenen lebe – vielleicht sogar in ihrer Stadt.

Sayyed Ali Mohammed verlangte unbedingtes Vertrauen in seine Führung. Wenn die Stunde gekommen sei, werde er das »Bab« öffnen, das zu den Herrlichkeiten der Offenbarung führe. Die Beschreibung seiner Funktion in der Heilsentwicklung nahm bald überaus anmaßende Züge an. Er nannte sich den »höchsten Punkt der Offenbarung«. Er beschrieb sich als die Person aus der Familie des Ali, die am Tag des »Gerichts« die Aufgabe des Richters übernehmen werde. Der zwölfte Imam verlor von Freitagsgebet zu Freitagsgebet immer mehr an Bedeutung und wurde schließlich ersetzt durch die eigene Person des Sayyed Ali Mohammed. Er machte sich selbst zum Vollstrecker des göttlichen Willens – und Tausende glaubten ihm.

Der Gipfel der Anmaßung aber war, als er von sich behauptete, er sei die Inkarnation der Offenbarung Allahs. 1200 Jahre zuvor sei der Gesandte Allahs eine derartige Verkörperung gewesen, jetzt aber habe Allah in seiner Gnade noch einmal, und deutlicher als zuvor, eine Person auf die Erde geschickt, die Allahs Macht, Willen, Wissen und Kraft repräsentiere.

Seine Offenbarung fixierte Sayyed Ali Mohammed auch schriftlich. Sein Buch, es trägt den Titel »Bajan«, wurde vom Verfasser ebenbürtig neben den Koran gestellt.

Aus der »Schiat Ali« entwickelt sich die Sekte der Baha'i

Die Zahl seiner Anhänger wuchs, obwohl sich Sayyed Ali Mohammed immer weiter von der Lehre des Islam entfernte. Nur in Andeutungen ist die schiitische Glaubensbasis übriggeblieben, daß der »entrückte« Imam als Retter der Welt zu gelten habe. Neu in das religiöse Ritual eingeführt wurde die Anbetung der aufgehenden

Sonne, die am Freitag, am traditionellen Feiertag der Moslems, zu geschehen hatte.

Der sunnitische Bevölkerungsteil Persiens war weitgehend gefeit gegen die Ideen des Sayyed Ali Mohammed, die Schiiten aber erwiesen sich als anfällig. Die Überzeugung, der zwölfte Imam sei in der Person des Predigers, nach 1000 Jahren der Entrückung, wieder zu den Gläubigen zurückgekehrt, verbreitete sich rasch.

Auf der Ebene der Politik wurde Sayyed Ali Mohammed zum Konkurrenten für den Schah, für die Staatsmacht. Diese reagierte bald: Die Verfolgung des Predigers begann. Nachdem er aus der persischen Provinz Fars vertrieben worden war, wurde er in der Stadt Bushir im August 1845 verhaftet. Doch nach sechs Monaten verhalfen ihm entschlossene Anhänger zur Flucht. Eine glückliche Fügung wollte es, daß der Statthalter des Schahs in Isfahan sich bereit erklärte, dem Verfolgten Schutz zu gewähren – in offener Auflehnung gegen seinen Herrscher. Isfahan wurde nun zum Zentrum der Sekte des Sayyed Ali Mohammed.

Zu diesem Zeitpunkt sahen sich Frauen in Isfahan veranlaßt, sich zu diesem Prediger zu bekennen. Der Grund: Er hat das Gebot aufgehoben, daß Frauen einen Schleier tragen müssen. Es sei Allahs Wille, so verkündete er in der Moschee, daß sich die Frauen genauso frei und offen bewegen können, wie die Männer. Kein Unterschied bestehe vor Allah zwischen Mann und Frau. Damit vertrat Sayyed Ali Mohammed einen absolut revolutionären Standpunkt innerhalb der islamischen Glaubenslehre.

Diese Entwicklung brachte ihm allerdings auch Feinde ein. Viele der Männer unter den Gläubigen waren mit dieser Veränderung der Stellung der Frau nicht einverstanden. Die Moschee war bisher immer der Platz gewesen, an dem die Männer allein zu bestimmen hatten. Die Frauen waren, nach dem Willen der Männer, in der Moschee nur geduldet, nahmen nur am Rande an den Freitagsgebeten teil. Jetzt aber verkündete ihnen Sayyed Ali Mohammed, daß den Frauen erlaubt sein sollte, Vorbeter zu sein.

Die Diskussion, ob den Frauen von Allah der Eintritt ins Paradies gestattet werde, wurde mit Heftigkeit geführt. Sayyed Ali Mohammed argumentierte, Allah habe ihn auch deshalb zu den Gläubigen geschickt, um ihnen mitzuteilen, daß sie seinen Willen, was die Frauen betrifft, bisher mißverstanden hätten.

Jetzt gewann die Auseinandersetzung eine neue Dimension: Eine der weiblichen Vorbeterinnen, die jetzt amtierten – sie soll Kuratu'l Ain geheißen haben – wurde von ihrem Onkel, einem hohen schiitischen Geistlichen beschimpft und dann sogar verflucht, weil sie Allah gelästert habe. Diese Kuratu'l Ain wird als schön, intelligent, aber auch als bösartig geschildert. Sie sorgte dafür, daß ihr Onkel wenige Tage nach ihrer Verfluchung in der Moschee von Isfahan ermordet wurde. Diese Bluttat machte die Mehrzahl der Schiiten zu unversöhnlichen Gegnern der Sekte des Sayyed Ali Mohammed.

Außerdem verlor der Prediger plötzlich seine wichtigste Stütze: Sein Gönner, der Gouverneur von Isfahan, starb. Die Gegner der Sekte erkannten ihre Chance. Bewaffnete, die dem Schah ergeben waren, griffen zu. Sie nahmen Sayyed Ali Mohammed gefangen und deportierten ihn nach Aserbaidschan. Ihm gelang zwar bald die Flucht zurück nach Isfahan, mußte dann aber nach Täbris ausweichen, wo er von Truppen des Schahs am 8. Juni 1850 erschossen wurde.

Jetzt besaß die Sekte einen Märtyrer. Die Prediger reihten ihn ein in die Schar derer, die von Allah besonders bevorzugt wurden. Der Märtyrer Sayyed Ali Mohammed wurde in der Rangordnung der Heiligkeit vor Ali und Husain geführt.

Der Tod des Predigers gab der Bewegung noch stärkeren Auftrieb. Der Gedanke an Rache beherrschte seine Anhänger. Es blieb nicht beim Gedanken: Der Schah entkam nur um Haaresbreite einem Attentat. Jetzt war für den Monarchen der Zeitpunkt gekommen, hart durchzugreifen. Wer sich zum Märtyrer Sayyed Ali Mohammed bekannte, war in Gefahr verhaftet und getötet zu werden. Zehntausende von Sektenmitgliedern, dazu gehörten inzwischen komplette Sippen, sollen im Jahr 1850 umgebracht worden sein.

Die Gemeinde der Getreuen des toten Sayyed besaß um diese Zeit einen neuen Prediger. Sein Name: Baha'ullah. Er wich mit ungefähr 1000 seiner Anhänger nach Baghdad aus, in das Zweistromland, das damals zum Osmanischen Reich gehörte. Zwar verlangte die Regierung in Istanbul vom Asylanten Baha'ullah, er solle sich jeglicher Agitation gegen den Schah enthalten, doch Baha'ullah hielt sich nicht an die schließlich getroffene Vereinbarung: Er schickte Agenten nach Persien, um erneut Gläubige anzuwerben.

Der Schah sah sich gezwungen, den Sultan des Osmanischen Reiches um Entfernung des gefährlichen Mannes aus Baghdad zu bitten. Der Sultan erfüllte den Wunsch: Baha'ullah wurde nach Aduanopel verbracht; die Kleinstadt liegt an der bulgarisch-griechischen Grenze. Dies änderte nichts daran, daß Baha'ullah den Kult um seine Person weiter ausbaute: Er ließ sich als »Gesandter Allahs« verehren. Bis zu seinem Tod im Jahr 1892 konnte er seiner Sekte eine feste Organisationsform geben.

Sein Nachfolger wurde sein Sohn Abdul Beha. Dieser entwickelte den Glauben an ein höheres Wesen zu einer allgemeingültigen Humanitätsreligion, die bald schon durch eine reiche Engländerin, durch Laura Clifford, in den USA propagiert wurde. Auf amerikanischem Boden entwickelten sich Beha'i-Gemeinden, die sich durch ein hohes Maß an Toleranz auszeichnen. Im Ursprungsland Persien/Iran lebten in der Mitte des 20. Jahrhunderts eine Million Baha'is – Schah Mohammed Reza Pahlawi hat sie weitgehend geschützt. Nach seinem Sturz im Jahr 1979 begann die Zeit der Beha'i-Verfolgung. Ihr Heiligtum in Schiras wurde zerstört und ihre Andachten wurden verboten. Die Menschen des Iran hüten sich, den Glauben an eine andere Überzeugung zu bekennen, als die der schiitischen Mullahs und Ayatollahs.

Die »Schiat Ali« im Wandel zur Neuzeit – Die wundersame Vermehrung der »schwarzen Turbane«

Im 19. Jahrhundert vollzog sich im Zweistromland ein sozialer Umbruch: Nomadensippen ließen sich ansiedeln. Ihre Siedlungen bauten sie an Wasserstellen in Oasen. Viele Familien verdienten von nun an ihren Lebensunterhalt durch die Aufzucht von Kamelen. Die Seßhaften waren direkter dem Einfluß der schiitischen Geistlichen ausgesetzt als bisher die wandernden Sippen. Waren die Beduinen vielfach religiös indifferent gewesen, so bekannten sie sich bald energisch zur »Schiat Ali«.

Ein erstaunliches Phänomen, das in der Zeit des Umbruchs zu registrieren war, beschreibt Yitzhak Nakash in seinem Buch »The Shi'is of Iraq« (Seite 38): »Stämme, die sich in der Mitte oder im Süden des Zweistromlandes niederließen, beanspruchten das

Recht, sich als Nachkommen des ersten Imam Ali zu betrachten; sie wollten Bestätigung dafür bekommen, daß sie direkt von der Prophetentochter Fatima al-Zahra abstammten. Sie wollten alle zur ›Heiligen Familie‹ gehören.

Da gab es kaum ein Dorf, im Süden, in dem nicht mindestens eine Familie lebte, die behauptete, direkt vom Propheten Mohammed abzustammen Einige kleinere Ortschaften waren überhaupt nur von ›Sayyeds‹ bewohnt. »Wer in der schiitischen Welt ›Sayyed‹ genannt wird, der ist anerkanntes Mitglied der Prophetensippe.« Der Buchautor Nakash schreibt: »Unterschiedlich war die wirtschaftliche Lage der Prophetennachkommen. Einige der ›Sayyeds‹ verdienten sich den Lebensunterhalt in einfachen Berufen, andere wurden angesehene, wohlhabende Landbesitzer. Eine beachtliche Anzahl der ›Sayyeds‹ aber erhob Anspruch auf Zuwendung durch die Gesamtgemeinde. Üblich war, daß die ›Sayyeds‹ ein Fünftel des Geldes bekamen, das die Gläubigen einer Siedlung erwirtschafteten. Dieses Fünftel wurde sprichwörtlich in den Dörfern als ›der Anteil meiner Ureltern‹ bezeichnet.«

Laut Yitzhak Nakash wurde sehr wohl bemerkt, daß die Zahl der »Sayyeds« rapide zunahm. Bezweifelt wurde, daß alle Träger des »schwarzen Turbans« diese Würde zu Recht beanspruchen konnten. »Sayyed« zu sein, brachte immer Vorteile in der Hierarchie einer Siedlung; diese Vorteile zahlten sich finanziell aus. Beobachtet wurde, daß mancher »Sayyed« in ein anders Dorf zog, wenn darüber gesprochen wurde, daß Ansprüche erschlichen worden seien. Durch Ortswechsel entging mancher den genauen Recherchen der Dorfältesten. So blieben häufig erschwindelte Ansprüche unentdeckt.

Nakash weist noch auf einen plausiblen Umstand hin, der zur Vermehrung der »schwarzen Turbane« führte (Seite 39): Die sunnitische osmanische Verwaltung hat häufig echte oder falsche »Sayyeds« eingepflanzt, um durch sie die Macht örtlicher Sheikhs zu brechen. Die »Sayyeds« traten als Konkurrenten im Streit um die Macht über die Gläubigen auf. Der »Sayyed« forderte Respekt, der bisher nur dem Sheikh gezollt wurde; so fand eine Schwächung der Position der Sippenoberhäupter statt. Die Gläubigen in den Dörfern hatten die Wahl: Sie erkannten entweder die Sheikhs als ihr Oberhaupt an oder den Sayyed. Sie wählten häufig den Sayyed.

Möglich war auch, daß sich schiitische Emire, deren Macht nicht stabil war, mit einem Mann aus der »Heiligen Familie« verbündeten, um ihr eigenes Ansehen zu steigern – so wie sich auf der Seite der Sunniten der Saudi-Emir in der Mitte des 18. Jahrhunderts n. Chr. mit dem Prediger Mohammed Ibn Abdel Wahhab zusammengetan hatte, um seiner Sippe Ruhm und Macht auf Dauer zu sichern.

Im Jahre 1800 n. Chr. bemerkte die osmanisch-sunnitische Verwaltung im Zweistromland die wachsende Bedeutung der Schiiten. Am Hof in Istanbul wurde der Gedanke entwickelt, sunnitische Geistliche nach Basra und Kerbela zu senden, um den schiitischen Stämmen elementaren Unterricht zu erteilen – und damit gleichzeitig die Erinnerung an Ali und Husain zu tilgen. Die entsandten sunnitischen Geistlichen müssen offenbar keine eindrucksvollen Männer gewesen sein, denn ihr Auftreten blieb ohne Wirkung. Schon recht bald verschwanden sie wieder aus Basra und Kerbela. Der Grund mag sicher auch darin gelegen haben, daß die osmanische Verwaltung die zugesagten Gehälter nur äußerst zögerlich ausbezahlte.

Trotz dieses Fehlschlags gab die osmanische Zentralverwaltung in Istanbul den Gedanken nicht auf, das Zweistromland der »Schiat Ali« wieder abzunehmen. Um das Jahr 1910 n. Chr. wurde von sunnitischen Geistlichen in Baghdad die Idee propagiert, »mobile Moscheen« einzusetzen, die in den Schiitengebieten unterwegs sein könnten, um die sunnitischen Glaubensgrundsätze den Gläubigen nahezubringen.

Während der ersten Jahrzehnte des 20. Jahrhunderts wurden die Osmanen Opfer einer Fehleinschätzung: Sie waren der Meinung, daß die Schiiten nur eine Minderheit darstellen – höchstens 40 Prozent der Menschen um Euphrat und Tigris würden sich zu den Ansichten der Märtyrer Ali und Husain bekennen. In Wirklichkeit war der Anteil der Schiiten auf weit über 50 Prozent angewachsen.

Der Einfluß der Nachkommen des Ali und des Husain auf das Bewußtsein der Männer in den Dörfern der osmanischen Provinz Mesopotamien wurde immer stärker, als bekannt wurde, daß die persischen Schiiten dabei waren, in politischen Tagesfragen Position zu beziehen – während sie sich im Zweistromland mit der Stellungnahme zu religiösen Problemen begnügten. Die Träger des

»schwarzen Turbans« entwickelten sich nach und nach zu einem politischen Faktor. Den Weg zur Politik öffneten die Turbanträger in Persien.

Kampf gegen den Einfluß des Westens. Die schiitische Geistlichkeit kämpft gegen westliche Monopole

Mit Beginn des 20. Jahrhunderts hatte der jeweilig Mächtige in Persien die Möglichkeit entdeckt, sich finanzielle Mittel zu beschaffen. Angefangen hatte die Suche nach verfügbarem Geld mit Nasr Eddin Schah (1846 bis 1896 n. Chr.), der Geld aus fremden Quellen annahm. Er wollte nicht von den schwankenden Einnahmen aus seinem eigenen Land abhängen; er war an permanent stabilen Einnahmen interessiert. Das Resultat war die Vergabe von Monopolrechten.

Am Anfang stand das Angebot einer britischen Waffenfirma, die Gewehre, Pistolen und Munition produzierte. Sie zahlte an Nasr Eddin Schah eine beachtliche Summe für das Recht, alleiniger Lieferant für den persischen Staat zu werden. Damit waren die Produkte der nationalen persischen Waffenfabrik in Kerman nicht mehr gefragt – das Werk wurde stillgelegt.

Ein noch ertragreicheres Geschäft bot dem Schah eine britische Finanzgruppe an: Sie war interessiert am Monopol für Tabakanbau und Tabakhandel im Persischen Reich. Niemand anders sollte Tabakwaren jeder Art verkaufen dürfen – die Preisgestaltung lag selbstverständlich in der Hand der britischen Finanzgruppe. Da sie konkurrenzlos war, steigerte sie die Preise.

Die Männer im Lande fühlten sich um ihr Vergnügen, billig rauchen zu können, betrogen. Rauchen war ein Vergnügen, das durch religiöse Gesetze nicht verboten war. Nie hatte sich der Prophet Mohammed oder einer der zwölf Imame auch nur mit einem Wort gegen das Rauchen gewandt.

Die schiitische Geistlichkeit stellte sich sofort auf die Seite der betrogenen Raucher. Die Mullahs und Ayatollahs mit dem »schwarzen Turban« predigten gegen das Monopol. Sie riefen zum Boykott der Tabakwaren auf, die im Namen der Fremden verkauft wurden. Die Aufrufe hatten Erfolg: Die Männer zündeten ihre Pfeifen nicht mehr an; sie betraten die Verkaufsgewölbe der Monopolhändler nicht mehr.

Nasr Eddin Schah begriff, daß er nicht damit rechnen konnte, 15 000 Pfund Sterling plus ein Viertel des Gewinns der britischen Gesellschaft kassieren zu können. Die schiitische Geistlichkeit war ein effektiver Gegner geworden. Sie hatte in der Auseinandersetzung um das Tabakmonopol Selbstvertrauen gewonnen – zum ersten Mal. Die Mullahs wurden sich bewußt, daß sie die Aufgabe hatten, den Gläubigen gegen Ungerechtigkeiten zu helfen – und daß sie damit im Sinne des Ali Ibn Abu Talib handelten. Die Erinnerung an den Märtyrer Ali, der im Jahr 661 n. Chr. sein Leben verloren hatte, wurde in den Moscheen wieder lebendig. Die Prediger erzählten, wie hilfsbereit jener Imam Ali einst gegenüber den Entrechteten und Armen gewesen war. Der Märtyrer Ali war wirkungsvoll zum Kontrahenten des Nasr Eddin Schah geworden.

Im Streit um das Tabakmonopol waren die schiitischen Geistlichen – mit Hilfe des Ali – erfolgreich. Der Schah sah sich gezwungen, nachzugeben; er löste den Monopolvertrag mit der britischen Finanzgruppe auf. Diese jedoch beharrte auf ihrem Recht, und sie erhielt Unterstützung durch die britische Regierung. Von nun an konnten sich Monopolisten auf ihre Regierungen verlassen. Deren Taktik war es, durch die Monopolherren Einfluß auf Staaten wie Persien zu erlangen. Ihr Rezept war von Anfang an erfolgreich: Nasr Eddin Schah konnte es sich nicht leisten, Streit zu beginnen mit den Mächtigen in London – sie besaßen Kriegsschiffe und Armeen.

Es blieb Nasr Eddin Schah nichts anderes übrig, als eine Entschädigung anzubieten. Die Summe, die endlich zwischen den Vertragspartnern als Konventionalstrafe ausgehandelt wurde, belief sich auf eine halbe Million Pfund Sterling. Da der Staatshaushalt des Nasr Eddin Schah nicht über eine derartige Summe verfügte, mußte der Herrscher Persiens Schulden machen bei einer britischen Bank. Von nun an war Persien gegenüber der britischen Krone hoch verschuldet.

Im Mai des Jahres 1895 besichtigte Nasr Eddin Schah die Abdel-Azim-Moschee im Süden von Teheran. Der Attentäter wartete am

Eingang der Moschee. Sein Schuß traf den Schah, der eben aus seiner Kutsche steigen wollte. Der Attentäter – sein Name war Mohammed Reza – stammte aus Kerman, der Stadt, in der die Munitionsfabrik hatte schließen müssen – und er war Schiit. Die Predigten der Geistlichkeit hatten ihn auf den Gedanken gebracht, den Schah zu ermorden: Nasr Eddin Schah war bereits verglichen worden mit jenem Kalifen Jezid, der schuld am Tod des Imam Husain im Jahr 680 n. Chr. gewesen war.

Der Einfluß fremder Mächte auf den Iran blieb ungebrochen. Als der Sohn des ermordeten Herrschers, Schah Muzaffar Eddin, in das Amt des iranischen Staatschefs eingeführt wurde, da konnte dies nur unter dem Schutz des britischen und des russischen Gesandten in Teheran geschehen. Beide Staaten, England und Rußland, bekamen vom neuen Schah, Muzaffar Eddin, Handelsrechte in Persien zugesprochen, die profitreiche Geschäfte ermöglichten.

Die schiitische Geistlichkeit rief auf zum Widerstand gegen die Kontrolle der heimischen Wirtschaft durch Ausländer. Die Geistlichkeit sprach damit aus, was die Händler im Basar, die ausgeschlossen blieben von den wirklich ertragreichen Geschäften, dachten. Durch die Jahrhunderte waren die Basaris die wichtigste Wirtschaftskraft im Lande gewesen, hatten gegen bescheidenen Profit das Funktionieren der Wirtschaft garantiert. Die iranische Ökonomie war durch die Basaris stabil gehalten worden.

Das ausländische Kapital veränderte die Wirtschaftsstruktur Persiens grundlegend. Das Geld, das ins Land floß, blieb allerdings in der Hand der herrschenden Schicht. Wenig davon sickerte in die Taschen der Basarhändler und Handwerker. Schah Muzaffar Eddin zog es vor, die Gelder, die ihm für die Konzessionen von den Fremden bezahlt wurden, auf Auslandsreisen in Frankreich und England auszugeben. Die schiitischen Geistlichen, die davon erfuhren, ließen es sich nicht nehmen, ihm dies während der Freitagspredigt anzukreiden.

Der zwölfte Imam wird in der persischen Verfassung verankert

Bürgerschicht und Mullahs bildeten die Mehrheit in der Nationalversammlung. Sie waren durchaus bereit zur Zusammenarbeit mit dem Monarchen, beide konnten jedoch seine Zugeständnisse an England nicht gutheißen. Gegen Bezahlung hatte der Schah der britischen Regierung die militärische Kontrolle über Südpersien zugestanden. Von der afghanischen Grenze bis zum Hafen Bandar Abbas bekamen die Briten künftig freie Hand zur Unterhaltung von Militärbasen, die eine Verbindungsbrücke darstellten in Richtung Indien. Und Rußland erhielt die vertragliche Zusicherung, daß der Norden Persiens zu seinem Einflußgebiet gehöre.

Im Verlauf dieser Entwicklung konnten sich Geistlichkeit und Bürgerschicht im Jahr 1906 ein Zugeständnis des Schahs ertrotzen: In der Verfassung wurde festgeschrieben, daß nicht der Schah, sondern der »entrückte« zwölfte Imam der wahre Herrscher über Persien sei. Die Regierung werde nur im Namen des zwölften Imam ausgeübt.

Persien hatte eine »Verfassungsrevolution« erlebt, an deren Ende eine Verfassung entstanden war, die vorsah, daß ein Gremium, das aus fünf Geistlichen bestand, die Übereinstimmung der erlassenen Gesetze mit den religiösen Vorschriften festzustellen hatte. Iran hatte damit einen wesentlichen Schritt zur Theokratie, zur Herrschaft Allahs, vollzogen. Dies konnte nicht ohne Auswirkungen auf die Region um Euphrat und Tigris bleiben. Die Kommunikation zwischen persischen Städten und Basra und Kerbela hatte sich wesentlich verbessert. Seit dem Jahr 1870 verband eine Telegraphenlinie persische Städte und das Zweistromland. Meldungen wurden nicht mehr durch Boten auf Kamelen vermittelt. Nachrichten verbreiteten sich schneller als je zuvor. Was in Teheran geschah, war schon in kurzer Zeit in Basra bekannt. Der Telegraph ließ die Schiiten Persiens und des Zweistromlandes zusammenwachsen. Daß in Persien der zwölfte Imam Faktor der Verfassung wurde, holte den Bewohnern von Basra die Erinnerung zurück, daß auch sie an die Wiederkehr des

»entrückten« Imam glaubten. Diese Erinnerung verband über Staatsgrenzen, Gewässer und Gebirgsmassive hinweg.

Während der ersten Dekade des 20. Jahrhunderts beeinflußte eine weitere Entwicklung die Region: Das Osmanische Reich, das sich in einer Phase der Schwäche und beinahe der Auflösung befand, erhielt eine Verfassung, die weitgehende Freiheit der Meinungsäußerung bot. Sie wirkte sich auch auf die osmanische Provinz Mesopotamien aus. In den heiligen Städten An Nadschaf und Kerbela konnten Schriften gedruckt werden, die keiner Zensur unterstanden. Wissenschaftliche Erkenntnisse wurden den Interessierten zugänglich gemacht – sie wurden jedoch auch gleichzeitig auf ihre Vereinbarkeit mit der schiitischen Lehre überprüft. In seinem Buch »The Shi'is of Iraq« weist Yitzhak Nakash besonders auf die Publikation »Astronomie und Islam« hin, die im Jahre 1910 erschienen ist. Der Autor Hibst Eddin sah keine Kluft zwischen islamischen Erkenntnissen von der Gestalt des Universums und dem Wissen der modernen Forscher. Der Prophet Mohammed habe schon 1000 Jahre vor den europäischen Astronomen gewußt, wie der Zusammenhang zwischen der Erde, dem Mond und den Sternen geordnet sei. Bemerkenswert ist, daß die Schiiten seit jener Zeit offener für Erkenntnisse von der Entwicklung der Welt waren als die Mehrzahl der Sunniten. Der Glaube an den »entrückten« zwölften Imam hinderte die Schiiten nicht, die Struktur der Welt mit nüchternem Blick zu betrachten.

In dieser Zeit des Aufbruchs neuer Ideen im Lebensbereich der Schiiten geschah außerhalb von Persien und des Zweistromlands ein Ereignis, das gerade die Schiiten stark emotional berührte.

»Dschihad!« Die italienische Besetzung von Tripolis

Im Oktober des Jahres 1911 griff das Königreich Italien über das Mittelmeer nach Süden: Die italienische Armee eroberte die nordafrikanischen Küstenstädte Tripolis und Bengasi. Die Italiener waren nicht die ersten, die an jener Küste Fuß fassen wollten. Die Ausdehnung des Christentums auf Nordafrika war schon lange ein Ziel europäischer Mächte gewesen. Doch die christliche Expansion war 1837 abgewehrt worden durch die von Mohammed Ibn Ali as-Sunussi organisierte Sunussi-Bruderschaft, der es gelang, Nomadenstämme zu einer politischen Einheit zusammenzufassen. Die Sunussi-Bruderschaft – in Europa Senussi-Bruderschaft genannt – hatte ihre Basis in der heiligen Stadt Mekka, wo sie gegründet worden war. Mohammed Ibn Ali as-Sunussi hatte seiner Bruderschaft die Aufgabe gestellt, europäische Übergriffe auf islamisches Territorium zu verhindern.

Die italienische Invasion von 1911 war nicht auf Dauer erfolgreich. Im Verlauf des Ersten Weltkrieges wurde die Kampfkraft der Senussi-Bruderschaft immer beachtlicher. Sie fand Unterstützung im Zweistromland. Dort wurden »islamische Komitees« gegründet, deren Parole lautete: »Verteidigung des islamischen Libyen«. Geistliche erließen eine »Fatwa«, einen »heiligen Befehl«, der die schiitischen Gläubigen verpflichtete, in einem »Heiligen Krieg« gegen die ungläubigen Italiener zu kämpfen. Die »Fatwa« hatte zur Folge, daß in den Städten der schiitischen Heiligtümer, aber auch in Baghdad, Demonstrationen stattfanden, die zeigen sollten, daß die Schiiten auf der Seite der Senussi-Bruderschaft standen. Die Pro-Senussi-Emotionen blieben nicht auf die Schiiten beschränkt, auch sunnitische Stammessheikhs schlossen sich der Bewegung an. Gefordert wurde die Unterstützung des nordafrikanischen islamischen Widerstands gegen den christlichen Übergriff. Die Erinnerung brach auf an den Widerstand der Moslems gegen die christlichen Kreuzritter, die 800 Jahre zuvor »den Islam hatten besiegen und auslöschen wollen«. Die kolonial orientierte Aktion der Italiener wurde in Baghdad interpretiert als Glaubenskrieg der Christen insgesamt gegen den Islam. Schiitische Volkspoeten besangen die Pflicht zum »Dschihad« – niemand dürfe sich ausnehmen von dieser Verpflichtung zum »Heiligen Krieg«.

Allerdings wurde der Blick der zum Kampf Entschlossenen von Nordafrika abgelenkt. Die »Bedrohung des Islam« spielte sich näher ab: beim Zweistromland. Im Oktober und November des Jahres 1911 besetzten britische und russische Truppen getrennt Regionen im Norden und im Süden Persiens. Freiwillige stellten sich zur Verfügung, um dieses »Verbrechen christlicher Mächte« zu bestrafen. Doch die Begeisterung der Schiiten für den Kampf in Persien erlahmte, als die eigentliche »Schiat Ali« in Gefahr geriet. Im Verlauf des Ersten Weltkriegs erkannten die Verantwortlichen der britischen Heeresleitung die Notwendigkeit, am Shatt el-Arab, am Zusammenfluß von Euphrat und Tigris, eine Basis für ihre Streitkräfte aufzubauen. Diese Erkenntnis führte am 6. November 1914 zur britischen Landung am Shatt el-Arab. Wenige Tage später besetzten die Engländer Basra.

Jetzt waren die »Kreuzritter« den Schiiten nahe auf den Leib gerückt: Die »Christen hatten sich mitten im Land der Schiiten eingenistet. In den heiligen Städten An Nadschaf und Kerbela wurde erneut zum Dschihad aufgerufen. Mobilisiert wurden die Bewaffneten der Stämme, die die Briten angreifen sollten. Nach Schätzungen sollen es schließlich 18 000 Freiwillige gewesen sein, die bereitstanden, die Engländer aus Basra zu vertreiben. Als bemerkenswert wird von britischen Historikern des »irakischen Feldzugs« die Tatsache verzeichnet, daß sich besonders die »Sayyeds«, die Träger des »schwarzen Turbans«, die Nachkommen des Märtyrers Ali Ibn Abu Talib, bei der Propaganda des Heiligen Krieges hervorgetan hätten. Den Sayyeds sei es gelungen, die Männer der schiitischen Stämme für den Kampf zu begeistern. Die britischen Historiker sind sich darin einig, daß der Kampf der Schiiten gegen die britische Besatzungstruppe damals nur mit Worten und nicht wirklich stattgefunden hat – den Engländern wurden jedenfalls keine Verluste zugefügt. Doch in der Erinnerung der Schiiten an Euphrat und Tigris lebt dieser »Dschihad« fort.

Diese Erinnerung beeinflußt Denken und Handeln der schiitischen Menschen in Basra auch im Jahr 2004. Sie stehen erneut in Konfrontation zu den Briten. Heute wie damals sind die Interessen der Briten auf die Ausbeutung der Ölvorräte in der Region des Shatt el-Arab ausgerichtet.

Von Allah nicht bevorzugt: Die Schiiten leben nicht in der Öl-Zone

Das Ölzeitalter begann im Umfeld von Euphrat und Tigris im Jahr 1904. Damals erhielt die Anatolische Eisenbahngesellschaft, die mit der Planung der Baghdad-Bahn beschäftigt war, die von Berlin an den Persisch-Arabischen Golf geplant war, eine Option für die Ölsuche in der Gegend von Mosul und Baghdad. Eine deutsche Firmengruppe erzielte erste Erfolge bei Bohrversuchen im Jahr 1912 in der Region von Kirkuk, nördlich von Baghdad. Träger der Konzession war die »Dutch-british-turkish Petroleum Company«.

Zwei Jahre später brach der Erste Weltkrieg aus, in dessen Verlauf das Erdöl an Bedeutung gewann. Die britische Kriegsflotte rüstete um von Kohlefeuerung auf ölbetriebene Maschinen, der Ölbedarf stieg. Der von Großbritannien nach dem Ende des Osmanischen Reiches (1918) geschaffene Staat Irak bot sich als verläßlicher Öllieferant an – insbesondere, nachdem im Jahr 1925 im Bereich von Kirkuk ertragversprechende Ölfelder entdeckt worden waren.

Kirkuk liegt im Norden, im Kurdengebiet des Irak. Im Süden, den die Schiiten als ihre Heimat ansehen, wurde erstmals 1948 ein Ölvorkommen entdeckt. Am Ende des 20. Jahrhunderts erst wurde die Bedeutung des Ölfelds Rumeila erkannt – doch die Schiiten profitierten von Rumeila zu keiner Zeit.

Am Ende des Ersten Weltkriegs, als das Osmanische Reich zerbrochen war, entstand ein Machtvakuum an Euphrat und Tigris. England war der Sieger im ehemaligen Mesopotamien und die britische Krone hatte für Ordnung zu sorgen. Die Frage war, wer soll die Schiiten regieren. Da das schiitische Territorium damals keine Ölvorkommen vorweisen konnte, waren die Schiiten nicht von Interesse für die Engländer.

Die Schiiten aber betrachteten die britische Ordnungsmacht nicht mehr als »Feind des Islam«. In An Nadschaf arbeitete der Älteste der Träger des »schwarzen Turbans« eine Petition an die Regierung in London aus, in der darum gebeten wurde, die Heimat der Schiiten unter britischer Kontrolle zu belassen. Diese Petition wurde von zahlreichen Sayyeds befürwortet. Eine zweite Petition aus An Nadschaf stellte den Antrag, den gesamten Irak von Sir Percy Cox, einem britischen Administrator, verwalten zu lassen. Diese Auffassung von der Zukunft des Irak war allerdings nicht von langem Bestand. Schon im Jahr 1920 war der Ruf nach dem »Dschihad«, nach dem »Kampf gegen die Ungläubigen«, wieder zu hören – zuerst in der heiligen Stadt An Nadschaf, beim Mausoleum des Märtyrers Ali Ibn Abu Talib.

Der Grund: Maßnahmen, die von der britischen Kontrollmacht verhängt wurden, erregten Ärgernis. Den britischen Verwaltungsbeamten mißfiel der ungehinderte Transport von Leichen aus Iran zur Bestattung in An Nadschaf: Die Zahl der Leichen sollte reduziert werden. Damit wären allerdings die Einnahmen gesunken, die aus den Gebühren für die Bestattung der fremden Leichen resultierten – das Einkommen mancher Sheikhs in An Nadschaf wäre geschrumpft.

Der »schiitische Aufstand« des Jahres 1920

Eine Reduzierung der Leichentransporte hätten die Mächtigen über das Mausoleum des Ali Ibn Abu Talib vielleicht noch hingenommen, doch daß die »Ungläubigen aus England« den Geldfluß der schiitischen iranischen Stiftungen an »Wohlfahrtseinrichtungen« in An Nadschaf registrieren wollten, löste Erregung aus. Die »Sayyeds« brachten ihre Empörung zum Ausdruck. Sie bezogen meist das Geld zu ihrem Lebensunterhalt aus den finanziellen Beiträgen der iranischen Stiftungen. Die »Sayyeds« besaßen einen Anspruch auf die Zuwendungen, gehörten sie doch zur »Heiligen Familie«, zu den Nachkommen des Ali Ibn Abu Talib.

Die »Sayyeds« beklagten sich allerdings nicht darüber, daß ihr Einkommen durch die Engländer vermindert werde. Sie protestierten gegen die britische Politik in Palästina. Schon einmal, vor 800 Jahren, sei der britische Kreuzritter Richard Löwenherz in Palästina eingefallen, um den Islam dort zu vernichten. Diesmal habe diese Aufgabe der Brite Allenby übernommen. Die »Sayyeds« forderten alle schiitischen Gläubigen auf, »die Ungläubigen aus dem Lande der Moslems zu vertreiben«. Aufgefordert zum Kampf waren die schiitischen Stämme an den beiden großen Flüssen.

In An Nadschaf arbeiteten die Geistlichen ein umfassendes politisches Programm für den Staat Irak aus. Vorgesehen war eine islamisch ausgerichtete Regierung, die nicht von einer fremden Macht kontrolliert werden durfte. Ausdrücklich wurde gefordert, daß eine »theokratische Regierung« etabliert werde, die von den »fundamentalen Prinzipien der schiitischen Lehre« geleitet werde. Zu diesen »fundamentalen Prinzipien der schiitischen Lehre« gehörte die Überzeugung, daß der zwölfte, der entrückte Imam der wahre Regent der Welt ist.

Die Entwicklung ging über diese Proteste rasch hinweg. Im April 1920 erhielt Großbritannien vom Völkerbund das Mandat zur Verwaltung des Irak zugesprochen. In An Nadschaf und Kerbela sahen die »Sayyeds« ein, daß jetzt nicht mehr der Kampf gegen Einzelmaßnahmen der Briten angesagt war, sondern daß vor allem gegen die Mandatsvergabe an die Engländer argumentiert werden mußte. Die Engländer kümmerten sich nicht um aufständische Stämme an den beiden Flüssen des Irak: Sie handelten und schufen Tatsachen: Im März 1920 ernannten sie den Emir Faisal Ibn Husain zum König des Irak. Er teilte sich die Verantwortung mit dem British Civil Commissioner, der den Anordnungen der Regierung in London folgte.

Die Abneigung gegen den englischen Beamten verband die Schiiten mit den Sunniten. Beide Bevölkerungsgruppen verfolgten das eine Ziel: Das Land von jeder fremden Einmischung zu befreien. Die schiitisch-sunnitische Gemeinsamkeit endete jedoch mit der Krönung des Königs Faisal Ibn Husain durch die Briten, die im August 1921 erfolgte. Der Herrscher stammte aus der Sippe der Haschemiten, die seit dem 11. Jahrhundert auf der Arabischen Halbinsel mächtig gewesen war. Die Haschemiten konnten sich bis weit in den Ersten Weltkrieg hinein als wahre »Beschützer der Gläubigen« bezeichnen. Sie waren die Herren über die Heiligtümer Mekka und Medina.

Der haschemitische Emir Husain hatte zunächst ehrgeizige Pläne verfolgt. Im November 1916 erklärte er sich zum »König des Hedschaz« mit der Hauptstadt Medina. Die Absicht des Emirs war es, sich zum Herrscher über ganz Arabien aufzuschwingen. Es waren die Engländer, die derartige Pläne verhinderten. Sie favorisierten die wahhabitische Sippe As-Saud, die sich schließlich unter dem Schutz Englands im Hedschaz festsetzte. Dem haschemitischen Emir blieb nur als Ausweg die Flucht aus Mekka und Medina. Winston Churchill nahm von nun an das Schicksal der Haschemiten in die Hand. Er sorgte dafür, daß die Söhne des Emirs Husain Könige wurden: Prinz Abdallah bekam Transjordanien zugesprochen – Prinz Feisal wurde Herrscher des neugeschaffenen Staates Irak.

Von Englands Gnaden war das Land an Euphrat und Tigris Monarchie geworden. Der Monarch wurde aus einer fremden arabischen Gegend geholt. Die Mitarbeiter des Königs rekrutierten sich aus Engländern und aus der Schicht ehemaliger osmanischer Offiziere. Von Anfang der monarchischen Zeit an verfolgten Engländer und sunnitische Ex-Osmanen eine Politik, die den Schiiten keine Souveränität im Zweistromland gewährte.

Die Monarchie im Irak: Die Schiiten sind den Sunniten nicht gewachsen

Gerade zum Zeitpunkt, als sich die Macht der Sunniten unter britischer Protektion festigte, besaßen die Schiiten keine Leitperson von Format. Selbstverständliche Voraussetzung war, daß die Leitfigur ein schiitischer Theologe von hohem Rang sein mußte – und daß er unangefochten von sich sagen konnte, er gehöre zur »Heiligen Familie« und stamme in direkter Linie von Ali Ibn Abu Talib ab. Der »schwarze Turban« auf seinem Kopf war Vorbedingung für den Geistlichen, der den Schiiten Anweisungen geben sollte.

Da betrat ein Geistlicher die Szene – sein Name: Sayyed Mohammed as-Sadr. Er setzte gewisse Hoffnungen in den König aus dem Hause Haschem. Die Haschemiten hatten seit ihrer Vertreibung aus dem Hedschaz einen Todfeind: die Wahhabiten, repräsentiert durch die Sippe As-Saud. Die Angst vor den Wahhabiten verband den sunnitischen König in Baghdad und die Schiiten. Vor mehr als einem Jahrhundert hatten die wahhabitischen Stämme die Heiligtümer der Schiiten in Kerbela und An Nadschaf zerstört – seither pflanzte sich der Haß auf die Wahhabiten fort in den Herzen der Stammesmitglieder im Zweistromland. König Faisal hatte zu fürchten, daß er und seine Familie durch die Sippe As-Saud auch aus Baghdad vertrieben würde – und die Schiiten konnten nicht ausschließen, daß sich der wahhabitische Überfall auf Kerbela und An Nadschaf wiederholte.

Die gemeinsame Sorge vor den rabiaten Wahhabiten führte zur Suche nach einer Basis der Verständigung. Sayyed Mohammed as-Sadr war bereit, die Zusammenarbeit der Schiiten mit den sunnitischen Haschemiten zu befürworten – unter zwei Bedingungen: König Faisal sollte nicht zulassen dürfen, daß sich der Vertreter der englischen Krone in Baghdad in inneriraksiche Belange einmischte – er sollte sich zur Schaffung eines Parlaments verpflichten. Sayyed Mohammed as-Sadr war überzeugt, daß die Schiiten im Gesamtirak die Mehrheit der Bevölkerung bilden. Ganz selbstverständlich war für ihn die Konsequenz, daß die Schiiten auch im Parlament die Mehrheit der Abgeordneten stellten. Sayyed Mohammed as-Sadr sah voll Optimismus in die Zukunft: Die »Schiat Ali« würde stärkste politische Kraft im Irak werden.

Wichtigstes Ereignis in jener Zeit war der schon seit langem befürchtete Angriff der wahhabitischen Reiterei auf Siedlungsgebiete schiitischer Stämme im Irak. Dieser Angriff erfolgte im März 1922. Angreifer war eine Organisation, die sich »Ikhwan« nannte – die Bruderschaft der wahren Gläubigen.

Mitglieder dieser Bruderschaft waren Männer der zentralarabischen Stämme, die von den Glaubensprinzipien getrieben waren, die Mohammed Ibn Abdel Wahhab vor mehr als eineinhalb Jahrhunderten gepredigt hatte. Diejenigen wurden zu Feinden Allahs erklärt, die auf Erden Bequemlichkeit suchten, die das einfache Leben verachteten, die den Toten Mausoleen bauten. In der Neuzeit aber konzentrierten sich die Prinzipien der Bruderschaft »Ikhwan« darauf, alle als »Feinde Allahs« zu bezeichnen, die sich dem Herrschaftsanspruch der Sippe As-Saud nicht beugen wollten.

Die Ikhwan-Reiterei wurde zum Machtinstrument des sich organisierenden Königreichs Saudi-Arabien. Die Ikhwan-Reiterei bekam ein Ziel zugewiesen: Das Zweistromland von Euphrat und Tigris. Die Feinde waren die »Ketzer«, die Schiiten, und die Haschemiten.

Die Attacke endete im Mai 1922 mit dem freiwilligen Abzug der Ikhwan-Reiterei. Doch sie hatte zuvor einige hundert Männer und Frauen der schiitischen Stämme im Süden getötet.

Sayyed Mohammed as-Sadr schob die Schuld an diesem Massaker den Engländern zu: Sie wurden beschuldigt, den saudiarabischen König zum Überfall angestachelt zu haben, in der Absicht, die schiitischen Stämme zu schwächen und zu demoralisieren. Sayyed Mohammed as-Sadr machte seine Absicht immer deutlicher, alle Fremden aus dem Irak zu jagen, da sie vor allem darauf hinarbeiteten, die schiitische Prägung des Islam auszulöschen. Und er bezog schroffe Position gegen die Sunniten, die wollten, daß der Mandatsvertrag mit England in Kraft trat. Offenbar waren die Verantwortlichen der britischen Krone in Baghdad überzeugt, die Sunniten seien eher bereit, mit der Mandatsmacht England zusammenzuarbeiten.

Ein Iraker war vor allem am Mandatsvertrag interessiert: König Faisal – er erhoffte sich britischen Schutz vor wahhabitischen Angriffen. Der Mandatsvertrag konnte jedoch nur Gültigkeit erlangen, wenn er von einer provisorischen Volksvertretung, von der Constituent Assembly, gebilligt wurde. Mit Sicherheit war anzunehmen, daß die Schiiten bei regulärem Verlauf der Abstimmung die Mehrheit erlangen würden. König Faisal aber wußte diesen regulären Verlauf zu verhindern: Er wies die Provinzgouverneure an, überhaupt nur solche Kandidaten zur Wahl aufstellen zu lassen, die sichere Verfechter des Mandatsvertrags waren. Die hohe schiitische Geistlichkeit verbot daraufhin ihren Gläubigen die Teilnahme an der Abstimmung. Die Formulierung des Verbots ging so weit, daß sie denen, die trotzdem teilnahmen, vorwarfen, sie seien »Feinde Allahs und der Imame«. Wer zur Wahl gehe, so lautete eine Drohung, dürfe nicht auf schiitischen Friedhöfen bestattet werden.

Da reagierte die britische Regierung mit einer klugen Maßnahme: Sie reduzierte die geplante Gültigkeitsdauer des Mandatsvertrags von 20 auf vier Jahre. Der Widerstand gegen den Vertrag schwächte sich ab. Dieser Erfolg genügte dem König jedoch nicht. Er wollte der »Schiat Ali« für immer das Rückgrat brechen: Im Frühjahr 1923 erließ er eine Verfügung, daß führende Schiiten den Irak zu verlassen hätten. Die betroffenen schiitischen Geistlichen stünden in zu enger Verbindung zum Iran, und seien häufig sogar iranischer Abstammung. Derartige »Fremdlinge« seien auszuweisen.

Es blieb nicht bei Drohungen. König Faisal ließ Geistliche verhaften, die nicht aufhörten, gegen die Präsenz der Engländer zu predigen. Aus Sorge vor Verhaftung flohen einige der Prediger aus An Nadschaf in das Nachbarland Iran. Sie ließen sich in Qum und Meshed nieder.

Qum und Meshed machen Kerbela Konkurrenz

Qum liegt 147 Kilometer südlich von Teheran, am Rande der großen Salzwüste, die sich im Zentrum des Iran ausbreitet. Die Stadt ist ein Straßen- und Eisenbahnknotenpunkt. 100 000 schiitische Männer und Frauen wohnen dort. Die wichtigste Wirtschaftskraft geht vom Basar, vom Marktzentrum aus. Händler und Handwerker teilen sich den engen Platz, Läden für Süßwaren reihen sich aneinander. Auffällig ist, daß der Basar Waren für den einfachen täglichen Bedarf anbietet – Kühlschränke, Fernsehgeräte und Radioapparate fehlen in den Auslagen. Durch den Markt von Qum dröhnt nicht der Krach aus Transistorradios. In mächtiger Lautstärke ist nur der Schrei des Muezzin zu hören. Er verkündet für alle Gläubigen der Stadt und des Umlandes das schiitische Bekenntnis: »Allah steht über allem. Ich bezeuge, daß es keine höhere Macht gibt, außer Allah! Ich bezeuge, daß Ali der Freund Allahs ist!«

Weithin strahlt die goldene Kuppel, die sich über dem Grab der »unbefleckten Fatima« wölbt. Diese Frau war die Schwester des Imam Rida Ali Ibn Musa zur Zeit der Kalifen Harun al-Rashid und Mamun. Der Imam Rida ist im islamischen Jahr 148 geboren worden, dem Jahr 765 n. Chr., und starb im Jahr 817.

Rida Ali Ibn Musa hatte einst politische Pläne gehabt, die ehrgeizig genannt werden können. Er wollte erreichen, was zu den bisher unerfüllten Hoffnungen der Nachkommen des Ali zählte: Er wollte selbst Kalif werden – in seinen Augen gar nicht so absurd, gehörte er doch, der achte Imam, zeitweise zur Begleitung des Kalifen. Mit ihm war er unterwegs in der Provinz Chorasan. Da hatte er den Einfall, seine Schwester Fatima zu sich zu holen. Sie machte sich auf den Weg nach Meshed. Doch sie starb – in Qum. Die Überlieferung der Schiiten besagt, sie sei auf Befehl des Kalifen Mamun vergiftet worden. Der Abbasidenherrscher hatte offensichtlich seine freundliche Haltung gegenüber der »Heiligen Familie« wieder aufgegeben. Es herrschte erneut Todfeindschaft.

Die »unbefleckte Fatima« wurde in Qum bestattet. Der achte

Imam, Rida Ali Ibn Musa soll gesagt haben: »Wer das Grab der Fatima besucht, dem ist der Eintritt ins Paradies sicher.«

Doch lange Zeit war Qum kein Wallfahrtsort. Als die Mongolen im Jahr 1220 n. Chr. über Zentralpersien herfielen, da war Qum ein unbedeutender Marktplatz. Der Gelehrte Mustawfi, der zwei Jahrhunderte später Qum besuchte, berichtete, daß der Ort ein Trümmerfeld war. Von einem heiligen Grab schreibt er nichts. Erst als die Sippe der Safawiya über Persien zu herrschen begann, dies war kurz nach dem Jahr 1500 n. Chr., wurde die Idee einer Wallfahrt nach Qum von den Mächtigen propagiert. Die schiitische Ausprägung des Islam war damals persische Staatsreligion geworden. Die Herrscher benötigten heilige Orte in Persien, die zur Attraktion werden konnten für die Untertanen. Sie sollten nicht an Euphrat und Tigris pilgern.

Es war Schah Abbas I., der das Grabheiligtum über den Gebeinen der »unbefleckten Fatima« errichten ließ. Ersatz wurde so geschaffen für die Heiligtümer an den Sterbeorten der Märtyrer Ali und Husain. Auf seine Anweisung wurde den Gläubigen die Erinnerung an die heilige Lebensweise der Fatima, der Schwester des achten Imam, nahegelegt. Regeln wurden aufgestellt, wie sich der Gläubige am Grab der »Unbefleckten« zu verhalten habe. Eingeschärft wurde ihnen, daß diese Regeln noch auf den Imam Rida Ali Ibn Musa zurückzuführen seien. Die wichtigste Regel lautet: »Wenn du vor das Grab der unbefleckten Fatima trittst, sprich dreiunddreißigmal ›Allahu Akbar, Allah ist der Größte!‹ Dann sprich dreiunddreißigmal ›Allah sei erhaben über alles!‹ Wenn du dann Frieden erflehst für Adam, Noah, Abraham, Mose, Jesus, Mohammed, Ali, Hasan und Husain und für alle Imame, dann grüße ganz besonders Fatima, die Reine.«

Qum ist durch seine Lage langsam zum Zentrum der schiitischen Welt geworden. Die Stadt befindet sich im geographischen Mittelpunkt der iranisch/persischen Siedlungsgebiete. Hier bildeten sich religiöse Schulen, die der schiitischen Lehre folgen, die sich um Interpretation der Glaubenstradition bemühen. Qum wurde zur Stadt, in der sich die Geistlichen mehr als sonstwo geistig zu Hause fühlen. Nirgendwo leben so viele Männer in geistlichen islamischen Gewändern, nirgendwo sind so viele Männer zu sehen, die den »schwarzen Turban« tragen.

Historisch eng verbunden mit Qum, wenn auch weit im Osten, 800 Kilometer von Qum entfernt, im Dreistaateneck von Iran, der einstigen Sowjetunion und Afghanistan, liegt Meshed, der Begräbnisort des achten Imam Rida Ali Ibn Musa. Er war in Meshed gestorben, als Märtyrer, vergiftet im Auftrag des damaligen Herrschers. Das war im Jahr 817 n. Chr. geschehen. In Meshed hatte zuvor auch der Kalif Harun al-Rashid sein Grab bekommen. Qum und Meshed entwickelten sich zu gleichbedeutenden Pilgerorten Persiens. Wer in Meshed betet, darf seinem Namen den Begriff »Meshedi« anfügen.

Wie in Qum, so gibt es auch in Meshed einen heiligen Bezirk, der jedem Besucher, der nicht Moslem ist, versperrt bleibt. Das wichtigste Gebäude wölbst sich über der Grabstätte des Imam Rida Ali Ibn Musa und des Kalifen Harun al-Rashid. Der Gebäudekomplex, gekrönt durch eine goldglänzende Kuppel, wird durch Grünanlagen von der Stadt abgetrennt

Ein Sarkophag aus Holz, mit Gold beschlagen, faßt die Gebeine des achten Imam. Gitter schirmen das Grab ab. An diesen Gittern klammern sich die Pilger fest, wenn sie ihre Gebete sprechen. Die Gebetstexte erwähnen diese Namen für den achten Imam: der Märtyrer, der Unterdrückte, der Heilige ohne Sünde, der Führer und Beschützer aller Moslems.

Dem Gebet hat ein Fluch zu folgen: »Allah vernichte diejenigen, die den Imam Rida getötet haben.« Das Schlußgebet heißt: »Sei du für mich der Vermittler bei Allah! Du rettest mich vor dem Feuer der Hölle! Auf Erden bist du meine Stütze, meine Sicherheit auf der Straße des Lebens. Die Gnade Allahs und sein Segen sei mit dir!«

Im Frühjahr 1923 hatten schiitische Geistliche aus dem Zweistromland den weiten Weg nach Qum und Meshed auf sich genommen, um der Verfolgung durch den sunnitischen Haschemitenkönig zu entgehen. Doch sie hatten Grund, sich in den beiden persischen heiligen Städten unwohl zu fühlen: Die ortsansässigen Mullahs und Ayatollahs sahen es ungern, daß die »Kollegen« aus Kerbela und An Nadschaf in ihrer Mitte Lehrzentren aufmachten und für sich Gelder einsammelten. Eine feindliche Stimmung entwickelte sich gegenüber den Zugewanderten.

Der Wille zur Rückkehr in die Heimat verstärkte sich, als die Geistlichen aus dem Irak Briefe erhielten, in denen sie gewarnt wurden, sie würden in Kerbela und An Nadschaf ihre Schüler verlieren, wenn sie noch länger den heimischen Moscheen fernblieben. Den Verlust ihrer Basis im Zweistromland wollte kaum einer riskieren. Die Rückkehr setzte ein. Sie war in vollem Umfang erst möglich, als die königlich-irakische Regierung am 22. April 1924 die Rückkehrgenehmigung für die Geistlichen verkündete.

Qum und Meshed verloren zwar wichtige Persönlichkeiten, aber trotzdem profitierten sie vom Verlust: Beide Städte hatten sich fester im Bewußtsein der schiitischen Gläubigen insgesamt verankern können. Die persischen Heiligtümer waren aufgewertet worden.

Die Sayyed-Würde verliert an Wert

Das britische Mandat über Irak wurde Realität. Zwar wurden die Beamten, die von London geschickt worden waren, auch weiterhin abgelehnt – besonders von den Schiiten –, doch die Veränderungen, die sie einführten, zeigten Wirkung. Hier insbesondere eine Korrektur des bisherigen Steuersystems. Das Resultat war größere Gerechtigkeit gegenüber ärmeren Schichten. Die Reichen, dazu gehörten geistliche schiitische Stiftungen, wurden stärker belastet. Anvisiert wurde auch die Aufhebung der traditionellen Ansprüche der Sayyeds – sie besaßen das Anrecht auf Geldzuwendungen, die meist aus Stiftungen bezahlt wurden. Das Anrecht wurde allein damit begründet, daß sie – die Sayyeds – zur »Heiligen Familie« gehörten, zu den Verwandten des Propheten Mohammed. Diese Bevorzugung wurde auch vom sunnitischen König Faisal nicht gebilligt.

Die Engländer und die vom König ernannten Beamten bauten einen durchweg effektiven Staatsapparat auf, der nach und nach die bestimmende Autorität im Staat wurde. Das Resultat war auch, daß die Geistlichen, vor allem die Sayyeds, viel weniger Streitigkeiten zu schlichten, Entscheidungen in Eigentumsfragen zu fällen, und Versöhnungen zwischen Sippen herbeizuführen hatten als zuvor.

Die Briten und die sunnitische Verwaltung führten dazuhin gemeinsam ein Schulsystem ein, das den Irak näher an den Standard europäischer Schulsysteme führte. Selbst in Dörfern, die abgelegen waren von den Städten, entstanden Schulen. Die schiitischen Stämme nahmen bereitwillig das Bildungsangebot des Staates an. Die Kinder lernten Lesen und Schreiben nicht mehr in Koranschulen, sondern in Klassenräumen, in denen an der Wand das Bild des Königs Faisal hing. Daß die Lehrer zumeist Sunniten waren, wurde hingenommen.

So geschah es, daß in die schiitischen Dörfer sunnitisches Denken einzog. Die jungen Menschen waren bald schon immer weniger vertraut mit der Lebensgeschichte der Märtyrer Ali und Husain als mit der Familienhistorie der königlichen Sippe der Haschemiten. Ihre Taten für das nationale Erwachen Arabiens wurde im Schulunterricht gepriesen. Kein Wunder, daß neben Ali und Husain, die im Bewußtsein der Jugend an Bedeutung verloren, auch die Erinnerungen an die Imame verblaßten. Auch die Sayyeds wurden kaum mehr geehrt. Das schon mehrfach zitierte Buch »The Shi'is of Iraq« weist darauf hin, daß diese Entwicklung die Würde der Sayyeds abwertete: »Die Bezeichnung bedeutete schließlich nur noch ›Herr‹ oder ›Mister‹.«

Vom Iran aus wurde die Tendenz zur Verweltlichung des Lebens in den schiitischen Stämmen heftig bekämpft. In den persisch-iranischen Städten und Dörfern blieb die Würde der Sayyeds hochgeachtet – ganz zu schweigen von der Wertschätzung der Sayyeds in Qum und Meshed.

König Faisal und die britischen Beamten begriffen, daß sie, wenn ihre Reform des irakischen Staates erfolgreich sein sollte, den iranischen Einfluß auf das Zweistromland eindämmen mußten. Dazu führte vor allem eine Maßnahme: Den iranischen Händlern war der Zugang zu irakischen Märkten zu erschweren, denn diese waren effektive Propagandisten der schiitischen Glaubensprinzipien.

Das irakische Nationalitätengesetz, das im Jahr 1924 erlassen wurde, reduzierte die Rechte der Iraner, die im Irak lebten. Es ermunterte Iraner den Irak zu verlassen. Sie hatten bald keine Gelegenheit mehr, die Märtyrer Ali und Husain an Euphrat und Tigris zu preisen.

Die von Sunniten geprägte Regierung in Baghdad verzeichnete Erfolge in ihrer Zielsetzung, die Stärke der Schiiten zu reduzieren. Zum Termin der Beendigung des britischen Mandats für den Irak und der Aufnahme des Landes in den Völkerbund – vorgesehen war der Oktober des Jahres 1932 –, wollte die Regierung einen Staat präsentieren, der sich unangefochten in der Hand des sunnitischen Königs befand. Um dieses Ziel zu erreichen, wurde systematisch die Zahl der schiitischen Mitarbeiter im Regierungsapparat reduziert. Sunnitische Kandidaten wurden bei der Besetzung von Beamtenposten bevorzugt. Dagegen versuchten die Schiiten zu protestieren. Um ihrem Protest Gewicht zu verleihen, wurde ein »Exekutivkomitee der Schiiten des Irak« gegründet. Dieses Komitee stellte sehr weitgehende Ansprüche. Dazu gehörten: Steigerung der staatlichen Investitionen für öffentliche Bauten in den Schiitengebieten; Freiheit der Meinungsäußerung; Zuteilung von bisher staatlichem Ackerland an schiitische Bauern; Entsendung schiitischer Studenten zum Studium ins Ausland; objektive Prüfung der Beschwerden aus den Schiitengebieten.

Im Dezember 1935 fanden Parlamentswahlen im Irak statt. Der Regierung – an ihrer Spitze stand jetzt König Ghazi – gelang es durch Verwaltungsmaßnahmen, die Zahl der schiitischen Parlamentarier gering zu halten. In den Schiitengebieten am mittleren Euphrat brachen Unruhen aus. Die königliche Polizei reagierte mit Verhaftungen. Zum Zentrum des Widerstands gegen die Sunniten entwickelte sich An Nadschaf. Die wohlhabenden Händler im Suk der heiligen Stadt trieben die Rebellen an, erwiesen sich aber nicht als standfest. Sie arrangierten sich mit den Mächtigen. Die Stämme blieben ohne Unterstützung aus An Nadschaf. Ihr Widerstand wurde von der sunnitischen Armee des Königs schnell gebrochen.

Im Verlauf der nächsten Jahre bis zum Zweiten Weltkrieg hielten sich die führenden Köpfe zurück mit Äußerungen des Widerstands gegen die Regierenden in Baghdad. Sie wählten für ihre Stämme einen anderen Weg, um an Bedeutung zu gewinnen: Sie intensivierten die Bildungsprogramme für die Jugendlichen. Die britischen Berater, die sich im Irak aufhielten, registrierten in An Nadschaf eine verblüffende Zunahme der Schülerzahlen in allen Instituten unterschiedlicher Kategorie. Die Absolventen wurden in der Staatsverwaltung benötigt. Die Machtübernahme durch schiitische Intellektuelle schien möglich zu sein. Doch die Entwicklung schlug eine andere Richtung ein.

Die Panarabisten vergessen den Koran – Nasser und Konsorten

Das neue Schlagwort: Die Araber sollen sich vereinigen – von den Moslems war nicht die Rede. Das Vorbild für ganz Arabien trat am 23. Juli 1952 an die Öffentlichkeit: In Ägypten hatten junge Offiziere die Macht an sich gerissen, den König aus dem Land geschickt und der Monarchie ein Ende gesetzt. Die Putschisten waren sunnitische Moslems – doch der Glaube hatte für ihre politische Entscheidung nur eine geringe Bedeutung. Sie fühlten sich als Araber. An ihrer Spitze stand Gamal Abdel Nasser. Er sollte in kurzer Zeit zur Leitfigur des »Panarabismus« werden.

Die Jugend Arabiens hört auf Gamal Abdel Nasser. Die 15- bis 20-Jährigen lauschten mit Verzückung den Worten des brillanten Redners, die aus Transistorradios klangen. Nasser schärfte der Jugend ein, sie müsse stolz darauf sein, zum Volk der Araber zu gehören.

Die »Befreiung vom britischen Joch« war Nassers wichtigstes Anliegen. Er diente als ägyptischer Offizier. Seine Sprache berührte in erster Linie die Emotionen arabischer Offiziere aller arabischen Länder. Doch Gamal Abdel Nasser besaß einen gefährlichen Konkurrenten in der Baath-Partei. Deren korrekter Name lautet: Al-Hizb al-Bath al-Arabi al-Ishtiraki – »Die Partei der arabischen Wiedergeburt im Sozialismus«.

Auch diese Organisation besaß keine islamische Basis. Ihr Begründer war ein christlicher Libanese – sein Name war Michel Aflaq – , ein Intellektueller, der in Paris gelebt hatte. Dort hatte er sozialistische Gedanken in sich aufgesogen und sie nach Arabien übertragen. Sein erstes Ziel war »Freiheit« und Michel Aflaq meinte damit Befreiung Arabiens aus kolonialistischer Bevormundung. Die Araber sollten endlich selbst über sich und ihre Zukunft bestimmen dürfen. Um dieses Ziel erreichen zu können, mußte die Einigung aller Araber erreicht werden. Die Frage stellte sich: Wer gehört zum arabischen Volk? Die Antwort: Araber ist, wer arabisch spricht. Die Religionszugehörigkeit war bei diesen Überlegungen kein Faktor. Der christliche Libanese Michel Aflaq betrachtete den Islam nicht als Basis der arabischen Einigungsbewegung.

Der Parteigründer beschränkte Arabien – und dies ist bemerkenswert – auf die arabischsprechenden Länder des einstigen Osmanischen Reiches. Wobei er schon die Ägypter nicht zu den Arabern rechnete. Die Grenze Arabiens nach Westen bildete der Nil. Michel Aflaq, der Libanese, fühlte sich der syrischen Region zugeordnet. Der Irak ist in diesen Bereich einbezogen. Für Aflaq war der Libanon ohnehin ein fester Bestandteil Syriens. Er konzentrierte die Arbeit für den Aufbau der Baath-Partei auf Syrien und Irak. In Damaskus und Baghdad propagierte er das Ziel: Die Befreiung Arabiens von fremden Einflüssen – gemeint waren die Kolonialherren in London und Paris.

Der Verzicht auf den Islam als einigende Klammer für die Araber hatte zur Folge, daß der Baath-Partei in Syrien und im Irak eine populäre Basis fehlte. Die Massen fühlten sich nicht angesprochen. Der Name der Partei war jedoch zugkräftig – der Gedanke an eine »Wiedergeburt Arabiens« zündete. Die Erinnerung an die Glanzzeit Arabiens zur Zeit der großen Kalifen – gemeint ist zum Beispiel der Kalif Harun al-Rashid – lebte durchaus fort in den Köpfen und Herzen arabischer Männer und Frauen. Doch es fehlte das Konzept zur Verwirklichung der Wiedergeburt Arabiens. Mit dem Bekenntnis zum Aufbau eines arabischen Großreiches, das dem einstigen Kalifenimperium – von Indien bis zum Atlantik – entsprechen sollte, war nichts gewonnen. Die Massen fühlten sich durch die Parolen der »Wiedergeburtspartei« nicht angesprochen. Es waren insbesondere die Schiiten des Irak, denen die Baath-Ideologie wenig zusagte. Sie vermißten den religiösen Bezug. Entscheidender aber war, daß der Vorwurf berechtigt war, die Organisation der Baath-Partei sei in die Hand der Sunniten geraten.

Zu den Begründern des irakischen Flügels der Baath-Partei hatte der Schiit Fuad al-Rikabi gehört. Er hatte im Jahr 1959 die »sunnitische Dominanz« in der Parteiführung kritisiert, und war bald darauf veranlaßt worden, auf die Baath-Mitgliedschaft zu verzichten. Damals geriet die Baath-Partei völlig unter den Einfluß der Sunniten. Der Konflikt der Zukunft zeichnete sich ab.

Die Schiiten wollen nicht mehr als Minderheit gelten

Gamal Abdel Nasser und die Baath-Partei vertraten den Standpunkt, die Araber müßten sich zusammenschließen zu »Umma al-Arabia«, zum gemeinsamen arabischen Mutterland. Die Person des ägyptischen arabischen Nationalisten, der eloquent von Panarabismus zu reden verstand, schien sich erfolgreich auf dem Weg der Einigung Arabiens zu bewegen. Der Durchbruch der panarabischen Bewegung schien gelungen zu sein, als Gamal Abdel Nasser im November 1957 verkünden konnte, Ägypten und Syrien seien entschlossen, sich zu einer gemeinsame Zukunft zu vereinigen. Die beiden Länder schlossen sich in der »Vereinigten Arabischen Republik« zusammen. Das Scheitern dieser Fusion war allerdings vorprogrammiert: Nasser und seine Anhänger waren nicht dafür geschaffen, als gleichberechtigte Partner in einem gemeinsamen Staat zu existieren. Die syrischen Baath-Funktionäre setzten sich schließlich durch: Im Jahr 1961 zerbrach die Vereinigte Arabische Republik.

Vier Jahre zuvor, im Jahr 1957, hatte sich in Arabien die Überzeugung durchgesetzt, daß sich der Einigungsprozeß in der Zukunft fortsetzen werde. In Baghdad arbeiteten starke Kräfte am Plan, Irak der Vereinigten Arabischen Republik anzuschließen. Die Schiiten an Euphrat und Tigris wehrten sich gegen diese Entwicklung. Ihnen war bewußt geworden, daß sie im gewaltigen Staatsgebilde zwischen Nil, Mittelmeerküste und der Grenze zum Iran nur eine unbedeutende Minderheit darstellen würden.

Im Jahr 1958 aber erwuchs den Schiiten eine weit bedrohlichere Situation: Die haschemitisch-sunnitischen Herrscher von Irak und Jordanien wollten ihre Königreiche zusammenschließen. Im Falle der Realisierung dieses Vorhabens wären die Schiiten ebenfalls eine Minderheit ohne Einfluß geworden. Nur ein Wunder konnte die Schiiten vor einer sunnitischen Übermacht retten. Dieses Wunder geschah am 14. Juli 1958, ein halbes Jahr nach der Verkündung des Zusammenschlusses von Jordanien und Irak zur »Arabischen Föderation«.

Am frühen Morgen des 14. Juli 1958 wurde König Faisal II. aus dem Schlaf gerissen: Ganz in der Nähe eines Palastes fuhren mit klirrenden Ketten Panzer auf. Bald darauf schlugen Granaten in den Palast ein, dann war das Gebäude umstellt. Faisal II., der jede Art von Widerstand für wenig aussichtsreich hielt, ergab sich den Putschisten unter Führung von General Abdel Karim Qassem. Er und die meisten Mitglieder seines Hofstaats wurden sofort erschossen. Der haschemitisch-sunnitische Fusionsstaat war durch den Staatsstreich verhindert – ohne daß die Schiiten gegen die sunnitische Monarchie aktiv geworden waren.

Aber die Gefahr, doch noch zur Minderheit reduziert zu werden, war nicht definitiv beseitigt. Gamal Abdel Nasser wurde wieder aktiv. Damals existierte die Vereinigte Arabische Republik immer noch – Syrien und Ägypten hatten sich noch nicht wieder getrennt. Die Angliederung des Irak hätte ihre Position gestärkt. General Abdel Karim Qassem, der jetzt der mächtigste Militär und Politiker in Baghdad war, stand unter starkem Druck aus Cairo, der Einladung zur Fusion mit der Vereinigten Arabischen Republik zu folgen. Dem Sunniten Qassem bot sich zwar die Möglichkeit, patriotische Unterstützung bei schiitischen Persönlichkeiten zu suchen, doch der Staatschef übersprang die Barriere zwischen Sunniten und Schiiten nicht. Er glaubte, er könne sich durch die Allianz mit den Kommunisten des Irak eine Basis für Handlungsfreiheit verschaffen.

Die Freunde Moskaus besaßen damals eine erstaunlich große Zahl von Anhängern unter den Studenten irakischer Hochschulen, aber auch unter bürgerlichen Schichten. Auch viele Lehrer und Ingenieure bekannten sich zum Marxismus. Der Einfluß der Kommunisten auf die irakische Regierung war bereits deutlich sichtbar.

Nur eine soziologisch wichtige Gruppe an Euphrat und Tigris wehrte sich gegen diese Entwicklung: die Schiiten. Der Geistliche Muhsin al-Hakim machte sich zum Sprecher des Widerstands gegen die Marxisten. Er erließ eine »Fatwa«, einen »religiösen Befehl«. Sein Inhalt: Islam und Marxismus sind nicht vereinbar. Daß dem Islam akute Gefahr drohte, las Muhsin al-Hakim aus dem Wortlaut eines Gesetzes ab, das im Dezember 1959 den irakischen Staat verpflichtete, den Frauen die gleichen Rechte wie den Männern zuzugestehen. Er sah bereits die kommunistische Lehre als bestimmend in Baghdad an. Widerstand formierte sich in An Nadschaf und Kerbela.

Nach nicht einmal fünf Jahren im Amt des irakischen Staatschefs wurde General Qassem am 8. Februar 1963 ermordet. Diesen Umsturz hatten Offiziere in die Wege geleitet, die sich zur Baath-Partei bekannten. Die wichtigste Persönlichkeit unter ihnen war der Brigadegeneral Ahmed Hassan al-Bakr.

Die Baath-Partei war keineswegs ein gefestigter Block, der über personelle Reserven verfügte. Die Partei wurde getragen von nur 5000 Mitgliedern. Darüber bluffte sie geschickt hinweg. Ohne ihren geringen Einfluß einzukalkulieren, griff sie unbekümmert nach der Macht. Die Parteioberen vermittelten den Eindruck, die Mehrheit der Iraker stünde hinter ihnen. Als besonders rücksichtslos erwies sich ein Mann mit Namen Saddam Hussein, Jahrgang 1937.

Der Feind der Schiiten: Saddam Hussein

Als der Mann aus der Sunnitenstadt Takrit mit brutalen Mitteln an die Spitze der Baath-Partei gelangt war, sorgte er zunächst einmal dafür, daß das von Michel Aflaq entwickelte Programm restlos vergessen wurde. Da war in der Parteizentrale in Baghdad nicht mehr von arabischer Einheit die Rede, nicht mehr von Gerechtigkeit in der sozialen Ordnung. Das Schlagwort »Panarabismus« wurde dem persönlichen Ehrgeiz des »Führers der irakischen Nation« geopfert. Als Saddam Hussein – 1979 hatte er das Amt des Ministerpräsidenten von Al-Bakr übernommen – keinen Konkurrenten mehr neben sich zu fürchten hatte, da kannte er noch zwei Ziele: den Reichtum des Irak aus dem Ölgeschäft für den Hussein-Clan zu nutzen und den Schiiten den Zugang zu Reichtum und Macht zu verwehren. Voraussetzung um diese Ziele zu erreichen, war die Konsolidierung der Autorität des Parteiapparats unter der Kontrolle des einzig Mächtigen.

Der erste Schlag erfolgte bald schon nachdem Saddam Hussein über alle Machtmittel verfügte. Er befahl die Ausweisung aller Schiiten, die familiäre Bindungen an den Iran besaßen. Tausende mußten ihre Heimat zu verlassen – sie wurden über die Grenze abgeschoben. Zwei Absichten wurden damit verfolgt: Die Schiiten sollten durch harte Verwaltungsmaßnahmen eingeschüchtert werden und ihre Zahl insgesamt sollte reduziert werden.

Der Name einer schiitischen Sippe taucht im Zusammenhang mit dem Widerstand gegen die Machenschaften der Baath-Führung immer wieder auf: die Sippe as-Sadr. Sie versuchte den Willen der Stämme an Euphrat und Tigris zu stärken, sich gegen den sunnitischen Clan zu wehren. Die Männer der Sippe as-Sadr legen Wert darauf, mit dem Titel »Sayyed« angeredet zu werden. Es zeigte sich, daß im Verlauf der Auseinandersetzung mit der Staatsmacht, die Würde der »Sayyeds«, der direkten Nachkommen des Ali Ibn Abu Talib wieder aufgewertet wurde.

Der Herausragendste und wohl Intelligenteste der Sippe war Mohammed Baqr as-Sadr, ein Wissenschaftler, der sich mit Philosophie und Volkswirtschaftslehre befaßte. Er schwieg jedoch auch nicht zu Fragen der Bedrohung seiner Glaubensgenossen und protestierte vehement gegen die Willkür der Deportation schiitischer Familien nach Iran. Von diesem Zeitpunkt an betrachtete Saddam Hussein den schiitischen Geistlichen als Feind der Baath-Partei und als seinen persönlichen Gegner.

Der Märtyrer Baqr as-Sadr

In An Nadschaf ist er geboren, um das Jahr 1930. Früh war sein Verstand derart geschult, daß er Predigten zu halten vermochte. Seine Lehrsätze waren einfach zu verstehen: Allah allein ist die Quelle jeder Macht auf Erden. Allah allein ist der Besitzer der Bodenschätze, die in der Erde gefunden werden. Der Mensch verbeugt sich allein vor Allah. Niemand ist berechtigt, einen anderen Menschen für seine Zwecke zu mißbrauchen, ihn auszunützen, auszubeuten. Wer sich nicht an diese Grundsätze hält, der vergeht sich an Allahs heiliger Ordnung.

Mohammed Baqr as-Sadr hielt sich eng an das traditionelle Heilsgebäude der Schiiten: Die Gerechtigkeit wird erst auf Erden siegen, wenn der entrückte zwölfte Imam in den Augen der Gläubigen wieder sichtbar wird – wenn er seine Herrschaft antritt. Bis zur Rückkehr des zwölften Imam aber müsse ein Geistlicher, der berechtigt ist, den »schwarzen Turban« zu tragen, ein Regime leiten, das den Gesetzen des Islam folgt. Diesem Geistlichen sei auferlegt, allen Gläubigen Gerechtigkeit widerfahren zu lassen. Der Träger des »schwarzen Turbans« habe die Kluft zwischen Arm und Reich einzuebnen. Der Nachfahre des ersten Imam Ali Ibn Abu Talib habe nach dem Vorbild des Vorfahren jede Form von Wucher zu unterbinden, jede unsoziale Konzentration des Kapitals in der Hand weniger zu verhindern. Mohammed Baqr as-Sadr stellte die sehr konkrete Forderung, Irak müsse ein Fünftel der Einnahmen aus dem Ölgeschäft für die Versorgung der armen Schichten vorbehalten.

Der Wissenschaftler wurde überaus populär, als er verlangte, die Baath-Regierung möge das Verbot der Trauerzeremonien zum Gedenken an den Märtyrertod des Prophetenenkels Husain zurücknehmen. Diese Trauerzeremonien waren den Schiiten nicht nur in An Nadschaf und Kerbela, sondern in Kleinstädten und Dörfern an Euphrat und Tigris ans Herz gewachsen.

Mohammed Baqr as-Sadr gründete zusammen mit anderen Geistlichen eine schiitische Zeitung: »Al-Dawah Al-Islamiyah« – »Der Islamische Ruf«. Es war keine Publikation für die Massen, es war ein Sprachrohr für wenige. Dahinter stand eine geheime Organisation, die sich äußerst vorsichtig zu verhalten hatte. Bis auf einige geistliche Persönlichkeiten kannte kaum jemand »Al-Dawah Al-Islamiyah« und die Verfasser der regimekritischen Artikel.

Die Publikation war trotz aller Vorsicht erfolgreich – sie zirkulierte besonders unter jungen Leuten, unter Studenten. Verstanden wurde sie als Sprachrohr der entschlossenen Schiiten, die sich gegen das Baath-Regime wehrten. Ansatzpunkt des Widerstands war die tatsächliche Durchsetzung des Verbots der Trauerzeremonien zur Erinnerung an den Tod des dritten Imams Husain (im Jahr 680 n. Chr.). Die Revolte der Schiiten, die sich dem Verbot nicht beugen wollten, brach im Jahr 1977 los. Die Polizisten, denen befohlen worden war, die Trauerprozession aufzulösen, wurden verprügelt, ihre Polizeistation wurde angezündet. Rufe waren zu hören: »Saddam Hussein, laß die Finger von An Nadschaf und Kerbela! Das irakische Volk ist nicht auf dich angewiesen!«

Doch noch war das revolutionäre Potential in den heiligen Städten gering. Keine der Frauen und keiner der Männer, die Parolen gegen

Saddam Hussein schrien, glaubten daran, den sunnitischen Staatschef ernsthaft bedrohen zu können. Das Beispiel fehlte für einen Erfolg der schiitischen Massen. Mohammed Baqr as-Sadr hatte noch nicht sein Vorbild gefunden: Ayatollah Ruhollah Khomeini befand sich im Exil in Frankreich, im Pariser Vorort Neauphle-Le-Chateau. Der Funke des Geistes der Märtyrer Ali und Husain hatte die Massen in Teheran noch nicht dazu gebracht, dem Schah Mohammed Reza Pahlawi wirklich Schrecken einzujagen. Das sollte sich ändern.

Der Auslösefaktor für die Entfaltung der Durchsetzungskraft der Schiiten waren die Trauerzeremonien in Erinnerung an den Märtyrer Husain. Der Trauermonat »Muharram« begann im Jahr 1978, am 10. Oktober. Die Organisatoren der Trauerdemonstrationen in Teheran hatten ein ganz klares Feindbild geprägt: Mohammed Reza Pahlawi, der Schah, war die Verkörperung des einstigen teuflischen Kalifen Jezid in der Gegenwart. Die Identifizierung des Schahs mit dem Kalifen, dem die Schuld an den Qualen und am Tod des Husain im Jahr 680 n. Chr. zugewiesen werden konnte, war von beachtlichem Effekt: Die iranischen Massen waren entschlossen, den Tod des ersten der Imame zu rächen. Die Herrschaft des Schah war nicht mehr zu retten. Am 16. Januar 1979 verließ der »Kalif Jezid der Gegenwart« sein Land für immer. Der Ayatollah Ruhollah Khomeini hatte gesiegt.

Mohammed Baqr as-Sadr, der den Machtkampf im Iran von An Nadschaf aus beobachtet hatte, war fortan überzeugt, daß auch die Schiiten an Euphrat und Tigris die Kraft hatten, zu siegen.

Saddam Hussein erkannte die Gefahr, daß die Schiiten seines Landes versuchen könnten, die erfolgreiche Revolte in Teheran imitieren zu wollen. Der geschickte Taktiker vollzog eine radikale Kursänderung: Er unterstützte jetzt die Schiiten, wo er nur konnte. Im Jahr 1979 steigerte er die Ausgaben für die Renovierung der heiligen Stätten. Die Bausubstanz der Moscheen, Mausoleen und Gräber der Imame wurde unter Aufwendung beachtlicher Finanzmittel verbessert. Individuelle Zuschüsse wurden gewährt zur Finanzierung von Pilgerfahrten nach An Nadschaf und Kerbela.

Zur Überraschung der Schiiten erklärte Saddam Hussein die Pflege der Erinnerung an den vierten Imam Sayyed Ali Ibn Husain – er war im Jahr 95 islamischer Zeitrechnung, im Jahr 712 n. Chr., durch Gift des Kalifen Walid Ibn Abdel Malik gestorben – zur Aufgabe des

Staates. Der Geburtstag des vierten Imams wurde zum nationalen Feiertag erklärt.

Das Jahr 1979 wurde zum Jahr der Anbiederung der irakischen Staatsgewalt bei den schiitischen Gläubigen. Saddam Hussein ließ keine Gelegenheit aus, schiitische Heiligtümer zu besuchen. Kamerateams des staatlichen Fernsehens begleiteten das Staatsoberhaupt und dokumentierten seine Gebete. Saddam Hussein paßte die Wortwahl seiner Reden der überlieferten Sprache der Imame an. Er pries den »entrückten« zwölften Imam als den Hoffnungsträger aller Iraker.

Derartige Worte und Gesten hätten die schiitischen Gläubigen und auch die Geistlichkeit gerne hingenommen, doch Saddam Hussein neigte auch in diesem Fall zur Übertreibung. Er ließ eines Tages verbreiten, er stamme in direkter Linie von Ali Ibn Abu Talib ab, dem ersten der Imame. Damit sei er »Amir al-muminin«, der Fürst aller Gläubigen. Er, Saddam Hussein, gehöre damit zum Stamm der Haschemiten. Damit wollte er nicht auf seine Verwandtschaft mit dem haschemitisch-jordanischen König Hussein hinweisen, sondern auf seine Zugehörigkeit zu »Banu Hashem«, dem Stamm, dem einst der Prophet Mohammed selbst entsprossen war.

Die Behauptung, er sei in Wahrheit ein Verwandter des »Gesandten Allahs«, galt der Geistlichkeit in An Nadschaf und Kerbela als Anmaßung. Die Prediger benutzten die Freitage, um in den Moscheen dem Führer der Baath-Partei vorzuwerfen, er habe den Propheten Mohammed verunglimpft. Saddam Hussein reagierte wiederum mit einer radikalen Kursänderung: Er bestrafte die Schiiten insgesamt durch Ausweisung von mehr als 10 000 Frauen und Männer aus An Nadschaf und Kerbela. Sie wurden zur iranischen Grenze deportiert. Die Begründung: Die Ausgewiesenen seien keine »Söhne und Töchter des Landes um Euphrat und Tigris«.

Mohammed Baqr as-Sadr griff daraufhin Saddam mit harten verbalen Attacken an: Der Irak werde von den Sunniten beherrscht, die Unterdrückten seien die Schiiten.

Eine darauffolgende reale Attacke traf zwar ein führendes Mitglied der Baath-Partei, das jedoch nicht zu den Sunniten gehörte. Es war der Christ Tariq Aziz, der am 1. April des Jahres 1980 in der Mustansiriyah-Universität mitten in Baghdad eine Studentenkonferenz der Baath-Partei zu eröffnen hatte. Tariq Aziz war zu jener Zeit

Stellvertretender Ministerpräsident und Mitglied des Revolutionären Kommandorats. Gerade als er die Mustansiriyah-Universität betrat, warf einer der Studenten eine Handgranate in seine Richtung. Tariq Aziz blieb nahezu unverletzt; die Explosion hatte ihn zu Boden geworfen.

Saddam Hussein wollte diesen Anschlag auf einen seiner wichtigsten Gefolgsleute nicht hinnehmen. Tariq Aziz war als Christ auch deshalb von Bedeutung, weil er das Vorzeigemitglied der Baath-Partei war, durch das Saddam Hussein beweisen konnte, daß nicht alle führenden Mitglieder der Baath-Partei den Sunniten zuzurechnen waren. Mit seiner Rache für das Attentat wollte Saddam Hussein das Rückgrat der Schiiten brechen.

Für ihn, den Chef der Baath-Partei, stand fest, wer der Schuldige war: Als Anstifter kam allein Mohammed Baqr as-Sadr in Frage. Die Geheimpolizei der Baath-Partei fiel in An Nadschaf ein. Die Agenten zerrten den Geistlichen aus dem Haus – und mit ihm seine Schwester Bint al-Huda. Beide wurden nach Baghdad gebracht, ins Gefängnis, über das allein die Partei verfügte. Die Schwester des schiitischen Geistlichen wurde ausgezogen und im Beisein des Bruders vergewaltigt und schließlich brutal getötet.

Als die Schwester nicht mehr lebte, zündeten die Baath-Agenten den Bart des Geistlichen an. Dann aber folgte, was die Schiiten der sunnitischen Herrscherclique nie verzeihen können: Sie hämmerten Nägel in den Kopf des Mohammed Baqr as-Sadr.

Die Agenten wußten genau, wer hinter der Publikation »Al-Dawah Al-Islamiyah« steckte. Sie griffen sich einen Verantwortlichen nach dem anderen. Sie kamen alle im Foltergefängnis der Partei, Abu Ghoraib, in Baghdad um.

Krieg zwischen Iran und Irak

Das Märtyrertum des Mohammed Baqr as-Sadr ließ spontan Haß aufflammen in Teheran. Dort war die Empörung über das Geschehen in Baghdad stärker als im Zweistromland selbst zu spüren. An Euphrat und Tigris war die Führung der Schiiten zu empfindlich geschwächt – sie hatte keine Kraft mehr zum Protest. Es war Ayatollah

Ruhollah Khomeini, der den irakischen Schiiten wieder Mut gab: Aus Teheran erfuhren sie, daß sie nicht allein waren, daß ihr Kampf gegen Saddam Hussein fortgeführt werden mußte. Khomeini zitierte den Propheten Mohammed: »O ihr Gläubigen, bekämpft die Männer des Unglaubens, die sich in eurer Nähe befinden.«

Der iranische Revolutionsführer, der in seinem Land gesiegt, und die schiitische »Islamische Republik« durchgesetzt hatte, entwickelte sich zum Sprecher des Kampfes gegen die »sunnitischen Teufel«, die sich um Saddam Hussein scharrten.

Der aber schlug am 15. April 1980 verbal zurück. In einer öffentlichen Rede sagte er: »Der Irak ist wieder einmal aufgerufen, das Schwert zum Schutz der arabischen Nation zu erheben. Irak verteidigt Ehre, Würde und Unabhängigkeit der Araber gegen die Machenschaften der Mächte der Dunkelheit!« Die Antwort aus Teheran erinnerte die Iraker an die Imame und Märtyrer, die in Kufa, An Nadschaf und Kerbela ihre Leben gelassen hatten im Kampf für die Gerechtigkeit. »Das Blut der Imame, das in den Adern des irakischen Volkes fließt, wird sich wehren gegen die despotische Herrschaft des Saddam Hussein!«

Dieser begriff, daß er, wenn er den Irak völlig beherrschen wollte, das Land um Euphrat und Tigris isolieren mußte von jedem iranischen Einfluß. Die Stärke der Schiiten des Irak lag in den Händen der Mullahs und Ayatollahs des Iran – sie wurden zum Hauptgegner des Saddam Hussein.

Zwei Länder bereiteten sich darauf vor, gegeneinander Krieg zu führen, in denen die Schiiten die Mehrheit der Bevölkerung besaßen. Sie unterschieden sich jedoch darin, daß die Iraner stolz darauf waren, in einem schiitischen Land zu leben und daß die Iraker eine Führung besaßen, die leugnete, ein schiitisches Land zu regieren.

Die Vereinigten Staaten von Amerika und mit ihnen fast die gesamte westliche Welt sahen der Entwicklung gelassen entgegen. Die Meinung war weit verbreitet, daß dieser bevorstehende Krieg nicht lange dauern konnte: Irak besaß eine der effektivsten, schlagkräftigsten Armeen der Welt; die iranischen Streitkräfte aber waren seit dem Sturz des Schahs ohne Offizierskorps, das die Truppe führen konnte. In der Tat war der iranische Militärapparat, der zur Zeit des Schahs aufgebaut worden war, zerfallen, er war jedoch ersetzt worden durch eine junge Streitmacht, die in der Überzeugung erzogen war, Allah stehe auf ihrer Seite, und deshalb sei sie unschlagbar.

Die schiitische Jugend des Iran glaubte an ihre schiitische Führung. Die schiitischen Soldaten des Irak aber wurden von sunnitischen Offizieren kommandiert. Sie wußten nicht, für welche Sache und für wen sie zu kämpfen hatten.

Dieser Unterschied in der Einstellung zum Krieg machte sich zunächst nicht bemerkbar. Die irakischen Truppen griffen am frühen Morgen des 21. September 1980 an. Panzerverbände begannen ostwärts des Shatt el-Arab mit dem Vorstoß in Richtung der iranischen Hafenstadt Abadan – über deren Verladeanlagen war bisher ein Großteil des iranischen Ölgeschäfts abgewickelt worden. Das Angriffsziel war jedoch weiter gesteckt: Khorramshar sollte erreicht werden. Diese Stadt war das Zentrum der Region zwischen dem Zagrosgebirge im Osten und dem Zusammenfluß von Euphrat und Tigris im Westen.

Die kriegführenden Regierungen hatten unterschiedliche Bezeichnungen für diese Region: Die Iraner nannten sie Kusistan und Lorestan. Saddam Hussein aber hielt den geographischen Begriff Arabistan für richtig. Der irakische Staatschef machte historische Ansprüche geltend – in Wahrheit wollte er die ergiebigen Ölfelder westlich des Zagrosgebirges in die Hand bekommen.

Iranische Schiiten waren auf Dauer die besseren Soldaten

Zunächst zahlte sich für den Irak der Überraschungseffekt aus. Während der letzten Septembertage des Jahres 1980 gerieten die iranischen Verteidiger in Schwierigkeiten – sie litten unter Mangel an ausgebildeten Kommandeuren. Nach dem Sturz Mohammed Reza Pahlawis hatte eine gründliche Säuberung stattgefunden: Wer vom Schah ernannt und gefördert worden war, verlor Rang und Funktion. Ayatollah Ruhollah Khomeini hatte alle Generäle hinrichten lassen, die zur Clique des Herrschers gehört hatten. Seit dieser Säuberung waren zwar eineinhalb Jahre vergangen, doch während dieser Zeit waren keine Offiziere ausgebildet worden, die dem islamischen

Regime treu ergeben waren. Auf iranischer Seite standen junge Schiiten in großer Zahl bereit, das Land ostwärts des Shatt el-Arab zu verteidigen, doch wie dies geschehen sollte, wußte kaum jemand.

Hinzu kam der Unterschied in der Qualität der Bewaffnung. Die irakischen Streitkräfte waren mit neuestem sowjetischem Kriegsgerät ausgestattet, die iranischen Soldaten sollten mit Waffen kämpfen, die veraltet waren und sich in miserablem Zustand befanden. Geschütze und Raketenwerfer waren seit dem Abzug der amerikanischen Militärexperten aus Iran nicht mehr gewartet worden. Das Schlimmste aber war für die Verteidiger der komplette Zusammenbruch der elektronischen Kommunikationsmittel. Sie waren zur Zeit des Schahs fast ausschließlich Angehörigen der Baha'i-Sekte anvertraut gewesen, von denen, so glaubte Mohammed Reza Pahlawi, nicht zu erwarten war, daß sie ihre Geräte putschenden Offizieren zur Verfügung stellen würden. Die Baha'is hatten unmittelbar nach der Flucht des Schahs, Iran verlassen – aus Angst vor Verfolgung durch die jetzt schiitisch ausgerichteten Sicherheitskräfte. Die Folge war, daß die iranischen Truppenverbände im Frontgebiet Abadan – Ahwas – Khorramshar ohne Abstimmung untereinander den irakischen Feind abwehren mußten.

Erwarteten die Iraker einen raschen Zusammenbruch der iranischen Front, so täuschten sie sich. Für Stabilität der Verteidigung sorgten die »Pasdaran«, die »Wächter der Revolution«. Ihre Einheiten bestanden aus schiitischen Männern im Alter zwischen 17 und 20 Jahren. Sie setzten sich mit Verbissenheit und Todesverachtung ein. Obwohl sie keinerlei Erfahrung im Kampf hatten und ihre Bewaffnung unzureichend war, gelang es den »Pasdaran« den irakischen Vormarsch aufzuhalten. Tausende der »Wächter der Revolution« fielen im Geschoßhagel der Iraker, doch die Gefallenen waren rasch ersetzt durch todesbereite Freiwillige.

Nach drei Wochen Kriegszeit konnte Ayatollah Ruhollah Khomeini feststellen, daß die »Islamische Republik Iran« nicht zusammengebrochen war. Zwar hatte Iran 7000 Quadratkilometer an Boden verloren, und die gesamte Ölproduktion ostwärts des Shatt el-Arab war zusammengebrochen, aber die Frontlinie, die 480 Kilometer lang war, hatte gehalten werden können. Das Opfer an Menschenleben war gewaltig gewesen. Khomeini wußte, wie er die hohen Verluste schiitisch-islamisch heroisieren konnte: Die jungen

Männer, die gefallen sind, verglich er mit dem Prophetenenkel Husain, der einst bei Kerbela Märtyrer für Allah und für die »Schiat Ali« geworden war.

Saddam Hussein konnte nicht zurückgreifen auf die Historie der schiitischen Anfangsphase. Er besann sich darauf, daß früher einmal in der Geschichte eine welthistorisch bedeutende Auseinandersetzung zwischen Arabern und Persern stattgefunden hatte: die Entscheidungsschlacht von Qadisiyah.

Saddam Hussein mobilisiert mesopotamische Legenden

Bisher hatte der Vorsitzende des Revolutionären Kommandorats damit überrascht, daß er seine Verwandtschaft mit dem ersten Imam Ali Ibn Abu Talib zur staatstragenden Tatsache erhob. Jetzt, da sich der Krieg mit Iran nicht nach seinem Wunsch entwickelte, erweiterte er die Dimension seiner eigenen Bedeutung: Am 22. September 1987 – der Krieg mit dem Iran dauerte inzwischen schon sieben Jahre lang – ließ sich Saddam Hussein in einem gigantischen Festival feiern im Rahmen eines Open Air Festivals, das den Titel trug »Von Nebukadnezar zu Saddam Hussein«. Geboten wurde die Zusammenfassung geschichtlicher Vorgänge, die sich in Mesopotamien seit der Zeit des Nebukadnezar I. (etwa 1124 bis 1103 v. Chr.) bis zum Helden der Gegenwart ereignet hatten. Nebukadnezar hatte einst die Selbständigkeit Babylons in Feldzügen gegen Assyrien und Elam wiederhergestellt. Und Saddam Hussein – dies sollte das Festival demonstrieren – bewahrt babylonische Kultur und Selbständigkeit im 20. Jahrhundert. Das Motto des Festivals hieß: »Wir verteidigen unsere Kultur. Wenn wir diese Kultur vergessen, dann gehen wir zugrunde.«

Zur Vorbereitung dieses Festivals waren – mitten im Krieg – die Ausgrabungsarbeiten auf dem Gelände der historischen Ansiedlung Babylon am alten Euphratlauf vorangetrieben worden. Der Zustand des südlichen Palastes, den Nebukadnezar hatte erbauen lassen, entsprach jetzt archäologischen Vorstellungen. Er wurde nun ausländischen Spezialisten und Historikern präsentiert.

Die eingeladenen Persönlichkeiten aus aller Welt bekamen zum Schluß ein einzigartiges optisches Ereignis vorgeführt: Am nächtlichen Himmel waren die Profilporträts von Nebukadnezar und Saddam Hussein zu sehen. Ganz langsam näherten sie sich einander. Schließlich verschmolzen sie in ein einziges Profilporträt. Demonstriert werden sollte auf diese Weise, daß sie identisch waren.

Die Historie der »Schiat Ali« wurde übergangen beim Festival in Babylon. Die Veranstalter mieden jeden Bezug auf die Besonderheit der Schiiten. Nichts wies darauf hin, daß Babylon mitten im Schiitengebiet liegt.

Ist ein Schiit Märtyrer, der durch Kampfgas umkommt?

Am 29. Februar 1988 begann die Wende des Irak-Iran-Konflikts. 17 Scudraketen – sie stammten aus sowjetischer Lieferung – schlugen im Stadtgebiet von Teheran ein. Nahezu fünf Monate lang dauerte der Raketenbeschuß. Getroffen wurde auch die als heilig betrachtete Freitagsmoschee in Isfahan und das schiitische Heiligtum in Qum.

Ayatollah Ruhollah Khomeini sah schließlich ein, daß seine jungen Kämpfer nicht mehr in der Lage waren, den Krieg gegen Irak fortzusetzen. Ausschlaggebend war der Einsatz der Kampfgase Sarin und Tabun durch irakische Artillerie. Gegen die chemischen Waffen besaß Iran kein Abwehrmittel. Die »Wächter der Revolution« waren bisher zu sterben bereit gewesen, weil sie wußten, daß ihnen im Fall des Todes das Paradies offenstand. Diese Sicherheit war tief im Bewußtsein der »Pasdaran« verankert – allerdings mußte eine Voraussetzung geschaffen sein: Der Tod mußte durch eine blutende Wunde ausgelöst worden sein.

Daß die blutende Wunde den Eintritt ins Paradies ermöglichte, gehörte zur Überzeugung der Schiiten seit dem Märtyrertod des Imam Husain bei Kerbela. Er hatte tausend Wunden empfangen, ehe er starb (680 n. Chr.). Zur Erinnerung an die Umstände seines Todes fügen sich am Jahrestag des Ereignisses von Kerbela junge Schiiten in Iran und Irak blutende Wunden zu.

Der Einsatz der Kampfgase veränderte die Situation: Die durch Gas getöteten Kämpfer wiesen keine Wunden auf. Die Frage erhob sich: Waren sie, auch ohne Wunden, Märtyrer? Als diese Diskussion die »Pasdaran« beschäftigte, hätte die entscheidende iranische Offensive gegen die Iraker – die Bezeichnung »Kerbela 4« war für sie vorgesehen – im Süden des Shatt el-Arab beginnen sollen. Doch sie fand nicht statt.

Nachdem am 13. Juli 1988 die iranischen Streitkräfte weit auf eigenes Gebiet zurückgedrängt worden waren, existierte eine zusammenhängende Front nicht mehr. Khomeini mußte einsehen, daß sein Ziel gescheitert war, die schiitische islamische Revolution nach Irak und hinüber ins Gebiet westlich des Persischen Golfs zu exportieren. Seine Gefühlslage definierte er damals so: »Der Entschluß zur Beendigung des Krieges war für mich schlimmer, als ein tödliches Gift zu trinken.« Doch es blieb kein anderer Ausweg als die Kapitulation: Die »Wächter der Revolution« waren nicht mehr bereit, den Märtyrertod zu sterben. Der Ayatollah sah sich gezwungen, die Resolution Nr. 598 des Weltsicherheitsrats zu akzeptieren. Dieses Dokument sah zwar zunächst nur einen Waffenstillstand vor, doch die Kriegsmüdigkeit hatte inzwischen beide Seiten erfaßt: An ein Aufflammen der Kämpfe war nicht mehr zu denken.

Da Khomeini als erster die Bereitschaft zum Waffenstillstand erklärt hatte, war es für Saddam Hussein selbstverständlich, daß er Irak zum Sieger dekretierte. Zum Zeichen dieses Triumphes wurde in Baghdad über dem Paradeplatz ein Siegesbogen errichtet. Zwei überdimensional große Klingen kreuzen sich. Die Hände, die diese Klingen führen, sind getreu den Händen des Saddam Hussein geformt. Die Klingen entsprechen nicht irgendwelchen Waffen. Sie sind dem Schwert nachgebildet, das Saad Ibn Abi Waqas im Jahr 637 n. Chr. beim Sieg über die Perser benützt haben soll. Das Regime des Saddam Hussein verstand sich im Jahr 1988 darauf, Symbole der Historie mit Erfolg einzusetzen. Der »Sieg über Khomeini« verleitete Saddam Hussein dazu, sich auch als Sieger über die Schiiten insgesamt zu fühlen. Dieses Erfolgsgefühl veranlasste ihn zu Überheblichkeit und Unbesonnenheit.

Saddam Hussein, der »Wächter über die arabische Welt«

In Damaskus, Riyadh, Kuwait, Dubai und in Abu Dhabi sollten die Mächtigen begreifen, daß es Saddam Hussein war, der die Araber vor der »persischen Gefahr« bewahrt hat. Die schiitische islamische Offensive, die den Westen des Persischen Golfs bedroht hatte, war abgewiesen worden. Die Regierenden in Kuwait, Riyadh, Dubai und Abu Dhabi konnten aufatmen. Für diese Befreiung aus höchster Not sollten die Emire und die königliche Familie von Saudi-Arabien Beiträge zu den Kriegskosten des Irak leisten. Im Juni des Jahres 1990 stellte Saddam Hussein seine Forderung – sie überstieg jedes vernünftige Maß: Er verlangte von jedem einzelnen Mitglied der Organisation Erdöl exportierender Länder der Region die Zahlung von 10 Milliarden Dollar. Kopfschütteln war die Reaktion in den betroffenen arabischen Hauptstädten. Insbesondere das Haus As-Saud, das bisher stets dem irakischen Regime in Geldschwierigkeiten geholfen hatte, wandte sich von der »Baath-Clique« ab, mit dem Argument, der Baath-Clan könne nicht mehr bei Verstand sein.

Zur Verblüffung aller konnte Saddam Hussein drei Wochen später eine Forderung auf den Tisch legen, der niemand zu widersprechen wagte – sie beruhte auf einer tatsächlichen Unkorrektheit der kuwaitischen Emirsfamilie. Sie hatte angeordnet, daß das irakische Ölfeld Rumeila durch die Kuwait Petroleum Company (KPC) – die KPC legte Rohrleitungen, durch die irakisches Öl abgepumpt wurde – widerrechtlich »schräg« angebohrt wurde. Diese Bohrung führte unter der kuwaitisch-irakischen Demarkationslinie hindurch.

Dieser Vorgang ließ sich gar nicht bestreiten – die »Schrägbohrung« war vorhanden. Die Iraq National Oil Company (INOC) konnte finanzielle Forderungen an die KPC stellen. Der von INOC berechnete Betrag belief sich auf 2,4 Milliarden Dollar. Der Emir von Kuwait ordnete an, daß die irakische Forderung mit Schweigen übergangen wurde.

Saddam Hussein, der sich bis zum Beginn des Jahres 1990 als hochverdienter »Wächter der arabischen Welt« hatte fühlen können, sah sich jetzt als »betrogenes Opfer« der reichen arabischen Monarchen. Kurz darauf glaubte er, von einer »Konspiration« hintergangen zu werden: Auf Betreiben des Emirats Kuwait erhöhte die OPEC die Förderquote für das arabische Rohöl. Das Resultat war, daß die Ölpreise auf den Weltmärkten absanken. Saddam Hussein reagierte schroff: »Kuwaits Ölpolitik hat zur Folge, daß das irakische Volk verhungert.«

Am 31. Juli 1990 wurde der saudiarabische Geheimdienst unruhig: An der Grenze zu Kuwait fand ein irakischer Truppenaufmarsch von beachtlicher Kampfstärke statt. Die Verantwortlichen der Königsfamilie As-Saud veranlaßten, daß sich in aller Eile Bevollmächtigte kuwaitische und irakische Unterhändler in der saudiarabischen Hafenstadt Dschedah trafen. Die kuwaitischen Delegierten wurden bedrängt, substantiell nachzugeben – doch diese dachten nicht daran. Die Iraker reisten empört aus Dschedah ab.

Am 2. August 1990 fielen die irakischen Streitkräfte in einer Stärke von 200 000 Mann in Kuwait ein. Saddam Hussein verkündete, daß an diesem Tag die »Revolution des 2. August« begonnen habe. Jetzt endlich werde die Ungerechtigkeit korrigiert, die von der Kolonialmacht England begangen worden sei: »Kuwait ist von jeher irakisches Territorium gewesen.«

Von Tag zu Tag steigerte sich in der arabischen Welt die Gewißheit, daß die USA, England und Frankreich bereitstanden, Krieg gegen Irak zu führen. In die anti-irakische Koalition fügten sich Ägypter, Saudiaraber und Syrer ein. Saddam Hussein aber ließ sich nicht beeindrucken: »Unsere Nation hat eine Aufgabe! Das ist der Grund, warum wir nie eine Nation wie eine andere sind! Wir werden das arabische Volk zu seiner einstigen Größe zurückführen.«

Die Kriegsrealität sah anders aus. Massive Luftangriffe amerikanischer und britischer Verbände zerstörten die wichtigsten Energiezentralen, Verkehrsknotenpunkte, Kommunikationszentren – der Luftkrieg wurde kaum gegen militärische Ziele geführt. Der Staatschef, der auch Oberbefehlshaber der Streitkräfte war, hütete sich, seine Eliteeinheiten in einen Kampf zu führen, der nicht gewonnen werden konnte – die Gefechte mit dem Feind hatten schiitische Verbände zu bestehen. Diese aber sahen nicht ein, warum sie verbluten sollten für die sunnitisch orientierte Baath-Partei. Die demoralisierten Schiitenverbände lösten sich vor dem Ansturm der Koalitionstruppen rasch auf und die sunnitischen Eliteverbände, in deren Zentrum sich die Republikanische Garde befand, zogen sich aus der Kampfzone in Richtung Baghdad zurück. Die schiitischen Soldaten sahen die Chance kommen, die sunnitische Vorherrschaft im Lande zu brechen.

Im Frühjahr 1991: die Theokratie als Wunschtraum

Als der Widerstand der zweitklassigen Streitkräfte, die Saddam Hussein in den Kampf gegen die vorrückenden amerikanischen Panzerkolonnen geschickt hatte, erlahmte, da war in Dörfern und Städten des Zweistromlandes diese Parole zu hören: »Allah ist über allem! – und Saddam Hussein ist Allahs Feind!«

Am 28. Februar rollten irakische Panzerverbände auf dem Rückweg von Kuwait durch die Stadt Basra. Unbehelligt fuhren sie weiter nach Norden. Doch ihr Rückzug bedeutete ein Signal für die Bevölkerung, die aus Schiiten bestand: Die Männer und Frauen begriffen: Die Republikanische Garde verließ den Süden des Zweistromlandes, die verhaßten Sunniten zogen sich in Richtung Baghdad zurück. Innerhalb einer halben Stunde füllten bärtige Männer, die Waffen trugen, die Straßen von Basra. Woher sie gekommen waren, wußte niemand. Agenten der Baath-Partei klagten entsetzt: »Wir wurden attackiert von Iranern! Das sind keine Iraker!«

Die Bärtigen besetzten die Gebäude der Stadtverwaltung, eroberten Polizeistationen. Sie drangen in das Sheraton-Hotel ein, das einzige Hotel gehobener Art am Shatt el-Arab. Die Hotelbar wurde zertrümmert, Whiskyflaschen und Alkohollachen bedeckten den Fußboden. Wer als Mitglied der Baath-Partei erkannt wurde, wurde von den Bärtigen erschlagen und zerstückelt. Keine Statue und kein Bild von Saddam Hussein überstand den ersten Tag des schiitischen Aufstands in Basra.

Die Rebellion blieb nicht auf Basra beschränkt. In Kufa und An Nadschaf wurden die bekannten Mitglieder der Baath-Partei ergriffen und auf brutale Weise getötet. »Iranern« konnte in Kufa und An

Nadschaf nicht die Schuld an dem blutigen Geschehen zugeschrieben werden – die Schiiten des Zweistromlandes übten Rache für die jahrzehntelange Unterdrückung. Ihr Nachteil war, daß die Masse von niemand geführt und von niemand kontrolliert wurde. Die Träger des »schwarzen Turbans« ließen sich unter den Rebellen nicht sehen – sie mieden die Straßen. Sie beteten in den Moscheen, während draußen die Rachegefühle der Massen explodierten.

Die Einschüchterungstaktik, die von der sunnitischen Baath-Partei über Jahre hin praktiziert worden war, wirkte sich jetzt aus: Die Geistlichkeit beteiligte sich nicht an der Rebellion. Sie glaubte nicht, daß sich Saddam Hussein geschlagen geben würde.

Der Verdacht der Baath-Mitglieder, Iran stecke hinter den Geschehnissen, war nicht unbegründet. Einzelne Kampfverbände tauchten in An Nadschaf auf, die sich »Badr-Brigade« nannten. Als ihren obersten Kommandeur verehrten die Angehörigen dieser Brigade einen Geistlichen, der mit Recht den »schwarzen Turban« trug. Es war Mohammed Baqr al-Hakim – er sollte zwölf Jahre später in An Nadschaf am Ausgang der Moschee des Ali den Märtyrertod sterben.

Ayatollah Mohammed Baqr al-Hakim war der Vorsitzende des höchsten islamischen Rates, der in Teheran seinen Sitz hatte. Die Aufgabe dieses Rates bestand darin, Wegbereiter zu sein für den Aufbau der schiitischen Theokratie auf dem Territorium des Irak. Vorbild sollte die »Islamische Republik Iran« sein. Ayatollah Mohammed Baqr al-Hakim sah sich als Schüler des Ayatollah Ruhollah Khomeini. Er verleugnete auch seine iranische Abstammung in keiner Weise. Aus Iran kamen auch die Kämpfer seiner Badr-Brigade. Ihre ideologische Abhängigkeit von der »Islamischen Republik Iran« demonstrierten die Badr-Streiter optisch in den Straßen von Basra: Sie plakatierten zwar lebensgroße Porträts des Ayatollah Mohammed Baqr al-Hakim, überlebensgroß aber waren die Bilder des Ayatollah Ruhollah Khomeini. Der optisch dominierende der beiden Träger des »schwarzen Turban« war der Verlierer des unlängst zu Ende gegangenen Iran-Irak-Krieges.

»Jede revolutionäre Aktion hat allein dem Ziel zu dienen, die ›Islamische Republik Irak‹ im Namen Allahs entstehen zu lassen.« Die Kommandeure der Badr-Brigade verlangten Gehorsam gegenüber dieser Anweisung. In der Halle des geplünderten Sheraton-Hotel am Shatt el-Arab in Basra wurde, voreilig, diese Islamische Republik Irak ausgerufen.

Der Muster-Turbanträger des Saddam Hussein

Als sich Mohammed Baqr al-Hakim und die Badr-Brigaden in Basra als Sieger fühlen konnten, stellte sich in An Nadschaf ein Turbanträger den schiitischen Massen, der voraussah, daß die Zeit nicht reif war für den Durchbruch zur Herrschaft der Schiiten an Euphrat und Tigris. Sein Name: Abu al-Qasim Khu'i. Der Geistliche war über 90 Jahre alt.

Am Morgen des 3. März 1991 versammelten sich Tausende von Gläubigen in An Nadschaf im Hof der Moschee des Ali um den Prediger. Er verlangte ein Ende der Gewalt gegen die Organe des irakischen Staates. Ayatollah Abu al-Qasim Khu'i berief sich dabei auf Vorschriften, die im Koran zu finden sind. »Ihr seid alle aufgerufen, öffentliche Einrichtungen zu schützen, denn sie sind das Eigentum von uns allen! Ihr seid alle aufgerufen, das Eigentum anderer vor Schaden zu bewahren.«

Abu al-Qasim Khu'i rief nicht zur Schaffung einer islamischen Republik auf. Als schiitischer Geistlicher mußte er jedoch den Erwartungen der Gläubigen genügen, die eine Forderung auf Autonomie der Schiitengebiete erwarteten – ohne Verlangen nach Austritt aus dem irakischen Staatsverband. Die Annäherung an den Iran kam für diesen Prediger nie in Frage. Es gelang ihm, die Badr-Brigaden aus An Nadschaf fernzuhalten.

Um zu Ruhe und Ordnung zurückzukehren, gab er eine erste Anweisung: »Sammelt die Toten von den Straßen ein, und begrabt sie nach den Regeln unseres Glaubens.«

Bemerkenswert ist, daß Abu al-Qasim Khu'i – im Gegensatz zu den Anhängern des Ayatollah Ruhollah Khomeini – die Trennung von Religion und Politik anstrebte. Er hat den Grundsatz geprägt: Beschäftigung mit der Politik verdirbt den Charakter der Gläubigen. Er selbst brachte es allerdings nicht fertig, ein Leben außerhalb des Wirkungskreises der Politik zu führen. Auf dem Höhepunkt der Kämpfe um Basra holten Sicherheitskräfte des Baath-Regimes den

Geistlichen aus An Nadschaf ab und brachten ihn nach Baghdad – ins Fernsehstudio. Ihm wurde eingeschärft, er habe die derzeitige Rebellion der Schiiten zu verurteilen. Abu al-Qasim Khu'i folgte der Anweisung. Darüber hinaus dankte er Allah, daß er »Seiner Exzellenz Saddam Hussein, dem Präsidenten der irakischen Republik, die Kraft gebe, die Bestrebungen der ›Separatisten‹ an Euphrat und Tigris niederzukämpfen.« Er endete mit dem Ausruf: »Allah möge den Präsidenten über andere erhöhen – in diesem und im nächsten Leben!«

Nachdem er sich derart beim Baath-Regime angebiedert hatte, konnte sich Abu al-Qasim Khu'i nicht mehr aus der Umklammerung befreien: Ihm wurde ein geräumiges Haus in der geheiligten Stadt Kufa zugewiesen. Dort war er täglich gezwungen, Besucher aus dem Irak und dem Ausland zu empfangen. Er wurde als Beispiel dafür präsentiert, daß die Schiiten treu zum Präsidenten Saddam Hussein standen, »dem sie so viel zu verdanken haben«.

Die Mehrheit der Schiiten von An Nadschaf jedoch nahmen gar nicht zur Kenntnis, daß Abu al-Qasim Khu'i den Chef des Baath-Regimes hofiert hatte. Man verehrte den Ayatollah von großer Gelehrsamkeit. Als er am 9. August 1992 bestattet wurde, machten sich Hunderttausende aus dem gesamten Zweistromland auf den Weg nach An Nadschaf. Das Regime befürchtete, daß – da der mäßigende Einfluß des Ayatollah nun fehlte – die Schiitenmassen regierungsfeindlichen Parolen ausgesetzt sein würden. Der für An Nadschaf zuständige Gouverneur verhängte für den Trauertag eine Ausgangssperre von 24 Stunden. Die Bestattung durfte nur im kleinsten Kreis stattfinden.

Saddam Hussein hatte seinen Vorzeigeayatollah verloren. Es stellte sich bald heraus, daß der Verstorbene einen beachtlichen Einfluß auf die Gläubigen von An Nadschaf ausgeübt hatte. Noch im August 1992 machte sich Unruhe bemerkbar im Umkreis des Ali-Heiligtums. Als führender Geistlicher vor Ort profilierte sich Ayatollah Mohammed Sadiq as-Sadr. Von ihm ist bekannt, daß er zunächst von den Parteifunktionären in Baghdad geduldet wurde, weil er sich mit Äußerungen zurückhielt, die dem Regime hätten mißfallen können. Doch eines Tages wagte es Mohammed Sadiq as-Sadr, nach dem Freitagsgottesdienst den Gläubigen eine Empfehlung mit auf den Weg zu geben: Sie sollten den heiligen Tag der

Moslems den Gedanken an Allah vorbehalten und sich nicht in Parteiveranstaltungen aufhalten.

Diese, doch recht vorsichtige Äußerung muß in oberen Parteikreisen übel vermerkt worden sein, denn wenige Tage später wurde der Ayatollah in aller Öffentlichkeit in An Nadschaf erschossen. Opfer dieses Anschlags wurden auch zwei seiner Söhne.

Die Flucht der Schiiten in die Sümpfe

Schon im Sommer 1991 war deutlich geworden, daß der Aufstand der Schiiten im Süden des Zweistromlandes nicht länger durchzuhalten war. Die Sicherheitskräfte des Regimes verfolgten mit Härte jeden, der verdächtigt wurde, daß er Propaganda für die Autonomie der Schiitengebiete mache. Erzählt wird, Hunderte von Geistlichen seien damals im Hof des Ali-Heiligtums aufgehängt worden.

Die Stimmung, die unter den Schiiten herrschte, traf die Äußerung eines Ungenannten, der seine Enttäuschung so zum Ausdruck brachte! »Präsident Bush forderte uns auf, gegen Saddam Hussein zu rebellieren. Wir rebellierten tatsächlich, doch wo ist Bush? Wo bleibt er? Die Amerikaner haben Irak zerstört. Doch Saddam Hussein sitzt noch immer in seinen Palästen!«

Die führenden Köpfe der Schiiten hatten ein Wort des amerikanischen Präsidenten zu stark in ihrem Sinne interpretiert: Bush hatte angedeutet, das Problem, wer Irak regieren solle, sei eine Angelegenheit des irakischen Volkes – also auch der Schiiten. Als dann die Schiiten wirklich aktiv wurden, um die Machtverhältnisse in ihrem Sinn zu verändern, da zuckte Präsident Bush zurück. Er machte deutlich, daß die USA nicht an der Schaffung eines Autonomiegebiets der Schiiten interessiert waren: »Die autonome Zone der Schiiten würde nur einen Faktor der Instabilität im Nahen und Mittleren Osten bedeuten – wie die Existenz eines Palästinenserstaats.« Um den Schiiten-Staat schon in seinen Ansätzen zu verhindern, gaben die Kommandeure der amerikanischen Besatzungstruppen der sunnitisch-orientierten Republikanischen Garde Saddam Husseins freie Hand, Waffen gegen die Aufständischen einzusetzen, deren Verwendung ihnen, gemäß den Waffenstillstandsbedinungen, verboten waren. Die Republikanische Garde flog Einsätze mit schweren Kampfhubschraubern gegen Widerstandsnester in Basra und in den anderen schiitischen Städten.

Familien flohen aus der Gefahrenzone. Sie glaubten Sicherheit zu finden in den ausgedehnten Sumpfzonen zwischen Tigris und der irakischen Grenze südlich des 32. Breitengrads. Dieses Sumpfgebiet wird bewässert durch Abflüsse des Tigrisstroms. Die Wassergeschwindigkeit in den Kanälen ist äußerst gering. Eingelagert in die Sumpfbrühe sind Inseln mit halbwegs festem Boden in unterschiedlicher Größe. Die Stämme, die in den Sümpfen existieren, lebten vom Reisanbau und von der Rinderzucht.

Bis zu den Veränderungen der Sozialstruktur durch die Folgen des schiitischen Aufstands im Jahr 1991 besaßen die »Sumpfaraber« eine eigene Identität und ihren eigenen Stolz. Die Älteren erzählten mit Vorliebe an nächtlichen Feuern von Heldentaten der Vorfahren, von Mut und Edelsinn der Großeltern. Trotz dieser Erinnerung an einstige Größe und Bedeutung wurden die »Sumpfaraber« von den Stämmen auf festem Land wenig geachtet. Selten geschah es, daß ein Stammessheikh auf dem westlich des Tigris gelegenen Festland sein Einverständnis gab, daß eine Tochter seiner Sippe zur Einheirat in ein Dorf der Sümpfe weggegeben wurde. Eher konnte es geschehen, daß ein persischer Stamm der Verheiratung einer Tochter mit einem »Sumpfaraber« zustimmte. Die Verwandtschaft mit Persern hob das Ansehen der arabischen Sippe allerdings keineswegs. Die Bewohner der Sümpfe galten als minderwertig. Daß sie »Ehe auf Zeit« praktizierten, wie sie in Persien/Iran üblich ist, wurde als unmoralisch vermerkt – als nicht den Koranvorschriften entsprechend.

Erstaunlich ist die große Zahl der »Sayyeds«, der Nachfahren des ersten Imam Ali Ibn Abu Talib, die in den Sumpfdörfern lebten. Bemerkenswert ist, daß sich die »Sayyeds« mehr als die vier Frauen erlauben konnten, die das Eheleben anderer Moslems beschränkte.

Die Bewohner der Sümpfe waren für die Sippen in Städten und Dörfern Fremde – trotz der Gemeinsamkeit des schiitischen Glaubens.

Den Familien aus Basra und Kerbela fiel es schwer, in die Sümpfe zu fliehen. Es blieb ihnen jedoch kein anderer Ausweg. Die Städter besorgten sich Stocherkähne und brachten ihre Familien in Sicherheit. Die Männer bauten Hütten aus Lehm und den Stämmen von Sumpfpflanzen. Die Frauen kochten Reis und Fische. Die Umstellung auf das primitive Leben mitten im brackigen Wasser war schwierig.

»Tomorrow no more Shiites« – Saddam Hussein glaubt sich am Ziel

Daß sich viele der schiitischen Stämme in das unwegsame Gebiet zwischen Tigris und der iranischen Grenze hatten retten können, ärgerte die Funktionäre der Baath-Partei – und vor allem Saddam Hussein selbst. Als die Republikanische Garde zum »letzten Angriff« gegen Basra aufbrach, da hatten die Panzerfahrer auf die Stahlplatten ihrer Kettenfahrzeuge in großen Lettern diese Worte geschrieben: »Tomorrow no more Shiites!« – »Morgen wird es keine Schiiten mehr geben!« Diese Parole Wirklichkeit werden zu lassen, das war die Aufgabe der sunnitischen Offiziere und Panzerfahrer.

Sie zerstörten durch Sperrungen wesentliche Teile der Städte Kerbela und An Nadschaf; die Häuser standen ohnehin leer. Die Panzer fuhren kreuz und quer über die Gräber der Friedhöfe, die den Schiiten heilig waren. Doch der Widerstand gegen die Sunniten und deren Baath-Partei flammte da und dort immer wieder auf. Die Zellen dieses Widerstands befanden sich in den Sümpfen. Für die sunnitischen Verantwortlichen in Baghdad lag der Gedanke nahe, diese Sümpfe auszutrocknen.

Dafür mußte allerdings ein Deckmantel geschaffen werden. Dies fiel dem Regime leicht. Über Irak lag die Last des Embargos. Da die Einfuhren von Lebensmitteln einer Importsperre unterlagen, herrschte Knappheit an Getreide, Öl und anderen Fetten. Das Argument überzeugte, daß der Irak gezwungen sei, die Eigenproduktion auf dem Lebensmittelgebiet zu steigern. Die Anbauflächen mußten vergrößert und die Bewässerung rationiert werden. Rasch entstanden die Pläne für das »Saddam River Irrigation Project«. Sie wurden ab dem Frühjahr 1993 realisiert.

Im Zentrum des »Bewässerungsprojekts« stand der Bau eines Kanals von 500 Kilometern Länge. Sein Beginn lag südlich des Flusses Chankula, der aus iranischen Bergen ins Tigrisbecken fließt, die

Sümpfe durchquert und in den Persischen Golf mündet. Obgleich sein Gefälle niedrig ist, transportiert der Kanal eine beachtliche Menge Wasser, die dem Sumpfland entzogen wird.

Die Landschaft nördlich von Basra veränderte sich innerhalb weniger Monate. Die Wasserflächen verschwanden, die bisherigen Inseln waren nicht mehr von Lagunen umgeben. Die Lebensbedingungen der »Sumpfaraber« waren radikalen Änderungen unterworfen: Wassermangel verhinderte den Reisanbau, die Rinderherden waren vom Durst bedroht. Das Leben in den Sümpfen erstarb langsam.

Schon im März 1993 zeigten Fotos, die von US-Satelliten aufgenommen wurden, daß ein Drittel der riesigen Sümpfe der Region Amara nicht mehr existierte. Dort herrschte jetzt Trockenheit.

Niemand durfte die trockengelegte Zone besuchen. Auch der Autor dieses Buches wurde wiederholt an einem Abstecher nach Amara von den Behörden gehindert. Auch das Argument, man wolle die Errungenschaften des Regimes der Weltöffentlichkeit bekannt machen, zog nicht. Auch den Irakern blieb das einstige Sumpfgebiet verschlossenes Territorium. Das schloß nicht aus, daß die Baath-Medien die »Leistungen des Führers Saddam Hussein« hoch rühmten: »Irak hatte bisher zwei Flüsse, Euphrat und Tigris. Irak hat jetzt einen dritten Fluß hinzubekommen.«

Daß dieser »dritte Fluß« und die mit ihm verbundene Austrocknung der Sümpfe schlimme Folgen für die Umwelt des Zweistromlandes haben könnten, darauf haben Umweltspezialisten der Vereinten Nationen sofort hingewiesen. Möglich sei, daß der Grundwasserspiegel um die heiligen Städte An Nadschaf und Kerbela absinke, die Landwirtschaft werde darunter leiden.

Die Rebellion der Schiiten hatte ihre letzte Basis verloren. Ayatollah Mohammed Baqr al-Hakim, als Geistlicher mit dem »schwarzen Turban« hochverehrt, mußte zugeben, daß es den Schiiten nicht gelungen war, das sunnitische Joch abzuschütteln. Um das freundschaftlich gesinnte Regime der Ayatollahs im Iran nicht weiter in das »Verlustgeschäft« hineinzuziehen, gab er für seine Anhänger die Sprachregelung aus, in den Kampf um Basra und um die heiligen Städte seien Kräfte aus Iran überhaupt nicht einbezogen gewesen. Die in Teheran Verantwortlichen hätten nichts mit der Schiitenrebellion zu schaffen gehabt.

Saddam Hussein hielt es zeitweise für zweckmäßig, den Schiiten die Hand entgegenzustrecken. Am 23. März 1991 ernannte der sunnitische Staatschef den aus Kerbela stammenden Schiiten Sadun Hammadi zum Ministerpräsidenten des Irak. Mit dieser Ernennung war die Aufgabe verbunden, dafür zu sorgen, daß sich die aus den Sümpfen vertriebenen schiitischen Sippen nicht in den Sunnitenvierteln von Baghdad niederließen. Die Heimatlosen mußten irgendwo im Süden festgehalten und untergebracht werden.

Sadun Hammadi wurde nur wenige Monate als schiitisches Aushängeschild gebraucht, dann wurde der prominente Schiit von Saddam Hussein fallengelassen. Der Chef der Baath-Organisation hatte erneut Selbstvertrauen gewonnen.

Im Zusammenhang mit der Zerstörung der Sümpfe an Euphrat und Tigris an dieser Stelle ein Blick auf die Entwicklung aus der Warte des Sommers 2004.

Die Vereinten Nationen stellen fest: Saddam Hussein hat die »Gärten Edens« zerstört

Im April 2004 hat die »United Nations Commission for Sustained Development« (UN Headquarters – UN Plaza New York) dieses umfassende Fazit der Geschehnisse, die irakischen Sümpfe betreffend, gezogen:

»Die Gärten Edens, die Sümpfe Mesopotamiens, liegen am Zusammenfluß von Euphrat und Tigris. Die ›Gärten Edens‹ haben seit Beginn der Menschheitsgeschichte durch die Jahrhunderte hindurch das größte bekannte Feuchtgebiet dargestellt. Die ›Gärten Edens‹ waren wichtig für die Balance von Wasser und Festland und für den Erhalt der biologischen Vielfalt.

Bis in die Mitte der 70er Jahre breiteten sich die Sümpfe über 20 000 Quadratkilometer aus. Sie bestanden aus einem dichten Netz von Kanälen. Hier herrschte vielfältiges Tierleben in einem eigenen Ökosystem. Millionen von Vögeln besaßen dauernd oder bei Unterbrechung von Wanderzügen Quartier in den ›Gärten Edens‹. Die Sümpfe boten Lebensunterhalt für 500 000 Menschen.

Während der 25 Jahre der Herrschaft des Saddam Hussein wurden die ›Gärten Edens‹ in eine Wüste verwandelt.

Das Ergebnis dieses Umweltverbrechens wirkt sich vernichtend für den Süden Mesopotamiens aus, und damit für zehn Prozent der irakischen Bevölkerung. Das Umweltverbrechen wirkt sich jedoch auch auf den gesamten Persischen Golf aus.

Das Klima hat sich drastisch verändert. Es verdunstet weit weniger Wasser als zuvor. Die Luft enthält kaum noch Feuchtigkeit. Dies wirkt sich auf biologische und auf photochemische Naturprozesse aus. Es fällt kaum noch Regen; die Durchschnittstemperatur steigt um 5° Celsius; die Intensität der Sandstürme hat sich gesteigert. Mindestens 300 000 Menschen sind durch diese Veränderungen gezwungen worden, ihre Heimat zu verlassen. Die Wasser von Tigris und Euphrat, die bisher durch die Sümpfe gefiltert worden waren, erreichen jetzt Basra in stark verschmutztem Zustand. Dadurch verschlechtert sich die Wasserqualität des Persischen Golfs. Die Auswirkung auf die Korallenriffe ist festzustellen. Mehr als 2,5 Millionen Bewohner des mesopotamischen Südens, von Nasiriyah bis Basra, leiden unter Trinkwassermangel.«

Die UN-Studie stellt fest, daß das Ministery for Environment and Territory der italienischen Regierung sich seit dem Frühjahr 2003 bemüht, die »Gärten Eden« wiederherzustellen. Das Projekt trägt den Titel »Die neuen Gärten Eden«. Die italienischen Gewässerspezialisten gehen behutsam vor. Zuerst sollte die Gegend von Abu Zivig wieder geflutet werden. Die Erfahrungen, die dabei gewonnen werden konnten, sollten für die Rekultivierung des gesamten Gebiets der Sümpfe genutzt werden.

Doch der Optimismus verflog rasch. Irak versank im Frühjahr 2004 weiter im Chaos des Krieges. Die Iraker hatten nicht die Kraft, das Erbe des Saddam Hussein aufzuarbeiten. Die »Gärten Eden« bleiben wohl für immer zerstört. Und die Träger des »schwarzen Turbans« werden nie mehr die wahren Herren der Sümpfe an Euphrat und Tigris sein.

Ein offizielles Dokument der Vereinten Nationen steht hier als unverfälschtes Zeugnis der Wahrheit. Im Zusammenhang der UN-Bestandsaufnahme sollte die Dauerwirkung der Maßnahmen des Saddam Hussein verstanden werden.

Die Gegenwart aber wird nur wirklich deutlich durch völlige

Aufarbeitung der Vergangenheit, durch Blick auf die Jahre, in denen Saddam Hussein mächtiger war als je zuvor.

Saddam Hussein ist Irak – und Irak ist Saddam Hussein

Zu Beginn der 90er Jahre konnte sich der irakische Diktator nach dem von den USA angebotenen Waffenstillstand und nach der gewonnenen Auseinandersetzung mit den Schiiten stärker fühlen als zuvor. Daß er verschont worden ist, daß Präsident Bush sen. und seine Berater letztlich gar nicht daran interessiert waren, Saddam Hussein aus dem Präsidentenpalast am Tigris zu vertreiben, gab der Sicherheitsberater des Weißen Hauses Brent Scowcroft zu: »Wir entdeckten plötzlich, daß es gar nicht in unserem Interesse war, Saddam Hussein loszuwerden, das Problem Irak wäre dadurch nicht gelöst worden.«

Bemerkenswert ist sein in die Zukunft gerichtetes Fazit: »Hätten wir 1991 den Krieg fortgesetzt und hätten wir Saddam Hussein gestürzt, so würden wir heute schlechter dastehen. Wir wären verpflichtet gewesen, amerikanische Soldaten auf unbestimmte Zeit als Besatzungstruppen im Irak zu halten!« Scowcroft und sein Präsident hatten 1991 begriffen, daß Saddam Hussein einen Faktor der Stabilität an Euphrat und Tigris darstellte.

In ihrem Buch »The Reckoning. Iraq and the Legacy of Saddam Hussein« bestätigt Sandra Mackey diese Ansicht: »Amerika stand nicht allein mit seiner Haltung, Saddam Hussein zu schonen. Großbritannien und Frankreich akzeptierten den Iraker als Bollwerk gegen Iran. Saudi-Arabien und Kuwait, die Irak im Konflikt mit Iran finanziert hatten, wollten, daß Irak weiterhin von den Sunniten beherrscht wird. Sie glaubten, die Schiiten in ihren eigenen Ländern könnten auf diese Weise besser unter Kontrolle gehalten werden. Für eine ganze Anzahl von Regierungen zählte noch dieses Argument: Verliert Irak die Stabilität, öffnet sich eine ›Büchse der Pandora‹. Es entsteht eine instabile Grenzregion mit einer Anzahl von Staaten, die gegeneinander Forderungen erheben auf der Grundlage von territorialen, ethnischen oder religiösen Problemen.«

Die Haltung der USA ermöglichte es Saddam Hussein, den Schiiten Schaden zuzufügen. Der Beauftragte der UN-Menschenrechtskommission Max von der Stoel, der frühere holländische Außenminister, besuchte in jener Zeit Kerbela. Mit Bestürzung stellte er fest, daß große Teile des Friedhofs in An Nadschaf verwüstet worden waren: Damit eine breite Autostraße quer durch den Friedhof gebaut werden konnte, waren Grabhügel eingeebnet worden. Der Beauftragte der UN stellte fest, daß An Nadschaf als Ort der schiitischen Lehre keine Bedeutung mehr besaß.

Die Nachrichten von der Unterdrückung der Schiiten sickerten zwar in die USA und nach Europa durch, doch die Reaktionen des Mitleids blieben aus. Es war im August 1992, daß Präsident Bush die englische und die französische Regierung bat, seinen Plan zu unterstützen, eine »no-flight-zone« einzurichten, einen Luftbereich, in dem es irakischen Flugzeugen verboten war, in der Luft zu sein.

Der 32. Breitengrad begrenzt die »no-flight-zone« nach Norden. Der vom Flugverbot betroffene Bereich umfaßte den Lebensraum der schiitischen Stämme, die seit dem gescheiterten Aufstand ohnehin stark in ihrer Entfaltungsmöglichkeit eingeschränkt waren. Die Einrichtung der Flugverbotszone bedeutete, daß der Flughafen Basra von überhaupt keinem Flugzeug angeflogen werden konnte. Gebäude und Anlagen verrotteten rasch im feuchten Klima am Shatt el-Arab.

Die wichtigste Stadt der Schiiten war nur noch schwer erreichbar – über Straßen, die sich in schlechtem Zustand befanden. Die schnellste Route hätte über Kut und Amara nach Basra geführt. Ihre Benützung war verboten, wegen der Nähe zu den trockengelegten Sümpfen.

Der Autor dieses Buches benützte jede Gelegenheit, um nach An Nadschaf, Kerbela und Basra zu gelangen. Die Strecke in den Süden war rund 500 Kilometer lang. Endziel war das Sheraton-Hotel in Basra, das sich in staatlichem irakischem Besitz befand. Vor den Fenstern erstreckt sich der Shatt el-Arab, an dessen Ufer zerfetzte Boote lagen – zerstört von irakischen Artilleriegranaten. Das Gewässer machte einen eigentümlich vergifteten Eindruck. Der Geruch der Luft in der Stadt erweckte die Angst, in der Nähe sei erst vor kurzem Kampfgas eingesetzt worden.

Die Leitung des Sheraton-Hotels versuchte normalen Gastronomiebetrieb vorzutäuschen. Doch es war zu spüren, daß Mangel herrschte an Gütern des täglichen Lebens, an Fleisch, Fett und Zucker. Das auf Wunsch der US-Regierung verhängte Embargo wirkte sich aus. Wie knapp Medikamente in Krankenhäusern waren, war aus Erzählungen der Betroffenen zu erfahren, deren Angehörige ärztliche Behandlung benötigten.

Eine akustische Erinnerung bleibt an den Besuch in Basra: Unmittelbar beim Sheraton-Hotel lag eine Pontonbrücke auf der Wasseroberfläche des Shatt el-Arab. Holzbohlen bildeten die Fahrbahn. Jedes Auto, das diese Pontonbrücke passierte, erzeugte ein lautes Klappergeräusch, das, ganz besonders in der Nacht, gespenstisch wirkte.

Die einst lebenslustige Stadt Basra war in Apathie versunken. Die Läden waren geschlossen. Auf den ramponierten Gehwegen am Rande der Straßen fand nur ganz primitiver Handel statt – mit Gemüse, Obst, mit alten Konservenbüchsen, Desinfektionsmitteln. Auf diesem improvisierten Markt war kein Fleisch zu finden.

Der Berichterstatter der UN, Max van der Stoel, stellte damals fest, daß die Bevölkerung außerordentlich unter den Folgen des Embargos leide. Er gab die Schuld dem Chef der Baath-Partei, der auf internationaler Ebene zu keinerlei Kooperation bereit sei. Vor allem sei es den Beauftragten der Vereinten Nationen, die zu überprüfen hatten, ob Saddam Hussein über »Massenvernichtungswaffen« verfüge, nicht möglich, unbehindert Waffenlager aufzusuchen.

Saddam Hussein fühlte sich von 1991 an bis zur Wende des Jahrtausends als absoluter Herr der Situation. Er nahm auf niemand mehr Rücksicht. Die Schiiten bekamen seine Rückenfreiheit zu spüren.

In weniger als einem Jahr: Mord am dritten Träger des »schwarzen Turban«

An einem Freitag im Februar 1999 verließ der Ayatollah as-Sadr den heiligen Bezirk des Ali-Mausoleums in An Nadschaf, als ihn die Geschosse aus einer Maschinenpistole trafen. Der Ayatollah war sofort tot. Die Täter entkamen unerkannt.

Wie immer bei derartigen Mordfällen, wurde keine offizielle Untersuchung eingeleitet. Die Behörden schwiegen und die Bewohner von An Nadschaf, Schiiten, ebenfalls.

Eine Woche vor seiner Ermordung hatte sich der Träger des »schwarzen Turbans« beim Baath-Regime unbeliebt gemacht: Er hatte in einer Freitagspredigt gefordert, die Sicherheitspolizei habe sofort 100 schiitische Geistliche aus dem Gefängnis Abu Ghoraib in Baghdad zu entlassen. Sie wurden dort grundlos und ohne Anhörung gefangengehalten. War der Mord eine Reaktion des Regimes? Die Freitagspredigt enthielt Kritik an Organen des Staats und der Partei – derartiges war nicht erlaubt in der Republik des Saddam Hussein.

Es waren jedoch auch Gerüchte im Umlauf: Der Ayatollah sei im Auftrag von anderen schiitischen Geistlichen ermordet worden, die ihm vorgeworfen hätten, er stehe in engem Kontakt mit Saddam Hussein und sei auf dessen Soldliste zu finden. Diese Behauptung ist allerdings wenig glaubwürdig.

Im April 1999 gab das Baath-Regime bekannt, vier Männer seien wegen des Mordes an Ayatollah As-Sadr zum Tode verurteilt und exekutiert worden. Über die Personen, die auf den Träger des »schwarzen Turbans« geschossen haben sollen, wurden keine Angaben gemacht.

Zur Zeit der Bekanntgabe der Hinrichtungen brachen in Dörfern im Süden von An Nadschaf Unruhen aus: Schiitische Jugendliche bewarfen Fahrzeuge der Sicherheitskäfte mit Steinen. Dieser Aufruhr wurde rasch von Truppen der Republikanischen Garde unterdrückt. Im Jahr 2000 meldeten die Kommandeure der Sicherheitsorgane im Süden, sie hätten keine beunruhigenden Vorkommnisse mehr bemerkt. Es war kein Geheimnis, daß eben diese Kommandeure in den Monaten zuvor, Geldgeschenke an diejenigen Geistlichen verteilt hatten, die bereit gewesen waren, während ihrer Freitagspredigten den »Helden Saddam Hussein« vor den Gläubigen zu preisen.

Ohne religiöse Motivation: Die Armeeführung will Saddam Hussein beseitigen

Das erste Ziel der Regimefeinde war Uday, der ältere der beiden Söhne des Präsidenten, sein Lieblingssohn, der, wie bekannt war, dem Alkohol und den Frauen im Übermaß zugetan war. Ihm war es gelungen, die Medien des Irak in die Hand zu bekommen – Fernsehen, Rundfunk und Zeitungen gehorchten seinen Anweisungen. Uday war auch Besitzer einer eigenen, sehr populären Zeitung, die den Titel »Babel« trug. Diesem Blatt war manchmal mehr zu entnehmen als den regimetreuen Gazetten.

Uday baute – wie immer mit Genehmigung des Vaters – eine Miliz auf, die ihm treu ergeben war. Diese Milizionäre brauchten sich nicht an Gesetz und Sitte zu halten. Ihre Willkür war verhaßt in Baghdad. Die Rächer warteten auf ihre Chance.

In einer Nacht im Dezember 1996 fuhr Uday inmitten eines kleinen Konvois von drei weißen Mercedes-Limousinen durch die Mansurstraße, die im Westen von Baghdad verläuft. Gerade dort, wo das Stadtviertel beginnt, in dem die Vertrauten des Husseinclans ihre Villen besitzen, standen Männer im Dunkel eines Torbogens – ihre Waffen schußbereit. Als die drei Limousinen an ihnen vorbeifuhren, schossen die Männer, bis die Magazine ihrer Maschinenpistolen leer waren. Da sie nicht wissen konnten, in welchem der drei Fahrzeuge Uday saß, feuerten sie auf jeden Wagen der Kolonne. Getroffen wurden alle Insassen. Den Präsidentensohn Uday traf eine Kugel im Unterleib – er konnte nie mehr völlig wiederhergestellt werden. Als Nachfolger des Vaters war Uday nicht mehr im Gespräch.

In der schiitisch orientierten Zeitung »Al-Dawa Al-Islamiyah war wenige Tage später zu lesen, »schiitische Helden« hätten den Anschlag ausgeführt aus Rache für die Verbrechen, die 1991 in Basra, Kerbela und An Nadschaf an den Schiiten verübt worden seien. Doch die Glaubwürdigkeit dieser Meldung – die Zeitung wurde in Beirut herausgegeben – wurde in Baghdad als gering angesehen. Eher war man der Meinung, daß Rache verübt wurde für eine Bluttat in Baghdad, die zuvor Uday an einem hohen Armeeoffizier begangen hatte.

Das Attentat auf den Sohn Uday veranlaßte den Vater zur »Säuberung« von Armeeführung und Parteispitze. Wie erzählt wird, sollen dem Zorn des Saddam Hussein 800 Personen der eigenen Clique zum Opfer gefallen sein.

Im Mai 1998 wurden 22 Offiziere der Republikanischen Garde hingerichtet. Sie waren beschuldigt worden, sie hätten Saddam Hussein ermorden wollen – die toten Körper wurden einen Tag lang in Baghdad öffentlich auf dem größten Platz der Stadt präsentiert.

Im Frühjahr 2000 berichteten britische Zeitungen, Qusay, der jüngere der beiden Söhne des Präsidenten, habe eine wichtige Funktion im Staatssicherheitsdienst übernommen – er sollte die Effizienz der Geheimpolizei steigern. Vorausgegangen war die Hinrichtung des Geheimdienstchefs Rafi Dahham al-Takriti. Ein Grund für diese Exekution wurde nicht genannt. Der Beiname des Hingerichteten »Al-Takriti« weist auf die Abstammung aus der Stadt Takrit am Tigris hin, von wo nahezu alle Personen kamen, die zur Clique des Präsidenten zählten. Allgemein vermutete man eine Vertrauenskrise innerhalb des Regimes.

Daß diese Annahme richtig war, bewiesen Vorgänge um Barzan al-Takriti, den Halbbruder des Präsidenten. Dieser war zehn Jahre lang der irakische Vertreter bei den Vereinten Nationen in Genf gewesen. Als seine Zeit in Genf abgelaufen war, weigerte er sich, nach Baghdad zurückzukehren. Das Regime wußte ein Mittel, um »eigensinnige« Familienmitglieder »zur Räson« zu bringen: Kurzerhand wurden eine Verwandte des Barzan al-Takriti verhaftet. Diese »Sippenhaft« zwang den Halbbruder zur eiligen Rückkehr. Der Grund: Die Familientradition verbot Interesselosigkeit am Schicksal enger Blutsverwandter.

Der Zorn der regierenden Clique verschonte Barzan al-Takriti. Hingerichtet werden mehr als 100 Offiziere. Darunter befanden sich auch Kommandeure der Republikanischen Garde. Sunniten wurden Opfer der Willkür.

»Massenvernichtungswaffen« – die Schiiten hoffen auf Krieg

Der Sicherheitsratsbeschluß 687 vom Mai 1991 – also unmittelbar nach Einstellung der Kämpfe zwischen den USA, ihren Alliierten und Irak – sah vor, daß die Verantwortlichen in Baghdad Inspektoren der UN die Möglichkeit boten, sämtliche Waffenlager im ganzen Land auf chemische, biologische und atomare Waffen zu untersuchen. Der Beschluß ging davon aus, daß die Clique um Saddam Hussein bereitwillig jede nötige Information den Inspektoren liefern werde. Doch genau dieses geschah nicht. Die Iraker wendeten alle möglichen Tricks an, um der Verpflichtung zur Offenlegung von Lagern und Produktionsstätten zu entkommen. Die Folge für Irak war, daß die Wirtschaftssanktionen nicht aufgehoben wurden, die bereits am 6. August 1990 durch den Sicherheitsratsbeschluß Nr. 661 verhängt worden waren.

Von Jahr zu Jahr zogen sich Zusagen und Absagen der Zusammenarbeit mit den Vereinten Nationen hin. Die diplomatischen Aktivitäten wurden unterbrochen durch Schläge der US-Luftwaffe gegen Ziele im Irak, die offensichtlich militärisch wichtig waren. Immer wieder gelang es Saddam Hussein, durch geringfügiges Entgegenkommen, militärische Aktionen der USA zu vermeiden. Immer wieder wurden Übereinkünfte abgeschlossen, die dann von irakischer Seite nicht mehr beachtet wurden.

Die irakische Verschleierungstaktik hatte zur Folge, daß im Weißen Haus, im Pentagon und im State Department die Überzeugung wuchs, Saddam Hussein verberge seine Massenvernichtungswaffen. In Wahrheit aber verfügte der Irak während der gesamten 90er Jahre des 20. Jahrhunderts weder über biologische, chemische und atomare Waffen. Diese Tatsache wurde lange Jahre in Washington nicht geglaubt – und in London auch nicht. Die Parole in beiden Hauptstädten hieß, Irak betreibe »disarmament by declaration« – Irak entwaffne sich nur zum Schein, durch seine Erklärungen.

In der Zeitung »Babel«, die Saddam Husseins ältestem Sohn

Uday gehörte, wurde der Gegenvorwurf erhoben, die USA seien nur daran interessiert, Kontrolle über die irakischen Ölvorräte ausüben zu können. Da Präsident Bush dieses Ziel nur durch Krieg erreichen könne, sei der Krieg nicht zu vermeiden. Auf diese Feststellung hin, daß der Krieg nicht zu vermeiden sei, versuchten die Schiiten an Euphrat und Tigris, die sich über Jahre hin ruhig verhalten hatten, durch kleinere Aufstände die Reaktion ihres sunnitischen Feindes zu testen. Einzelne schiitische Geistliche suchten in der jordanischen Hauptstadt Amman Kontakt zu anderen irakischen Oppositionsgruppen, die dort im Exil lebten. Die Zeit nach dem Krieg wurde vorbereitet.

Auch für Träger des »schwarzen Turban« gilt: Falsches Spiel rächt sich

Abdel Mashid al-Khu'i trug das Zeichen der höchsten Würde der Schiiten, das Symbol der Abstammung vom ersten Imam Ali Ibn Abu Talib. Er war in An Nadschaf geboren worden, als Sohn einer angesehenen Familie, zu der hochgeehrte Geistliche zählten. Obgleich sich Abdel Mashid al-Khu'i im Aufstand der Schiiten des Jahres 1991 nicht besonders hervorgetan hatte, sah er sich veranlaßt, nach dem Sieg des Saddam Hussein die heilige Stadt zu verlassen und ins Exil zu gehen. England gewährte ihm Zuflucht.

In London trat der noch junge Gelehrte mit schwarzem Bart um Backen, Kinn und Oberlippe nicht als besonders eifriger Prediger auf. Er nahm Kontakte auf zu Glaubensbrüdern aus dem Libanon und aus Teheran. Der amerikanische Geheimdienst hatte wohl Interesse an ihm. Dem Magazin »Der Spiegel« (1.9.2003) war zu entnehmen, daß Abdel Mashid al-Khu'i 13 Millionen Dollar für seine künftige Hilfe im Irak erhielt. Ein Geheimnis blieb, wie diese auszusehen hatte.

Tatsächlich betrat der hohe Geistliche erneut die heilige Stadt An Nadschaf, aus der er zehn Jahr zuvor geflohen war. Er gewann Einfluß. Es müssen die dunklen Augen des Turbanträgers gewesen sein, die andere Schiiten in seinen Bann zogen. Abdel Mashid al-Khu'i wurde in den Kreis derer aufgenommen, die das Sagen hatten im

Heiligtum des Ali, des ersten Imam. Sein Aufstieg schien unaufhaltsam zu sein, als es ihm gelang, die Finanzverwaltung in der Ali-Moschee zu kontrollieren. Die Kasse war voll. Spenden schiitischer Gläubiger im In- und Ausland hatten diese Kasse in der Zeit der Auseinandersetzung mit dem Regime des Saddam Hussein gefüllt.

Ein anderer Träger des »schwarzen Turbans« in An Nadschaf verfolgte neidvoll und eifersüchtig die Karriere des Abdel Mashid al-Khu'i. Sein Name: Moqtada as-Sadr. Er nahm vor allem übel, daß er nicht an der Kassenverwaltung beteiligt war. Als Grund für seine Abneigung gegen Al-Khu'i gab Moqtada as-Sadr an, er sehe in dem Zugereisten einen Lakaien der Amerikaner. Er machte kein Hehl daraus, daß er die in Teheran vertretene Ansicht teilte, die Amerikaner seien der »Große Satan«, der bekämpft werden müsse.

Als der Streit zwischen den beiden Turbanträgern noch im Gange war, hatten die USA und Großbritannien den offenen Kampf gegen Saddam Hussein aufgenommen. Baghdad wurde bombardiert, die amerikanischen Marineinfanteristen befanden sich im Land. Der Zeitpunkt war günstig, mit lästigen Konkurrenten abzurechnen: Wurde jemand getötet, so blieb dies im allgemeinen Blutvergießen unbemerkt.

So geschah es am 10. April 1993. Abdel Mashid al-Khu'i befand sich in einer engen Gasse bei der Moschee des Ali in An Nadschaf. Es war heller Tag, als einige schwarzgekleidete junge Männer über den Geistlichen mit dem »schwarzen Turban« herfielen und mit Messern auf ihn einstachen. Er blieb aus vielen Wunden blutend liegen.

Moqtada as-Sadr bestritt zunächst, den Befehl zu diesem Attentat gegeben zu haben. Er habe keine Ahnung, warum der Geistliche getötet worden sei. Eigenartig war nur, daß Moqtadas Hauptquartier sich nur wenige Schritte vom Tatort befindet und die Attacke ihm nicht verborgen geblieben sein konnte.

Immerhin bekam Moqtada as-Sadr jetzt ein Mitspracherecht bei der Verteilung der Gelder, die in der Moscheekasse von An Nadschaf ruhten.

Erfolgreich ist Moqtada as-Sadr bei den schiitischen Gläubigen mit seiner Propaganda, mit dem Einmarsch der US-Truppen im Frühjahr 2003 habe das eigentliche Unglück des Irak begonnen. Der »Spiegel«-Journalist Volkhard Windfuhr sprach Mitte des Jahres

2003 mit diesem Träger des »schwarzen Turbans«. Windfuhr fing diese Meinung ein: »Die Amerikaner bringen doch das Faß zum Überlaufen. Sie scheinen weder in der Lage noch gewillt zu sein, die allgemeine Sicherheit wiederherzustellen, wie der Angriff auf das UNO-Hauptquartier in Baghdad gezeigt hat. Auch die Mordanschläge auf schiitische Geistliche hier in An Nadschaf zeigen, was von George Bushs Soldateska zu halten ist.« Mit der Wortwahl »Die Sicherheit wiederherzustellen« brachte Moqtada as-Sadr zum Ausdruck, daß zuvor, unter Saddam Hussein, die allgemeine Sicherheit garantiert war.

März, April, Mai 2003: Falsche Hoffnungen und Lügen auf beiden Seiten

Die Zeit der Sicherheit im Lande, von der Moqtada as-Sadr spricht, endete am 19. März 2003. Am Nachmittag jenes Tages, es war ein Dienstag, wußte George Tenet, der Chef des US-Geheimdienstes, dem Präsidenten George Bush in aller Eile Wichtiges zu berichten: Er habe genaue Informationen erhalten, wo sich Saddam Hussein während der kommenden Nacht aufhalte. Es bestehe die Möglichkeit, die gesamte derzeitige Führung des Irak mit einem Schlag auszuschalten. Damit würde wohl die Kriegführung wesentlich einfacher. Tenet meinte, zielgenaue Geschosse könnten den Gebäudekomplex »Dura« in einem Außenbezirk von Baghdad bis auf den Grund zerstören – dabei werde Saddam Hussein und seine politische und militärische Clique ausgelöscht. George Tenet hatte ein Schlagwort für diese Aktion bereit, das überzeugend wirkte: »decapitating attack« – »Enthauptungsschlag«.

Tomy Franks, der Kommandierende General, war nicht so schnell zu überzeugen, daß »decapitating attack« ohne weiteres erfolgreich sein könnte – er brauchte Zeit zur Vorbereitung. George Bush setzte eine Frist, und er stellte dem irakischen Diktator ein letztes Ultimatum: Um den Krieg zu vermeiden, habe Saddam Hussein innerhalb von 48 Stunden den Irak zu verlassen.

Das Ultimatum war nicht ernst gemeint. Am frühen Morgen des 20. März 2003 – vor Ablauf des Ultimatums – schlugen mehr als

40 Marschflugkörper präzis im Baghdader Gebäudekomplex »Dura« ein. Niemand, der sich dort aufhielt, hatte eine Chance zu überleben. Doch die Information, die George Tenet seinem Präsidenten mitgeteilt hatte, war falsch gewesen: Saddam Hussein hatte sich in jener Nacht nicht im Zielgebiet aufgehalten.

Am Morgen nach der Angriffsnacht zeigte er sich im irakischen Fernsehen. Er war bemüht, Siegessicherheit zu verbreiten. Saddam Hussein wandte sich besonders an die Offiziere und Soldaten der Republikanischen Garde. Der Diktator wirkte glaubwürdig, als er sein Vertrauen auf Allah zum Ausdruck brachte: »Allah wird uns zum Sieg verhelfen!«

Nach diesem Fehlschlag äußerten einige US-Offiziere im Pentagon heftige Kritik: Der Krieg sei zu früh begonnen worden, die Vorbereitungen seien noch nicht abgeschlossen gewesen. Eine derartige »decapitating attack« habe noch nie zum entscheidenden Sieg geführt.

Die Vorwürfe waren gegen Donald Rumsfeld gerichtet, der von Talkshow zu Talkshow eilte, um dem Fernsehpublikum deutlich zu machen, daß der Krieg notwendig gewesen sei, um die westliche Welt vor den bösen Absichten des Saddam Hussein zu retten. Die Gefahr eines Angriffs mit Massenvernichtungswaffen sei ungeheuer groß gewesen.

In London überwog die Hoffnung, es werde durch den Krieg, der eben begonnen habe, gelingen, eine tödliche Bedrohung für die christliche und damit für die zivilisierte Welt auszuschalten. Die britische Regierung verbreitete Angst: Der Bericht des militärischen Geheimdiensts MI 6 vom 30. August 2002 entspreche der Wahrheit. Darin wird behauptet: »Innerhalb von 45 Minuten ist das Regime des Irak in der Lage, chemische und biologische Waffen an seine Spezialtruppen auszugeben. Die Geschosse können innerhalb von 45 Minuten abschußbereit sein.«

Als Quelle für diese Behauptung wurde ein »höherer irakischer Offizier« genannt. Ob dieser Offizier jemals existiert hat, bleibt ein Geheimnis. Soche Institutionen wie MI 6 können immer darauf verweisen, daß ihre Informanten nicht preisgegeben werden dürfen. Dieser »Schutz der Quelle« hatte zur Folge, daß es lange dauerte, bis feststand: Irak war zu diesem Zeitpunkt nicht in der Lage, irgend jemanden mit chemischen und biologischen Waffen zu bedrohen.

Der Widerstand der irakischen Truppe bereitete den angreifenden US-Verbänden und den mit ihnen verbündeten Briten nirgends ernsthafte Schwierigkeiten. Die Panzerriegel südlich von Baghdad konnten leicht überwunden werden. Das Personal, Offiziere und Panzerfahrer der Republikanischen Garde, hatten die Stellungen verlassen und waren in den Schutz ihrer Stämme geflüchtet. Die Gardisten hielten sich jetzt im »Sunnitendreieck« auf, im Hauptsiedlungsgebiet der sunnitischen Sippen. Dieses Dreieck hat seine Spitze in Baghdad, die Schenkel des Dreiecks laufen auf die syrische und die jordanische Grenze zu. Von amerikanischen Geheimdienstspezialisten wurde angenommen, daß sich auch Saddam Hussein in das »Sunnitendreieck« geflüchtet hatte.

Doch am 9. April des Jahres 2003 tauchte der Diktator plötzlich in Baghdad auf. Dem »Spiegel« vom 20. Dezember 2003 ist die fast rührselige Schilderung des Vorgangs entnommen:

»Sein Sohn Qusay war an seiner Seite. Es war im Nordwesten Baghdads. Auf dem Platz vor der Abu-Hanifa-Moschee, einem religiösen Zentrum der Sunniten. Lässig präsentierte sich Saddam Hussein einer Schar zum Jubeln abgestellter Leibwächter und erstaunter Anhänger. Erstaunt deshalb, weil im Hintergrund dicke Rauchschwaden von US-Bombardements zu sehen sind. Aber Saddam spaziert einfach durch die Stadt. Er versichert der Gruppe: ›Ich kämpfe Seite an Seite mit euch.‹ Dann zieht der Trupp zur Tigrisbrücke, an der ein riesiges Saddam-Poster steht. ›Vergeßt den nicht!‹ ruft der Diktator, auf das Poster zeigend, seinen Anhängern zu und verschwindet in einem Mercedes.«

Und weiter:

»Der Mercedes fährt ihn zu einer Villa im Nobelviertel Mansur, wo Saddam seine zweite Frau Samira Schahbandar mit dem gemeinsamen Sohn Ali (21) einquartiert hat. Er war niedergeschlagen und traurig«, teilt die ehemalige Lehrerin nach ihrer Flucht in den Libanon der »Sunday Times« mit. »Er führte mich in ein Zimmer und weinte. Er wußte, daß er verraten worden war.« Saddam Hussein verließ bald darauf die Villa in Richtung des »Sunnitendreiecks«. Er hatte Zivilkleidung angelegt.

Während der Tage zuvor hatte sich zum ersten Mal irakischer Widerstand gegen die amerikanische Besatzungsmacht geregt. Vier Soldaten starben am 25. März. Ein Selbstmordattentäter hatte die

Sprengladung gezündet, die er am Leibe getragen hatte – der Iraker hatte sich neben die ahnungslosen Soldaten gestellt. In jenen Tagen glaubten die Amerikaner noch, die Iraker wären hoch zufrieden, daß ihnen »Freiheit und Demokratie« geboten wird.

Die Schuld an diesem Anschlag wurde Anhängern Saddam Husseins zugeschoben. Der Attentäter habe sich rächen wollen für die Vertreibung des Staatschefs aus Baghdad. Eine Karikatur, die das Magazin »Newsweek« veröffentlichte, zeigt eine Gruppe junger Iraker, die eine Statue des Diktators vom Sockel stürzen. Als das Vorhaben erfolgreich war, meinten sie: »Wenn wir Glück haben, fällt beim nächsten Mal die Statue auf einen amerikanischen Konvoi.«

Die Schiiten – sie bilden die Mehrheit im Irak – äußerten sich meist noch dankbar gegenüber den Amerikanern. Sie waren froh, daß der sunnitische Despot sie nicht mehr unterdrücken konnte. Ayatollah Mohammed Bakr al-Hakim, der am meisten Geachtete der Träger des »schwarzen Turbans« wirkte darauf hin, politisch mit den Amerikanern zusammenarbeiten zu können. Zum schärfsten Kritiker dieser Kooperation entwickelte sich Moqtada as-Sadr, ebenfalls ein Träger des »schwarzen Turbans«. Er warf den Amerikanern vor, sie seien nicht in der Lage, in Baghdad für Ordnung zu sorgen: Während der zweiten Dekade des Monats April 2003 wurden Krankenhäuser geplündert. Schiiten hielten sich dabei zurück. Möbel und technische medizinische Geräte wurden von sunnitischen Familien weggeschleppt.

Mitte April 2003 stellte US-General Vincent Brooks im Hauptquartier der Invasionstruppen in Doha der Presse ein Kartenspiel vor, das aus 52 Blättern bestand. Jedes Blatt zeigte ein Gesicht und einen Namen. Zu sehen waren die Gesichter der Männer, die zum engsten Kreis des Chefs der Baath-Partei und der Regierungsclique gehörten. General Brooks nannte die Kombination der Karten »das Spiel des Todes«. Diese Karten sollten die Suche nach den Mitarbeitern des Saddam Hussein erleichtern.

Die Hoffnung auf rasche Erfolge erfüllte sich allerdings nicht. Nur Randgestalten des Regimes fielen den US-Fahndern in die Hände – zum Beispiel Barzan Ibrahim Hassan, ein Halbbruder des Diktators, der in der Vergangenheit hauptsächlich im Ausland Geldgeschäfte abgewickelt hatte. Das »Kartenspiel des Todes« verfehlte seinen Zweck – doch es war schließlich eine Souvenir-Trophäe ersten Ranges für die amerikanischen Besatzungssoldaten.

Anfang Juni 2003 traf Ayatollah Baqr al-Hakim in der heiligen Stadt An Nadschaf ein. Er verfolgte seine Idee, im Verbund mit dem zivilen Irak-Verwalter, den die amerikanische Regierung eingesetzt hatte, die Grundlage eines irakischen Staates zu schaffen, der den Schiiten zum ersten Mal in ihrer Existenz eine sichere Heimat bieten konnte. Er wollte dabei nicht die Auseinandersetzung mit den Sunniten. Er hoffte auf die Macht der größeren Zahl – die Schiiten haben schließlich die Mehrheit. Paul Bremer, der Zivilverwalter, nahm die Zusammenarbeit gerne an. Die Schiiten, im Iran seit 1979 erbitterter Feind der USA, suchten in Irak den Schulterschluß mit dem »Satan USA«.

In der Chronik der Ereignisse der Wochen zwischen dem Zusammenbruch des Saddam-Regimes und dem Aufflammen des massiven Widerstands gegen die US-Besatzung darf eine Episode nicht fehlen, über die »Der Spiegel« am 20. Dezember 2003 berichtete: »In einem Wüstendorf unweit der syrischen Grenze trifft Saddam Hussein zum letzten Mal seine Frau Samira. Er erscheint in einem kleinen Auto und trägt Beduinenkluft, in der Samira ihn kaum erkennt. ›Frag nicht, was aus mir wird, ich will euch in Sicherheit wissen‹, sagt Saddam und gibt ihr eine Tasche mit, in der fünf Millionen Dollar stecken; sowie eine Metallbox mit zehn Kilo Goldbarren, ›falls ihr wirklich in Not seid‹. Dann ergreift er Samiras Hand, legt sie an sein Herz und sagt, es werde schon alles gut gehen.«

Immer wieder wurden arabischen Medien Tonbänder zugespielt, auf denen die Stimme des Saddam Hussein zu hören war. Er forderte die Iraker auf, den Kampf fortzusetzen. Das Ziel müsse sein, die Amerikaner zu vertreiben. Er selbst werde an der Seite jedes Kämpfers stehen.

Eine dieser Ansprachen muß am 20. Juli 2003 aufgenommen worden sein: Saddam Hussein gibt neue Durchhalteparolen aus: Jeder Iraker sei verpflichtet, den Kampf fortzusetzen. Phantastische Geschichten erzählt der Flüchtling: Er habe mit dem Neuaufbau der Baath-Partei begonnen; sie werde erneut zum Rückgrat der irakischen Nation werden. In wenigen Tagen schon werde die Republikanische Garde zum Angriff bereitstehen. Das Versprechen einer Renaissance der Baath-Partei war die letzte öffentliche Äußerung des Diktators überhaupt – die letzte Lüge des Saddam Hussein.

Zu diesem Zeitpunkt machte Präsident Bush eine Feststellung, die sich als Irrtum herausstellte – wenn sie nicht eine bewußte Irreführung war. Am 1. Mai 2003 steht er im Kampfanzug eines Düsenjägerpiloten auf dem Deck des Flugzeugträgers »Abraham Lincoln«. An Deck sind Hunderte der Schiffsmannschaften angetreten. Sie hören, was ihr Oberster Befehlshaber verkündet: »Die Kampfhandlungen sind beendet! Mission accomplished!« Als Antwort erhält Bush brausenden Jubel.

Verrat unter den Sunniten

Was unmittelbar nach Saddams Erscheinen im Baghdader Norden geschehen ist, schilderte eine junge Angestellte des Hauspersonals der Präsidentenclique dem Magazin »Time« (Ausgabe vom 30. Juni 2003):

»Es war im Hause des Farham Ibrahim Migdal al-Dulaimi, gleich beim Republikanischen Palast. Dort lebte auch Uday. An einem Abend Anfang April kam Qusay an. Qusay sprach davon, daß man nach Norden fahren müsse, in einem Konvoi unauffälliger Fahrzeuge. Zwei Tage später stand der Konvoi bereit. Es waren 65 Fahrzeuge. Man fuhr nicht auf einmal los, sondern in kleinen Gruppen, um keinen Verdacht zu erregen. Die Wagen trafen sich bei einem Anwesen, das einem Verwandten von Saddam gehörte. Mit dabei war Abu Hamit Mahmud al-Takriti, ein Vetter aus der Sippe des Saddam. Die Sippe traute ihm.«

Die Erzählung der »Hausangestellten«, die anonym bleiben will, deutete den weiteren Weg des Flüchtlings Saddam an, der sich sogar im »Sunnitendreieck« nicht mehr sicher sein kann.

»Saddam war getrennt vom Konvoi angekommen. Er fuhr jedoch schon bald wieder weg, mit beiden Söhnen und mit Mahmud. Nach einer Stunde kam er wieder, ohne Uday, der versorgt werden mußte, weil er an den Folgen seiner Verwundung litt. Er war im Jahr 1996 von einem Attentäter getroffen worden.

In einem der Autos, in denen Saddam weiterfuhr, saß auch die ›Angestellte‹. Die Gruppe erreichte ein Haus in Al-Temiyah. Es gehörte einem anderen Verwandten. Das Tor war verschlossen. Es war schon dunkel. Da stand eine Wache. Der Mann wollte den Konvoi nicht passieren lassen, weil er die Insassen der Autos nicht kannte. Mahmud zog seine Pistole und schoß dem Wächter in die linke Schulter. Im Haus diskutierten die Männer stundenlang über Strategie. Es ging auch darum, daß der leidende Uday zur syrischen Grenze gebracht werden müsse.«

Die Hausangestellte wußte zu berichten, daß die Fahrt nach Syrien tatsächlich stattgefunden habe. Uday aber sei an der Grenze offenbar abgewiesen worden. Saddam Hussein, so berichtet eine andere Quelle, habe an jenen Tagen noch versucht, in seiner Heimatstadt Takrit Männer zu mobilisieren, die in der Lage waren, Boden-Boden-Raketen abzufeuern. Offenbar verfügte er über derartige Waffen. Farham Ibrahim Migdal al-Dulaimi, so erinnert sich die »Hausangestellte«, habe sich die nächsten Tage in Baghdad aufgehalten. Er sei deprimiert wieder zurückgekehrt. Traurig sei er gewesen über den Verrat, der überall festzustellen sei: »Baghdad fällt in die Hand der Amerikaner! Die Armee desertiert.«

Im Durcheinander der Tage der Auflösung sei es Saddam gelungen, sich mit Qusay weiter nach Norden abzusetzen. Sie versuchten auf der Flucht im »Sunnitendreieck« zu bleiben, doch vor den amerikanischen Invasionstruppen wichen sie weiter in Richtung Mosul aus.

Anfang Juli glaubten Uday und Qusay ein sicheres Versteck bei Mosul gefunden zu haben: ein elegantes zweistöckiges Haus, in durchaus großbürgerlichem Stil. Der Eigentümer und die Nachbarn sind Sunniten. Die Saddam-Söhne fühlten sich hier geborgen. Vom Vater hatten sie sich getrennt; der fuhr in einem Kleinwagen von Siedlung zu Siedlung, auf der Suche nach Getreuen, die auch in der Not zu ihm hielten.

Eine Grundregel des Zusammenlebens im Irak gab ihm und den Söhnen Sicherheit: Stammesmitglieder halten zusammen; sie verraten Verwandte nicht. Dem Flüchtling Saddam kam wohl kaum der Gedanke, daß ihn jemand aus der Sippe an die Amerikaner ausliefern könnte.

Wer sich in jener Zeit mit ihm oder mit den Söhnen traf, der hatte den Eindruck, die Mächtigen von einst warteten auf eine Wende zum Guten. Ihre Hoffnung beruhte darauf, daß sie überzeugt waren, die US-Zivilverwaltung werde vor einer Konfrontation mit den Schiiten stehen. Der Zivilverwalter Paul Bremer werde die Erfahrung machen, daß die schiitischen Geistlichen keine bequemen Partner bei der Neuordnung des Irak sind. Als Konsequenz dieser Erkenntnis müßte dann eine erneute Basis der Zusammenarbeit zwischen den Sunniten und den Verantwortlichen in den USA entstehen. Saddam Hussein sah sich in diesem Fall als Retter aus einer verfahrenen Situation: Die USA würden die Befreiung des Irak ihm und den Bewaffneten übergeben, die seinem Mobilisierungsbefehl bestimmt bereitwillig folgen würden.

23 Tage lang wohnten Uday und Qusay im Haus bei Mosul. Am 22. Juli erlebten sie eine Überraschung: Ihre Villa wurde angegriffen, Geschosse schlugen in Mauern und Fenster ein. Eine Einheit der 101. Airborne Division hatte Stellung bezogen. Vier Stunden dauerte das Feuergefecht. Die Saddam-Söhne und ihre Begleitung verteidigten sich entschlossen. Die überlegene Feuerkraft der Fallschirmjäger überwand schließlich den Widerstand. Die Leichen von Uday und Qusay wiesen viele Wunden auf.

Das Unfaßbare war geschehen: Die beiden Brüder waren verraten worden – von Sheikh Nawaf as-Saidan, dem Besitzer der Villa, der zum selben Clan wie die Saddams gehörte. Der Sheikh hatte einen Blutsverwandten an den Feind ausgeliefert.

Der Verrat löste Panik in der Sippe aus. Selbst im »Sunnitendreieck« konnte sich niemand aus Saddams Familie mehr sicher fühlen. Die Töchter des Diktators, Rana und Raghad, fuhren in Eile zur jordanischen Grenze. Sie mußten nicht lange dort warten. König Abdallah, sofort vom Erscheinen der Saddam-Töchter informiert, hatte sich aus Washington die Genehmigung eingeholt, daß die beiden Frauen im haschemitischen Königreich Jordanien Asylrecht gewährt bekommen dürften.

Im königlichen Gästehaus Dabuq, außerhalb der Hauptstadt Amman, durften sich Rana und Raghad einquartieren. Von der Bevölkerung erntete König Abdallah Zustimmung – die meisten Jordanier empfanden Sympathie für den gestürzten Diktator.

Der Tod von Uday und Qusay beruhigt das Land nicht

In Baghdad herrschte Skepsis, ob es den Besatzungstruppen wirklich gelungen sei, die mächtigen und skrupellosen Saddam-Söhne zu töten. Zivilverwalter Paul Bremer ließ die Leichen daher nach Baghdad bringen – in einem Kühlraum des Flughafens wurden Uday und Qusay so »kosmetisch aufgearbeitet«, daß die Wunden verschwunden und die Gesichter erkennbar waren. Amerikanische und irakische Kameramänner bekamen die Erlaubnis, die Toten zu filmen. Doch auch die bei dieser Gelegenheit entstandenen Bilder konnten nur wenige Iraker überzeugen, daß die Gezeigten wirklich Uday und Qusay waren.

Das Argument der Skeptiker: Es sei undenkbar, daß sich die beiden 23 Tage lang in derselben Villa bei Mosul aufgehalten hätten. »Uday und Qusay«, das meinten viele der Anhänger des Saddam-Clans, »waren an konspiratives Verhalten gewöhnt. Sie wußten, daß ein zu langer Aufenthalt am selben Ort für einen Flüchtling gefährlich ist.« Die Stimmung in der irakischen Hauptstadt konzentrierte sich auf eine Meinung: »Dumm sind die beiden wahrhaftig nicht!«

Die US-Kommandeure im Irak waren unmittelbar nach dem Tod von Uday und Qusay am 22. Juli 2003 der Meinung, nun werde der Widerstand gegen die amerikanischen Truppen rasch nachlassen, denn die Getreuen des alten Regimes seien nun führerlos, demoralisiert und würden sicher bald aufgeben.

Dieser Standpunkt sollte sich rasch als Fehleinschätzung erweisen. Bereits am 23. Juli gerieten Soldaten der 101. Luftlandedivision in einen Hinterhalt, dem sie nur durch energische Abwehrfeuer entkamen. Am 24. Juli wurde ein Konvoi derselben Division während der Fahrt durch eine Ortschaft angegriffen. Drei Soldaten kamen ums Leben, zahlreiche Fallschirmjäger wurden verwundet.

Auf einem Videoband, das den Mitarbeitern einer arabischen Fernsehstation übergeben wurde, bekannte sich eine Organisation, die sich »Saddam-Fedajin« nannte, zu den Angriffen im Juli. Die Fedajin drohten, damit sei erst der Anfang gemacht. Der Tod von Uday und Qusay werde hundertfach mit Blut vergolten.

»Meine Söhne sind als Märtyrer des Himmel gestorben!« Dieser Satz ist in einer Tonbandaufnahme zu hören, die dem Fernsehsender »Al-Arabiya« am 29. Juli 2003 in Dubai übergeben wurde. Unzweifelhaft handelte es sich um die Stimme des Staatschefs. Er betrauere, so Saddam Hussein, den Tod von Uday und Qusay. Sie seien der »Stolz der irakischen Nation«. Amerika werde besiegt werden. Er setzte hinzu, Allahs Hilfe werde dafür sorgen.

Die Fahndungserfolge der US-Spezialisten, die sich auf der Suche nach den führenden Köpfen der Saddam-Clique befanden, waren überaus ärmlich. »Das Spiel des Todes« hatte sich nicht bewährt. Nun wurden Listen derjenigen angelegt, die zum weiten Umkreis der Personen gehörten, die mit dem Haushalt und der Großfamilie des Saddam und seiner Söhne in Verbindung zu bringen waren. Die Fahndung anhand dieser Listen brachte Ergebnisse: Adnan Abid al-Muslit wurde festgenommen, der langjährige Leibwächter des Saddam. Er behauptete, nichts vom Aufenthaltsort seines Chefs zu wissen. Ein anderer Leibwächter war gesprächiger: Er gab an, Saddam Hussein verstecke sich in einer von drei Hütten nahe der Stadt At Takrit, ganz in der Nähe des Tigrisufers. Die Fahnder gingen dieser Fährte nach, die sich aber als falsch erwies. Mit Spannung verfolgte ganz Irak, ob es den Amerikanern gelingen würde, den einstigen Diktator zu fangen.

In den westlichen Stadtteilen der Hauptstadt – dort wohnen die wohlhabenden Familien, dort befinden sich die Villen der sunnitischen Clans, die sich mit den Organen der Baath-Partei seit Jahren arrangiert hatten – glaubten im Frühsommer 2003 nur wenige daran, daß die Macht der Baath-Partei wirklich auf Dauer geschwunden sei. Die Sunniten wußten, was von der Partei zu erwarten war. Jede Veränderung der Machtstruktur des Landes schien gefährlich zu sein.

Im Osten der Hauptstadt konzentrierten sich die Schiiten. Die dortigen Häuserblocks waren in den 50er Jahren hochgezogen worden – sie galten damals als Muster des modernen Wohnungsbaus für die gesamte arabische Welt. Nach der Machtübernahme durch Saddam wurden diese Stadtviertel »Saddam City« genannt. Der Namensgeber aber war überhaupt nicht stolz auf »seine« Stadt. Dort lebten die Schiiten – und die waren keineswegs vom Despoten geliebt und geachtet. Dies wirkte sich rasch aus: Die Straßen wurden nicht mehr ausgebessert, öffentliche Verkehrsmittel stellten den Betrieb ein, die Renovierung der Wohnungen unterblieb, die Wasserversorgung brach zusammen, Abwasserleitungen wurden undicht, das Schmutzwasser bildete Seenplatten auf Straßen und Plätzen.

Da die Schiiten ohnehin zu den ärmeren Schichten gehörten, fehlte den Familien das Geld, um aus eigenen Mitteln der »Saddam City« ein besseres Image zu verschaffen. Armut prägte das Stadtbild. Die Schuld an diesem Zustand gaben die schiitischen Sippen und Familien der verhaßten Baath-Partei und ihrem Chef. Kein Wunder, daß Befriedigung herrschte im Sommer 2003 über das Verschwinden des Saddam Hussein. Die Freude darüber führte nicht zum Jubel über den Einmarsch der US-Truppen in Baghdad. Als Sieger im Kampf gegen Saddam Hussein, den »Feind Allah«, galten nicht die fremden Invasionstruppen, sondern Allah selbst.

Porträts der ersten Imame erschienen in Plakatform an den Häuserwänden. Dem ersten Imam Ali Ibn Abu Talib wurde von Herzen gedankt. Mehr aber noch dem Märtyrer Husain, der bei Kerbela den Wunden erlag, die ihm von den »Feinden Allahs« zugefügt worden waren. Den Einzug der amerikanischen Panzerverbände verbanden viele Schiiten mit dem Gebet, das dem Märtyrer Husain geweiht war. Viele Bewohner der »Saddam City« besaßen und besitzen runde handliche Plättchen, die aus gepreßtem Sand von Kerbela bestehen, der einst vom Blut des Märtyrers Husain getränkt worden war.

Die Schiiten leben in der Überzeugung, der erste und der zweite Imam haben gegen Fremdherrschaft gekämpft, für die Freiheit der Gläubigen – im Einvernehmen mit Allah. Die US-Truppen – so sehen Schiiten die Situation – haben zwar den »Feind Allahs« vertreiben, doch sie bleiben Fremde, die eine Fremdherrschaft ausüben. Die Parole heißt: »Die US-Truppen haben zu verschwinden!«

Von dieser Stimmung wurden ausländische Beobachter völlig überrascht. Bereits am 9. April 2003 stellte der BBC-Reporter Paul Wood fest: »Die schiitischen Geistlichen fordern den Abzug der amerikanischen Invasionstruppen. Sie sagen: ›Wir sind selbst fähig, die aktuellen Probleme zu lösen. Wir brauchen die Fremden dazu nicht!‹« Daß die Schiiten die amerikanischen Befreier als Ungläubige, als Christen sehen, wird noch nicht laut ausgesprochen.

»In einer Stammesgesellschaft ist Gerechtigkeit kein Problem«

In der Ortschaft Madschar al-Kabir im Nordwesten von Basra brach Anfang Juli 2003 eine Schießerei aus zwischen jungen Schiiten und britischen Militärpolizisten. Die Briten hatten sich offenbar bedroht gefühlt – ihre Polizeistation war beschossen worden aus Maschinenpistolen und durch Rocket-Propelled-Grenades (RPG). Die britischen Militärpolizisten hatten sofort zurückgefeuert: Vier Iraker waren tot – 17 Verwundete wurden später gezählt. Ein 12jähriger Junge war leicht verwundet worden.

Die Polizeistation aber befand sich noch immer unter Kontrolle der Dorfbewohner. Nachdem mit Hilfe eines Sheikhs ein Waffenstillstand erreicht worden war, konnten britische Soldaten zum Polizeiposten gelangen. Dort fanden sie sechs Briten – sie waren tot. Offensichtlich waren sie nicht im Kampf gefallen. Sie waren getötet worden, nachdem sie den Kampf aufgegeben hatten. Eine Hinrichtung war erfolgt.

Die Engländer standen fassungslos vor den Leichen ihrer Kameraden, die Kopfschüsse aufwiesen. Der Sheikh, der den Waffenstillstand vermittelt hatte, versuchte zu erklären: »Wir sind ›Sumpfaraber‹, wir haben jahrelang unter Saddam Hussein gelitten. Jetzt leiden wir unter den Engländern. Sie fallen rigoros in unser Dorf Madschar al-Kabir ein. Sie zertrümmern, wenn es ihnen paßt, unsere Türen und zerschlagen das wenige, was wir aus den Sümpfen gerettet haben. So kam es offenbar zu diesem Feuergefecht.«

Der Sheikh empfahl den Engländern eine uralte Stammesregel zu beachten: »In unserer irakischen Stammesgesellschaft ist Gerechtigkeit kein Problem. Eure Leute haben unsere Leute getötet. Unsere Leute haben daraufhin eure Leute umgebracht.« (Time Magazin 7. Juli 2003)

Diese Praxis der Ausübung der Gerechtigkeit setzte sich fort. Iraker, die sich von der Besatzungsmacht schlecht behandelt fühlten, töteten jeden Amerikaner und jeden Briten, der in ihre Hände fiel. Während der zwei Monate, die vergangen waren, seit Präsident

Bush stolz »Mission accomplished!« verkündet hatte, starben 74 Amerikaner und Briten. Auf jeden Tag entfielen statistisch mehr als zwei Tote. Der Grund für die tödlichen Schüsse auf Besatzungssoldaten blieb den US-Kommandeuren lange ein Rätsel. Ihnen blieb lange verborgen, daß es die Art der Behandlung der Iraker war, die Zorn auslöste – wobei keine Unterschiede bestanden in der Reaktion bei den Schiiten und Sunniten.

Bekannt wurde der Fall des Torwarts der irakischen Nationalmannschaft, Raad Hamudi Er wurde von der Straße weg verhaftet. Ein Grund wurde ihm nicht genannt. Hamudi wurde im Baghdader Fußballstadion As-Shaeb interniert, genau dort, wo er zur Zeit des Saddam Hussein seine Erfolge errungen hatte. Hunderte junger Männer wurden gefangengehalten; sie lagen in der Hitze auf dem Sandboden.

Hamudi wurde nach wenigen Tagen entlassen. Er vermutete, daß er bei der Verhaftung verwechselt worden war – mit einem Funktionär der Baath-Partei, der in der Nachbarschaft wohnte. Wie Hamudi erzählte, habe ihm der amerikanische Soldat, der ihn abgeführt hatte, seine wertvolle Armbanduhr abgenommen.

Nach dieser Erfahrung mit den Besatzungsamerikanern ist der Fußballspieler nach Jordanien geflüchtet. Er wollte sich nicht einreihen in eine der rasch entstehenden kleinen Widerstandsgruppen, die aus jungen Männern bestanden, die sich von den Fremden ungerecht und vor allem arrogant behandelt fühlten. Raad Hamudi wollte nicht Krieg führen gegen die Amerikaner, die ihn von Saddam Hussein befreit hatten.

Generalleutnant Riccardo Sanchez, der Kommandeur der US-Verbände im Sommer 2003, war zu diesem Zeitpunkt der Meinung, der Widerstand gegen die Besatzungstruppen sei nicht gesteuert, ein koordinierendes Gehirn stecke nicht dahinter. Doch er gab zu, daß die kleinen Gruppen ein gemeinsames Ziel verfolgten: dafür zu sorgen, daß es den Amerikanern und Briten nicht gelang, unter ihrer Aufsicht ein stabiles Staatswesen entstehen zu lassen.

Sanchez ließ eine Liste erstellen, die ihm Auskunft gab über die Motive der Personen, die nach Anschlägen auf US-Soldaten verhaftet werden konnten. Sie waren entweder überzeugte Schiiten, deren Religiosität durch Aktionen der Amerikaner beleidigt worden war oder sunnitische Anhänger des Saddam-Regimes, die frühere Zeiten nicht vergessen konnten, oder sie waren islamische Glaubenskämpfer, die über Jordanien und Syrien in den Irak gekommen waren.

Daß die Situation gefährlich wurde für die Amerikaner, das war vorauszusehen. Mancher Iraker wurde deutlich in seiner Aussage: »Wir werden sie entführen und abschlachten wie Schafe! Das ist Gerechtigkeit.«

»Mut, Männlichkeit, Stolz und Ehre«

Diese vier Begriffe umreißen den Kodex, der das Leben der Männer und ganzer Sippen im Zweistromland bestimmt. Wer ihn verletzt, der bekommt den Zorn der Gläubigen zu spüren. Der Kodex erklärt, warum Anfang April 2003 in An Nadschaf Abdel Mashid al-Khu'i erstochen wurde. Diesen Träger des »schwarzen Turbans« hatten die Amerikaner in die heilige Stadt geholt, in der Hoffnung, er werde die Leidenschaften der Schiiten kanalisieren und im Sinne der US-Besatzer lenken. Abdel Mashid al-Khu'i aber hatte den Ehrbegriff mißachtet und Geld an sich genommen, das religiösen Stiftungen gehörte. Bis zum Herbst 2003 dauerte es, bis die Umstände seines Todes wenigstens den Schiiten in An Nadschaf deutlich gemacht wurden. Im Sommer des Jahres 2003 waren die Turbanträger noch nicht hervorgetreten, die in An Nadschaf die Führung der Schiiten beanspruchten. Da war Moqtada as-Sadr prominent geworden. Seine Popularität blühte auf, als in der Moschee des Imam Ali davon gesprochen wurde, Moqtada as-Sadr habe den Mord an Abdel Mashid al-Khu'i angeordnet. Er habe einer Handvoll seiner Anhänger den Befehl gegeben: »Schafft ihn auf die Seite und beseitigt ihn nach eurer Art!«

As-Sadr repräsentierte eine junge Generation der Geistlichkeit. Die Älteren ließen sich vom «Großayatollah« Ali Sistani lenken, der den Trägern des »schwarzen Turban« empfahl, sich aus der Politik herauszuhalten. Der 73jährige Ali al-Sistani wandte sich dabei ab vom traditionellen Vorbild der Schiiten, vom iranischen Ayatollah Ruhollah Khomeini, der im Iran durchgesetzt hat, daß die Exekutive völlig in der Hand der Nachkommen des Propheten Mohammed liegt. Al-Sistani wollte erreichen, daß die hohe schiitische Geistlichkeit den Boden für eine Regierung bereitete, die im Sinne der Imame Ali Ibn Abu Talib und Husain handelt.

Doch um die Autorität von Ali und Husain durchzusetzen, verfolgte Al-Sistani seine eigene Taktik: Es mußte ein Platz existieren, von dem Souveränität und Kraft ausging. Früher einmal war An Nadschaf dieser Platz gewesen, weil in seiner Erde der erste Imam Ali ruht. Die schiitenfeindliche Herrschaft des Saddam Hussein hatte An Nadschaf jeden religiösen Glanz genommen. Es lebten kaum mehr Geistliche von Namen und Ansehen in der Stadt; die wenigen besaßen nicht genügend Anziehungskraft, um ehrgeizige Mullahs anzuziehen, die zur Spitze in der schiitischen Hierarchie gelangen wollten. Die heilige Stadt Qum im Iran war weit attraktiver als An Nadschaf. Der Großayatollah Al-Sistani wollte in behutsamer Aufbauarbeit erreichen, daß An Nadschaf die Nummer 1 unter den heiligen Städten wird. Dies konnte nur in einer Zeit friedlicher Koexistenz mit den Sunniten geschehen. Der Großayatollah wollte unbedingt den innerirakischen Bürgerkrieg vermeiden.

Im Frühjahr 2003 stellt Ali al-Sistani fest, daß An Nadschaf weit vom Zustand innerer Ruhe entfernt sei. Schuld daran sei, so meinte er, die Besetzung durch die Amerikaner; sie handelten ohne Verständnis für das irakische Volk, ohne Beachtung der Gesetze und Regeln der Religion: »Die Amerikaner haben keine Ahnung vom islamischen Rechtssystem. Es hat bei uns Gültigkeit und es wird bei uns Gültigkeit behalten.«

Die Sunniten wehren sich – »Al-Awda« heißt »die Rückkehr«

Gemeint ist die Rückkehr des Regimes vergangener Jahre – ein Regime rein sunnitischer Prägung. »Al-Awda« ist der Name einer Organisation, die für diese Rückkehr sorgen will. Wer ihre führende Persönlichkeit sein soll, ist daraus ersichtlich, daß die Organisation als ihren Gründungstag den 28. April angibt – den Geburtstag von Saddam Hussein.

Wer sich zu »Al-Awda« bekannte, der kam im Juni 2003 in ein kleines Dorf, rund 50 Kilometer im Osten von Baghdad. Die Lehmhäuser waren seit langem verlassen, die Äcker lagen brach. Unbemerkt von den amerikanischen Besatzungstruppen fanden jetzt Schießübungen statt mit Handfeuerwaffen, geübt wurde auch der Umgang mit Handgranaten. 50 Männer waren daran beteiligt.

Die wenigen Familien, die im Umkreis um das Dorf leben, hatten bald einen Namen für die Fremden gefunden: »Wahhabi« schien die passende Bezeichnung für jene zum Kampf mit der Waffe bereiten Männer zu sein. »Wahhabi« ist ein Schreckenswort für moderate Sunniten Arabiens – löst jedoch Panik aus bei Schiiten. Die Erinnerung ist nicht verblaßt an die Zeit, als Reiterhorden in das Land um Euphrat und Tigris einfielen und ihre »wahhabitische« Überzeugung den Stämmen des Zweistromlandes aufzwingen wollten. Diese Überzeugung ging zurück auf den Prediger Mohammed Ibn Abdel Wahhab, der um das Jahr 1750 n. Chr. die Stämme Zentralarabiens dazu aufrief, zu den Fundamenten des islamischen Glaubens zurückzukehren. Alle Andersdenkenden sollten bestraft, und wenn immer möglich, getötet werden. Die »Wahhabi« sahen es als Verbrechen gegen Allah an, wenn Mausoleen für Tote errichtet wurden. Sie bestanden auf ihrer Ansicht, niemand außer Allah dürfe angebetet werden. Wer an einem Grab bete, der zeige, daß er den Verstorbenen verehre, und ihn Allah gleichsetze. Der Vorwurf der »Wahhabi« gegen die Schiiten lautet: Die Schiiten verehren ihre Imame Ali und Husain mehr als Allah; sie machen sich damit der Lästerung Allahs schuldig.

Die Organisation »Al-Awda« will die Rückkehr zu den Prinzipien des einstigen Predigers Mohammed Ibn Abdel Wahhab – einen Schritt dazu sahen sie zunächst in »der Rückkehr des Sunniten Saddam Hussein«, der als einziger die Kraft besitzt, die Machtergreifung der Schiiten im Zweistromland zu verhindern. Die »Wahhabi« des Irak sagen ganz offen: »Wir sind bereit für Saddam Hussein zu sterben. Er kann uns retten vor denen, die darauf warten, daß der ›entrückte‹ zwölfte Imam wieder vor aller Augen sichtbar wird, um seine Herrschaft anzutreten.« Solange Saddam Hussein nicht gefangengenommen war, blieb die Hoffnung auf seine Rückkehr an die Macht.

Die Jagd nach Saddam Hussein

Die amerikanischen Militärs waren einhellig der Meinung, die Organisation der »Wahhabi« werde von Anhängern des Saddam Hussein, wenn nicht sogar von ihm selbst gesteuert. Immer vordringlicher stellte sich ihnen während des zweiten Halbjahrs 2003 die Aufgabe, das Versteck des Despoten aufzuspüren. Sie setzten darauf, daß sich ein Verräter finden würde, der das Geheimnis um den Aufenthaltsort lüftete. Die Söhne Uday und Qusay waren verraten worden – von einem Sunniten. Der Sunnit mußte gefunden werden, der bereit war, der Organisation »Al-Awda« die Hoffnung auf »Rückkehr« des Saddam Hussein zu nehmen.

Die Suche nach dem Verräter wurde im September 2003 intensiviert. Wieder war ein Tonband beim Sender Al-Arabiya in Dubai abgegeben worden – die Stimme darauf war eindeutig die des Saddam Hussein. Der Sender gab den Namen des Überbringers des Tonbands nicht preis. Den Fahndern fehlte immer noch der entscheidende Hinweis.

Wie zum Hohn über die vergeblich Suchenden, erschien Saddam Hussein im Irak auf dem Bildschirm – ausgestrahlt vom TV-Sender Al-Arabiya. Diesmal sprach Saddam Hussein nicht nur per Tonspur. Er war auch zu sehen: sauber rasiert, im dunklen Anzug, im weißen Hemd, mit Krawatte. Sein Gesicht war deutlich schlanker geworden. Erneut rief der Gesuchte seine Offiziere und Soldaten auf, den Kampf gegen die Invasionstruppen nicht einzustellen.

Die Bildaufzeichnung wurde von US-Spezialisten genau geprüft – sie bot keinerlei Hinweis darauf, wo sich Saddam Hussein aufhalten könnte. Der Verdacht verstärkte sich, daß sich das Versteck in der Nähe der Stadt Takrit am Tigris befinden mußte. Dschalal Talabani, ein Mann, der zur Kurdenführung gehört, verbreitete allerdings die Meinung, Saddam sei nach Kirkuk ausgewichen, erstaunlicherweise mitten ins Kurdengebiet. Dort habe er Unterschlupf bei sunnitischen Familien gefunden. Er verhalte sich äußerst vorsichtig und verbringe die Nächte in unterschiedlichen Quartieren.

Der Hinweis des Kurdenführers erwies sich als pure Erfindung.

Das Pentagon in Washington hatte jetzt eine treffende Bezeichnung für den Gesuchten gefunden: »High Value Target, No 1«, abgekürzt »HVT 1«. Sie wurde nun von allen an der Suche Beteiligten benützt.

Doch die treffende Bezeichnung brachte die Fahnder keinen Schritt näher an das Versteck. Verteidigungsminister Donald Rumsfeld kam eigens nach Baghdad, um die Suchspezialisten anzufeuern. Ihm wurden Landkarten, Biographien möglicher »Verräter« vorgelegt. Seine Reaktion: »Mir brummt der Kopf von all den Bildern, Diagrammen, Videoaufnahmen.«

Der Ansatzpunkt zum Erfolg mußte im winzigen Ort Andscha zu finden sein, wo Saddam Hussein im Jahr 1937 geboren worden war. Wenn es wirklich die Treuesten der Getreuen gab, dann waren sie wohl in Andscha zu finden. Doch auch die Überwachung des Ortes brachte kein Resultat.

Phantasievolle Gerüchte machten die Runde. Als Mitte November 2003 der Fastenmonat Ramadan begann, war in sunnitischen Kreisen zu hören, Saddam feiere jeden Abend die traditionelle Sitte des »Fastenbrechens« mit Persönlichkeiten der Führung der Baath-Partei. In diesem Kreis werde der Fortgang des Kampfes gegen die Amerikaner besprochen. Saddam halte immer noch Hof wie in alten Zeiten. Das Videobild, das der Sender Al-Arabiya erhalten hatte, schien den Wahrheitsgehalt dieses Gerüchts zu bestätigen.

Inzwischen zeigte sich die israelische Regierung zur Hilfe bereit. Ariel Sharon war überzeugt, daß sein Geheimdienst über die intelligenteren Spezialisten im Aufspüren gefährlicher Gegner verfüge. Doch sowohl das State Department als auch das Pentagon lehnten das Angebot des jüdischen Staate ab. Befürchtet wurde, die Mitarbeit von Israelis bei der Suche nach Saddam Hussein würde überall in den arabischen Hauptstädten als amerikanisch-israelische Verschwörung ausgelegt. Für diese Interpretation des Geschehens im Irak fehlte nur noch ein winziger Anstoß.

Zum Verantwortlichen auf der Suche nach Saddam wurde Oberst James Hickney ernannt, ein Offizier mit außergewöhnlichen Ideen – ein etwas skurriler Individualist. Doch in diesem Fall setzte er auf ein überaus traditionelles Erfolgsrezept: Er war bereit, für Informationen bares Geld zu bieten. Eine Sorge belastete ihn allerdings: Dem US-Geheimdienst war bekannt, daß dem irakischen Staatschef seit langem mindestens vier Doppelgänger zur Verfügung standen – die Möglichkeit der Irreführung lag nahe. Von Anfang des Krieges an mußte mit Täuschung gerechnet werden. Die Frage stellte sich: War die Gestalt, die sich hin und wieder gezeigt hatte, wirklich Saddam Hussein gewesen?

Oberst James Hickney mußte das Risiko wagen. Die vorgesetzten Behörden in Washington waren schließlich bereit, eine Prämie von 25 Millionen Dollar auszusetzen für die Nennung der Spur, die zum echten Saddam Hussein führte.

Eine Idee erschien plötzlich schlüssig: Wenn sich der Gesuchte in einem Gehöft rings um Takrit befand, dann mußte er von irgend jemandem aus der engeren Familie versorgt werden – mit Lebensmittel, mit Trinkwasser. Diese »food chain« mußte gefunden werden. Der Beginn dieser Versorgungskette befand sich wohl in Takrit. Der US-Geheimdienst aktivierte detaillierte Luftaufklärung: Gesucht wurden Fahrzeuge, die Takrit regelmäßig verließen, um in Richtung Süden zu fahren, auf ein Bauerngehöft zu, das einem Mann gehörte, der Qais al-Nameq hieß. Das Gehöft trug den Namen Al-Dawr.

Al-Dawr und sein Besitzer waren aus zwei Gründen ins Visier der Fahnder geraten: Qais al-Nameq hatte einige Jahre lang zum Hauspersonal in Saddams Palästen gehört. Zum anderen war der Ort Al-Dawr schon einmal wichtig gewesen im Leben des Baath-Funktionärs: Im Jahr 1959 hatte Saddam Hussein ein Attentat verübt auf Abdel Kerim Qassem, den damaligen irakischen Ministerpräsidenten. Das Attentat war gescheitert. Auf der Flucht hatte sich Saddam Hussein in jenem Ort Al-Dawr versteckt. Von dort aus hatte er schwimmend den Tigris durchquert. In Syrien hatte er dann Zuflucht gefunden.

Durch die gründliche Analyse des Lebens des Gesuchten waren die Fahnder auf die Bedeutung des Gehöfts Al-Dawr gestoßen. Die psychologische Aufschlüsselung des Charakters von Saddam ließ den Schluß zu, daß er in einer ähnlich kritischen Situation erneut den Ort aufsuchte, der ihm schon einmal Rettung bedeutet hatte. Die Verantwortlichen vor Ort in Takrit waren jetzt überzeugt, auf der richtigen Spur zu sein.

Am Samstag, den 13. Dezember, erhielten sie von einem Bewohner von Takrit, der zur »food chain« gehörte, den Hinweis, der Gesuchte verstecke sich tatsächlich in Al-Dawr, nur fünfzehn Kilometer südlich von Takrit. Zwei bescheidene Lehmgebäude kamen in Frage. Fotos der Luftaufklärung zeigten sie ganz deutlich: Sie standen in einem Palmenhain, ein Pferch für Schafe war nahe dabei. Die Suche nach »High Value Target No 1« hatte zum ersten Mal ein konkretes Ziel. Die Aktion des Zugriffs erhielt die Bezeichnung »Red Dawn« – Morgenröte. Dieser Begriff war allerdings irreführend: Die militärische Operation gegen Al-Dawr fand am Abend statt.

Sie begann um 19 Uhr. Gepanzerte Fahrzeuge rollten von Takrit her auf Ad Dawr zu; in der Luft befanden sich Hubschrauber vom Typ Apache. Um 20 Uhr Ortszeit stürmten die Soldaten die zwei kleinen Bauernhäuser, die zuvor abgeriegelt worden waren. Die Lehmhütten wurden durchsucht. Die Soldaten fanden Tische, Stühle, eine Kommode, zwei Betten, einen Kühlschrank einige Kleidungsstücke. »Der Spiegel« vom 20.12.2003 wußte zu berichten, was in den winzigen Räumen noch entdeckt worden sei: ein Stück Palmolive-Seife, eine Flasche Shampoo, eine Tube Feuchtigkeitscreme, ein Deo, ein Honigtopf, eine Anzahl Schokoriegel, eine Fliegenpatsche, eine Konservendose mit Birnen. In einem anderen Raum befand sich die Küche mit Spüle und Herd. Hier hatte sich ganz offensichtlich jemand erst vor kurzem betätigt. Derjenige hatte nicht mehr die Zeit gehabt, diese Artikel in den Schrank zu räumen: Gurken, Karotten, Äpfel, Kiwis, Fladenbrot, Orangenmarmelade, Dosenfleisch, Lipton-Tea.

Die Person, die sich hier betätigt hatte, war nicht aufzufinden. Die Soldaten waren schon dabei, die Lehmhütten zu verlassen, da beharrte ein Informant, der die Fahnder begleitet hatte, darauf, daß sich in oder bei den Hütten ein Versteck befinden müsse. Er wies auf das alte ramponierte Taxi in den Farben weiß und orange hin, das neben dem Schafpferch stand. Damit mußte erst vor kurzem jemand angekommen sein. Wenige Meter von dem abgestellten Taxi entfernt, entdeckte um 20.26 Uhr ein Soldat außerhalb der Lehmhütten eine verdächtige Spalte im Boden. Bei näherer Untersuchung war ein Schacht zu entdecken und eine Einstiegsluke zu einer Art Grabkammer. Die Tarnung war höchst unvollkommen.

Die Soldaten leuchteten die Kammer mit Stablampen aus. Im grellen Licht wurde eine Gestalt sichtbar: Bärtig, abgerissen, müde, traurig – es war Saddam Hussein. Die Soldaten berichteten, daß er mit leiser Stimme gesprochen habe: »Schießen Sie nicht! Ich bin Saddam Hussein, der Präsident der Republik Irak!«

Die erfolgreichen Fahnder waren überrascht, daß sich in Saddams Versteck nicht der Ansatz einer »Kommandozentrale« befand. Da war kein Funkgerät zu finden, nicht einmal ein primitives Handy. Das Taxi, das vor dem Gehöft stand, war offenbar das letzte technische Hilfsmittel gewesen zur Verbindung mit Getreuen.

Die Umstände, wie Saddam Hussein gefangengenommen wurde, erschienen manchem Kenner der Persönlichkeit des Diktators als seltsam. In der Biographie »Condoleezza Rice« von Erich Schaake findet sich folgende Version der Verhaftung:

Es soll sich um eine private Abrechnung gehandelt haben, um die Familienehre eines kurdischen Stammesfürsten. Saddams Sohn Uday habe dessen Tochter vergewaltigt und ihr Ehemann sei von einem Leibwächter des Uday erschossen worden. »Der Kurdenstamm habe Saddam in seiner Heimatstadt Takrit aufgespürt und in dem Erdloch gefangengehalten. Erst dann sei der Tyrann an die Besatzungsmacht übergeben worden, vollgepumpt mit starken Medikamenten.« Gemeint sind wohl Drogen.

Wenige Minuten nachdem er aufgespürt worden war, befand sich der Gefangene im Hubschrauber, der ihn nach Baghdad flog. Auf dem dortigen Flughafen befindet sich der Raum, in dem die »top detainees« untersucht und befragt werden können. Der nackte Körper des Saddam Hussein wurde gründlich durchgecheckt. Es wurden dabei keine Gifte gefunden, die für eine Selbsttötung hätten geschluckt werden können. Die Untersuchung ergab nach Aussage der »Spezialisten« aus den USA, daß der richtige Saddam Hussein gefangengenommen worden war. Diese Nachricht wurde sofort an das Weiße Haus in Washington, an Präsident George Bush jr. weitergeleitet. Dessen Reaktion war zurückhaltend. Er jubelte nicht. Er soll gesagt haben: »Der Kampf wird weitergehen!«

Auch der unterlegene Saddam haßt die Träger der »schwarzen Turbane«

Unmittelbar nach der Verhaftung hatten einige Mitglieder der »Übergangsregierung« des Iraqi Governing Council Gelegenheit, mit Saddam Hussein zu sprechen. Der Gefangene hatte sich inzwischen rasieren und baden können – er hatte seine Selbstsicherheit wiedergewonnen. Wenig Achtung zeigte er gegenüber den Politikern, die früher vor ihm gezittert hatten und die jetzt als Sieger vor ihm saßen. Er wunderte sich, Männern gegenüberzusitzen, die zuvor der Baath-Partei nahegestanden hatten. Einen davon, der zu den Günstlingen der Partei gezählt hatte, fuhr er empört an: »Was machst du denn hier?!«

Schiitische Mitglieder des Iraqi Governing Council beschimpften ihren früheren Staatschef als Mörder an Trägern des »schwarzen Turbans«. Besonders wütend waren die Schiiten darüber, daß Saddam Hussein ohne Zweifel den Sprengstoffanschlag gegen Ayatollah Baqr al-Hakim am 29. August 2003 in An Nadschaf aus seinem Versteck heraus angeordnet habe; und sicher sei er auch schuld an den Anschlägen gegen die hohen Geistlichen der Sippe as-Sadr. Saddam Hussein reagierte mit Gesten der Verachtung. Seine Antwort: »Die waren alle Diebe und iranische Agenten!« Der Vorwurf »iranischer Agent« gewesen zu sein zielte besonders auf Baqr al-Hakim, der 25 Jahre lang in der iranischen heiligen Stadt Qum und in Teheran gelebt hatte. Die enge Verbindung zu Khomeini hatte Al-Hakim nie geleugnet.

Saddams Antwort auf die Beschuldigung, er habe Anschläge auf die Sippe As-Sadr verüben lassen, verwendete ein Wortspiel: Das Wort »as-Sadr« läßt sich mit »Brustkorb« übersetzen. Saddam meinte, er sei froh gewesen, über jeden, der ihm nicht mehr den Brustkorb habe beengen können.

Saddam Hussein war sich wohl bewußt, daß das Schlagwort von den »iranischen Agenten« in Baghdad verstanden wurde. Es bezog sich nicht nur auf Träger des »schwarzen Turbans«. Auch durchaus bürgerliche Schiiten orientierten sich am Ende des Jahres 2003 in

Richtung Iran. Ahmed Chalabi, den Präsident Bush lange Zeit gerne als künftigen Präsidenten des Irak gesehen hätte, unterhielt ein Büro in der iranischen Hauptstadt, das jeden Monat aus der iranischen Staatskasse mit 30 000 Dollar finanziert wurde.

Das Büro hatte den Zweck, Verbindung zu halten zu Präsident Khatami, der sich als Schutzherr der irakischen Schiiten fühlte. Ahmed Chalabi suchte und fand auch Kontakt zu Ayatollah Ali Khamenei, dem religiösen und höchsten Oberhaupt des Iran. Von seinen amerikanischen Gesprächspartnern auf diese Liaison angesprochen, gab er zur Antwort: »Iran ist ein Nachbarland von uns. Es ist doch ganz natürlich, daß wir enge Beziehungen unterhalten.«

Der US-Geheimdienst ließ sich allerdings nicht täuschen. In Washington besteht der Verdacht, daß Ahmed Chalabi seine Partner in Teheran sehr genau informiert habe, welche Politik die USA in Baghdad verfolgen, welche Maßnahmen an Euphrat und Tigris getroffen wurden. Tatsächlich besaß CIA Beweise, daß die Träger der »schwarzen Turbane« in Teheran unmittelbar über bevorstehende Militäraktionen der amerikanischen Streitkräfte in An Nadschaf und Kerbela von Ahmed Chalabi informiert wurden.

Allerdings wurde in Militärkreisen der Amerikaner in Baghdad angedeutet, der Informationsweg verlaufe auch in entgegengesetzter Richtung: Aus Teheran seien Informationen geflossen über geplante Anschläge der Schiiten. Auf diese Weise hätten Menschenleben gerettet werden können. Warnungen seien eingetroffen vor Moqtada as-Sadrs »Mahdi-Armee«.

»Moqtada! Moqtada! Wir sind deine Märtyrer«

Wie alt der Mann ist, der den »schwarzen Turban« trägt und der sich Moqtada as-Sadr nennt, weiß niemand genau. Schiiten aus seiner Umgebung sagen, er sei 31 Jahre alt; andere geben das Alter mit 25 Jahren an, doch er bemühe sich, älter auszusehen. Er ist kein asketischer Typ; bekannt ist, daß er gut und gerne ißt. Attraktiv ist sein Aussehen in keiner Weise. Das lückenhafte Gebiß besteht aus fleckigen Zahnstümpfen, der rötlichbraune Bart erscheint ungepflegt.

Moqtada as-Sadrs Wirkung auf die schiitischen Massen ist nicht auf Eloquenz zurückzuführen. Er hält keine brillanten Predigten. Die Ausstrahlung verdankt er seinen Vorfahren, die allesamt hervorragende schiitische Theologen waren. Ihr Ruhm als Prediger vererbte sich auf Moqtada. Fast alle haben sie ihr Rednertalent mit dem Tode büßen müssen. Saddam Hussein hatte ihnen nicht verziehen, daß sie es verstanden hatten, die Menge der Gläubigen gegen sein Regime zu mobilisieren.

Sein Vater, Mohammed Sadiq as-Sadr, hatte den höchsten Rang erreicht, den ein schiitischer Geistlicher erstreben kann, und sich Großayatollah nennen dürfen. Er ist im Jahr 1999 ermordet worden – auf Befehl von Saddam Hussein. Mit dem Tod des Vaters war Moqtada zwar nachgerückt in die Hierarchie der hohen Geistlichkeit, vom Großayatollah war sein Rang allerdings weit entfernt.

Der junge Mann war kämpferischer als der Vater: Er ließ Konkurrenten beseitigen. Moqtada glaubte, er könne ungestraft brutal handeln, doch da wurde ihm ein Mord zur Last gelegt: Am 16. April 2003 war Abdel Mashid al-Khu'i in Nadschaf ermordet worden. Als die Umstände des Mordes allmählich bekannt wurden, erließ ein Richter in der heiligen Stadt einen Haftbefehl gegen Moqtada. Dies geschah im August des Jahres 2003.

Die US-Zivilverwaltung, höchste Autorität im besetzten Irak, hätte die Macht gehabt, den beklagten Geistlichen zu verhaften, doch die Beamten zögerten. Im Herbst des Jahres 2003 waren Paul Bremer und seine militärischen Berater der Meinung, Moqtada müsse als Verbündeter gewonnen werden. Von unschätzbarem Wert war der Einfluß, den er auf die Massen besaß – insbesondere auf die Unterprivilegierten, zu den Armen, den Arbeitslosen. Moqtada schlug sein Quartier in Saddam City auf, im heruntergewirtschafteten Stadtteil der Hauptstadt Baghdad, und taufte das Viertel um in »Sadr City«. Jetzt besaß Moqtada ein Heer von Männern, denen er versprach, sie aus Armut und Schmutz herauszuführen.

Die Beamten der Zivilverwaltung begriffen jetzt, daß dieser Bändiger der Massen der Besatzungsmacht gefährlich werden konnte, doch sie glaubten, auf Moqtada vorläufig nicht verzichten zu können. Zweimal sollte der Haftbefehl »wegen Mordes« ausgeführt werden – zweimal wurde diese Aktion aufgeschoben. Die Gefahr war in der Tat nicht zu unterschätzen, daß die Bewohner von Sadr

City den Aufstand wagten gegen die Besatzungsmacht. Die Amerikaner befürchteten hohe Verluste.

Es gab durchaus hohe schiitische Geistliche, die es gerne gesehen hätten, wenn die US-Streitkräfte Moqtada as-Sadr in Gewahrsam genommen hätten. Aber im Hauptquartier der Zivilverwaltung zögert Paul Bremer weiter.

Die Gelegenheit, diesen Geistliche zu neutralisieren, war im Sommer 2004 vertan: Moqtada und seine Helfer und Berater wurden nach Teheran eingeladen. Der Träger des »schwarzen Turban« wurde geehrt, als ob er die Würde eines Ayatollah besitze. Im PKW fuhr er von An Nadschaf zum iranischen Flughafen Ilam. Dort stand ein Flugzeug für ihn bereit – eine Privatmaschine mit zehn Sitzen. Sie brachte die Gruppe der schiitischen Geistlichen nach Teheran. Für alle Beteiligten war dies der erste Flug in ihrem Leben. Sie empfanden das Erlebnis als unheimlich.

Nach der Ankunft in Teheran wurden Moqtada as-Sadr und seine Begleiter in einer eher bescheidenen Apartmentwohnung untergebracht. Doch schon am folgenden Tag fanden Treffen mit iranischen Trägern des »schwarzen Turbans« statt. Der noch unbedeutende Geistliche as-Sadr wurde von der höchsten islamischen Persönlichkeit des Landes empfangen, von Ayatollah Ali Khamenei und dem einstigen Ministerpräsidenten Ali Akbar Hashemi Rafsanjani, der allerdings nur einen weißen Turban trug – er war eben kein Mitglied der »Heiligen Familie«.

Den iranischen Gesprächspartnern war ein Thema wichtig: Moqtada as-Sadr war erfolgreich damit, in Baghdad eine bewaffnete Miliz aufzustellen. Einen Namen hatte er dafür schon gefunden: Er nannte die Truppe »Mahdi-Armee«. Die Mächtigen in Teheran waren bereit, die Finanzierung zu übernehmen und bestimmten, welcher Geist die Kämpfer beseelen sollte. Akbar Rafsanjani besorgte die Lektüre, die detailliert informierte, wie sich schon vor Generationen Kräfte geregt hatten, um die Fremdherrschaft abzuwerfen. Moqtada as-Sadr begriff, daß er mit der Wahl des Namens »Mahdi-Armee« seiner Bewegung die Richtung gewiesen hatte: Märtyrer sollten den Weg zum Sieg bereiten.

Die »Mahdi-Armee« hat ein erfolgreiches Vorbild

Er hat den Engländern Schrecken eingejagt – es war im Jahr 1881. Am 9. Dezember jenes Jahres waren er und einige Dutzende seiner Anhänger beim Dorf Faschoda am oberen Nil von einer britischen Truppe angegriffen worden. Die Angreifer, die 100 Mann stark waren, glaubten, es bestehe kein Risiko für sie. Doch die Arroganz der Engländer wurde grausam bestraft: Kaum einer der Angreifer konnte entkommen. Seit jenem 9. Dezember 1881 war der junge Araber, der sich »Mahdi« nannte, ein Schreckgespenst für die englischen Garnisonen im Sudan. Erzählt wird, der »Mahdi« könne die fliegenden Kugeln aus feindlichen Gewehren mit der Hand auffangen und in »köstliche Wassertropfen« verwandeln.

Der wirkliche Name des »Mahdi« ist Mohammed Ahmed Ibn as-Sayyed Abdallah. Der Bestandteil »Sayyed« des Namens soll anzeigen, daß der Namensträger von sich behauptet, er stamme in direkter Linie vom Propheten Mohammed ab. Die Bezeichnung »Mahdi«, die er sich selbst gegeben hat, bedeutet »der Rechtgeleitete«.

Mit sieben Jahren, so wurde erzählt, konnte der kleine Sayyed sämtliche Suren des Koran auswendig aufsagen. Mit zehn Jahren soll er behauptet haben, es sei ihm aufgetragen, das Werk des Propheten Mohammed fortzusetzen. Von der Verwandtschaft im Stamm wurde diese Überzeugung als Anmaßung bezeichnet. Als er forderte, es dürfte weder gesungen noch gepfiffen werden – mit der Begründung, der Prophet habe jede Art von Musik abgelehnt –, da wurde er von den Ältesten aus dem Dorf getrieben. Von nun an zog er als wandernder Prediger durch die Siedlungen am oberen Nil.

Das Thema seiner Predigten hatte der Sayyed rasch gefunden. Er sprach davon, daß die Moslems verlernt hätten, nach den Grundsätzen zu leben, die der Prophet Mohammed für wichtig erachtet hatte. Verdorben sei der Glaube an Allah, verkommen durch christliche Ideen. Die Moslems seien keine Feinde der Christen mehr, sondern Freunde der Christen.

In Cairo, so predigte der Sayyed, sei der Teufel eingezogen und habe einen Pakt zustande gebracht zwischen dem dortigen islamischen Herrscher und den ungläubigen Engländern, diesen blutsaugerischen Feinden. Der Sayyed rief auf zum Widerstand gegen die Steuereinnehmer, die im Auftrag der Engländer den islamischen Stämmen Geld abnähmen, um es nach England zu schicken. Sobald Mohammed Ahmed Ibn as-Sayyed Abdallah spürte, daß der Aufruf zum Widerstand bei seinen Zuhörern Widerhall fand, da begann er diejenigen um sich zu scharen, die am meisten Begeisterung zeigten. Fortan ließ er sich mit dem Titel ansprechen: »Sayyedna al-Mahdi« – »Unser Herr der Geleitete«.

Auf der Insel Abba, oberhalb von Khartum im Nil gelegen, sammelte der Mahdi seine Anhänger. Er ließ ein Dorf aus Lehmhütten bauen, eine Moschee entstand. Obgleich der Mahdi vorläufig nichts zu bieten hatte als das Versprechen, Allah werde jeden belohnen, der sich zur Reinheit des islamischen Glaubens bekenne, wuchs die Gemeinde auf der Nilinsel Abba.

Für die Region des oberen Nil war der ägyptische Gouverneur in Khartum zuständig. Er amtierte im Namen der Engländer – der Mahdi sagte: »Im Namen der Ungläubigen«. Der Gouverneur wurde allmählich von wachsender Unruhe befallen: Der Aufruhr im Süden wurde gefährlich: Aus vielen Dörfern waren die Steuereinnehmer vertrieben worden. Drohungen des Gouverneurs, er werde die Steuereinnehmer mit Gewalt zurückbringen, nützten nichts. Die Großfamilien am Nil fühlten sich unter dem Schutz des Mahdi sicher.

Der Gouverneur wollte ein Exempel statuieren. Er glaubte eine Truppe von 200 Schwerbewaffneten werde genügen, um die »Banditen des Mahdi« niederzuringen. Doch die zweihundert Soldaten aus Khartum fanden gar nicht die Zeit, ihre überlegenen Waffen einzusetzen. Noch ehe sie beim Anlegen an der Insel Abba ihre Boote verlassen hatten, wurden sie von entschlossenen Mahdi-Kämpfern brutal niedergemacht.

Der Erfolg des Mahdi beflügelte die Phantasie der Volksdichter im weiten Wüstenland um die Nilinsel Abba – die Abwehr des Angriffs wurde gefeiert. Die Realität wurde poetisch verändert: Da hatte der Mahdi nicht 200 Soldaten besiegt, sondern ein Riesenheer. Der Sieg aber sei möglich gewesen, weil alle Engel des Himmels mit furchtbaren Waffen auf der Seite des Mahdi gefochten hätten.

Der Ruhm des Mahdi steigerte seine Attraktivität für Männer und

Frauen der Stämme im heißen Land am Nil. Bald hatte der Gouverneur in Khartum keinen Einfluß mehr auf die sudanesischen Provinzen Nubien, Kordofan, Sennar und Bahr al-Gazal. Die Menschen dort kannten nur die Autorität des Mahdi an.

Der Khedive, der islamische Herrscher in Cairo, aber wollte seine Machtansprüche mit Waffengewalt wiederherstellen. Er schickte eine Armee von 10 000 Mann nilaufwärts. Oberbefehlshaber war der britische Oberst William Hicks, der sich früher in Indien bewährt hatte. Jetzt war er aber eigentlich Pensionär, der als Privatmann im Dienst des islamischen Khediven stand. Seine Truppe war gut bewaffnet, hatte sogar schon Maschinengewehre. Von der raschen Schußfolge dieser Waffe versprach sich Oberst William Hicks eine demoralisierende Wirkung auf die vermeintlich »wilden Horden« des Mahdi.

Doch noch ehe es zur ersten Berührung mit dem Feind kam, zerbrach der Mut der in Cairo angeheuerten Kämpfer des Khediven. Sie fürchteten den Gegner, der offensichtlich in der besonderen Gnade Allahs stand, und der die Kraft besaß, Wunder zu wirken.

Zwei Monate lang konnte der Mahdi den vorsichtigen Marsch der Feinde durch die Wüste nach Süden beobachten. Er sah mit eigenen Augen, daß Hunderte der Männer in Ketten auf den Weg zurück nach Khartum geschickt wurden. Es handelte sich um Deserteure. Der Mahdi konnte daraus unschwer auf die geringe Kampfbereitschaft des Gegners schließen. Anfang November 1883 umzingelte die »Mahdi-Armee« in großem Bogen die britisch geführte Marschkolonne, die geschwächt nur noch geringe Wegstrecken am Tag zurücklegen konnte. Der Mahdi erkannte, daß Wassermangel die Schwäche der Feinde war und er verhinderte daraufhin konsequent, daß die gegnerische Streitmacht an Wasserstellen herankam.

Erhalten ist das Tagebuch des österreichischen Majors Hertl, der sich zum Dienst am Nil verpflichtet hatte und im Kampf gegen die Mahdi-Armee sein Leben verlor. Er notierte: »Das sind schlimme Tage. Wir sind alle deprimiert. Der Kommandeur befiehlt, daß die Musik spiele, um eine heitere Stimmung in die Seelen zu bringen. Doch bald verstummte die Musik. Die Kugeln schlagen von allen Seiten ein. Kamele, Maultiere wurden verwundet. Soldaten fallen. Wir wissen nicht, was wir tun sollen.« Die letzten Worte des Tagebuchs: »Die Kugeln fallen immer dichter ein und …«

Tausende Krieger der »Mahdi-Armee« umzingelten die Marschkolonne von Hicks, die noch 900 Mann stark war. Um die Mittagszeit des 5. November 1883 gab der Mahdi das Zeichen zum Angriff – bei Anbruch der Dunkelheit war die Truppe des Oberst Hicks völlig aufgerieben. Kaum einer seiner Soldaten hatte überlebt.

Seit Monaten schon befand sich der katholische Missionar Joseph Ohrwalder in der Gewalt des Mahdi. Der Gefangene führte Tagebuch. Über die Heimkehr des islamischen Heeres zum Nil notierte Ohrwalder: »Zuerst waren die bunten Fahnen zu sehen; dann folgten Tausende von Kriegern. Unter erschütterndem Gebrumm priesen sie Allah. Sie schwangen dabei ihre noch immer blutigen Lanzen. Hierauf kam die Reiterei. Von Zeit zu Zeit wurde angehalten. Einige der Reiter sprengten dann im Galopp vorwärts, die Lanze zum Stoß angelegt. Sie kehrten unter trillernden Freudenschreien in Reih und Glied zurück. Dann folgten die wenigen Gefangenen, die traurigen Überlebenden der Armee des Hicks. Meist nackt schleppten sich diese Armen dahin. Viele waren verwundet. Sie wurden verhöhnt. Dahinter kamen die Kanonen, gezogen von Maultieren. Fast jedes der Tiere war verwundet. Zuletzt ritt der Mahdi auf einem schönen Kamel. Seine Begleiter sangen den Preis Allahs in monotonem Getöse. Wolken von Staub füllten die Luft. Beim Vorbeireiten des Mahdi warfen sich Tausende auf die Erde und küßten den Boden. Einige Weiber jauchzten dem Mahdi zu und riefen: ›Al-Mahdi illah! Der Geleitete Allahs!‹ Einen derartigen Triumph hatte man noch nie erlebt. Man verehrte den Mahdi, fast wie man Allah verehrte. Dieser Sieg trug viel dazu bei, seine Macht zu vergrößern. Jeder Zweifel war geschwunden an der besonderen Stellung dieses Mannes. Viele hatten während der Schlacht beobachtet, wie die Engel für den Mahdi gefochten hatten. Das Wasser, mit dem er sich gewaschen hatte, wurde fortan getrunken, als Heilmittel gegen Krankheiten.«

Der Missionar hat auch Notizen hinterlassen, die seinen persönlichen Eindruck vom Mahdi wiedergeben:

»Wer ihn sieht, der ist von ihm eingenommen. Er besitzt einen kräftigen Knochenbau. Seine Haut ist schwarz. Auf seinem Gesicht liegt stets ein Lächeln. So ist immer eine Reihe Zähne sichtbar. Die beiden oberen Mittelzähne bilden eine deutliche Spalte. Eine solche Zahnstellung gilt als glückverheißend.« Diese Beschreibung paßt auch auf Moqtada as-Sadr – vor allem auf sein Gebiß.

Samuel White Baker, der angesehene Afrikaforscher, analysierte in der »Times« zum Jahreswechsel 1883/1884 die Situation, in der sich die arabisch-islamischen Völker damals befanden – unter dem Eindruck des Mahdi-Sieges über die englischen Streitkräfte am Nil:

»Die Gefahr, die der Mahdi darstellt, beruht auf der Wirkung, die er auf die Menschen ausübt, die wir unter unserer Kontrolle halten wollen. Überall in Arabien wird man sagen: Was der Mahdi fertiggebracht hat, das schaffen wir auch. Man wird sagen, der Mahdi habe die Fremden und Ungläubigen vertrieben. Und man wird sagen, daß er gut daran getan hat. Der Erfolg des Mahdi hat schon gefährliche Gärung auf der Arabischen Halbinsel und in Syrien ausgelöst.«

Baker, der die Region des oberen Nil kannte, fürchtete, daß die Ereignisse dort Auswirkungen auf die Position Großbritanniens haben werden. Seine Warnungen wurden damals beachtet. In London wuchs die Entschlossenheit, die Schande der Niederlage von Hicks am Nil auszulöschen. Der Ruf nach Rache dominierte in den Schlagzeilen der Zeitungen. Ein Offizier von Rang und Namen sollte nach Khartum geschickt werden, mit dem Auftrag, Englands Stellung am Weißen Nil zu festigen. Bald schon war nur noch ein Name im Gespräch: General Charles Gordon.

Ein Charakterzug dieses Offiziers wurde besonders hervorgehoben: Er war überzeugter und praktizierender Christ. Dies sprach nicht unbedingt dafür, ihn ins Zentrum der islamischen Rebellion zu schicken. Diese Worte waren zu hören: »Die Ernennung eines deutlich bekennenden Christen in diese Befehlsposition würde die uns bisher treu gebliebenen Stämme entfremden!«

Derartige Warnungen blieben unbeachtet: Am 11. Februar 1884 befand sich General Gordon bereits in der kleinen Stadt Berber am Weißen Nil, oberhalb des fünften Katarakts. Er nahm Verbindung auf zu den Stammessheikhs der Region. Gleich während der ersten Tage machte Gordon einen entscheidenden Fehler: Der General sagte wahrheitsgemäß, daß er nicht den Auftrag habe, Krieg gegen den Mahdi zu führen mit dem Ziel, seiner Rebellion Einhalt zu gebieten. Sein Befehl, so betonte er, sei die Evakuierung der Christen aus Khartum, zusammen mit den bewaffneten Verbänden, die dem britischen Kommando unterstanden.

Die offenen Werte des General Gordon lösten Reaktionen aus, die zum Scheitern seiner Mission führten. Gordon hatte sich selbst gegenüber dem Mahdi entmachtet: Er war beauftragt, das Gebiet des Weißen Nil zu evakuieren – und die Stämme, die bisher an England gebunden waren, im Stich zu lassen! Das Resultat: Die Sheikhs der Sippen um die Stadt Berber herum boten ihre Dienste dem Mahdi an. Der Emir von Ad Damir soll gesagt haben: »Jeder denkt nur noch an sich. Gordon war darauf aus, sich aus der Affäre zu retten. Und wir hatten Sorge vor der Rache des Mahdi. Um ihm zu zeigen, daß wir auf der Seite des Mahdi stehen, schneiden wir in Berber Gordons Verbindung nach Cairo ab.« Der Emir übertrieb. Der General, der sich in Khartum Gordon Pascha nannte, verfügte noch über die Telegraphenleitung. Sie blieb noch fünf Wochen lang intakt.

Innerhalb der Lehmmauern der Stadt Khartum, die am Zusammenfluß des Weißen und des Blauen Nil liegt, lebten 35 000 Menschen, 7000 von ihnen waren an Waffen ausgebildet. Munition für Gewehre und Geschütze war in ausreichender Menge vorhanden. Für eine längere Belagerung war durch Lebensmittelbevorratung vorgesorgt.

Den Kampf um die Stadt wollte der Mahdi vermeiden. In einem Brief an Gordon schrieb er:

»In einer Vision erschien mir der Prophet Mohammed. Er kam zu mir, und mit ihm war unser Bruder Jesus. Mohammed setzt sich zu mir, und er sagte zu unserem Bruder Jesus: ›Der Mahdi wacht über euch! Er ist euer Hirte!‹ Bruder Jesus antwortete: ›Ich glaube an ihn!‹ Der Prophet Mohammed sagte dann wieder zu mir: ›Wenn irgend jemand nicht an den Mahdi glaubt, so glaubt dieser Mensch nicht an Allah!‹«

Für den Christen Gordon, dem der Anspruch der christlichen Kirchen auf alleinigem Besitz des Heils selbstverständlich war, klang derartiger Ausspruch nach Gotteslästerung. Er gab dem Mahdi keine Antwort.

Wenige Tage später informierte ihn ein weiteres Schreiben des »Geleiteten« über seine göttliche Natur:

»Der Mahdi wird als der wahre, echte Geleitete anerkannt von allen Geistlichen, die sich auf dem rechten Weg befinden. Schon bei seiner Geburt erkannten sie, daß Allah ihn geschickt hat. Als er 40 Tage alt war, da kannten ihn alle Pflanzen, und alle Materie wußte von seiner Existenz. Für alle war er der Beauftragte Allahs, der die sechs Tugenden zu verkünden hat. Diese Tugenden heißen: Bescheidenheit, Stärke des Geistes, geringe Ansprüche an Nahrung, Unterdrückung der Durstgefühle, Zähigkeit, Furchtlosigkeit im Krieg.«

Des Mahdi Ansicht von den Tugenden teilte General Gordon. Doch die Behauptung des Mohammed Ahmed Ibn as-Sayyed Abdallah, er sei Gott gleich, ließ in Gordon Ekel und Abscheu aufkommen. Er sah im Mahdi einen Betrüger, der von blutgierigem religiösen Fanatismus getrieben wird. Immer stärker wurde Gordons Überzeugung, ihm sei eine historische und zugleich eine religiöse Aufgabe zugewiesen, die »gottlose« Rebellion des Mahdi auszulöschen. Der Christ Gordon wollte Jesus Christus zum Sieg über den Feind des Christentums verhelfen. Der General vergaß seinen Auftrag, Khartum zu evakuieren, um dem Mahdi Stadt und Umland zu überlassen. Er war entschlossen, am oberen Nil zu bleiben, um dort dem Feind Gottes die Stirn zu bieten.

Über die Telegraphenleitung, die noch funktionierte, mußte Gordon auf die drängenden Fragen der Londoner Regierung: »Warum rührt sich Gordon nicht? Warum hat der Abzug der Engländer und der anderen Europäer aus Khartum noch nicht begonnen?« reagieren. Gordons Antwort: »Sie fragen mich, warum ich noch in Khartum bin, obwohl ich weiß, daß die Regierung den oberen Nil aufgeben will. Die Antwort ist einfach: Ich bin noch in Khartum, weil uns die Armee des Mahdi eingeschlossen hat und uns nicht herausläßt!«

Doch die Antwort entsprach nicht der Wahrheit: Die Einschließung hatte noch gar nicht stattgefunden. Erst am 15. März 1884 näherte sich die Armee des Mahdi der Stadt. Zum ersten Mal hörte Gordon an diesem Tag die Trommeln des Feindes. Er war allerdings keineswegs beunruhigt, denn nach seiner Schätzung zog der Mahdi nicht mehr als 6000 Kämpfer vor Khartum zusammen. Diese Truppenstärke, so meinte er, werde nicht ausreichen, um einen dichten Belagerungsring zu organisieren. Noch immer erreichten Versorgungskarawanen ungehindert die Stadt am Zusammenfluß des Blauen und des Weißen Nil.

Bei seiner Ankunft in Khartum am 18. Februar war Gordon von den Bewohnern begeistert empfangen worden. Doch im Verlauf weniger Wochen mußte er feststellen, daß die Zahl der Männer in der

Stadt stetig abnahm. Nahezu die Hälfte verschwanden – sie schloß sich der Armee des Mahdi an.

Der Mahdi hatte sich erstaunlich lange von Khartum ferngehalten. Erst acht Monate nachdem Gordon begonnen hatte, die Verteidigung vorzubereiten, traf der Mann, der eigentlich Mohammed Ahmed Ibn as-Sayyed Abdallah heißt, bei seiner Armee ein. Er schrieb einen Brief an General Gordon:

»An Gordon Pascha von Khartum.

Möge Allah ihm den Weg der Tugend zeigen. Du, als verständiger Mann, mußt einsehen, daß Allah auf meiner Seite ist. Laß dich von Allah leiten und ergib dich unserer Gnade!«

Die Worte des Mahdi waren den Bewohnern von Khartum schnell zu Ohren gekommen. Die Neigung, den Widerstand gegen den »Geleiteten« möglichst rasch einzustellen, nahm zu. Um die Moral in der Stadt zu heben, ließ Gordon Plakate anschlagen, die bekanntgaben, daß ein britisches Entsatzheer bereits von Norden her auf dem Nil unterwegs sei. Es bestehe aus drei Marschkolonnen und sei nur noch wenige Tagemärsche entfernt. Mit der Aufhebung der Belagerung sei also in nächster Zeit zu rechnen.

Die Meldung über den Vormarsch des britischen Entsatzheeres war ein von Gordon erfundenes Märchen. Dies wußte auch der Mahdi. Er schrieb an Gordon:

»Du belügst die Menschen in der Stadt. Deine Plakate zeigen, wie groß deine Angst ist, wie sehr du bereits in Panik bist. In deiner Tücke greifst du nach dem Seil der Hoffnung, das so dünn ist, wie der Faden eines Spinnennetzes. Du hast einfach Angst, durch unsere Hände umgebracht zu werden. Unweigerlich wirst du sterben, du Ungläubiger! Für dich gibt es kein Entrinnen. Wir werden euch belagern, bis Allah euch spüren läßt, wie der Tod schmeckt!«

Was Gordon fühlte, wird aus seinen Tagebucheintragungen deutlich.

»Um drei Uhr morgens falle ich in wirren Schlaf. Irgendwo schlägt eine Trommel: Tom! Tom! Tom! Die Schläge dringen in den Traum ein. Ich erwache. Ich frage mich, aus welcher Richtung das Tom! Tom! Tom! kommt. Ich habe schwache Hoffnung, daß der Trommelschlag aufhöre. Doch er wird immer stärker. Ein Gedanke peinigt mich: Haben die Verteidigungslinien genügend Munition? Ich gebe mir Mühe zu schlafen. Doch diese Mühe ist sinnlos.

Schließlich steige ich aufs Dach des Palastes. Die nächsten Stunden befehle, schimpfe, fluche ich!«

Dann läßt der Mahdi in der Stadt schriftlich verkünden:

»Von Mohammed, dem Diener Allahs. Er ist der Mahdi und der Sohn des Sayyed Abdallah!

An Gordon Pascha in Khartum!

Mohammed, der Herr – mit ihm sei Segen und Frieden – hat mich mehrmals wissen lassen, daß ich der Mahdi bin, der Eine, der seit langem erwartet wird. Mohammed hat mich zu seinem Nachfolger bestimmt. Er hat mir befohlen, seinen Thron zu besteigen. Allah hat mir Helfer an die Seite gestellt. Es sind die Engel. Auch diejenigen der Dämonen helfen mir, die an Allah glauben. Allah gab mir das Schwert des Sieges, das Mohammed einst in der Hand hielt. Zugleich verkündete Allah, daß niemand besiegt werden kann, der dieses Schwert im Kampf führt. Allah befahl mir: Erschlage alle Ungläubigen, denen du begegnest. Wenn du für Allah kämpfst, wird Allah für dich kämpfen!«

Dann folgt das Bekenntnis zur »Schiat Ali«, zur Überzeugung der Schiiten, »Wisse, daß ich zur Familie des Propheten gehöre!«

Der Mahdi berief sich nicht allein auf seine Erhöhung durch Allah; er machte deutlich, daß er in direkter Linie von Mohammed und dem nachfolgenden Imam Ali abstamme. Als Beweis führt der Mahdi an, daß sich sein Vater »Sayyed« genannt habe. In der schiitischen Glaubenswelt steht der Titel »Sayyed« denen zu, die zur »Heiligen Familie« gehören. Vom Propheten ist das Wort überliefert, daß diejenigen das Paradies betreten werden, die in Treue mit der »Heiligen Familie« verbunden sind. Daran erinnerte der Mahdi mit dem Aufruf an die Belagerten: »Verbindet euch mit dem Geleiteten! Wisset, daß alles in der Hand Allahs ruht!«

Der Aufruf blieb nicht ohne Wirkung. Viele der Moslems, die noch in Khartum ausharrten, fragten sich, ob sie nicht dem Zorn Allahs verfielen, wenn sie sich einem Nachfahren des Propheten Mohammed widersetzten. Um die Wende des Jahres 1884/85 konnte sich der Mahdi psychologisch als Sieger in Khartum fühlen. In Gordons Tagebuch findet sich der Eintrag: »Es gibt keinen mehr, auf den ich mich verlassen kann!«

Eine Überraschung erlebt General Gordon, als ihn wieder ein Schreiben des Mahdi erreicht:

»An Gordon Pascha, den Allah schützen möge! Ich wiederhole nur die Worte Allahs: Zerstört euch nicht selbst! Allah hat doch Gnade und Erbarmen für euch. Wenn du bereit bist, dich uns anzuschließen, wird es zu deinem Segen sein. Wenn du nach England zurückkehren willst, sollst du dorthin ziehen.«

Dieser Brief des Mahdi ist erhalten geblieben, weil Gordon ihn dem Kapitän des Dampfbootes »Bordein« mitgab, der sich nilabwärts zu den britischen Linien durchschlagen wollte. Dem Kapitän sollte die Fahrt durch das vom Mahdi beherrschte Land am Nil gelingen.

Anfang Januar erfuhr der Mahdi, daß die Menschen in Khartum sich nicht mehr ernähren konnten. Alle Vorräte waren aufgebraucht. Leichen der Verhungerten lagen auf den Straßen. Niemand hatte noch die Kraft, sie wegzubringen.

Am frühen Morgen des 26. Januar 1885 begann das Kriegsgeschrei vor den Wällen von Khartum. Die Armee des Mahdi griff dort an, wo die Ziegelmauern der Befestigung zusammengebrochen waren. Die Verteidiger hatten nicht mehr die Kraft gehabt, die Breschen auszubessern. Tausende der Angreifer drängten durch die Lücken, überwanden Gräben. Hunderte fielen im Kugelhagel der Verteidiger, doch der Strom der Mahdi-Kämpfer riß nicht ab. Noch herrschte Dunkelheit – Freund und Feind waren schwer zu unterscheiden. Doch als die Sonne aufging, trat General Gordon auf die Treppe, die hinunterführte zum Garten des Palasts. Mit lauter Stimme fragte er nach dem Mahdi. Doch im Gebrüll der Sieger ging die Frage unter. Einer warf einen Speer und traf den General an der Seite. Der nächste durchbohrte den Körper vom Rücken her. Gordon stürzte über die Treppe herunter, kurze Zeit später lag der Kopf des britischen Generals im Sand vor dem Zelt des Mahdi.

Khartum wurde niedergebrannt. Die Bewohner, die in den Häusern warten wollten, bis die Blutgier der Eroberer erloschen war, wurden von Feuer und Rauch aus ihren Lehmhäusern getrieben. Dort fielen sie den Speeren, Messern und Schwertern der Mahdi-Kämpfer zum Opfer. Tausende der männlichen Bewohner starben am Morgen dieses Tages. Um die Mittagszeit wurden die Frauen und Kinder zusammengetrieben: Sie hatten sich auf den Weg zu machen hinüber nach Omdurman, in die Siedlung, in der die Mahdi-Armee ihr Hauptquartier hatte. Dort fand die Auslese statt:

Die jungen Frauen waren für den Mahdi und seine Favoriten bestimmt.

An diesem Punkt endet die Erinnerung der schiitischen Historienerzähler. Das Fazit: Der Mahdi hatte über die Ungläubigen gesiegt; die Weltmacht England ist gedemütigt worden. Gordon, die Symbolfigur des Imperialismus, war tot. Was dann im Jahr 1885 noch geschah, wurde verdrängt.

Fünf Monate später: Das unrühmliche Ende des Mahdi

Unmittelbar nachdem der Sieg über die Christen errungen war – noch im Januar 1885 – verkündete der Mahdi, von Khartum aus werde er, der Nachkomme des Propheten Mohammed, den Kampf nilabwärts nach Ägypten hineintragen. Das nächste Ziel seien die heiligen Städte Mekka und Medina. Es blieb allerdings bei den großen Worten.

Den Grund, daß es zu keinen weiteren Aktivitäten kam, glaubte Pater Ohrwalder, der Gefangene des Mahdi, in der Veränderung der Person des »Geleiteten« zu erkennen. Ohrwalder schreibt:

»Er, der stets wollte, daß man weltliche Dinge verachte, daß man Bequemlichkeit ablehne, lebte nun selbst in der größten Bequemlichkeit, und zwar unter dem Vorwand, daß sein kostbares Leben möglichst lange erhalten bleiben müsse. Seinen Gläubigen schreibt er Mäßigung vor, seinen eigenen Leib aber füttert er mit Leckerbissen. Er kleidet sich in feine Hemden, die von seinen Weibern mit Weihrauch parfümiert und mit teueren Wohlgerüchen übergossen werden. Die Weiber wechseln in der Bedienung der Reihe nach ab. Es hängt von der Laune des Mahdi ab, daß bald diese und bald jene Frau zu ihm gerufen wird. Jede reibt ihn mit kostbaren Salben ein. Bei seinem Erscheinen erfüllt er die Luft mit Wohlgerüchen. In seinem Haushalt wimmelt es von Frauen, von der weißen Türkin bis zur pechschwarzen Dinka-Negerin; rotbraune Ägypterinnen und alle Rassen des Sudan sind vertreten. Unter diesen sind vier gesetzlich erlaubte Frauen, während die übrigen als Beute, als Sklavinnen behandelt werden. Die Wohnung des Mahdi ist größtenteils aus erbeutetem Material erbaut. Aus Brettern, welche einst zum Pferdestall des Engländers Hicks gehört hatten, sind drei Hütten gezimmert worden. Daneben befindet sich eine Lehmhütte mit einem Vorratsraum. Früher hatte der Mahdi kaum Strohmatten benützt. Jetzt liegt er in feinen Betten und auf persischen Teppichen, die in Khartum erbeutet worden sind. Der Mahdi führt in seiner Wohnung ein weichliches ausschweifendes Leben. Seine Kämpfer aber verehren ihn weiterhin als den Gesandten Allahs.«

Die letzten Lebenstage des Mahdi schildert Peter Ohrwalder folgendermaßen:

»Es war im Fastenmonat Ramadan. Während dieses Monats wurde jede Übertretung des Fastengebots mit dem Tode bestraft. Von Mittag an bis gegen Mitternacht befanden sich Hunderte von Männern in der Moschee. Sie bestand nur aus einem Viereck im Sand, das von dornigem Gestrüpp abgegrenzt war. Man sah einen Wald von Lanzen. Sie wurden aneinandergeschlagen und erzeugten so ein furchterregendes Geklirre. Alle erwarteten den Mahdi, der zum Mittagsgebet erscheinen mußte. Doch dieser lag in seinem Haus auf einem schönen Teppich ausgestreckt. Er war gekleidet mit einem Leinenhemd und weißen Pluderhosen. Frauen fächelten ihm mit Straußenfedern Wind zu, während andere ihm die Füße drückten und massierten, ohne ihn in seinem Halbschlummer zu stören. Indessen schrien und tobten draußen die Menschen, die seinen Segen erflehten. Sie wünschten sich, nur seine Stimme hören zu dürfen, auch wenn sie ihn nicht sehen konnten. Schließlich erschien ein Diener, der den Gläubigen versicherte, der Mahdi sei in tiefe Meditation versunken, doch er habe trotzdem seinen Segen erteilt.«

Ohrwalder hatte offenbar nicht bemerkt, daß der »Geleitete« zu diesem Zeitpunkt – es war der Beginn des Fastenmonats Ramadan des Jahres 1885 – schwer erkrankt war. Zwei Tage später klagte er über Herzbeschwerden und über Atemnot. Am achten Tag des Ramadan starb der Mahdi – nach christlicher Zeitrechnung am 21. Juni 1885.

Noch am letzten Lebenstag hatte der Mahdi dafür gesorgt, daß die islamische Gemeinschaft, die er geschaffen hatte, erhalten blieb: Der Mahdi hatte ihr ein neues Oberhaupt bestimmt. Es trägt den Titel »Khalifa«, was einfach »Nachfolger« bedeutet.

Der Khalifa hatte einen Nachteil gegenüber seinem Vorgänger: Er konnte nicht von sich behaupten, er stamme vom Propheten Mohammed und vom ersten Imam Ali ab. Der Khalifa mußte seine Autorität vom Mahdi ableiten. Der direkte Nachfahre des Propheten, so erklärte er, sei nicht tot. Er befinde sich im Paradies und habe weiterhin die Geschicke der Gläubigen in der Hand. Jede Nacht, so erzählte der Khalifa, erscheine ihm der Mahdi und bespreche mit ihm die Situation der islamischen Gemeinschaft. Keine Entscheidung werde gefällt, die nicht vom Mahdi gebilligt sei.

Doch die Glaubwürdigkeit des Khalifa verminderte sich rasch. Ihm fehlte die Legitimation, sich »Sayyed« nennen zu dürfen.

Moqtada as-Sadr aber, der Chef der »Mahdi-Armee«, besaß diese Legitimation. Seine männlichen Vorfahren hatten sich bereits »Sayyed« nennen dürfen. Die Gläubigen glaubten Moqtada as-Sadr, wenn er davon sprach, zur »Heiligen Familie« zu zählen. Aus Teheran kehrte er mit Selbstbewußtsein zurück. Ayatollah Ali Khamenei hatte ihn darin bestärkt, an die Tradition des Mahdi anzuknüpfen – 118 Jahre waren seit dessen Tod vergangen.

Paul Bremer erkennt die Gefahr. Doch er ist machtlos

Der US-Zivilverwalter hatte sich innerhalb weniger Monate ein Gespür für Gefahren angeeignet. Im Oktober 2003 äußerte er den Generälen seines Stabes gegenüber: »Dieser Moqtada as-Sadr muß verschwinden – nach Möglichkeit ganz!« Doch die Offiziere zuckten nur mit den Schultern – sie hatten keinen brauchbaren Plan zur Beseitigung dieses jungen und ehrgeizigen schiitischen Geistlichen. Paul Bremer setzte all seine Hoffnung darauf, daß die irakischen Sicherheitskräfte eine Möglichkeit finden, Moqtada »unschädlich« zu machen.

Die Tatsache, daß er in Teheran gewesen war, hatte Moqtada Sympathien gekostet. Die offizielle Einladung, der er gefolgt war, wurde ihm nicht gegönnt. Sheikh Ali al-Rubein – er gehört zu den Autoritäten der schiitischen Geistlichkeit des Irak – meinte, die Bevorzugung des einen sei eine Beleidigung für alle anderen.

Im August 2003 traf ein Mitarbeiter des Ali Khamenei in Baghdad ein; er brachte eine geheime Botschaft aus Teheran, die allein für

Moqtada bestimmt war. Der Ayatollah Mohammed Baqr al-Hakim reagierte empört auf die Geheimnistuerei – bis dahin war er der Liebling der Teheraner Ayatollahs gewesen. Al-Hakim hatte geglaubt, er sei der wichtigste Vertreter der schiitischen Mehrheit des Irak. Nun mußte er sich sagen lassen, Teheran unterstütze den weiteren Aufbau der »Mahdi-Armee« des Moqtada as-Sadr. Der habe sich im Mahdi ein vortreffliches Vorbild gewählt. Al-Hakim verbarg seinen Zorn nicht. Wenige Tage später, am Freitag, den 29. August 2003, zerriß in An Nadschaf vor der Imam-Ali-Moschee eine Explosion den Körper dieses Trägers des »schwarzen Turban«.

Der Tod des Ayatollahs kam Moqtada auf jeden Fall nicht ungelegen. Da gab es einen weniger in der Reihe derer, die ihm zu widersprechen wagten. Am 10. Oktober 2003 nutzte Moqtada as-Sadr die Gelegenheit des Freitagsgebets in Kerbela, um den Gläubigen zu verkünden, er sei entschlossen, eine irakische Regierung zu bilden – eine schiitische Regierung, in deren Mittelpunkt er stehe. Regiert werde nach den Grundsätzen, die Imam Ali einst verkündet habe. Die schiitische irakische Regierung werde sich als Vertreter des zwölften, des »entrückten« Imam fühlen. Dieser sei der eigentliche Souverän im Lande. Zur Durchsetzung der Entscheidungen der islamischen Regierung sei »Jaish al-Mahdi« zuständig, die »Armee des Mahdi«. Mit dieser Erklärung war die Miliz des Moqtada as-Sadr in ihr Amt eingesetzt. Die Aufgabe dieser Miliz bestehe darin, Wächter zu sein über Frieden im Gemeinwesen und Garant der Gerechtigkeit. Der Sitz der »Jaish al-Mahdi« wurde zunächst einmal in An Nadschaf eingerichtet.

In der heiligen Stadt war die veränderte Rechtssituation Anfang März 2004 spürbar. Bis dahin hatte die neugeschaffene irakische Polizei, die unter der Aufsicht der US-Besatzungsmacht steht, die Autorität, Bewaffnete zu verhaften, die sich nicht als Angehörige der von den Amerikanern registrierten Ordnungsdienste ausweisen konnten. Plötzlich wurden irakische Polizisten verhaftet mit der einfachen Begründung: »Ihr habt in An Nadschaf nichts mehr zu sagen. Wir, die ›Jaish al-Mahdi‹ bestimmen jetzt!« Für die Freilassung der Polizisten verlangte die »Armee des Mahdi« sogar ein Lösegeld – es wurde bezahlt.

Moqtada as-Sadr unterhielt nicht nur ein Gefängnis in An Nadschaf, sondern auch einen Gerichtshof. Verhandelt wurden Fälle von Alkoholausschank – er ist in der heiligen Stadt verboten – und der Verkauf von Videobändern und CDs; die Händler dieser elektronischen Unterhaltungsgüter wurden verdächtigt, Pornographie zu vertreiben. Ihnen droht Prügelstrafe. Davor konnte sie die Polizei, die der Besatzungsmacht untersteht, nicht schützen.

Daß Moqtada as-Sadr vom Iran beeinflußt wird, ist daran abzulesen, daß über Nacht Männer und Frauen, die sich außerhalb der Ehe sexuell betätigen, mit Peitschenstrafen zu rechnen hatten. Zur Zeit des Saddam Hussein wurde selbst in An Nadschaf außereheliches Liebesleben zwar ungern gesehen, aber doch geduldet.

In der Pilgerstadt An Nadschaf boten noch vor nicht allzulanger Zeit Prostituierte den Gläubigen, die nach mühsamer Reise das Heiligtum erreicht hatten, ihre Dienste an. Prostitution war jetzt verboten. Das »Time Magazin« vom 1. März 2004 berichtet, im Gefängnis von »Jaish al-Mahdi« sei eine Frau zu Tode geprügelt worden, weil sie Prostituierten gestattet hatte, das verbotene Gewerbe in ihrem Haus auszuüben. Was die Frau zu erleiden gehabt hatte, wurde den Frauen aus ihrer Familie deutlich, als sie – dem Ritual gemäß – die Tote vor der Bestattung waschen wollten: Ihr Leib wies furchtbare Wunden auf, außerdem waren ihr die Fingernägel ausgerissen worden. Die Meldung, daß derartiges geschehen war, verbreitete sich rasch in den heiligen Städten An Nadschaf und Kerbela. Daß die »Jaish al-Mahdi« grausam mit denen umgeht, die sich nicht an die Gebote des Koran halten, wird als selbstverständlich angesehen – die »Armee des Mahdi« vom Ende des 19. Jahrhunderts ist das Vorbild für die Kämpfer des Moqtada as-Sadr. Gnadenlos hatte damals der Mahdi foltern und quälen lassen – zum Ruhme Allahs.

Noch Anfang April 2004 war für manchen Iraker der schiitische Geistliche ein Monster, das eigentlich beseitigt werden sollte. Zu jenem Zeitpunkt war man in Baghdad der Überzeugung, die USA seien entschlossen, jeder Form von Gewalt an Euphrat und Tigris ein Ende zu bereiten – vor allem der Gewalt des Moqtada as-Sadr. Schließlich bestand ein gültiger Haftbefehl gegen den jungen Geistlichen, wegen des Verdachts, er habe zum Mord angestiftet. Doch jeder Ansatz, den Einfluß von Moqtada as-Sadr zu beschneiden, blieb nach kurzer Zeit stecken. Das Verbot der Tageszeitung der »Jaish al-Mahdi« konnte nicht lange aufrechterhalten werden. Jedes harte Durchgreifen wurde durch Proteste der schiitischen

Massen verhindert. Die US-Kommandeure rätselten, woher die Macht des Geistlichen ihre Stärke beziehe: »Er ist doch noch jung und er hat kaum Geld?« Sie mußten sich von erfahrenen Irakern den Grund der Popularität nennen lassen: »Seine Vorfahren geben ihm Kraft und Macht! Vor allem die Vorfahren, die zu Märtyrern geworden sind!«

Am Freitag, den 16. April 2004, wurde Moqtada as-Sadr, der Träger des »schwarzen Turban«, in der Moschee von Kufa bejubelt. Daß er das Freitagsgebet in aller Öffentlichkeit sprechen konnte, war für seine Anhänger ein Zeichen der Machtlosigkeit der Besatzungsmacht. Versuche der US-Armee an jenem 16. April in Kufa einzudringen, scheiterten. Die Stadt, in der einst Ali, der erste Imam, gewirkt hatte, war auf Verteidigung eingerichtet. As-Sadrs Freitagspredigt ließ keine Hoffnung aufkommen, daß er zur Verständigung mit dem Zivilverwalter Paul Bremer bereit sei: »Wir waren bereit, jegliches Blutvergießen zu vermeiden. Doch die Amerikaner sind unbelehrbar. Es blieb uns nichts anderes übrig, als sie zurückzuschlagen. Die Amerikaner müssen begreifen, daß wir sie nicht wollen. Die Besatzungsmacht muß verschwinden. Der Irak gehört den Irakern und nicht den Amerikanern!«

Die amerikanischen Militärkommandeure hatten noch am Tag zuvor lautstark geschworen, »diesen Moqtada as-Sadr entweder zu fangen, oder besser noch, zu töten«. Nach dem 16. April 2004 schwiegen die US-Generäle zu diesem Thema. In Vergessenheit geriet der Schwur, die »Armee des Mahdi« zu zerschlagen. Nur General Richard Myers, der Vorsitzende der Vereinten Chefs der Generalstäbe der Vereinigten Staaten, strahlte bei seinem Besuch in Baghdad am 16. April Optimismus aus: »Was wir in Kufa, Kerbela und An Nadschaf erleben, ist die Konsequenz unserer Erfolge. Weil wir erfolgreich sind, werden wir bekämpft.«

Der Vorsitzende der Vereinten Chefs der Generalstäbe der Vereinigten Staaten war zu diesem Zeitpunkt in einem Käfig des Wunschdenkens befangen. Er glaubte, es handle sich um ein letztes Aufflackern des Widerstands derer, die sich einer Neuordnung der irakischen Gesellschaft im Sinne der amerikanischen Demokratie in den Weg stellten. Der General war nicht informiert über eine bisher schwer vorstellbare Entwicklung, die sich in Baghdad manifestierte.

Schiiten und Sunniten predigen gemeinsam Haß gegen die USA

Es war am Freitag, den 16. April 2004, als sich Tausende Moslems schiitischer und sunnitischer Überzeugung in und um die Abu-Hanifa-Moschee in Baghdad drängten.

Die Moschee trägt den Namen eines durch die Jahrhunderte überaus geachteten Geistlichen und Rechtsgelehrten der schiitischen Geschichte. Er war im Jahr 81 islamischer Zeitrechnung (700 n. Chr.) in Kufa geboren worden, in der Stadt, in der Ali gewirkt hatte. Mit diesem ersten Imam verband Abu Hanifa eine geistige Beziehung. In Kufa wird heute noch gesagt: »Ali hat Abu Hanifa und seine Nachkommen gesegnet.«

Die Schiiten preisen ihn deshalb, weil er sich beharrlich weigerte, von den in Damaskus regierenden Umajaden-Kalifen ein Richteramt anzunehmen – und weil er sich ganz offen zu den »Aliden« bekannte, zu den Anhängern des ersten Imam. Abu Hanifa wies auch Geldzuwendungen der Umajaden zurück. Als Tuchhändler auf dem Markt von Kufa verdiente er seinen Lebensunterhalt.

Wirksam war Abu Hanifa durch die Art seiner Rechtsprechung: Er hielt sich weniger an überlieferte Rechtstraditionen als an praktischen Menschenverstand. Er sorgte dafür, daß die schiitischen Rechtsprinzipien nicht verkrusteten.

Nie konnte Abu Hanifa den Anspruch erheben, einen »schwarzen Turban« tragen zu dürfen – er gehörte nicht zur Familie des Propheten Mohammed. Doch er scheint Wert darauf gelegt zu haben, aus einem traditionellen persischen Königshaus abzustammen.

Daß Abu Hanifa dank seines Charakters und dank seiner flexiblen Behandlung der Glaubensgrundsätze für Schiiten und Sunniten akzeptabel ist, bot die Basis für ein gemeinsames Freitagsgebet für Vertreter beider Ausprägungen des Islam in der nach ihm benannten Moschee. Abu Hanifa hatte einst gegen Fremdherrschaft gepredigt – zunächst gegen die Umajaden und später gegen die Abbasiden. Jetzt, im April 2004, kämpften Sunniten und Schiiten gemeinsam gegen die »Unterdrücker« – gemeint waren die Amerikaner.

Auf großen Schrifttafeln war zu lesen: »Amerikaner, ihr seid heute noch die Herren! Morgen seid ihr tot! Verlaßt vorher den Irak!« Derartige Parolen wurden bejubelt. Vor der Abu-Hanifa-Moschee wurde die Bruderschaft zwischen Schiiten und Sunniten beschworen. Das Schlagwort hieß: »Unsere gemeinsame Revolution ist die islamische Revolution!« Die Amerikaner wurden beschuldigt, allein an Unfrieden und Chaos im Irak schuld zu sein. Sprechchöre forderten: »Amerikaner raus! Wir wollen Frieden!«

Eine US-Patrouille fühlte sich provoziert, so berichtete die »International Herald Tribune« vom 19. April 2004. Die Soldaten wurden umringt von Demonstranten. Ein Amerikaner riß sein Gewehr von der Schulter und rief: »Wenn ihr nicht verschwindet, schieße ich!« Berichtet wird, es seien schließlich irakische Polizisten gewesen, die für Ruhe gesorgt hätten. Es war ihnen gelungen, die »nervösen Amerikaner« von der Abu-Hanifa-Moschee wegzuführen. Die verstanden offenbar immer noch nicht, warum sie beschimpft – und nicht als »Befreier« freundlich begrüßt wurden.

Für Verwirrung sorgte an diesem Tag ein Videoband, das von »Abu Dhabi Television« ausgestrahlt wurde. Zu sehen war Saddam Hussein, umringt von einer Menschenmenge; er hält eine Ansprache. Die Masse jubelt: »Für dich, o Saddam, geben wir unser Leben!«

Unmittelbar nach der Ausstrahlung der kurzen Sequenz war Unsicherheit bei Schiiten und Sunniten zu spüren. Sie fragten sich: Ist Saddam Hussein gar nicht von den Amerikanern gefaßt worden? Mußte mit einer Rückkehr gerechnet werden?

Abbas: »Ich bin von Allah auserwählt!«

Der Mann, der diese Aussage macht, ist kein Träger des »schwarzen Turban«. Er ist ein einfacher Geistlicher, 52 Jahre alt. Sein Name, so sagt er, ist Abbas. Sein Leben hat er immer in der Stadt Kut zugebracht. Sie liegt am Tigris und wird bewohnt von 300 000 Menschen – die meisten sind Schiiten.

Sie reagierten nicht negativ, als er unmittelbar nach dem Freitagsgebet in der Moschee von Kut verkündete, er sei von Allah eingesetzt, die Geschicke der Menschen am Tigris zu lenken. Noch am selben Tag zog Abbas ins Rathaus ein, und mit ihm Hunderte von Männern und Frauen, die ihm und an ihn glaubten. Er ordnete zunächst »Verteidigungsmaßnahmen« an: Eine Straßensperre wurde am Beginn der Route nach Nasiriyah errichtet. Um die Anweisung der amerikanischen Besatzungsbehörde kümmerte sich Abbas nicht.

Die Kommandeure der Besatzungsmacht konnten ihre Wut kaum beherrschen, doch sie wagten es nicht zu zeigen, daß sie die Herren am Tigris sind. Zuständig für Ordnung im Bezirk Kut war Colonel Ron Jonson, doch klugerweise unternahm er nichts gegen Abbas, da er seine Soldaten nicht gefährden wollte. »Abbas ist ein Clown. Das Beste ist, wir ignorieren ihn ganz einfach. Vielleicht verschwindet er aus dem Rathaus!«, schimpfte er. Doch diese Hoffnung trog. Von Tag zu Tag kamen mehr schiitische Gläubige am Rathaus zusammen, um seine einfache Botschaft zu hören: »Ich bin ein guter Mensch! Niemand erfährt durch mich ein Leid!«

Seine Verkündigung ist ebenfalls schlicht: »Die Amerikaner müssen das Land verlassen!« Aber von ihm sind Äußerungen zu hören, die kein Schiit bisher zu sagen wagte: »Mein Vorteil ist, daß meine Worte jeder versteht – und ich sage absichtlich, jeder. Ich wünsche mir, daß wir Moslems unsere Trennung vergessen. Wir müssen uns zusammenschließen. Ich sage dies als schlichter Mann. Mein Vater ist Bauer. Doch Allah hat mich beauftragt, zu den Gläubigen zu reden, die Wahrheit zu verkünden!«

Der von Allah erwählte Abbas rechnet sich zu den Anhängern des Moqtada as-Sadr. Er wollte im Namen des Trägers des »schwarzen Turban« Kut von den Amerikanern befreien. Abbas lobte den Angriffsgeist der »Armee des Mahdi«, die in Nasiriyah in jenen Tagen mehrere Brücken über den Euphrat unter ihre Kontrolle gebracht hatte. Auch andere Männer wie Abbas in Kut wissen die wachsende Macht des Moqtada richtig einzuschätzen. Sie erkannten, daß ein Schiit an Einfluß verloren hatte, der bisher größere Aussicht auf die Machtübernahme gehabt hat als alle anderen schiitischen Persönlichkeiten: Ahmed Chalabi.

Die USA lassen ihren Favoriten fallen

Er war der Aushängeschiit der Mächtigen in Washington. Als US-Soldaten die Statuen des Diktators auf Baghdads Plätzen vom Sockel stürzten, kehrte er nach Baghdad zurück. Seit 1958, seit dem Putsch gegen den Haschemiten-König, hatte er die irakische Hauptstadt nicht mehr betreten aus Sorge vor der Brutalität der Baath-Partei und des Saddam Hussein. Ahmed Chalabi hatte geglaubt, er werde mit dem Segen Washingtons in die irakische Heimat zurückkehren – und dort herzlich empfangen werden. Beides fand nicht statt. Chalabi hatte sich verrechnet.

Seit dem Jahr 2001 hatte der Exiliraker Pentagon und State Department mit alarmierenden Nachrichten über die Rüstung des Irak überschüttet. Er hatte die Meldungen erfunden, Saddam Hussein besitze Massenvernichtungswaffen, verfüge über gewaltige Bestände an chemischem und biologischem Kriegsgerät und lasse an der Entwicklung atomarer Sprengkörper arbeiten. Chalabi hatte in Washington die psychologische Basis für den Krieg geliefert.

Von Chalabi stammte auch die Illusion, der Krieg der USA gegen Irak sei nur von kurzer Dauer. Er versicherte, er kenne das irakische Volk: Es liebe Amerika, die US-Truppen würden begeistert empfangen werden. Zum Stellvertretenden Verteidigungsminister hatte er gesagt: »Der Sieg ist Ihnen sicher!«

Über die Naivität der Politiker und der Militärs spottete im Sommer 2002 Tariq Aziz, der damals irakischer Ministerpräsident war: »Schüttet ihn nur weiterhin voll mit teurem Whisky! Er ist völlig nutzlos für euch. Chalabi kennt keinen Menschen in Baghdad. Er war seit 25 Jahren nicht mehr hier!«

Daß Chalabi in den USA der wesentliche Kriegshetzer gegen Irak war, dies war bekannt in Baghdad. Die Iraker wußten, daß Ahmed Chalabi der Presse in den USA und in Europa ein falsches Bild von den Irakern gezeichnet hatte: »Demokratie, Frauen und Whisky – das ist der Wunschtraum der Leute an Euphrat und Tigris! Mehr wollen sie nicht!« Die Iraker gaben ihm nun die Schuld an den Leiden, die sie zu erdulden hatten. Er hatte sich als Freund der Amerikaner, der »Befreier«, aufgespielt – und damit als Freund des jetzigen Feindes.

Ahmed Chalabi hatte seine politische Basis in Washington verloren – und die politische Basis in Baghdad verspielt. Tariq Aziz hatte propagandistisch sehr geschickt sein Wissen genützt, daß Ahmed Chalabi im Sommer 2002 eine Rede vor einem jüdischen Kreis in New York gehalten hatte, in der er unter anderem versprach, nach dem Sturz des Saddam Hussein werde Irak ein Land sein, das freundschaftlich mit Israel verbunden sein werde. Auf diese Weise gewann Chalabi jüdische Unterstützer für den Krieg der USA gegen den Irak.

In der Hauptstadt war in der Zwischenzeit bekanntgeworden, daß Chalabi sich Grundstücke hatte übertragen lassen, die im Besitz der Saddam-Clique gewesen waren. Dazu zählte der Jagdclub, der dem Saddam-Sohn Uday gehört hatte – eine Anlage der feinsten Art. Auch Udays Pferderennbahn war in den Besitz des Ahmed Chalabi gelangt und einige Villen im mondänen Vorort Mansur. Dem US-Zivilverwalter Paul Bremer waren die Geschäfte des Irakers, der aus dem amerikanischen Exil heimgekehrt war, höchst unangenehm. Es stellte sich heraus, daß die Besitzübertragungen unter Mithilfe des State Department erfolgt waren – und unter Assistenz des Stellvertretenden US-Verteidigungsministers Paul Wolfowitz. Dieser Mächtige in Washington war seit dem Jahr 2001 der Meinung, der »Geschäftsmann« Ahmed Chalabi sei der Richtige, um Irak aus der Diktatur in eine marktwirtschaftlich orientierte Demokratie zu führen. Wolfowitz hatte dafür gesorgt, daß Chalabi im Exil eine Plattform erhielt, die ihm Prestige gab. So war Chalabi der führende Kopf des Irakischen Nationalkongresses (INC) geworden, der durch hohe Dollarbeträge aus amerikanischer Kasse am Leben erhalten wurde. Die INC stellte eine Art von Exilparlament dar.

Wolfowitz hatte sich nicht darum gekümmert, daß Ahmed Chalabi in Jordanien, wegen betrügerischem Bankrott zu 22 Jahren Gefängnis verurteilt worden war – allerdings von einem Militärgerichtshof. Außerdem hatte ihm damals auch Korruption nachgewiesen werden können. Diese Aktenlage war in Washington bekannt gewesen.

Anfang des Jahres 2004 hatte es noch so ausgesehen, als sei Ahmed Chalabi ein geachteter Partner der USA. Als Präsident Bush die wichtige Ansprache »State of the Union« hielt, hatte Chalabi seinen Platz direkt neben der Präsidentengattin Laura Bush zugewiesen bekommen. Zum Zeitpunkt der Bush-Rede wußten die Verantwortlichen jedoch bereits, daß die Informationen, die Chalabi über Waffenlager des Saddam Hussein verbreitet hatte, »fabricated« waren. Im Dezember 2001 hatte Chalabi einen »Überläufer« der Presse in Washington vorgestellt, der zu erzählen wußte, er habe mit eigenen Augen Saddams gewaltige Vorräte an biologischen und chemischen Waffen gesehen. Die Lager befänden sich in den Vororten von Baghdad, meist in den Kellern von Krankenhäusern. CIA-Beamte hatten dann schnell feststellen können, daß der Informant log.

Chalabi wußte, was Präsident Bush sich am sehnlichsten wünschte: den Nachweis der Verbindung zwischen »islamischen Fundamentalisten« und Saddam Hussein. Diesen »Nachweis« lieferte Chalabi prompt: Er behauptete, Mohammed Atta habe in Prag einen sehr hohen irakischen Geheimdienstmann getroffen – der Iraker und Atta hätten dabei die Anschläge vom 11. September vorbereitet. Doch auch diese Behauptung des Ahmed Chalabi konnte als Märchen entlarvt werden.

Derartige Enthüllungen veranlaßten die führenden Köpfe in Washington, auf Distanz zum Vorsitzenden des Irakischen Nationalkongresses zu gehen. Auch Wolfowitz zeigte kein Interesse mehr daran, Chalabi in Baghdad als künftigen Führer des Irak zu installieren. Er fiel in Ungnade bei den Verantwortlichen in State Department und Pentagon, die ungern eingestanden, daß sie auf falsche Informationen hereingefallen waren. Jetzt tauchten Vorwürfe auf, Chalabi sei ein Betrüger, er habe persönlich Gelder unterschlagen, die dem Irakischen Nationalkongreß gehört hätten.

Chalabi glaubte, es könne ihm nichts Belastendes nachgewiesen werden. Doch am 20. Mai 2004 mußte er erkennen, daß er nicht mehr mit Nachsicht des Stellvertretenden US-Verteidigungsministers Wolfowitz rechnen durfte: Amerikanische und irakische Militärpolizei besetzten das Büro in Baghdad, das Chalabi erst wenige Tage zuvor bezogen hatte. Die Militärpolizisten traten einfach die Türe ein. Beschlagnahmt wurden Akten, Dokumente und komplette Computerinstallationen. Die Fotos, die »Associated Press« veröffentlichte, zeigen, wie die Bürobesetzer gewütet hatten: Kabel waren aus den Wänden gerissen, Möbel umgestürzt und zerschlagen, Bilder von Chalabis Vater zu Boden geworfen und mit Füßen getreten worden. Wer trug die Verantwortung für diese »Durchsuchung«? Die irakische Polizei, die daran beteiligt war, schob die Schuld dem US-Zivilverwalter Paul Bremer zu.

Es blieb kein Geheimnis, was die Amerikaner gesucht hatten: Dem US-Geheimdienst war aufgefallen, daß Chalabi und sein Mitarbeiter Aras Kerim Habib während der vergangenen Wochen intensive Kontakte zu den Mächtigen in Teheran geknüpft hatten – Sinn und Art dieser Kontakte sollten erforscht werden. Chalabi wurde verdächtigt, ein Agent der Ayatollahs in Teheran zu sein. Bei Durchsuchung des Büros wurde ein Foto gefunden, das den Iraker beim herzlichen Händedruck mit dem iranischen Präsidenten Mohammed Khatami zeigt. Khatami trägt den »schwarzen Turban«.

Chalabi, der geschickte Taktiker, wußte der Affäre eine neue Wendung zu geben. Nur wenige Stunden nachdem sein Büro besetzt worden war, präsentierte er sich in einer Pressekonferenz als irakischer Nationalist, der nicht nur gegen Saddam Hussein, sondern auch von Anfang an gegen die »amerikanischen Besatzer« gekämpft habe. Das sei der Grund, warum er bei Präsident Bush in Ungnade gefallen sei. Und Chalabi fügte seiner Erklärung einen Rat an Bush an: »Let my people go! It is time for the Iraqi people to run their own affairs!« Chalabi war plötzlich zum Verbündeten derjenigen geworden, die mit Waffen gegen die Fremden kämpften. Die wahren Kämpfer lehnten diesen Verbündeten ab, doch im Volk findet Chalabi manchen, der an ihn glaubt.

Fallujah –
Friedhof der Amerikaner

In Druckschrift, auf englisch, waren diese Worte auf einen großen Zettel geschrieben. Er wurde hochgehoben von einem jungen Mann, der offenbar gerade die freudigste Stunde seines Lebens erlebte. Andere Männer rissen die Arme hoch und schrien: »Allahu Akbar! Allah ist über allem!« Neben ihnen brannte ein Auto lichterloh, in den Flammen waren vier Amerikaner ums Leben gekommen.

Es war Vormittag am Mittwoch, den 7. April 2004. Auf dem Highway 10, der durch Fallujah führt, waren Fahrzeuge unterwegs, als plötzlich auf der Straße ein kleiner Sprengkörper detonierte. Ein Fahrzeug blieb stehen. Es wurde beschossen von Männern, die wie zufällig am Straßenrand standen. Eine Handgranate wurde geworfen, die im Wageninnern explodierte. Drei Insassen waren sofort tot. Ein Mann, der aus dem Wagen geschleudert worden war, lebte offenbar noch. Jugendliche schlugen auf ihn mit Backsteinen ein, bis er sich nicht mehr regte. Aus einem Kebab-Restaurant, das in der Nähe war, kamen weitere junge Männer hinzu. Sie tanzten um das brennende Auto und begeisterten sich daran, wie die Körper der drei Fahrzeuginsassen verkohlten. Schreie: »Allah Akbar!« wurden gebrüllt – »Allah ist über allem!« Die verbrannten Leichen wurden aus dem Auto gezerrt. Die Meute schlang Seile um die Körper und schleifte sie auf der Straße bis zur Euphratbrücke, die drei Kilometer entfernt liegt. An den Brückenstreben wurden sie aufgehängt. Es dauerte sechs Stunden bis irakische Polizei an der Brücke von Fallujah eintraf. Die Polizisten standen unter amerikanischem Kommando – sie wurden mit empörten Schreien empfangen: »Haut ab! Fallujah gehört uns!« Energisches Eingreifen vertrieb schließlich die Menge. Die Leichen konnten geborgen werden.

Da sich das grausige Ereignis über Stunden hinzog, waren in der Zwischenzeit Fernsehteams eingetroffen. Die Bilder wurden von Sendern vieler Länder ausgestrahlt. Sie wurden zum Alptraum für die Menschen in den USA. Sie erinnerten daran, daß Jahre zuvor Ähnliches schon einmal geschehen war – in Mogadischu. Damals waren 18 US-Soldaten getötet und von einer Meute über Asphalt geschleift worden. Die Wirkung der damaligen Fernsehbilder hatte Präsident Clinton veranlaßt, das militärische Abenteuer »Befreiung von Somalia« abzubrechen. Das afrikanische Land blieb Domäne seiner Kriegsherren.

Das Schicksal von Somalia war damals nicht so sehr mit der Zukunft des Präsidenten Clinton verbunden, wie das Schicksal des Irak mit der Zukunft von George Bush – im Wahljahr 2004. Der Wahlerfolg von Bush kann nur garantiert sein, wenn er einen Erfolg der Maßnahmen im Irak vorwies. Auf keinen Fall durfte der makabre Vorfall von Fallujah hingenommen werden. Doch zunächst mußten die Hintergründe analysiert werden.

Opfer des Verbrechens waren keine Soldaten der US-Armee, sondern Angestellte einer privaten Gesellschaft, die »Blackwater USA« heißt. Die Aufgabe der Blackwater-Angestellten besteht darin, Personal und Einrichtungen der Organisationen zu schützen, die der US-Zivilverwaltung nahestehen. Weit schwieriger als die Identifizierung der Opfer war die eindeutige Feststellung der Identität der Täter. Die Videobilder zeigten eine Horde junger Männer, wohl arbeitslose Iraker, deren Frust zur Explosion der Emotionen geführt hatte. Sie hatten die Schuld an ihrem Elend den Amerikanern gegeben. Im Chaos ihrer Gefühle hatten sie keinen Unterschied gemacht zwischen US-Soldaten und US-Zivilisten.

Die US-Militärbehörde wollte nicht wahrhaben, daß in der Bevölkerung allgemein Zorn auf die amerikanische Besatzungsmacht herrschte. Gänzlich unwahrscheinlich erschien es ihr, daß sich in der sunnitischen Stadt Fallujah ein derartiger Zorn hatte entladen können. Konflikte hatte es bisher fast ausschließlich in schiitischen Gebieten, in den heiligen Städten An Nadschaf, Kufa und Kerbela gegeben. Die Kommandeure der US-Armee hatten mit der Vorstellung gearbeitet, die Sunniten seien gegenüber den Amerikanern aufgeschlossener. Allerdings wußten die Generäle und Obersten auch, daß die Mitglieder der Baath-Partei fast durchweg Sunniten gewesen waren. Nicht auszuschließen war also, daß sich in Fallujah Zellen fanatischer Saddam-Anhänger befanden, die den Kampf gegen die verhaßten Amerikaner anheizen wollten.

Den Militärs um Paul Bremer in Baghdad erschien allerdings ein ganz anderer Grund viel einleuchtender: Die sunnitischen Bewohner von Fallujah waren aufgehetzt worden von Ausländern. »Kriminelle Elemente« seien aus Syrien, Jordanien und Saudi-Arabien über die Grenze gekommen in der Absicht, den friedlichen Aufbau des Irak zu stören. Gegen diese »kriminellen Elemente« mußte sich also der Kampf der amerikanischen Truppen richten. Die Entscheidung über die Art und Weise dieses Kampfes um Fallujah wollte Präsident Bush selbst treffen. Er beorderte bereits am 8. April Verteidigungsminister Donald Rumsfeld und den Chef von US-Central Command, den General John Abizaid, zu sich zur Befehlsausgabe: Ein rascher, effektiver Schlag sollte erfolgen. General Abizaid trat für eine Attacke am Boden und aus der Luft ein, um den Bewohnern der Stadt Schrecken einzujagen – in Fallujah lebten zu diesem Zeitpunkt 300 000 Menschen. Eine Flugblattaktion sollte den Donnerschlag ankündigen unter der Parole: »Nie werden wir derartige Barbarei dulden!«

Der Präsident, so wurde berichtet, war zufrieden mit der entschlossenen Haltung des Verteidigungsministers und des Chefs von US-Central Command. Er gab den Befehl zur Einkreisung von Fallujah. Als sie vollzogen war, drangen die Streitkräfte in die Stadt hinein – sie stießen auf heftigen Widerstand. Die Abdul-Aziz-as-Samarrai-Moschee wurde von Hubschraubern aus mit Raketen beschossen. Zwölf Männer, die dort gebetet hatten, waren die Opfer. Die Angreifer gaben keine Verlustzahlen bekannt. Unbestätigte Angaben sprechen von einem Dutzend gefallener Amerikaner. Vor Beginn des Angriffs waren die Männer von Fallujah durch die sunnitischen Geistlichen über die Moschee-Lautsprecher aufgefordert worden, den »heiligen Krieg gegen die ungläubigen Amerikaner« zu führen. Die Heftigkeit der Kämpfe zwang die US-Marineinfanteristen bei Einbruch der Dunkelheit zum Rückzug an den Stadtrand von Fallujah. Der Ernst der Situation veranlaßte US-Zivilverwalter Paul Bremer dazu, eine geplante Reise nach Washington zu verschieben. Bremer war so ehrlich, gegenüber dem Reporter von ABC News zuzugeben: »Wir können es gar nicht verheimlichen, daß wir uns in einer schwierigen Lage befinden.«

Donald Rumsfeld reagierte sofort: »Wenn Bremer mehr Soldaten verlangt, so bekommt er sie!« Premierminister Tony Blair stand in London Rumsfeld bei: »Wir benötigen tausend Mann mehr, um die Lage in den Griff zu bekommen!«

Die USA und England im Zweifrontenkrieg

Sunniten und Schiiten führten nun den gemeinsamen Kampf – allerdings ohne direkte Absprache. Sunnitische Kämpfer verteidigten Fallujah, der Schiit Moqtada as-Sadr leitete die Gefechte um Kufa und An Nadschaf. Der Träger des »schwarzen Turban« sah sich als Sieger: An einem Tag kamen sieben Amerikaner durch Geschosse der »Mahdi-Armee« ums Leben.

Die hohen Verluste veranlaßten die amerikanischen Kommandeure zum Tagesbefehl, Moqtada as-Sadr müsse jetzt endlich und unbedingt verhaftet werden. Doch Entschlossenheit nützte nichts. Moqtada versammelte eine Kerntruppe der »Mahdi-Armee« um sich und verließ Kufa in Richtung An Nadschaf, zur Moschee Ali, des ersten Imam. In ihm sah Moqtada seinen wichtigsten Verbündeten. Der Märtyrer von einst – gestorben im Jahr 661 n. Chr. – wurde verehrt als »Kämpfer gegen die Fremden«. Ali sollte helfen im Kampf des Jahres 2004. Moqtada as-Sadr erklärte, wie der Märtyrer Ali, sei auch er bereit, den Märtyrertod zu erleiden. Er konzentrierte seine Kräfte nun in An Nadschaf.

An der Front im Norden, in Fallujah, setzten erneut Gefechte ein, mit dem Versuch eines Stoßtrupps der US-Marines, in den Gassen zwischen Häuserblocks zur Stadtmitte vorzudringen. Sie gerieten unter Beschuß, der ihnen den Weg vor und zurück abschnitt. Die Marines versuchten Hilfe zu holen. Dies geschah durch Abschuß einer rotleuchtenden Rakete. Das Zeichen wurde erkannt von der Besatzung eines Panzers. Unter seinem Schutz konnte der Stoßtrupp aus der Falle entkommen. Der Kampf zog sich in jener Nacht über Stunden hin.

Die Gefechte erreichten das Ziel nicht, diejenigen aufzuspüren, die schuld daran waren, daß die Leichen der Amerikaner geschändet worden waren. Aus der Schießerei um den vorgedrungenen Stoßtrupp entwickelten sich Kämpfe, die Straßenzüge und ganze Stadtteile in eine Feuerhölle verwandelten.

Die gezielte Militäroperation gegen genau definierte Feinde wurde zur Offensive gegen eine Stadt. Der Verantwortliche für diese Offensive erklärte den Hintergrund so: »Der Krieg um Fallujah wird von Stadtviertel zu Stadtviertel geführt. Wir nehmen uns eines nach dem anderen vor.« Der Brigadegeneral betonte ausdrücklich: »Wir bestimmen die Gangart dieser Aktion. Doch das Resultat wird eindeutig sein!« Bis zu diesem Zeitpunkt hatten die US-Kommandeure noch versucht, das Verhalten ihrer Truppen dem Ziel anzupassen, die Sheikhs der Familien und Stämme nicht so vor den Kopf zu stoßen, daß sie eine mögliche Kooperation mit der Besatzungsmacht vor ihren Stammesangehörigen nicht mehr verantworten konnten. Nach dem grausamen Tod der vier Blackwater-Angestellten trat der Gedanke an eine Zusammenarbeit mit Irakis weit in den Hintergrund. »Härte zeigen!« hieß nun die Parole.

Zum Einsatz kam eine Waffe, gegen die irakische Kämpfer kein Gegenmittel besaßen: F-15-Kampfflugzeuge beschossen Häuser und Plätze mit Raketen. »Agence France Press« berichtete Mitte April 2004, die Maschinen hätten die Ziele willkürlich ausgewählt. Dieselbe Nachrichtenquelle zitierte einen Mann namens Mohammed Aidan, der von Treffern im Gebäude eines Ausbildungsinstituts für Lehrer berichtete. Das Gebäude sei zum Glück leer gestanden. Das US-Oberkommando gab rasch eine Erklärung für die konzentrierten Angriffe der F-15-Kampfflugzeuge: »Wir wissen, daß sich Abu Musab al-Zarqawi in Fallujah befindet! Er ist verantwortlich für die Morde an den vier Amerikanern!« Keiner, der sich in Fallujah aufhielt, hatte die Anwesenheit von Al-Zarqawi bemerkt.

Daß die US-Truppen Verluste erlitten, bestätigten Reporter der Agentur »Associated Press«. Sie waren Zeuge, wie ein Hubschrauber abgeschossen wurde: »Der Helikopter flog eben über uns hinweg. Wir hielten uns versteckt. Dann sahen wir Männer, die maskiert waren. Sie schossen eine Rocket Propelled Grenade (RPG) ab. Dann fiel der Hubschrauber herunter. Das Wrack des Hubschraubers lag auf der Erde.« Es handelte sich um ein Fluggerät vom Typ Sikorsky H-53. Es gehört zu den großen Transportmaschinen und wird eingesetzt zur Beförderung von Menschen und Kriegsmaterial.

Die amerikanische Einsatzleitung versuchte, die Rettung der Hubschrauberbesatzung. Sie schickte eine »quick reaction squad« los. Als einer der Männer tödlich getroffen wurde, zog sie sich sofort zurück. Fallujah war jetzt eine belagerte Stadt. Gleich zu Beginn der Einschließung am 10. April 2004 herrschte Mangel an Lebensmitteln. Sunnitische Glaubensbrüder in Baghdad organisierten Lastwagen zum Transport von Mehl, Olivenöl und Zucker für die Notleidenden – Baghdad und Fallujah liegen nur eine Stunde Autofahrt voneinander entfernt. Die Hilfe hätte die 300 000 Menschen in der Stadt rasch erreicht, aber der Autokonvoi wurde weit außerhalb der Stadt gestoppt – von amerikanischen Militärpolizisten. Fallujah sollte ausgehungert werden.

Die US-Kommandeure ließen sich jedoch am 11. April von Vernunft leiten: Sie boten den Verteidigern Waffenstillstand an. Zivilverwalter Paul Bremer: »Wir waren eben dabei, den Marines die

Feuereinstellung zu befehlen, da wurden unsere Leute angegriffen. Vorüber war es für diesen Tag mit den Bemühungen um Waffenstillstand. Wir bemühten uns nun um Feuereinstellung ohne feste Absprache. Das hat schließlich funktioniert.« Ein Waffenstillstand mit Unterbrechungen fand statt. Ein Scharfschütze feuerte auf eine Patrouille der Amerikaner; zwei Marines wurden verwundet. Sofort flammten die Kämpfe wieder auf. Über Satellitentelefon nahm der sunnitische Kommandeur, der sich Abu Muaz nannte, Kontakt zum Fernsehsender »Al-Jazira« auf. Er wollte den Kriegsbeobachtern mitteilen, daß sich seine Leute an die Waffenstillstandsbedingungen hielten: »Wir sind nicht schuld daran, daß wieder geschossen wird. Wir werden nur feuern, wenn wir beschossen werden!«

Als wieder Ruhe eintrat, verließen Hunderte der Bewohner die Stadt – im Auto, auf Eselfuhrwerken und zu Fuß. Ihre Flucht hatte kein Ziel. Nirgends waren Auffanglager vorbereitet.

Zwar wurde die Waffenruhe in Fallujah eingehalten, doch nun wurde um die Straße zwischen Fallujah und Baghdad gekämpft. Ein Tanklastwagen wurde von einer Rocket Propelled Grenade (RPG) getroffen. Jubelnde junge Männer umtanzten den umgestürzten Riesentransporter, dessen Räder gespenstisch in die Luft standen. Im Sand daneben lag der Fahrer – tot.

Wenige Tage später sprach Brigadegeneral Mark Kimmit, der Sprecher des US-Oberkommandeurs im Irak, zum ersten Mal über Verlustzahlen in diesem Zweifrontenkrieg: »Im Verlauf dieser Hälfte es Monats April sind 70 Amerikaner ums Leben gekommen.«

Bisher hatten die Verantwortlichen in Washington darauf geachtet, daß keine Fotos veröffentlicht wurden, die Särge in großer Zahl zeigten, in denen gefallene Amerikaner in die Heimat zurückkehrten. Nun aber waren derartige Fotos zu sehen. Meist waren solche Bilder insgeheim entstanden. Ohne Bilder – in Worten – berichtete »International Herald Tribune« von der makabren Zeremonie der Heimkehr Gefallener. 27 Särge kamen am Ostersonntag 2004 auf der Dover Air Base im US-Bundesstaat Delaware an. Delaware liegt im Osten der USA, an der Atlantikküste. Der Himmel über der Air Base ist oft wolkenverhangen. Es regnete auch am Morgen dieses Ostersonntags, als die Särge aus der Transportmaschine vom Typ C-5 Galaxy ausgeladen wurden. Chaplain John Groth, der Pfarrer der Basis, der dabeistand, meinte: »In unserer harten Zeit sehen wir

Gott nicht, doch ich weiß, daß es ihn gibt. Er schützt auch die Menschen, die hier eine schwere und belastende Arbeit zu verrichten haben.« Der Militärpfarrer meinte die Frauen und Männer, die Särge öffnen, Leichenteile sortieren und zusammenfügen müssen, damit die trauernden Verwandten die richtigen Leichen zur Bestattung zugesandt erhalten.

Das Personal der Dover Air Base vermerkte mit Befremden, daß niemand vom Pentagon die Arbeit der Leichenbetreuer beachtete und respektierte. Als seltsam wurde empfunden, daß der Präsident offenbar eine Scheu davor hatte, sich bei Bestattungen der Irak-Toten zu zeigen.

Der Zweifrontenkrieg an Euphrat und Tigris forderte Opfer. Am 15. April 2004 gab die Militärverwaltung in Baghdad bekannt, daß acht US-Soldaten am Vortag gefallen sind. Die meisten der Toten sind Opfer der Kämpfe in der heiligen Stadt An Nadschaf. Dort leistete die »Armee des Mahdi« erbitterten Widerstand. Die Angriffe der US-Marines wurden von der Base Duke aus koordiniert – sie liegt 20 Kilometer westlich von An Nadschaf.

In Teheran: »Schwarze Turbane« fordern Mäßigung von Moqtada as-Sadr

Wer an Geheimdiplomatie beteiligt ist, der wahrt Stillschweigen. Mancher Winkelzug kann nur vermutet werden. Angenommen wurde, daß sich das State Department in Washington an Sayyed Mohammed Khatami gewandt habe mit der Bitte, die Verteidiger von An Nadschaf zur Feuereinstellung zu veranlassen. Sicher ist, daß insgeheim eine hochrangige iranische Delegation in der irakischen Hauptstadt eintraf. Sie war auf dem Flughafen Baghdad gelandet und hatte sich nach An Nadschaf begeben – ohne Zweifel zu Gesprächen mit Moqtada as-Sadr.

Nur Stunden vor diesem Besuch hatte der Kommandeur der »Mahdi-Armee« verkündet, er werde den Kampf gegen die Besatzungsarmee in der heiligen Stadt weiterführen. Doch dann geschah Seltsames: Moqtada, der seinen Befehlsstand in unmittelbarer Nähe des Imam-Ali-Heiligtums hatte, zog plötzlich um in einen Vorort von An Nadschaf – in das Haus, in dem sein Vater vor seiner Ermordung gelebt hatte –, weit entfernt vom Heiligtum des Imam.

Moqtada hatte ganz offensichtlich den Entschluß gefaßt, dort nicht zu kämpfen. Nur Stunden später erließ er einen Befehl an die Einheiten der »Mahdi-Armee«, sich vom Heiligtum zurückzuziehen – und sämtliche besetzte Polizeistationen und Regierungsgebäude zu räumen.

Als Grund für seine Nachgiebigkeit gab Moqtada as-Sadr an, im Irak befänden sich derzeit 1,5 Millionen Pilger, hauptsächlich aus Iran. Diese Gläubigen wollten An Nadschaf, Kerbela und Kufa besuchen. Es sei die Pflicht eines Schiiten, der Verantwortung trage, den Pilgern den sicheren Zugang zu den heiligen Stätten zu ermöglichen. Als Sprecher der »Mahdi-Armee« trat in An Nadschaf der Rechtsanwalt Murtada al-Janabi vor die Öffentlichkeit. Er rief die irakische Polizei auf, die Sicherheit über die Städte An Nadschaf, Kerbela und Kufa zu übernehmen. Die amerikanische Besatzungstruppe erwähnte der Rechtsanwalt nicht. Auch beantwortete er keine Frage nach iranischem Einfluß auf die »Armee des Mahdi«.

In der iranischen Hauptstadt erwiesen sich Nachfragen zu diesem Thema als ergiebiger: Außenminister Kamal Kharazi gab zu: »Mit den Amerikanern hatten Gespräche über Befriedung des Irak stattgefunden. Die Vereinigten Staaten hatten sich an uns gewandt. Sechsmal hatten sie uns Briefe geschickt. Sie sind uns durch die Schweizer Botschaft übermittelt worden. Die Schweiz vertritt die Interessen der USA in Teheran. Das State Department hat uns dringend gebeten, unseren Einfluß zu nützen, um den Konflikt einzudämmen.« Zum Thema Kontakte zu Moqtada as-Sadr sagte Außenminister Kamal Kharazi nichts. Ohne Details anzugeben, sprach der Außenminister über seine Enttäuschung, daß sich die Beziehungen zu den USA nicht hatten positiver entwickeln können: »The talks are going nowhere.«

Erklärbar ist die Zurückhaltung Washingtons durchaus. Zweideutig ist die Haltung der Mächtigen in Teheran. Als sich die iranische Delegation bei Moqtada as-Sadr befand, um ihn zum Rückzug aus den Städten An Nadschaf, Kerbela und Kufa zu bewegen, benützte Akbar Hashemi Rafsanjani die Gelegenheit der Freitagspredigt in der wichtigsten Moschee in Teheran, um den »Heroismus der Armee des Mahdi« zu preisen. Wahrhaft heroisch sei der Kampf der Soldaten des Moqtada as-Sadr gegen die US-Besatzungsarmee. »Was im Irak geschieht, muß unterschiedlich betrachtet werden. Schiitische Kämpfer, die sich gegen die Eindringlinge aus den USA wehren, sind Helden. Diejenigen aber, die sich für Saddam Husseins Ziele einsetzen, sind Terroristen! Zu den Helden gehören die Männer der ›Mahdi-Armee‹. Sie sind mutige junge Leute, die nicht hoch genug gelobt werden können!«

Bemerkt werden muß, daß Rafsanjani nicht den »schwarzen Turban« trägt – er hat den hohen Rang eines Ayatollah nicht erreicht. Wer – wie Rafsanjani – den »weißen Turban« trägt, dessen Worte finden generell weniger Beachtung.

Doch Rafsanjanis Einschätzung der »Armee des Mahdi« wurde Anfang Mai 2004 von einem Tag zum anderen aufgewertet: Eine Welle der Wut erfaßte die islamischen Länder. Ein Foto, das weltweit in der Presse verbreitet wurde, löste Empörung aus: Eine US-Soldatin führte einen nackten Moslem an der Hundeleine vor. Sie zerrte den am Boden liegenden Nackten. Die Hundeleine fesselte ihn am Hals. Das Gesicht der jungen Frau drückte Verachtung aus.

Ein zweites Foto erregte den Zorn der Moslems besonders im Irak. Es zeigte eine Gruppe nackter islamischer Gefangener, die zusammengepreßt am Boden lagen; sie wurden gezwungen, sich gegenseitig sexuell zu stimulieren.

Arabische Zeitungen, sonst sehr darauf bedacht, prinzipiell keine nackten Körper zu zeigen, sind wenig zimperlich, wenn es darum geht, durch Bilder Gemeinheit und Sadismus der US-Soldaten zu entlarven. Moqtada as-Sadr bekam so durch Hunderte von Fotos, die die Realität im Gefängnis Abu Ghoraib dokumentierten, das effektivste Propagandamaterial in die Hand.

Die sadistische junge Soldatin war rasch als Amerikanerin identifiziert worden: Es handelt sich um Lynndie England; sie besaß den Rang einer Obergefreitin. Sie wurde in der islamischen Welt zum Symbol für die »moralische Verkommenheit« der Amerikaner insgesamt. Die USA wurden zum Land, in dem Frauen keine Spur von Anstand empfinden.

Moqtada as-Sadr konnte ungehindert Haß gegen die Amerikaner predigen. Wenn er die Besatzungsmacht als satanisch bezeichnete, erinnerten sich die Zuhörer an Lynndie England und gaben dem Prediger recht. Anlaß zur Mäßigung sah Moqtada as-Sadr nicht mehr.

Die »Armee des Mahdi« bekommt Zulauf

Der Träger des »schwarzen Turban« stieg im Ansehen nicht nur der Schiiten Arabiens. Daß er seine Verachtung gegenüber den USA mehr als jeder andere Geistliche zum Ausdruck brachte, steigerte seine Popularität. Die Mehrheit der Schiiten des Irak sehen in Moqtada die einzige Autorität, die in der Lage ist, die dem Irak durch Amerikaner zugefügte Schmach wieder auszulöschen. Das steigende Ansehen des jungen Geistlichen war daran zu erkennen, daß er auf einmal ganz selbstverständlich als »Sayyed Moqtada« angesprochen wurde. Der Titel »Sayyed« ist den Männern vorbehalten, die zweifelsfrei zu den Nachkommen des Imam Ali gehören.

Täglich vermehrte sich die Zahl der »Folterbilder«. Viele wurden in den Tageszeitungen Arabiens abgedruckt. Eines erregte ganz besonders Abscheu. Es zeigt wiederum Lynndie England. Grinsend steht sie neben einem gefesselten nackten Moslem und macht mit beiden Daumen Zeichen, die ganz eindeutig den Penis des Mannes betreffen.

Lynndie England wurde in den Aussagen anderer amerikanischer Soldaten, die Zeugen der sadistischen Handlungen waren, nicht geschont: »Sie lachte andauernd bei allem, was geschah.« In der Ausgabe vom 15. Mai 2004 wurde von der »Herald Tribune« der Zeuge Jeremy Sivits zitiert: »In einer Oktobernacht wurden Gefangene in Abu Ghoraib eingeliefert. Sie wurden in die Mitte des Raumes gestoßen, sie fielen zu Boden. Einer der Soldaten trampelte auf ihnen herum. Dann wurden die Männer gezwungen, sich auszuziehen. Sie hatten sich zu masturbieren. Dann wurden sie auf den Kopf geschlagen.« Der Zeuge Sivits nannte die Namen der Schläger. Er gab den Grund an, warum Derartiges geschehen konnte: »Das Ghoraib-Gefängnis war außer Kontrolle geraten.«

Die Details der erniedrigenden Behandlung der Iraker durch das amerikanische männliche und weibliche Gefängnispersonal sind bekannt, und brauchen hier nicht mehr geschildert zu werden. Bemerkenswert ist die Verzögerung, die eintrat, als die Erkenntnis in Washington bekannt wurde, daß Gefangene in Irak unmenschlich behandelt und gefoltert wurden. Am 13. Januar 2004 wurden Meldungen über derartige Vorfälle im Pentagon registriert. Am 17. Januar erfuhr Generalleutnant Ricardo Sanchez, der oberste Kommandeur der US-Truppen im Irak, angeblich von »Unregelmäßigkeiten im Gerichtswesen«. Er wurde später beschuldigt, bei Folterungen selbst anwesend gewesen zu sein. Am 26. Februar befaßte sich das Internationale Komitee des Roten Kreuzes mit der Angelegenheit, von dem der Zivilverwalter des Irak, Paul Bremer, erfuhr, daß ernsthafte Vorwürfe gegen das US-Personal des Abu-Ghoraib-Gefängnisses erhoben würden.

Verteidigungsminister Donald Rumsfeld wußte offenbar schon seit dem 16. Januar, daß US-Soldaten dem amerikanischen Ansehen in der Welt Schaden zugefügt hatten. Den Präsidenten der USA aber informierte er zunächst nicht. Auch als Präsident Bush die Fotos gesehen hatte, wurde die Taktik des Verschweigens beibehalten. Am 28. April gab der Verteidigungsminister vor Senatoren allgemeine Auskunft über den Verlauf der militärischen Operationen im Irak – von den Fotos aus dem Gefängnis Abu Ghoraib sagte er kein Wort. Ahnungslos sahen die Senatoren an jenem 28. April die Nachrichtensendung von CBC und wurden konfrontiert mit dem Bild, das Lynndie England und den nackten Iraker an der Hundeleine zeigte. Von nun an erfuhr die gesamte Welt, wie ein weiblicher US-Soldat die Männlichkeit eines Moslems verspottete. Die islamische Welt mußte auch zur Kenntnis nehmen, daß Amerikaner Moslems zwangen, Schweinefleisch zu essen.

Verteidigungsminister Donald Rumsfeld gab zu, daß eine Schadensbegrenzung nicht mehr möglich war: »Dem Pentagon liegen noch viel mehr Fotos und Videoaufnahmen vor. Die sind noch schlimmer als die Bilder, die wir kennen. Wir reden nicht mehr von Demütigung und Mißhandlung von Irakern. Wir reden von Vergewaltigung und Mord.«

Die Reaktion der »Armee des Mahdi« war vorauszusehen: Die Gefechte in und um An Nadschaf entbrannten erneut.

Die Moschee des ersten Imam wird getroffen

Moqtada as-Sadr, der Träger des »schwarzen Turban«, gab Mitte Mai seinem Stab den Auftrag, der Weltöffentlichkeit die »verbrecherische Handlungsweise« der Amerikaner vorzuführen: – als Fortsetzung des Geschehens in Abu-Ghoraib-Gefängnis. »In jenem Gefängnis hatte sich die US-Besatzungsmacht an Gläubigen des Islam vergangen, diesmal haben die Amerikaner ein Heiligtum des Islam zerstören wollen.«

Gezeigt wurden vier Löcher in der goldenen Kuppel der Imam-Ali-Moschee – jedes Loch hatte einen Durchmesser von ungefähr 30 Zentimeter. Die Löcher seien durch Beschuß mit Maschinenwaffen der Besatzer entstanden.

Brigadegeneral Mark Kimmit, der verantwortliche Kommandeur der Amerikaner im Bereich An Nadschaf, aber erklärte: »Um es deutlich zu sagen, wir haben auf das Heiligtum des Imam Ali nicht geschossen!« Der Brigadegeneral meinte, die vier Treffer habe eine andere Schiitengruppe erzielt, die der »Mahdi-Armee« feindlich gesinnt sei. Niemand hatte jedoch während der vorausgehenden Gefechte die Existenz einer derartigen Gruppe feststellen können. Unbestritten ist, daß die US-Streitkräfte mit Panzern angegriffen hatten. Sieben Panzer hatten den heiligen Friedhof ohne Rücksicht auf Gräber durchquert und hatten dann in Richtung der Imam-Ali-Moschee gefeuert. Zerstörte Häuser zeugten von der beachtlichen Feuerkraft der Panzerkanonen. Die Kämpfer der »Mahdi-Armee«, die sich zwischen den Gräbern des Friedhofs verschanzt hatten, feuerten Rocket Propelled Grenades (RPG) ab, die aber wirkungslos waren.

Die Gefechte zogen sich über Stunden hin. Sie waren heftiger als je zuvor. Trotzdem war die Zahl der Opfer erstaunlich niedrig. Der Verantwortliche des Nadschaf-Hospitals hatte vier Tote und 22 Verwundete gezählt. Diese Zahlen sagen allerdings nichts aus über die wirkliche Opferzahl. Der Träger des »schwarzen Turban« hatte die Kämpfer der »Mahdi-Armee« angewiesen, die Verwundeten nicht ins Hospital zu bringen. Er hatte Sorge, daß sie dort von den Amerikanern gefangengenommen würden.

Als die Heftigkeit der Kämpfe nachgelassen hatte, war das Büro des Moqtada Sammelpunkt der Bewaffneten. Der Sayyed hatte schon vor Tagen das Haus des Vaters verlassen und war zur Imam-Ali-Moschee zurückgekehrt. 300 Kämpfer strömten in den Gassen vor dem Gebäude des Moqtada zusammen. Ein Kleinlaster fuhr vor, auf dem sich Trümmer eines gepanzerten Fahrzeugs befanden, das einst wohl der US-Truppe als Transporter gedient hatte. Die Trümmer wurden als Trophäe des Sieges bejubelt. Einige der Männer riefen: »Wir wollen Märtyrer werden für Sayyed Moqtada!« Fast jeder der Kämpfer wußte von Siegen zu berichten: Sie hätten Panzer vernichtet und Hubschrauber abgeschossen. Glaubt man ihren Worten, dann hätte die »Mahdi-Armee« einen respektablen Sieg errungen.

Doch den Aufrufen, die Moqtada erließ, war zu entnehmen, daß seine Streitkräfte geschwächt waren. In Baghdad wurden schiitische Männer aufgerufen, sich rasch nach An Nadschaf zu begeben, um dort Sayyed Moqtada zu unterstützen – im Rachekampf gegen die Amerikaner, die im Gefängnis Abu Ghoraib Verbrechen am irakischen Volk begangen haben. Der Vertreter des Sayyed in Basra, Sheikh Abdul Sattar al-Bahadli, gab bekannt, daß er vier Selbstmordbrigaden organisiert habe, die die Aufgabe hätten, die Amerikaner für die Verbrechen im Gefängnis Abu Ghoraib zu bestrafen.

Moqtada as-Sadr proklamierte, jeder Iraker sei zu töten, der mit den »Verbrechern von Abu Ghoraib« kooperiere. Nie dürfe in Vergessenheit geraten, was die »Satanshure Lynndie England« getan habe.

Verteidigungsminister Donald Rumsfeld versuchte zu diesem Zeitpunkt immer noch, die Auseinandersetzung an zwei Fronten zu verharmlosen: »Das ist ein Krieg gegen Gangster, Banden und Terroristen!«

In der zweiten Hälfte des Monats April 2004 sollte ein Neben-Kriegsschauplatz entstehen – in Saudi-Arabien.

»Abu Ghoraib«: Katalysator für Aktivität gegen USA

Am 21. April zerriß eine Explosion das Gebäude des Hauptquartiers der saudiarabischen Polizei in der Hauptstadt Riyadh. Detoniert waren zwei »Car Bombs«, zwei mit Sprengstoff beladene Fahrzeuge, die 20 Meter vom Polizeihauptquartier abgestellt worden waren. Die moderne Fassade des Gebäudes wurde von der Wucht der Explosionswelle völlig zerfetzt, die Innenräume verwüstet. Vor dem Hauptquartier lagen verkohlte Leichen. Aus umliegenden Häusern stieg Rauch auf. Die Zahl der Verwundeten wurde von den Behörden kurz nach der Explosion mit 25 angegeben. Mindestens neun Menschen seien getötet worden.

Ziel dieses Anschlag war die saudiarabische Polizei, die sich die Aufgabe gestellt hatte, im Königreich die Zellen von »Al-Qaida« aufzuspüren und zu vernichten. Vorausgegangen waren im Mai und im November 2003 zwei Anschläge in Riyadh. Damals waren 52 Personen ums Leben gekommen. Al-Qaida hatte sich zu diesem Anschlag bekannt. Die Verantwortlichen hatten nicht aufgespürt werden können.

Dem US-Geheimdienst waren Informationen zugetragen worden, daß sich weitere Anschläge in Vorbereitung befanden. Am 12. April hatte es einen Schußwechsel mitten in der Stadt Riyadh gegeben. Al-Qaida-Leute hatten auf Polizisten gefeuert, mit dem Resultat, daß ein Polizist das Leben verlor. Am nächsten Tag wiederholte sich der Vorfall. Dabei starben vier saudiarabische Polizisten. In Riyadh wurden diese Warnungen noch nicht ernst genommen.

Nun aber, nach dem Anschlag auf das Polizeihauptquartier, änderte sich das Verhalten der Mächtigen im Königreich. Die Funktion des Wortführers fiel dem Prinzen Bandar Ibn Sultan zu, dem Botschafter Saudi-Arabiens in den USA, der den Kontakt zu Präsident George Bush jr. hält. Prinz Bandar hat am 27. August des Jahres 2002 ein Bündnis mit dem US-Präsidenten geschlossen. Es festigte die ohnehin schon enge Zusammenarbeit zwischen Bush und der königlichen Familie. Der Botschafter riß nach dem 21. April die Initiative an sich: »Wir sind genauso wie die Amerikaner vom Terrorismus betroffen und bedroht.« Der Prinz korrigierte mit diesen Worten geschickt die tief verwurzelte Vorstellung in der amerikanischen Öffentlichkeit, Saudi-Arabien sei die Brutstätte des Fundamentalismus und des Terrorismus.

In Washington verkündete nun der Saudi-Botschafter: »Im Kampf gegen diese Verbrecher wird es keinen Kompromiß geben!« Das Bündnis, das Prinz Bandar mit George Bush geschlossen hat, umfaßt ganz konkrete gegenseitige Hilfe. Saudi-Arabiens königliche Familie sieht die eigene Position an der Spitze des Ölstaates nur dann gesichert, wenn sich in Washington kein Machtwechsel vollzieht. Allein Präsident George Bush garantiert, daß die Familie As-Saud die Anschläge der Al-Qaida überlebt. Ohne Rückendeckung aus Washington, so glauben die Regierenden in Riyadh, versinke die Macht der Sippe As-Saud im Sumpf des Fundamentalismus. Damit dieser Machtwechsel nicht stattfindet, ist die königliche Familie zu einer gewichtigen Stützungsaktion bereit. Am 18. April 2004 berichtete der Fernsehsender CBS in seinem Magazin »60 Minutes«: »Prinz Bandar Ibn Sultan hat dem Wahlkämpfer George Bush versprochen, daß Saudi-Arabien rechtzeitig zur Hauptphase des Wahlkampfes um die Präsidentschaft die Ölförderung steigern und damit den Ölpreis spürbar sinken läßt. Die Konsequenz: Benzin und Heizöl werden billiger. Diese Entlastung der Haushaltskasse jedes Wählers soll sich positiv für Bush im Wählerverhalten auswirken.

Der Konkurrent John Kerry attackierte sofort: »Bush hat einen geheimen Handel mit Saudi-Arabien abgeschlossen. Was da geschieht, ist nicht akzeptabel für das amerikanische Volk. Das ist eine Beleidigung!«

»Al-Haramin«: Nähe zu den Schiiten

Über das Internet bekannte sich eine bisher unbekannte Gruppe zum Anschlag: Sie nannte sich »Al-Haramin«. Die treffende Übersetzung lautet: »Die zwei heiligen Moscheen«. Gemeint sind nicht die Heiligtümer in den saudiarabischen Orten Mekka und Medina, sondern in An Nadschaf und Kerbela. Dort befinden sich die Mausoleen der Imame Ali und Husain. Beide Märtyrer sind den Schiiten heilig. Ali und Husain haben ihr Leben gelassen »im Kampf gegen die Unterdrücker«, so lautet die Definition der Schiiten.

Von der Organisation »Al-Haramin« waren bald schon nähere Angaben zum Ablauf des Attentats vom 21. April 2004 zu erfahren: Das Attentat auf das Polizeihauptquartier sei mit einem weißen Fahrzeug vom Typ »Chevrolet Caprice« ausgeführt worden. Der Wagen sei auf das Tor zugefahren, das den Zutritt zum Gelände versperrte. Die Wachen hätten den Chevrolet aufgehalten, doch in diesem Augenblick sei die Detonation erfolgt. Die Selbstmordattentäter hätten den Zünder für die Sprengstoffladung am Leib getragen.

Die Organisation gab eine Warnung an alle Personen aus, die mit der Königsfamilie zusammenarbeiteten: »Wir erreichen euch überall! In euren Häusern, in euren Büros! Euch zu erwischen stellt kein Problem für uns dar.«

Auf diese »Kriegserklärung« reagierten die Prinzen der Sippe As-Saud ihrerseits durch eine Kriegserklärung an »Al-Haramin«: »Wir führen den totalen Krieg!« Er wird vor allem in den Ölprovinzen am Persischen Golf geführt, in der Region um Dhahran. Dort befindet sich das Siedlungsgebiet der schiitischen Sippen – dort leben Träger des »schwarzen Turban«. In den Moscheen in und um Dhahran wird der schiitische Geist des Märtyrertums gepredigt. Schiitische Männer, die in saudiarabischen Gefängnissen festgehalten werden, und die dort ihr Leben verlieren, sind Märtyrer. Die Organisation »Al-Haramin« verkündete nachdrücklich, daß sie ihre Aufgabe darin erkenne, diese Märtyrer zu rächen: »Wir vergessen sie nicht!« Je härter die saudiarabische Polizei zuschlägt, desto entschlossener zur Rache sind die Kämpfer dieser Organisation.

Der sunnitische Großmufti Abdel Aziz as-Sheikh – er ist der höchste Geistliche im Königreich – versuchte, die Gefahr einer Konfrontation Schiiten–Sunniten zu bannen: »Es geschah dieser Tage, daß Moslems andere Moslems töteten. Das ist die größte aller Sünden! Allah hat uns jetzt gezeigt, daß Verbrecher am Werk sind. Wer einen Gläubigen umbringt, erregt Allahs Zorn! Er wird in der Hölle brennen und wird für ewig verflucht sein!«

Ereignisse anderenorts regen dazu an, die Gläubigen zu schonen.

Saudi Arabian Government Television: Die Bilder von Abu Ghoraib

Derartiges hatte es nie gegeben im TV des Wahhabiten-Staats, in dem kein Nacktbild gezeigt werden durfte. Täglich mehrfach strahlte das saudiarabische Fernsehen die Bilder aus, wie US-Soldaten nackte islamische Gefangene quälten. Die US-Soldatin Lynndie England zerrt einen nackten Moslem, der am Boden liegt, mit der Hundeleine; Amerikaner zwingen Nackte zu sexuellen Handlungen an sich selbst. Das Fernsehen zeigt, daß Amerikaner brutale und unmenschliche Feinde des Islam sind, denen jede Menschlichkeit fremd ist. Die Amerikaner haben nur die Ziele, so erfahren die Fernsehzuschauer auf der Arabischen Halbinsel, die Moslems zu demütigen, den Islam als unterlegen vorzuführen. Offenbar sind die Amerikaner darauf aus, den Islam auszulöschen. Das ist das Fazit der Reportagen.

Die Verantwortung für Ausstrahlung der Bilder vom Geschehen im Gefängnis Abu Ghoraib trugen die Generaldirektoren der beiden Fernsehprogramme Saudi Arabian Government Television Service Channel 1 und Channel 2, Abdel Aziz al-Hassan und Abdel Aziz Annaya. Sie sind bewährte Wahhabiten, haben gelernt zu verachten, wer nicht an Allahs »Einheit« (Al-Tawhid) glaubt, sondern an die »Dreifaltigkeit Gottes«. Für die beiden Generaldirektoren sind Christen verachtenswerte Wesen. Sie als »Tiere« darzustellen ist ihnen Verpflichtung, die US-Soldatin Lynndie England ist für sie das exemplarische Beispiel eines derartigen »Tieres«.

Bilder aus dem Gefängnis Abu Ghoraib waren im Fernsehprogramm nicht überlagert von attraktiven Sendungen. Das TV-Programm ist nicht auf Unterhaltung ausgerichtet. Der wahhabitische Geist verbietet den Gläubigen, sich in dieser Welt bequem einzurichten, sich zu unterhalten.

Die Konsequenz ist, daß besonders die jungen Männer in Saudi-Arabien, deren Intellekt und Emotionen prägbar sind, ein Weltbild präsentiert bekommen, in dem Amerika das Böse darstellt. Der Sinn des Lebens eines Gläubigen besteht darin, das Böse zu bekämpfen.

Dieser Kampf kann dadurch gekrönt werden, daß der Gläubige sein Leben verliert, daß er »Märtyrer« wird.

Diesen Lebensgrundsatz bringen beide Fernsehkanäle in Saudi-Arabien täglich den Zuschauern nahe: Erstrebenswert ist es, aus der streng wahhabitisch ausgerichteten Existenz in dieser Welt überzutreten in das Paradies. Diesen Übertritt erleichtert die Bereitschaft zum Märtyrertum.

Für die jungen Männern gibt es kein Entrinnen: Das wahhabitische Weltbild hält sie gefangen. Sich mit Mädchen zu treffen, ist verboten; es gibt keine Lokale nach Art einer Disko, die Ablenkung von der wahhabitischen Lebensform bieten; es existieren keine Kinos; an die Veranstaltung von Rockkonzerten wagt niemand zu denken.

So verengt sich das Weltbild der jungen Männer noch weiter. Sie entdecken, daß die »Teufel von Abu Ghoraib« auch in ihrer Umgebung existieren – in den luxuriösen Wohnsiedlungen, in denen hauptsächlich Amerikaner leben. Geprägt vom »Ideal des Märtyrertums« ist der Gedanke rasch gefaßt, daß es ein Allah wohlgefälliges Werk sein muß, die Bösen zu vernichten.

Die Erfahrung zeigt, daß sich dieser Vernichtungswille zunächst nicht gegen das Böse im eigenen Land richtet. Die jungen Männer wollen in erster Linie gegen die Amerikaner in Irak kämpfen – gegen die »Teufel von Abu Ghoraib«. Die »International Herald Tribune« vom 3. Juni 2004 berichtete von einem bärtigen Mann, irakische Abstammung, der in Saudi-Arabien lebt. Der Mann wurde häufig in der Moschee in Riyadh von Jugendlichen bedrängt, die wissen wollten, wie sie in den Irak gelangen können, um dort gegen »Teufel wie Lynndie England« kämpfen zu können. Sie erklärten sich alle bereit, den Märtyrertod zu sterben. Die Versuche des bärtigen Mannes, den Jugendlichen die Neigung zu Selbstmordattentaten auszureden, schlugen jedesmal fehl. Er wurde angeschrien, er gehöre auch zu der feigen Generation, die sich von Amerika alles gefallen lasse.

Der Bärtige begriff, daß eine junge Generation heranwächst, die sich mit Stolz gegen die Amerikaner behaupten will. Da ihnen die Grenzen zum Irak versperrt sind, wollten sie die »Teufel« in Saudi-Arabien vernichten – durch die Alten lassen sie sich nicht von ihrem Ziel ablenken.

Der Anschlag auf »Oasis Residential Resort«: Nur Moslems werden verschont

Kurz nach Sonnenuntergang – es war der 29. Mai 2004 – begann eine höllische Nacht für die amerikanischen Familien, die in der Wohnsiedlung bei Khobar im Ölgebiet Saudi-Arabiens am Persischen Golf wohnen. Das Gelände war abgesperrt und perfekt bewacht – davon waren die Bewohner überzeugt. Da näherten sich Männer dem »Oasis Residential Resort«, denen niemand in den Weg trat, denn sie trugen Uniformen der Saudi National Gard, der Truppe, der die Bewachung des Resort anvertraut war. Die Verkleideten wußten, daß es ein Gittertor gab, das unbewacht war. Die Männer passierten dieses Tor. Kaum befanden sie sich auf dem Gelände, feuerten sie mit ihren Maschinenpistolen gegen die Gebäudekomplexe, in denen hauptsächlich Amerikaner lebten.

Für das, was dann geschah, gibt es keinen Zeugen – nur ein Zeugnis: eine blutverschmierte Treppe in einem der Gebäude, wo Leichen lagen. Es stellt sich später heraus: Keiner der Toten ist Moslem. Die Moslems in diesem Gebäude sagten später aus, sie seien, wie jeder, nach ihrem Glauben befragt worden. Wer Moslem war, der konnte in seiner Wohnung bleiben. Nichtmoslems wurden die Kehlen durchgeschnitten.

Von außen war zu beobachten, daß während der Nacht Ruhe herrscht im »Oasis Residential Resort«. Als die Morgendämmerung fortgeschritten war, landete ein gelb-weiß angestrichener Hubschrauber – eine Banane – mit zwei horizontalen Rotorblättern auf dem Dach des Gebäudekomplexes. Aus den Türen sprangen maskierte Männer heraus, die durch Einstiegsluken im Dach verschwanden, während der Lärm der Hubschrauberdüsen zu hören war.

Am späten Vormittag wird im saudiarabischen Fernsehen eine Erklärung zu den Ereignissen der vergangenen Stunden verlesen: Vier nicht identifizierte Personen hatten den Überfall durchgeführt. Einer wurde verwundet und gefangengenommen. Drei weitere waren entkommen; einer von den Geflohenen mußte verletzt sein.

22 Tote, so besagt die Erklärung, seien gezählt worden – Amerikaner, Engländer, Italiener und Schweden. 25 Menschen, ebenfalls unterschiedlicher Herkunft, seien verwundet worden.

Auf einer Seite im Internet in Saudi-Arabien nahm die Organisation Al-Qaida die Verantwortung auf sich. Beobachter der saudiarabischen Internetszene sagten aus, daß Wochen zuvor Abdel Aziz al-Muqrin, der »Operationsdirector« der Al-Qaida in Saudi-Arabien, über das elektronische Medium eine Art Schlachtplan für Al-Qaida verbreitet habe. Das Ziel der Organisation sei der Sturz der königlichen Familie As-Saud.

Die Doppelstrategie der Al-Qaida

Innerhalb weniger Wochen entwickelte sich das Internet zum Propagandamedium der Organisation in Saudi-Arabien. Die Urheber der elektronisch eingespeisten Seiten waren vom Saudi-Geheimdienst nicht aufspürbar. Der Name Aziz al-Muqrin war nirgends aktenkundig, dem königlichen Geheimdienst war dieser Mann bis jetzt nicht aufgefallen. Ungestört konnte er seine Kriegsziele verkünden: »Zuerst wird die Arabische Halbinsel von allen Fremden befreit. Dann wird die Sippe As-Saud von allein Saudi-Arabien verlassen.«

Diese zwei Ziele hängen eng zusammen: Wenn die »Fremden« Saudi-Arabien verlassen, dann fehlen auf den Ölfeldern, an den Förderanlagen und den Pipelines und bei den Ölverladeeinrichtungen Ingenieure und Spezialarbeiter. Vorauszusehen ist, daß die Ölproduktion zusammenbricht. Das Resultat ist in einem derartigen Fall, daß die königliche Familie den Ölsektor des Königreichs nicht mehr beherrscht und damit die Macht auf der Arabischen Halbinsel verliert. Was dann geschehen wird, das wissen die Vordenker der Al-Qaida bisher nicht.

Rund 15 000 Amerikaner und 10 000 Engländer arbeiten in der saudiarabischen Ölindustrie. Sie sind konzentriert in den östlichen Provinzen des Königreichs – in den Ölregionen. Sie sind zumeist für die Firmengruppe Saud Aramco tätig, an der US-Konzerne beteiligt sind. Die Chefs der Aramco waren im Frühsommer 2004 beunruhigt über die Personalentwicklung: »Während eines Jahres sind 90 unserer Mitarbeiter ums Leben gekommen. Jetzt schon überlegen sich hauptsächlich junge Familien, ob es nicht Zeit ist, Saudi-Arabien zu verlassen. Schon ehe der Anschlag auf ›Oasis Residential Resort‹ erfolgt ist, haben sich 40 Familien zur Abreise entschlossen.«

»International Herald Tribune« berichtete am 4. Juni 2004 vom Exodus der Ölspezialisten aus Saudi-Arabien und den Hintergründen. Die US-Spezialisten waren in die Ölregion gekommen, weil sie die exzellente Bezahlung angelockt hatte. Das Einkommen ermöglichte es ihnen, Eigenheime in den USA zu erwerben und abzubezahlen; sie konnten Rücklagen für die Altersversorgung bilden; die Gehaltszahlungen gaben die Basis für die Finanzierung von Universitätsstudien der Kinder. Hinter den hohen Mauern der Wohnsiedlungen hatten sie Sicherheit verspürt. Sie waren ahnungslos, was »wahhabitische Lebensform« bedeuten konnte. Religion, Geschichte, soziale Bedingungen der Menschen Saudi-Arabiens kümmerten sie nicht. Selbstverständlich hielten die Amerikaner im »Oasis Residential Resort« die Irakpolitik der eigenen Regierung für richtig; sie kritisierten auch nicht die bedingungslose Unterstützung des israelischen Ministerpräsidenten Ariel Sharon durch Präsident Bush.

Doch mit der steigenden Hitze im Frühsommer 2004 veränderte sich für 15 000 Amerikaner die Grundlage ihrer Existenz im Königreich: Sie spürten, daß dieses Land nicht ihre Heimat war, daß sie bedroht waren. Schnell verbreitete sich die Nachricht, nur zwei Tage nach dem Überfall auf die Wohnsiedlung in Khobar seien US-Militärberater in Riyadh auf offener Straße angeschossen und verwundet worden. Die Folge: Von 260 Schülern der amerikanischen Schule der Ölorganisation Aramco erschienen am 2. Juni 2004 nur 55 zum Unterricht.

Zur Unsicherheit der ausländischen Ölspezialisten im Saudi-Königreich trug wesentlich bei, als bekannt wurde, daß die Einsatzleitung, die der Attacke auf »Oasis Residential Resort« ein Ende bereiten sollte, dieses Ergebnis durch Absprachen mit den »Terroristen« erzielt hatte: Im Verlauf der Nacht der Besetzung, als die Nichtmoslems getötet worden waren, hatten die »Terroristen« zu erkennen gegeben, daß sie das Gelände verlassen wollen. Zu dieser Zeit – es war 2.30 Uhr in der Frühe – befanden sich 80 saudiarabische Spezialpolizisten am Einsatzort. Ihnen wurde befohlen, die drei Männer, die abziehen wollten, nicht anzugreifen. Augenzeugen berichteten, die drei seien über einen hell erleuchteten Platz zu parkenden Autos gegangen. In einem der Kraftwagen seien sie dann am besetzten Checkpoint des Haupteingangs vorbeigefahren. Geschossen habe niemand. Unbehindert hätten sie die Autobahn nach Dammam erreicht.

Um zu vertuschen, daß die eigenen Spezialpolizisten die Flucht der »Terroristen« ermöglicht hatten, gaben die Behörden bekannt, die Flüchtigen hätten zu ihrem Schutz Geiseln mitgenommen. Diese Behauptung war falsch.

Der Zorn der amerikanischen Ingenieure auf den Ölfeldern über das Verhalten der saudiarabischen Verantwortlichen artikulierte sich lautstark: »Sie haben sie einfach laufen lassen! Das spricht sich unter ›Terroristen‹ sofort herum! Sie wissen jetzt, daß sie Entgegenkommen finden können!« Der Verlautbarung des Innenministeriums in Riyadh, zwei der Flüchtigen seien bei der Stadt Taif erwischt und erschossen worden, glaubte kaum jemand.

Beschäftigt mit Iran: Die US-Regierung schließt die Augen vor dem Problem Saudi-Arabien

»Associated Press« befragte am Tag nach der Attacke von Khobar die Libanesin Orora Nufal nach ihrem Erlebnis in jener Nacht. Sie berichtete: »Sie wollten mich ermorden. Dann sagte ich, meine Heimat sei der Libanon. Die Antwort der Terroristen: ›Du bist Araberin und Moslem! Wir töten nur Leute, die nicht Moslems sind! Wir töten die aus dem Westen!‹«

Der »wahhabitische Geist« ist noch voll wirksam in Saudi-Arabien. Vor mehr als 250 Jahren hat der islamische Prediger Mohammed Ibn Abdel Wahhab gefordert: »Diejenigen sind umzubringen, die sagen, Allah sei dreifaltig.« Mohammed Ibn Abdel Wahhab forderte das Bekenntnis: »Allah ist Al-Tawhid«. Gott ist eine unspaltbare Einheit!«

Dieser Lehrsatz findet sich heute in allen Schulbüchern des Königreichs – mit höchster Duldung durch die Familie As-Saud. Seit 25 Jahren kannten die Verantwortlichen des regierenden Hauses die Gefahr der Radikalisierung der von ihnen selbst geforderten wahhabitischen Ideologie – aber sie handelten nicht. Die amerikanischen Verbündeten wollten nicht erkennen, welcher Geist im Ölkönigreich herrscht. Ein Ereignis hätte sie aufschrecken können:

In der Nacht vom 20. auf den 21. November 1979 hatten ein Dutzend junger Männer die Große Moschee von Mekka besetzt. Angeführt wurden sie von einem, der sich »Mahdi« nannte – der Geleitete. Auch an diesen »Mahdi« erinnerte sich der schiitische Geistliche Sayyed Moqtada as-Sadr in An Nadschaf bei der Aufstellung der »Armee des Mahdi« im Jahr 2003.

Glauben die Schiiten an die Rückkehr des zwölften, des »entrückten« Imam, so sind viele Sunniten überzeugt, zu jeder Jahrhundertwende werde ein »Mahdi« erscheinen, der den Gläubigen den Weg ins neue Jahrhundert weise. Zu Beginn des 13. Jahrhunderts islamischer Zeitrechnung war ein »Mahdi« im Sudan aktiv gewesen: Ihm war am Oberen Nil die Gründung eines islamisch-theokratischen Staates gelungen – und er hatte Widerstand organisiert gegen die Engländer, gegen die »Fremden«. Im Jahr 1979 begann das 14. islamische Jahrhundert nach astronomischer Berechnung der Mondumlaufzeiten eben in jener Nacht vom 20. auf den 21. November. Überall in der arabischen Welt erinnerten sich Gläubige an das Wort des Propheten von der Ankunft des »Mahdi«.

In Saudi-Arabien lebte ein Mann, der überzeugt war, daß das »Ende der Zeiten« anbrechen werde. Sein Name: Juhaiman al-Otaibi. Er gehörte zum sehr alten Beduinenstamm der Otaiba, der immer als mächtig galt in den Oasen der Arabischen Halbinsel – bis im Verlauf des 19. Jahrhunderts der Stamm As-Saud durch Gewalt alle anderen Sippen unterwarf. Den Verlust von Souveränität und Autorität konnten die Sheikhs des Stammes Otaiba nie verwinden. Der Haß auf die As-Sauds lebte von Generation zu Generation weiter.

Die Otaiba-Sheikhs hielten die Prinzen der königlichen Familie As-Saud für unmoralisch und korrupt. Die Sheikhs wußten, daß in den Palästen von Riyadh das Verbot alkoholischer Getränke nicht beachtet wurde; sie kannten die Geschichten von sexuellen Orgien, an denen Frauen aus dem Westen, aus den christlichen Ländern beteiligt waren. Diesen »Sumpf der Sünde« auszurotten, das war die Vision der Otaiba-Sheikhs.

Juhaiman al-Otaibi gehörte zu den Visionären des Stammes. Er hatte sich geschworen, der Saudi-Herrschaft ein Ende zu bereiten. Er war durchdrungen vom »wahhabitischen Geist«, von den Ideen des Predigers Mohammed Ibn Abdel Wahhab, der im 18. Jahrhundert christlicher Zeitrechnung gelebt hatte. Juhaiman war entschlossen, den Islam auf seine Fundamente zurückzuführen, auf die Gläubigkeit, die der Prophet Mohammed vorgelebt hatte.

Zur Reinigung des Islam von allen »Verunreinigungen«, die den Glauben im Verlauf der Jahrhunderte befallen hatten, gehörte vor allem die Tilgung aller westlichen, christlichen Einflüsse. Der religiöse Aufbruch auf der Basis der Einstellung zu Leben und Glauben, die den Propheten Mohammed, den »Gesandten Allahs«, motiviert hatte, mußte in letzter Konsequenz zum Aufbau eines Gottesstaates im gesamten islamischen Bereich führen.

Juhaiman al-Otaibi war Sunnit, doch die Parolen, die von den Schiiten drüben über dem Persischen Golf verkündet wurden, waren ihm vertraut. Eine dieser Parolen, die Ayatollah Ruhollah Khomeini mit Vehemenz vertreten hatte, lautete: »Monarchien sind unislamisch! Könige haben zu verschwinden!«

In die Hand des jungen Mannes fiel ein Büchlein, das den Titel trug »Der wahre Islam«. Der Text stammte von Geistlichen der Cairoer Al-Azhar-Moschee. Sein Inhalt kritisierte schroff die Regierenden, die den Koran als Gesetzbuch Allahs mißachteten. Dieses Büchlein veranlaßte Juhaiman al-Otaibi rasch zu handeln. Ein günstiger Termin stand bevor: Der Anbruch des 14. Jahrhunderts islamischer Zeitrechnung. Sicher war, daß sich Tausende von Gläubigen im Hof der Großen Moschee von Mekka versammeln würden, um das Wiedererscheinen der Mondsichel am nächtlichen Himmel zu erleben – das Aufblitzen des Mondlichts, das Zeichen des Jahrhundertanbruchs.

Als der erwartete Augenblick gekommen war, sprach eine Stimme deutlich vernehmbar über die Lautsprecheranlage: Juhaiman al-Otaibi verkündete die Ankunft des »Mahdi«. Aus dem Dunkel trat ein anderer junger Mann, Abdallah Qahtani; er hatte sich zuvor überzeugen lassen, daß er von Allah auserwählt sei, den Gläubigen die Richtung ins neue Jahrhundert zu weisen und den von Geistlichen geführten theokratischen Staat auszurufen.

Juhaiman al-Otaibi präsentierte zwar den Mahdi, doch er ließ ihn nicht zu Wort kommen. Juhaiman erklärte, was der Mahdi erreichen wolle: Der »Geleitete« sei gekommen, um den Willen Allahs zu verkünden. Allah habe das Ende der Herrschaft der Familie As-Saud angeordnet. Kein König werde mehr über die Stämme der Arabischen Halbinsel herrschen. Das Wort Allahs regiere fortan.

Juhaiman war fest davon überzeugt gewesen, die Menge der Gläubigen, die zur Großen Moschee gekommen waren, würden in dieser besonderen Neujahrsnacht den »Mahdi« als den »Gesandten Allahs« in unserer Zeit begeistert begrüßen. Doch er mußte feststellen, daß die Gläubige in verwirrtem Erstaunen zurückwichen, daß viele zu den Toren drängten, um hinauszugelangen.

Wie jetzt festzustellen war, hatten Juhaiman und der »Mahdi« junge Männer in großer Zahl bei sich. Geschätzt wurde später, daß sich 400 männliche Mitglieder der Stämme Otaiba, Othman und Koraish im Moscheehof befanden, die an den »Mahdi« glaubten. Sie hatten weiße Tücher um den Leib geschlungen zum Zeichen, daß sie bereit waren, den Märtyrertod zu sterben. Juhaiman wies die Gläubigen an, die Moscheetore zu schließen. Die eigentlich zum Gebet Versammelten, waren nun seine Geiseln – die 400 Mahdi-Anhänger, das zeigte sich nun, waren bewaffnet.

Die saudiarabischen Sicherheitskräfte waren ratlos. Auch die königliche Familie As-Saud wußte nicht, was zu tun war. Die Verantwortlichen hatten nie mit einer Besetzung der heiligsten Stätte des Islam gerechnet. Sie hatten als selbstverständlich angenommen, daß die Große Moschee und die in ihrer Mitte befindliche Ka'aba – der Platz an dem der Prophet Mohammed gewirkt hatte – von allen Moslems respektiert werden.

Die Besetzung der Großen Moschee löste einen Schock aus in der gesamten islamischen Welt. Die Familie As-Saud war stolz darauf gewesen, sich als »Beherrscher der heiligen Stätten« titulieren zu dürfen. Jetzt war offenbar die Stabilität der königlichen Sippe erschüttert. Daß weder vom König noch von den Prinzen ein Wort der Erklärung zu hören war, steigerte die Verwirrung in den arabischen Ländern. Daß die Familie As-Saud die Besetzung der Moschee von Mekka nicht rasch beenden konnte, schädigte den Ruf der Regierenden in Riyadh in hohem Maße.

König Hussein von Jordanien hatte mit dem Herrscher von Saudi-Arabien ein Abkommen getroffen, das gegenseitige Hilfe in kritischer Zeit vorsah. Eine besondere Telefonlinie war eingerichtet worden, über die sich die Könige beider Staaten absprechen konnten, ohne daß die Gefahr bestand, abgehört zu werden. Am fünften Tag der Moscheebelagerung rief König Hussein den saudiarabischen König an, um ihm die Bereitstellung einer Spezialeinheit zur »Niederkämpfung der Terroristen« anzubieten. Doch in der Hauptstadt Saudi-Arabiens antwortete niemand. Erst nachdem der »Aufstand des Mahdi« niedergekämpft war, kam die Verbindung zustande. Auf die Frage, warum ihm niemand geantwortet habe, bekam Hussein zu hören, man habe wegen der Ereignisse keine Zeit gehabt, zu telefonieren.

Die Moscheebesetzer hatten sich schon lange zuvor darauf eingerichtet, das Heiligtum über Wochen und Monate in der Hand halten zu können: In den weitläufigen Katakomben unter der Großen Moschee – der Komplex ist unterkellert – bilden Gewölbe ein Netz von Gängen. Über Wochen hin hatte Juhaiman al-Otaibi leerstehende Kammern mit Kisten füllen lassen – sie waren in Särgen in die Moschee getragen worden. Niemand hatte bemerkt, daß diese Särge beim Hinweg zur Ka'aba schwerer gewesen waren als nach dem Totengebet beim Hinausweg. Die Moscheewächter hatten sich nicht darum gekümmert – sie waren Sympathisanten des »Mahdi, der da kommen wird«. In den Kisten, die in den Katakomben gestapelt waren, befanden sich Lebensmittel, Flaschen mit Mineralwasser – und Munition.

Juhaiman nutzte die Zeit, um über die Lautsprecheranlage der Großen Moschee die Anklage gegen das Haus As-Saud ertönen zu lassen: »Die Prinzen erregen den Zorn Allahs. Er wird sich gegen die Arabische Halbinsel wenden. Die Prinzen trinken Whisky. Sie holen sich Mädchen aus Deutschland und Frankreich. Sie kommen nicht zum Freitagsgebet in die Moschee. Sie kennen den Koran nicht!«

Die königliche Familie hatte längst begriffen, daß aus den Worten des Juhaiman al-Otaibi der »wahhabitische Geist« sprach. Die Erinnerung brach auf an Mohammed Ibn Abdel Wahhab, den Prediger, der vor mehr als zwei Jahrhunderten den Sheikh der Sippe As-Saud für die Rückkehr des islamischen Glaubens »zu den Fundamenten« hatte gewinnen können, zur Aktivierung der Grundsätze, nach denen der Prophet Mohammed gelebt, und die er gepredigt hatte. Der »wahhabitische Geist« war den Männern und auch den Frauen im Königreich durchaus vertraut. Wer zur Schule gegangen war, dem war er täglich in Worten vorgeführt worden: »Verachte die Fremden; mißachte die Christen; den Tod hat verdient, wer glaubt, Gott sei dreifaltig oder dreieinig.« Der »wahhabitische Geist« wird freitags in der Moschee gepredigt. Die Überzeugung steht im Mittelpunkt der Predigttexte, daß sich die Gläubigen streng an die Regeln und Gebote zu halten haben, die im Koran vorgeschrieben sind. Dabei wird besonders auf die Verhüllungsvorschriften für Frauen hingewiesen.

Mit jeder Predigt des Juhaiman al-Otaibi, deren Inhalt durch die Lautsprecheranlage der Moschee weit in die Stadt Mekka hinein getragen wurde, verdeutlichte sich die Kluft zwischen dem wahren »wahhabitischen Geist« und der laxen Auffassung der königlichen Familie, die nur vorgab, die strengen Glaubensvorschriften zu beachten.

Die Verantwortlichen der Sippe As-Saud mußten handeln. Doch die Sicherheitskräfte zögerten: Der Prophet Mohammed hatte den Gläubigen ausdrücklich untersagt, »im Schatten der Ka'aba zu kämpfen«. Der Familie As-Saud blieb schließlich nichts anderes übrig, als sich an erfahrene Antiguerilla-Spezialisten des Auslands zu wenden. Die französische Regierung hatte bereits mitgeteilt, daß sie bereit sei, entsprechende Hilfe zu leisten. König Khaled gab »schweren Herzens« die Erlaubnis, daß französische, das heißt nichtislamische, Fachleute der Terrorbekämpfung die heilige Stätte der Großen Moschee in Mekka betreten durften. Dem König zur Seite stand dabei der »Rat der Geistlichen«.

Der Kampf um die Große Moschee dauerte mehrere Tage. Der »Mahdi« und Juhaiman al-Otaibi verteidigten sich zuletzt in den Katakomben. Die Franzosen wandten schließlich Kampfgase an, um die Mahdi-Anhänger zur Aufgabe zu zwingen. Einige hundert Männer – die genaue Zahl wurde nie festgestellt – ergaben sich. Sie wurden auf öffentlichen Plätzen hingerichtet.

Auch diese blutigen Ereignisse am Jahresende des Jahres 1979 hatten die Aufmerksamkeit des US-Präsidenten und der Politiker und Offiziere im State Department und im Pentagon nicht auf die Verhältnisse in Saudi-Arabien lenken können. Iran befand sich damals im Visier der Politiker, der mit Öl befaßten Wirtschaftskreise und der

Strategen. Zehn Monate zuvor hatte Mohammed Reza Pahlawi, der Schah von Iran, sein Land verlassen müssen – seither regieren die Träger der »schwarzen Turbane«. Ayatollah Ruhollah Khomeini verkündete, er werde die von ihm geführte islamische Revolution über den Persischen Golf hinweg zur Arabischen Halbinsel exportieren.

Khomeinis Kampf gegen den »Satan USA« hatte begonnen. Am 4. November 1979, also 14 Tage vor der Besetzung der Großen Moschee in Mekka, hatten iranische Studenten in Teheran mit Billigung der höchsten Träger des »schwarzen Turban« die US-Botschaft gestürmt und besetzt. 53 amerikanische Geiseln befanden sich in ihrer Hand. Khomeini konnte spötteln: »Damit befinden sich die gesamten Vereinigten Staaten als Geiseln in unserer Macht!« Der Fall »Botschaftsbesetzung in Teheran« belastet bis zur Gegenwart das Verhältnis der Schiiten insgesamt zu den USA.

Immer wieder sind späte Nachwirkungen des iranischen Triumphes vom Herbst 1979 zu spüren. Ein Vierteljahrhundert danach ernannte der höchste geistliche Führer des Iran am 23. Mai 2004 Ezzatollah Zarghawi zum Fernsehdirektor. Zarghawi – inzwischen 45 Jahre alt – war als ganz junger Mann Anführer der Studenten gewesen, die das Botschaftsgebäude der USA besetzt hatten. Zarghawi lebt seither als hochgeachtete Persönlichkeit in Teheran. Die Schiiten triumphierten damals, daß eine geplante Geiselbefreiungsaktion durch Spezialtruppen der USA scheiterte. Schuld waren technische Mängel am Fluggerät. Acht Amerikaner starben beim Zusammenstoß zweier in der Funktion behinderter Hubschrauber. Erst am 26. Januar 1981 durften die Geiseln den Ort ihrer Gefangenschaft, die US-Botschaft in Teheran, verlassen. Präsident Jimmy Carter war soeben von Ronald Reagan abgelöst worden. Seit dieser Zeit ist die Botschaft der Vereinigten Staaten von Amerika in der iranischen Hauptstadt geschlossen – die USA und Iran unterhalten keine offiziellen diplomatischen Beziehungen mehr.

Die Interessen der USA im raschen Wandel

Der Schwerpunkt des Interesses der USA verlagerte sich auf Irak. Saddam Hussein wurde zum Verbündeten von Ronald Reagan im Kampf gegen die Expansionsgelüste der Träger des »schwarzen Turban« in Iran. Von Teheran bedroht waren Saudi-Arabien und Irak. Saddam Hussein und seine hochgerüstete Armee bot sich an, das Khomeini-Regime zu bekämpfen und zu stürzen. Alle Anstrengungen des Irak schlugen fehl. Zwar mußte Khomeini 1989 um Waffenstillstand bitten – doch die Theokratie Iran und die Herrschaft der »schwarzen Turbane« überlebten.

Die amerikanischen Interessen im Mittleren Osten verlagerten sich im August 1990 erneut. Nach Vorstellung des amerikanischen Präsidenten George Bush sen. hatte sich Irak in das Lager der »Bösen« dieser Welt eingereiht: Saddam Hussein hatte Kuwait überfallen. Saudi-Arabien genoß jetzt das Vertrauen der USA – bis zum 11. September 2001. Die Entdeckung, daß das Terrornetzwerk Al-Qaida seinen Ursprung im saudiarabischen Wahhabismus hatte, weckte die Verantwortlichen im State Department und im Pentagon aus dem Zustand der Blindheit gegenüber Saudi-Arabien. Das königliche Regime der Sippe As-Saud bekam zu spüren, daß es die USA enttäuscht hatte. Ins Blickfeld der Regierenden in Washington rückte erneut Irak: Saddam Hussein hatte zu verschwinden, ein demokratisches Regime sollte den Diktator ersetzen. Doch die Mehrzahl der Iraker sind Schiiten – die US-Demokratie gefällt ihnen nicht. Sie zieht Allah nicht ins Kalkül.

Die Amerikaner verlieren an Überzeugungskraft: Die Bilder aus dem Gefängnis Abu Ghoraib belasten jede Aktion der Amerikaner. Auf die Fläche einer Mauer in As-Sadr City im schiitischen Teil von Baghdad sind in freier künstlerischer Gestaltung in Farbe die Folterbilder aufgemalt. Davor spielen Heranwachsende im Alter von 12 und 14 Jahren. Sie sind vertraut mit dem brutalen Geschehen, das die USA zu verantworten haben. Ihr Idol ist Sayyed Moqtada as-Sadr.

Doch eine andere Organisation versucht, die jungen Schiiten in ihren Bann zu ziehen.

Die »At Thulfiqar-Armee« gegen die »Armee des Mahdi«

»At Thulfiqar«, so wird von schiitischen Historikern berichtet, sei das Schwert des Ali gewesen, des ersten Imam. Zur notwendigen zeitlichen Einordnung: Ali Ibn Abu Talib war um das Jahr 600 n. Chr. in Mekka geboren worden. Zum Märtyrer wurde er am 24. Januar 661 n. Chr.

Das Schwert »At Thulfiqar« hat sich in Alis Hand bei der »Schlacht von Badr« bewährt. Ali sei damals vom Propheten Mohammed befohlen worden, den Gegner zu einem Zweikampf herauszufordern. Berichtet wird, es habe nicht lange gedauert, da sei Ali durch das Schwert »At Thulfiqar« Sieger gewesen. Sein Schwert habe den Gegner wie von selbst mit scharfen Hieben getroffen und getötet. Das »At Thulfiqar« galt fortan als heiliges Schwert. Ali habe es auch bei sich getragen als er in Kufa einem Attentat zum Opfer fiel.

Der Name dieses Schwertes wurde im Jahr 2004 zum Symbol einer kleinen schiitischen Kampforganisation, die verhindern wollte, daß Sayyed Moqtada as-Sadr zum Repräsentanten aller Schiiten an Euphrat und Tigris wird. Ein Unterschied im politischen Programm bestand nicht zwischen den Ideen der »Armee des Mahdi« und den Ideen der »At Thulfiqar-Armee«. Der Konflikt, der sie trennte, bestand allein im jeweiligen Anspruch, die Kontrolle über sämtliche Schiiten auszuüben. Anfang Mai 2004 versuchte sich »At Thulfiqar« in An Nadschaf mit der Waffe durchzusetzen.

Es war der Augenblick, da der Muezzin der Imam-Ali-Moschee zum Abendgebet rief, als ein dunkelblaues Auto des Fabrikats Volvo unmittelbar beim Heiligtum scharf abbog. Die drei Insassen feuerten auf eine Gruppe von Bewaffneten, die einen Checkpoint besetzt hielten. Die Schützen leerten ihre Magazine – keiner der Getroffenen überlebte. Die Toten hatten zur »Mahdi-Armee« gehört, die Schützen zur Armee »At Thulfiqar«. Anderen Kämpfern des Moqtada as-Sadr gelang es, den Volvo zum Halten zu bringen. Sie töteten einen der Schützen, die zwei anderen wurden gefangengenommen. Bemühungen der Männer des Sayyed Moqtada die beiden zu Aussagen über ihre Kommandeure zu zwingen, blieben erfolglos. Sie schwiegen – auch bei brutaler Behandlung.

Die »At Thulfiqar-Armee« konnte ihre Befehlsstruktur und ihre Kampfstärke weiterhin verschleiern. Ihr Ziel hatte sie Tage zuvor offengelegt – Flugblätter waren in An Nadschaf verteilt worden. Auf ihnen war die Parole zu lesen: »Die ›Armee des Mahdi‹ wird hiermit aufgefordert, An Nadschaf auf der Stelle zu verlassen. Jeder, der hier noch angetroffen wird, stirbt durch unsere Hand!«

Die Gefolgsleute des Sayyed Moqtada as-Sadr reagierten sofort mit Gegenpropaganda: »Die Organisation ›At Thulfiqar‹ ist von den Amerikanern in die Welt gesetzt worden. Sie ist vielleicht überhaupt nur eine Propaganda-Erfindung der Besatzungsmacht, um in An Nadschaf Unsicherheit zu verbreiten. Die Macht gehört der ›Mahdi-Armee‹!«

Niemand glaubt daran, daß »At Thulfiqar« tatsächlich eine wichtige politisch-militärische Kraft darstellt. Doch ihre Stärke liegt darin, daß einige der einflußreichen schiitischen Geistlichen keine Sympathie für den Senkrechtstarter empfinden, der zwar einer anerkannten Gelehrtenfamilie entstammt, der jedoch den »schwarzen Turban« seiner Genealogie verdankt. Der Sayyed Moqtada as-Sadr konnte eben nicht nachweisen, daß er eine »Schule« der theologischen Gelehrsamkeit aufgebaut hatte; »Schüler« hatte er keine um sich – seine Umgebung bestand aus entschlossenen Kämpfern.

Mancher der schiitischen Bewohner von An Nadschaf wäre im Frühsommer 2004 froh gewesen, wenn er den Abzug der »Mahdi-Armee« hätte erleben können. Die »Mahdisten« traten rigoros auf: Sie requirierten auf den Straßen Mobiltelefone; sie plünderten Läden, die Artikel von auch nur geringem Luxus anboten. Die Kämpfer übten Privatrache aus: Sie verhafteten Männer, die ihnen persönlich mißfielen unter dem Vorwand, sie seien Spione im Dienste der Amerikaner. Die Verhafteten verschwanden für immer.

In einzelnen Sippen in und um An Nadschaf entwickelte sich Hoffnung, der »At Thulfiqar«-Truppe könnte es gelingen, tatsächlich die »Mahdi-Armee« aus der Stadt zu jagen. Gerade weil »At Thulfiqar« nicht preisgab, wer sich hinter Führung und Mannschaft verbarg, wurde dieser »Armee« viel zugetraut. Das Gerücht ging um, »At Thulfiqar« sei ein Ableger der »Al-Badr-Brigade«, die Anweisungen des Großayatollahs Ali Husaini as-Sistani befolgte.

Der Intelligente unter den Trägern des »schwarzen Turban«

Der Name »Al-Badr-Brigade« ist von As-Sistani mit Bedacht gewählt worden – er erinnert an die Schlacht von Al-Badr. Im Leben des Propheten Mohammed war diese Schlacht an der Wasserstelle von Al-Badr von großer Bedeutung. Sie war ein Höhepunkt der Auseinandersetzung zwischen den Bewohnern von Mekka auf der einen Seite, die Mohammeds Anspruch, er sei der »Gesandte Allahs« ablehnten – die meisten von ihnen waren jedoch Mohammeds Verwandte – und den Bewohnern Medinas auf der anderen Seite. Diese Stadt im Norden von Mekka hatte sich zur Basis der islamischen Glaubensbewegung entwickelt.

Der achten Koransure ist andeutungsweise zu entnehmen, daß Allah die Schlacht von Al-Badr dadurch entschieden hat, daß er Tausende von Engeln der Truppe des Propheten Mohammed zu Hilfe geschickt hat. Der Name »Al-Badr-Brigade« erweckt in den Gläubigen die Assoziation, daß Allahs Engel der Truppe in der Gegenwart beistehen werden.

Eine Überlieferung ist im Zusammenhang mit der Schlacht von Al-Badr besonders bedeutungsvoll. Als diese Schlacht begann, hat der Prophet Mohammed verkündet: »Jeder der standhaft gegen den Feind kämpft, mit dem Blick nach vorn und ohne zurückzuweichen, der wird, wenn er den Tod erleidet, von Allah sofort ins Paradies eingelassen.«

Die »Al-Badr-Brigade« hat sich in An Nadschaf und Kerbela der »Armee des Mahdi« in den Weg zu stellen versucht. Gefechte endeten in den ersten Monaten des Jahres 2004 unentschieden.

Der programmatische Unterschied zwischen der »Al-Badr-Brigade« und der »Armee des Mahdi« besteht darin, daß Sayyed Moqtada as-Sadr die Macht für die Schiiten fordert, ohne dafür durch Wahlen eine Legitimation errungen zu haben. Ali Husaini as-Sistani aber will durch Volkswahl das Parlament als Basis für die legale Machtübernahme der Schiitenführung schaffen. Sayyed Moqtada hält den Umweg über die Demokratie für überflüssig.

Am 19. Januar 2004 demonstrierte der Großayatollah seine Macht: 100 000 Schiiten waren zum Khulaniplatz in Baghdad gekommen, um von dort aus in langsamem Zug zur Mustansiriyah-Universität zu ziehen. Diese Universität hat in der Geschichte des Irak häufig wichtige Ereignisse erlebt: Die Opposition junger Iraker gegen Saddam Hussein manifestierte sich hin und wieder in diesem weitläufigen Bau. Einmal ist Tariq Aziz, der Vertraute des Chefs der Baath-Organisation, mit Glück einem Attentat entronnen.

Der Großayatollah Ali as-Sistani zeigte, daß er anscheinend keine Furcht hatte vor einem Anschlag, der durchaus nicht auszuschließen war. Ein Selbstmordattentat auf dem Gelände der Mustansiriyah-Universität hätte in das Konzept des Moqtada as-Sadr passen können: Der Geistliche, der noch immer die höchste Anziehungskraft auf die schiitischen Massen des Irak besaß, wäre aus dem Weg geräumt worden.

Der Marsch vom Khulaniplatz zur Mustansiriyah-Universität blieb verschont von dramatischen Ereignissen. Die 100 000 Männer – nur wenige Frauen waren im gewaltigen Demonstrationszug zu entdecken – brüllten mit Kraft die Worte: »Das gesamte Volk steht auf deiner Seite, o Sistani!« Der Großayatollah blieb der Demonstration allerdings fern, doch zehntausendfach war sein Bild zu sehen: ein bleiches Gesicht, das von dunklen Augen beherrscht wird. Der »schwarze Turban« und der weiße Bart bildet einen starken Kontrast.

Umrahmt war das Sistani-Porträt jeweils von zwei Bildern in gleicher Größe: Sie stellte die Märtyrer Ali und Husain dar, die während der ersten Generationen der »Schiat Ali« ihr Leben durch Gegner verloren haben, die später »Sunniten« genannt wurden. Die zwei Bilder, hundertfach im Demonstrationszug des 19. Januar 2004 mitgeführt, sollen bezeugen, daß die Kraft und der Wille des Ali (ermordet 661 n. Chr.) und des Husain (ermordet 680 n. Chr.) bei Kerbela bis heute Leben und Vision der Schiiten bestimmen.

Der Termin 19. Januar 2004 war gut gewählt für die öffentliche Präsentation der schiitischen Stärke: An jenem Tag traf eine irakische Delegation in New York ein zu Verhandlungen über die Zukunft des Staates an Euphrat und Tigris. Die US-Regierung hatte zu erkennen gegeben, daß sie über Veränderung ihrer Politik nachdachte.

Bis zu diesem Zeitpunkt waren Präsident George Bush jr., die Sicherheitsberaterin Condoleezza Rice und Verteidigungsminister

Rumsfeld einhellig der Meinung gewesen, der Irak müsse von einem amerikanischen Hochkommissar geführt werden. Als Beispiel schwebte ihnen General Douglas McArthur vor, dem es nach dem Zweiten Weltkrieg gelungen war, das auf den gottähnlichen Tenno fixierte japanische Volk zur Demokratie zu führen. Doch keiner der amerikanischen Generäle des Irakkriegs – weder Tommys Franks noch Jay Garner – besaßen die politischen Fähigkeiten des Befehlshabers McArthur. Die Regierenden in den USA begriffen nach und nach, daß die Situation militärisch allein nicht in den Griff zu bekommen war.

Seit der Verkündung des »Kriegsendes« im Frühjahr 2003 hatte sich Präsident Bush geweigert, die Organisation der Vereinten Nationen in die Zukunftsplanung für den Nahen Osten einzubeziehen. Jetzt aber, da es sich erwies, daß die USA immer stärker zum »Feind« der Iraker insgesamt wurden, sollten die Vereinten Nationen helfen. Die Amerikaner hatten sich die Geistlichkeit der Sunniten und die Träger des »schwarzen Turban« zu Gegnern gemacht. Die Anhänger des Großayatollah Ali as-Sistani beendeten am 19. Januar 2004 ihre Huldigung für As-Sistani mit dem gewaltigen Ruf: »Wir haben genug von Amerika!«

Die Großdemonstration an der Baghdader Mustansiriyah-Universität galt der Vorbereitung der Meinungsäußerung des Großayatollahs selbst. Sie erfolgte am 26. Februar 2004 in der heiligen Stadt An Nadschaf. Jetzt wurde das Ziel deutlich. »Wir wollen, daß das irakische Volk durch eine Wahl über seine Zukunft entscheidet. Sie muß vor Abschluß des Jahres 2004 stattfinden. Wenn der Wahltermin abgesichert ist, steht der Einsetzung einer Übergangsregierung nichts im Wege. Sie kann ihr Amt am 30. Juni 2004 übernehmen.«

Die Funktion dieser Übergangsregierung ist von eingeschränkter Souveränität bestimmt: »Die Mitglieder sind nicht gewählt. Ihre Aufgabe besteht darin, die amerikanische Zivilverwaltung abzulösen und Wahlen vorzubereiten. Die Übergangsregierung ist nicht berechtigt, Entscheidungen zu treffen, die eine spätere gewählte Regierung binden.«

Ali as-Sistani, der Träger des »schwarzen Turban«, zeigte Bereitschaft, Zugeständnisse zu machen, wenn nur die »Amerikaner rasch das Land verlassen«. Mit jedem Tag, so meinte er im Frühjahr 2004, bestehe die Gefahr, daß die Besatzungsmacht durch »unverhältnismäßig unmenschliche Maßnahmen« dem irakischen Volk Schaden zufügen würde – der Großayatollah sprach in diesem Fall auch im Namen der Sunniten.

Kaum hatten die »Folterbilder« aus dem Gefängnis Abu Ghoraib Sunniten und Schiiten geschockt und empört, da hatten die Iraker Grund, gegen das »Hochzeitsmassaker« zu protestieren: Das kleine sunnitische Dorf Mak ad Dib in der Nähe der Grenze zu Syrien war von Hubschraubern aus mit Raketen beschossen worden. Frauen, Männer und Kinder waren getötet worden.

Der amerikanische Brigadegeneral Mark Kimmit versuchte, den Raketenangriff zu rechtfertigen: »Wir haben Terroristen gejagt. 40 der Verbrecher sind getötet worden. Wir haben uns strikt an die Kampfregeln gehalten.«

Die Nachrichtenagentur AP besitzt Videomaterial, das die Aussage des US-Generals widerlegt. Zu sehen sind entsetzlich verstümmelte Leichen. Unter den Toten befinden sich 15 Kinder und zehn Frauen. Die Bilder, die nicht zu widerlegen sind, steigerten in Städten und Dörfern den Zorn auf die Amerikaner. Daß Brigadegeneral Mark Kimmit behauptet, ein Mobiltelefon, das im Dorf Mak ad Dib gefunden worden sei, beweise doch, daß die Bewohner Verbindung zu den Terroristen gehalten hätten, wird als Anzeichen amerikanischer Arroganz eingeschätzt.

Von amerikanischer Arroganz sprach vor allem Großayatollah Ali as-Sistani. Dieser Träger des »schwarzen Turban« weigerte sich beharrlich, den Zivilverwalter Paul Bremer zu empfangen. Mehrfach hat der US-Beamte, der an Stelle des ursprünglich vorgesehenen militärischen Hochkommissars in Baghdad residiert, Botschaften nach An Nadschaf geschickt, die dringende Bitten um ein klärendes Gespräch enthielten. As-Sistani will die Position von Paul Bremer nicht aufwerten. Der Großayatollah hat einen Geistlichen seines Vertrauens in den »Governing Council« entsandt; dieses Gremium ist eingerichtet worden, um eine Kontaktstelle zu schaffen zwischen dem Zivilverwalter und möglichen politisch wirksamen Kräften des irakischen Volkes. Der Name der Vertrauensperson des Großayatollah: Ibrahim al-Dschafari – er ist der führende Kopf der islamischen Partei »Dawa«. Sein Auftrag lautet präzise: »Es darf nicht geschehen, daß die Amerikaner darüber bestimmen können, wer künftig unser Land regiert – ›no american-picked government‹!« Der Großayatollah fürchtet, Paul Bremer könnte Personen finden, deren Denken und Handeln den Amerikanern genehm sind.

1931 ist Ali as-Sistani geboren worden – in Meshed, der iranischen heiligen Stadt. Er ist einer der hohen schiitischen Geistlichen, denen zeitweise vorgeworfen wird, sie gehörten überhaupt nicht ins Land um Euphrat und Tigris – sie seien Fremde und verfolgten iranische Interessen. Zur Zeit von Saddam Hussein war dieser Vorwurf besonders oft und deutlich zu hören. Der Umzug von Meshed nach An Nadschaf erfolgte, als As-Sistani 20 Jahre alt war. Zu dieser Zeit hatte er sich bereits 15 Jahre lang mit dem Studium des Koran beschäftigt. Er war der Lieblingsschüler des Großayatollah Abu al-Qassim al-Khu'i, der damals stark unter sunnitischem Druck zu leiden hatte.

Seit damals wohnt As-Sistani in einer engen Gasse der Altstadt von An Nadschaf – sie kann nur von Eselskarren befahren werden. Einfache Läden bilden die Nachbarschaft, keine Spur von Luxus ist zu erkennen. Wächter versperren den Eingang des Hauses, das As-Sistani über Monate hin nur zum Gang in die Ali-Moschee verläßt. Dieser Träger des »schwarzen Turban« sucht den Kontakt zu den Gläubigen nicht – er wird von ihnen gebeten, empfangen zu werden. Seine Anweisungen stoßen auf offene Ohren.

Besonders beachtet werden seine Ansichten, die das Thema »Demokratie« betreffen. As-Sistani sagt: »Seit fast 70 Jahren studiere ich den Koran. Das Wort ›Demokratie‹ habe ich darin nicht gefunden. Genauso lange befasse ich mich mit dem Islam. Nirgends ist mir der Begriff ›Demokratie‹ begegnet. Dennoch lehne ich ›Demokratie‹ nicht grundsätzlich ab.« Er glaubt, daß er die Mehrheit des irakischen Volkes hinter sich hat – die Schiiten. Diese Mehrheit soll ihm die Macht im Irak verschaffen. Ob er selbst in der Exekutive der Mächtige sein will, ist zweifelhaft. Sein Lehrer, Abu al-Qassim al-Khu'i hatte gesagt: »Der Geistliche soll sich aus der aktuellen Politik fernhalten.«

Der Großayatollah zieht insgeheim die Fäden der irakischen Politik. Aussöhnung mit den USA hält er nach den Vorfällen im Gefängnis Abu Ghoraib für unmöglich. As-Sistani zitiert eine Aussage des deutschen Außenministers Joschka Fischer: »Eine dunkle Wolke liegt über der moralischen Glaubwürdigkeit der Vereinigten Staaten von Amerika. Die Wolke wirkt sich auf alle westlichen Staaten aus.«

Wer mit den USA in Verbindung gebracht wird, gerät ins Visier der islamischen Organisationen, deren Chefs der Meinung sind, sie müßten Rache üben für die Vorfälle im Gefängnis Abu Ghoraib.

Das Haupt der schiitischen Bewegung »Dawa« wird erschossen

Abdul Zahraa Othman war der Vorsitzende des Iraqi Governing Council, der Übergangsregierung, die vom US-Zivilverwalter eingesetzt worden war. Wer lesen konnte in Baghdad und wer interessiert am geistigen Leben war, der kannte diesen Mann unter dem Namen Izzedin Salim. Er war Schriftsteller und Philosoph. Seine Schriften waren stark beeinflußt von seiner schiitischen Überzeugung. Er hatte sich der Schiiten-Bewegung »Dawa« als Sprecher zur Verfügung gestellt und war deren wortgewaltigster Redner.

Als von US-Zivilverwalter Bremer ein Mann von Intelligenz und sprachlichem Talent gesucht worden war, um der Übergangsregierung Leben einzuhauchen, fiel die Wahl auf Izzedin Salim. Der Schiit besaß kaum Gegner im »sunnitischen Dreieck« des Irak. Er bestand nicht darauf, daß seine Glaubensbrüder ohne die Macht teilen zu müssen, das Land an Euphrat und Tigris beherrschten. Was ihm vorgeworfen wurde, war, daß er Bremers Handlanger war – für einen Schiiten redete Izzedine Salim zu häufig von den Vorteilen der Demokratie im westlichen Sinne.

Am Morgen des 17. Mai 2004 hielt der Konvoi gepanzerter Personenwagen, der den Vorsitzenden des Iraqi Governing Council zu dessen Dienstsitz zu bringen hatte, in der Nähe des US-Hauptquartiers in Baghdad an einem Checkpoint. Am Straßenrand standen wie immer geparkte Fahrzeuge. Eines dieser Autos detonierte, als der Wagen des designierten irakischen Regierungschefs nach einer mühsamen »stop- and go-Fahrt« zum US-Hauptquartier abbiegen wollte. Die Wucht der Explosion zerriß Salims Fahrzeug – trotz massiver Panzerung. Die Insassen, Salim, sein Assistent und sein Fahrer, waren sofort tot. Sechs irakische und zwei amerikanische Wachposten erlitten schwere Verwundungen.

Unmittelbar nach dem Anschlag erschien auf Bildschirmen Baghdader Computer eine Website, die zuerst von »Associated Press« entdeckt wurde. Darin bekannte sich die Organisation »Arab Resistance Movement« zur »Hinrichtung« des Izzedin Salim, mit der Begründung: »Er war ein Verräter und ein Söldner der Amerikaner.« Paul Bremer war, wie er sagte, schockiert vom Tod des Irakers, dem er vertraut hatte: »Es war ein grausamer Schlag! Wir werden diejenige bestrafen, die verantwortlich dafür sind!«

Doch die Täter blieben verborgen. Brigadegeneral Mark Kimmit, der amerikanische Kommandeur im Irak, mußte eingestehen, daß seine Fahnder keinen Ansatzpunkt für die Suche nach den Attentätern besaßen. Der Brigadegeneral hatte einen Verdacht: »Manches weist darauf hin, daß Al-Qaida dahinter steckt.« Eines glaubte Mark Kimmit sicher zu wissen: »Es war ein Selbstmordattentäter!«

Der König von Jordanien macht einen gewagten Vorschlag

Einen Tag nach dem Anschlag auf Izzedine Salim brach König Abdallah sein Schweigen, das monatelang angedauert hatte. Getrieben von der Sorge, das Nachbarland Irak könne im Chaos eines religiös motivierten Bürgerkriegs untergehen, machte der Monarch einen Vorschlag, der die gängige Beurteilung des Saddam-Regimes auf den Kopf stellte: »Die Rettung des Irak ist nur möglich, wenn eine Persönlichkeit aus der Reihe der engen Anhänger des Saddam Hussein das Land führt. Ich kann mir vorstellen, daß einer seiner Generäle die Funktion des Staatschefs übernimmt. Die Männer aus der Umgebung des Saddam sind erfahren im Umgang mit dem Volk. Da gibt es harte Burschen, die durchgreifen. Einer von ihnen ist in der Lage, dieses Volk zusammenzuhalten.«

Deutlicher werden konnte König Abdallah nicht. Er wollte, daß seine Worte so interpretiert werden: Das irakische Volk droht in Sunniten und Schiiten auseinanderzubrechen. Diese Entwicklung kann allein eine starke Persönlichkeit, die von Saddam Hussein gelernt hat, verhindern.

Mit der Äußerung dieses Gedankenganges kannte der jordanische Monarch die größte Leistung des Baath-Regimes unter Saddams Führung an: Der Diktator in Baghdad hatte den Zusammenhalt des irakischen Volkes gewährleistet. Unausgesprochen blieb das Fazit: Die Zeit der Herrschaft des Sunniten Saddam Hussein war besser für die Gesamtheit des Irak und damit der arabischen Nation als das Chaos der Gegenwart. Saddam Hussein fehlte! Solange er sich in den Händen der Amerikaner befand, mußte ein mit Saddam vergleichbarer Ersatz gefunden werden.

König Abdallah empfahl dem US-Präsidenten dringend, die Politik der »Entsaddamisierung« aufzugeben. Persönlichkeiten, die zu Saddams Clique gehört haben, sollten nicht länger diffamiert werden. König Abdallah forderte, die US-Verwaltung des Irak möge sobald als nur möglich den gefangenen Saddam in irakische Hände übergeben. Als Kenner der Situation in Baghdad weiß der Monarch, daß es dem Clan der Saddam-Anhänger gelingen wird, ihrem Idol erneut zu Einfluß und Macht zu verhelfen.

Befragt, welchen General der Saddam-Armee er zunächst für die Machtübernahme vorschlagen würde, antwortete Abdallah zögerlich. Einen Namen wollte er nicht nennen. Dann aber sagte er: »Ich kenne Generäle, die im Irak-Iran-Krieg gekämpft haben und dabei hart geworden sind. Einer von denen kommt in Frage.«

Die neuen Herren sehen wie die alten aus

Die »Schnurrbartbande« wird sie genannt, die Gruppe derer, die im Frühsommer 2004 mehr und mehr zu bestimmen haben in Städten und Dörfern an Euphrat und Tigris. Sie legen Wert darauf, so auszusehen, wie Saddam Hussein zu seinen besten Zeiten: Wichtig ist der gepflegte Oberlippenbart. Durch ihn unterscheiden sich die neuen Herren des Irak von den Männern, die bei den Schiiten einflußreich sind – die glauben, die Herrschaft über das Volk des Irak stehe ihnen zu. Die Grundlage des Gefühls der Überlegenheit ist die Gewißheit, daß die Mehrzahl der Iraker der schiitischen Glaubensrichtung angehört. Die Träger des »schwarzen Turban« sehen mit Mißvergnügen, daß die Zahl derer, die stolz sind auf ihren Schnurrbart, immer größer wird.

Im Juni 2004 ist diese Meinung weitverbreitet in Baghdad: Die neue Regierung unterscheidet sich nicht von der früheren. Wer den Schnurrbart trägt, der schwimmt auf einer aktuellen populären Woge mit. König Abdallah von Jordanien hat diese Strömung deutlich erkannt, wenn er verkündet, nur einer der »harten Generäle« des Saddam Hussein könne den Irak aus seiner Misere retten.

Die Tendenz zur »Restauration früherer Verhältnisse« ist als Reaktion zu sehen auf den Druck, den US-Zivilverwalter Paul Bremer auf Personalentscheidungen des Iraqi Governing Council ausübte. Die »International Herald Tribune« vom 1. Juni 2004 zitiert das Ratsmitglied Mahmud Othman, das die Situation mit wenigen Worten umreißt: »Die Amerikaner drängen uns ihre Entscheidungen auf – und wir versuchen, diese Entscheidungen abzulehnen.« Mahmud Othman spottet: »Das ist die Souveränität, die sie uns zugestehen!«

Am wechselseitigen Druck ist der Schiit Hussein al-Sharistani gescheitert, den Paul Bremer für den Posten des Ministerpräsidenten vorgesehen hatte. Sharistani ist Atomwissenschaftler und ein Schiit, in dessen politischer Überzeugung schiitische Traditionen nicht die bestimmende Funktion besitzen. Daß er Paul Bremer genehm war, führte zur Ablehnung seiner Kandidatur durch Sayyed as-Sistani, den prominentesten Träger des »schwarzen Turban« im Irak.

Der nächste Vorschlag für den Posten des Ministerpräsidenten kam direkt aus dem Weißen Haus: Präsident Bush nannte Iyad Allawi – und machte zugleich deutlich, daß er vom Iraqi Governing Council Zustimmung erwarte. Diesmal waren den Vertretern der Sistani-Richtung die Hände gebunden. Sie akzeptierten Iyad Allawi, obgleich ihnen bewußt war, daß dieser Kandidat enge Beziehungen zur CIA unterhält.

Dieser Zwang zur Nachgiebigkeit führt dazu, daß der Iraqi Governing Council bei der Durchsetzung einer Persönlichkeit für das Amt des irakischen Staatsoberhaupts hartnäckig blieb. Paul Bremer bevorzugte Adnan Patschatsch, eine 81jährige farblose Persönlichkeit. Die Mehrheit der Mitglieder des Iraqi Governing Council aber einigte sich auf Ghasi Adschil al-Dschawar, dessen Gesicht vom Schnurrbart geprägt ist.

Daß er Anhänger von Saddam Hussein war, kann Al-Dschawar nicht nachgesagt werden. Er hat 15 Jahre lang im Exil gelebt – in

Saudi-Arabien. Seine Kontakte zum Haus As-Saud sind exzellent. Dies ist schon in seiner Kleidung bemerkbar: Al-Dschawar trägt das traditionelle weiße Hemd der Beduinenstämme, das von Haupt bis zu den Knöcheln reicht.

Die Sunniten sind überzeugt, er gehöre zu ihnen. Das ist sein Problem: Er ist vom Vorurteil belastet, die Sunniten hätten allesamt Saddam Hussein unterstützt. Also auch er. Sein Stamm Asch Shammar, so sagt er, habe nie zu den Saddam-Getreuen gehört, schließlich bestehe Asch Shammar auch aus schiitischen Großfamilien. Da er der Sheikh dieses Stammes ist, befindet er sich in einer Zwitterposition: Er trägt Verantwortung für Sunniten und Schiiten. Dieser Umstand kann für ihn von Vorteil sein. Daß er in Gefahr lebt, ist ihm bewußt. Mit dem Schutz seiner Person sind amerikanische Leibwächter betraut.

Lange im voraus wird der Termin der Übernahme der Macht an Euphrat und Tigris geplant. Der Wechsel von der US-Zivilverwaltung zu Adschil al-Dschawar ist für den 30. Juni 2004 vorgesehen. Daß viele Iraker diesen Wechsel verhindern wollen, ist am Zustand des Landes abzulesen.

Zwölf Tage zuvor, am frühen Morgen, standen 200 junge Iraker vor einem Barackenkomplex des früheren Stadtflughafens Muthenasa im Baghdad in einer Schlange. Sie waren gekommen, um ihre Bewerbung abzugeben für die Aufnahme in die neugeschaffenen irakischen Polizeieinheiten. Um 8.50 Uhr fuhr ein Kleintransporter an die Menschenschlange von der Seite heran. Plötzlich ein Feuerblitz. Eine Druckwelle wirbelte die Menschen durcheinander, ein Knall erschütterte die Luft. 35 der jungen Männer waren sofort tot. Die Zahl der Verletzten war nicht festzustellen. Die Krankenhäuser von Baghdad waren nach dem Anschlag schnell am Rand ihrer Aufnahmekapazität angelangt. Das Schicksal der jungen Iraker, die Opfer der Detonation geworden waren, wirkte auf viele als warnendes Signal: Die Zahl der Bewerber um Aufnahme in die von den Amerikanern befehligten Sicherheitskräfte verringerte sich deutlich.

Die US-Kommandeure sahen sich gezwungen, die Aufnahmesperre für Mitglieder der einstigen Elitetruppe des Saddam Hussein aufzuheben – besonders gesucht sind fortan Offiziere und Mannschaften der »Republikanischen Garde«. Wer dieser Einheit angehört hatte, fand nun bevorzugt Aufnahme in den irakischen Polizeidienst. Die Ehre der Truppe der »Getreuen des Saddam« war damit wiederhergestellt – rehabilitiert waren diejenigen, die sich den Schnurrbart nie abrasiert hatten.

Moqtada as-Sadr: »Überzieht die Amerikaner und ihre Verbündeten mit Terror!«

Der Jüngste unter den Trägern des »schwarzen Turban« predigte zu dieser Zeit am intensivsten den Haß auf die Besatzungsmacht. In der Moschee von Kufa erhielten seine Anhänger diese Anweisung: »Es hat keinen Sinn, daß ihr auf der Straße gegen die Amerikaner demonstriert. Damit ist nichts zu erreichen. Der Kampf muß auf einer anderen Ebene stattfinden. Wir leiden unter dem Terror der Amerikaner. Es bleibt uns nichts anderes übrig, als die Amerikaner mit Terror zu überziehen!«

Diese Worte lösten Begeisterung und Jubel aus – auch wenn keiner der Zuhörer begriff, was wirklich von ihm erwartet wurde.

Die Direktiven wurden von Männern gegeben, die verborgen blieben. Ihre Anweisungen erfolgten über Internet: »Wir führen den Heiligen Krieg, bis die Ungläubigen aus unserm Land verschwunden sind. Wir haben das Ziel, Iyad Allawi, den sogenannten Ministerpräsidenten zu töten, wie wir seinen Vorgänger Izzedin Salim getötet haben. Der Heilige Krieg wird solange geführt, bis die Verräter an unserem Volk ausgetilgt sind.«

Am Tag, als diese Drohung ausgesprochen wurde, fanden amerikanische Soldaten den Leichnam des Südkoreaners Kim – ohne Kopf. Zwei Tage zuvor hatte der Fernsehsender Al-Jazira Aufnahmen des Entführten gezeigt – zu diesem Zeitpunkt lebte Kim noch. Er richtete flehende Bitten an die südkoreanische Regierung, sie möge ihre Truppen aus dem Irak zurückziehen. Nur so könne sein Leben gerettet werden: »Ich will nicht sterben!«

Der südkoreanische Präsident Roh Moo-hyun signalisierte noch am selben Tag, er werde seine Soldaten nicht zurückholen. Im Gegenteil: Bis August 2004 soll ihre Zahl auf 3000 aufgestockt werden. Damit wird Südkorea das drittgrößte Truppenkontingent nach den USA und Großbritannien stellen. Diese Ankündigung aus dem

Mund des Präsidenten besiegelte das Schicksal des Südkoreaners Kim. Al-Jazira strahlte kurze Zeit später folgendes Statement eines maskierten Mannes aus: »Für Kims Tod sind die USA verantwortlich. Die Südkoreaner sind nicht gekommen, um den Irakern zu helfen. Sie sind hier, um die verfluchten Amerikaner zu unterstützen!«

Verantwortlich für die Tat zeichnete eine Gruppierung, die sich »Al-Tawhid« nannte – »die Einheit«. Gemeint ist die »Einheit Gottes«, im Gegensatz zur christlichen Auffassung, Gott sei dreifaltig, bestehe aus Vater, Sohn und dem Heiligen Geist. Die Bezeichnung »Al-Tawhid« wies auf die Nähe der Gruppierung zu den Schiiten Moqtada as-Sadrs hin.

Die spannungsgeladene Situation zwang die amerikanischen Kommandeure dazu, ihre Haltung zur schiitischen Organisation »Armee des Mahdi« zu überdenken. Generalmajor Martin Dempsey, der für An Nadschaf und Kerbela zuständig ist, vertrat überraschend diesen Standpunkt: »Wir sollten die ›Mahdi-Armee‹ für unsere Zwecke gewinnen. Wir machen ihre Angehörigen zu Verbündeten. Es handelt sich immerhin schätzungsweise um 600 junge Männer.«

Moqtada as-Sadr wurde durch diese Bemerkung ebenfalls zu einem behutsamen Sinneswandel veranlaßt. Der Träger des »schwarzen Turban« hatte mit Erstaunen zu Kenntnis genommen, daß sunnitische Kampfverbände, die aus Angehörigen der »Republikanischen Garde« des Saddam Hussein bestanden, davon profitierten, daß sie mit den Besatzungstruppen kooperierten. Es bestand die Gefahr, daß es den Sunniten gelingen konnte, durch ihr Entgegenkommen wieder einmal – diesmal mit Hilfe der Besatzungsmacht – die Oberhand zu gewinnen. Es war Adil Abdul Mahdi, der Sprecher des Supreme Council for the Islamic Revolution in Iraq, der seine Sorge in der »International Herald Tribune« (25. Mai 2004) zum Ausdruck brachte: »Natürlich sind wir über diese Entwicklung nicht glücklich. Da hat wieder die Republikanische Garde zu bestimmen. Sie trägt dieselben Uniformen. Die Gardisten tragen dieselben Schnurrbärte. Sie wollen wieder die Mächtigen in Baghdad sein!«

Da geschah es, daß der führende Träger des »schwarzen Turban« in Irak, Ayatollah As-Sistani, einen entscheidenden Schritt wagte in Richtung einer Beruhigung des Irak: weg vom Terrorismus. As-Sistani taufte die Kampforganisation »Al-Badr« um in »Al-Badr Reconstruction Organization« und verkündete, »Al-Badr« setze keine Waffen mehr ein: Die Organisation widme sich dem Wiederaufbau des Landes.

Das Sumpfland der Schiiten entsteht wieder

Die »Al-Badr Reconstruction Organization« sieht ihre wichtigste Aufgabe darin, das sumpfige Land im Süden des Irak neu zu schaffen: Die Trockenlegung der 20 000 Quadratkilometer Fläche seichter Wasserläufe der schilfbedeckten Inseln soll rückgängig gemacht werden. Saddam Hussein hatte die Zerstörung diese größten Feuchtgebiets der Erde zu Begin der 90er Jahre angeordnet. Die dort lebenden rebellischen »Sumpfaraber«, die durchweg schiitisch sind, sollten ihre Heimat verlieren und damit ihre Identität als Besonderheit innerhalb der schiitischen Glaubensgemeinschaft. Die »Sumpfaraber« hatten nie wahrhaben wollen, daß sie auf trockenem Land leben sollen. Von Ayatollah As-Sistani war ihnen oft Hoffnung und Mut gegeben worden. Im Frühjahr hat sich seine »Al-Badr Reconstruction Organization« an die Aufgabe gemacht, das schiitische Gebiet im Südirak wieder in den Naturzustand zu versetzen. Die US-Zivilverwaltung erkannte ihre Chance, die Sympathie der Schiiten zu erlangen und unterstützte die Planung und die Arbeiten. Armeeingenieure halfen bei der Öffnung der Deiche, schweres Baugerät wurde für die Erdbewegungen bereitgestellt. Die amerikanische Hilfe wurde von den »Sumpfarabern« dankbar angenommen. Die Amerikaner boten sich sogar an, mit den sunnitischen Bauern zu verhandeln, die das trockengelegte Land mit staatlicher Hilfe besiedelt hatten.

Als die ersten Dämme aufgebrochen wurden, breitete sich das Tigriswasser rasch aus und überflutete die Felder. Überraschend schnell verwandelte sich die Vegetation. Die Luft über den seichten Wasserflächen wurde dunstig, feucht. Schilf und Schachtelhalme gediehen. Entenfamilien ließen sich nieder. Nach wenigen Wochen gehörten auch die Wasserbüffel wieder zum Bild der Sumpflandschaft.

Diese Rekultivierung kostete Geld, über das die schiitische Gemeinschaft nicht verfügte. Die US-Agency for International Development stellte vier Millionen Dollar zur Verfügung. Sie interessierte Wissenschaftler bedeutender Universitäten für das Projekt. Fachleute stellten eine Beziehung her zwischen der Gegenwart und der Zeit sumerischer Herrscher vor 5000 Jahren. Trotz der Unterbrechung während der Regierungszeit des Saddam Hussein war die geschichtliche Kontinuität der Kultur erkennbar.

Die Wissenschaftler registrierten ab April 2004 die soziologische Entwicklung der »Sumpfaraber«: Innerhalb weniger Wochen entstanden 83 Dörfer, 73 000 Menschen kehrten in die einst gewohnten Lebensbedingungen zurück. Vor der Trockenlegung hatten rund 250 000 Männer, Frauen und Kinder in den Schilfhütten auf den kleinen Inseln gelebt. Fische waren die Grundlage ihrer Ernährung gewesen. Im Sommer 2004 reichte der aktuelle Fischbestand nicht aus, um dem Bedarf der zugewanderten Familien zu decken.

Sorgen bereitet die Wasserqualität. Wer früher in den Sümpfen gelebt hat, erinnert sich, daß das Wasser süß geschmeckt hat, und daß es trinkbar war. Jetzt fällt sein hoher Salzgehalt auf. Der Grund dafür bleibt den Wissenschaftler verborgen. Offenbar hat sich das Wasser der zwei großen Ströme Euphrat und Tigris im vergangenen Jahrzehnt verändert. Die Frage ist, ob die zahlreichen Dämme daran schuld sind, die während der vergangenen Jahre gebaut worden sind – die Fließgeschwindigkeit des Wassers wurde durch diese Dämme deutlich vermindert.

»Das Wasser der Sümpfe macht krank. Das war früher anders«, sagt Jonathan Greenham, der Verantwortliche der US-Agency for International Development. »Fast alle hier leiden an Durchfall!« Für Greenham ist die Wiederherstellung der Lebensumstände der »Sumpfaraber« nicht unbedingt ein Erfolg.

Ein Phänomen aber hat sich auch während der zwölf Jahre der Trockenlegung der Sümpfe und der Vertreibung der »Sumpfaraber« nicht verändert: Die Zahl der Sayyeds, der Träger des »schwarzen Turban«, hat sich nicht verringert. Die direkten Nachkommen des Ali sind auch weiterhin dominierend im sumpfigen Land.

Der radikale Turbanträger ändert seinen Standpunkt

Am 23. Mai 2004 bekam Moqtada as-Sadr die Entschlossenheit der Amerikaner zu spüren. Panzer der Besatzungstruppen brachen in Kufa ein, in die Stadt, wo einst Ali, der Schwiegersohn des Propheten Mohammed, gewirkt hatte. Unter heftigem Beschuß kämpften sich die Panzer durch zur Sahla-Moschee. Mit Gewalt schafften sie sich Zugang. Ein Panzer rammte das Eingangstor – es zersplitterte unter lautem Getöse. Die Verteidiger wurden aus dem Bereich des Portals vertrieben. Kämpfer der »Armee des Mahdi« leisteten weiterhin Widerstand im großen Gebetsraum. Das Gefecht dauerte eine halbe Stunde, dann siegte die überlegene Feuerkraft der Angreifer. Die Anhänger des Turbanträgers erlitten schwere Verluste: 32 Schiiten kamen ums Leben.

Vom Technical College aus, das während der zurückliegenden Tage in eine Festung verwandelt worden war, befahl Moqtada as-Sadr die Fortsetzung des Kampfes. Die Angriffe der US-Infanteristen wurden zurückgeschlagen. Nicht einzunehmen war auch der einstige Palast des Saddam Hussein in Kufa. In dieser einst von Sunniten beherrschten Burg kommandierte der Schiit Moqtada as-Sadr.

Major David Gercken, der offizielle Sprecher der 1. US-Panzerdivision, verbarg seine Enttäuschung nicht, daß in der Sahla-Moschee nur wenige Waffen aufgefunden wurden. Die fliehenden Verteidiger hatten alles mitgenommen, was sie hatten schleppen können. Zurückgeblieben waren 200 Granatwerfergeschosse und ein Dutzend Rocket Propelled Grenades.

Sheikh Mansur al-Asadi, der führende Kopf unter den schiitschen Stammesältesten der Region von An Nadschaf und Kufa, verurteilte den amerikanischen Überfall auf die Moschee von Kufa: »Ich bin erstaunt und empört, daß die Amerikaner in das Haus Allahs mit Waffengewalt eindringen. Damit ist eine Beilegung des Konflikts zwischen Moqtada as-Sadr und den Amerikanern in weite Ferne gerückt.«

General Martin Dempsey, der Kommandeur der 1. US-Panzerdivision versuchte den Eindruck zu mindern, die Amerikaner seien

Barbaren und Feinde des Islam: »Unsere Soldaten hatten Befehl, die heilige Stätte zu schonen, selbst wenn sie von eben jener heiligen Stätte aus beschossen werden.«

Moqtada as-Sadr spürte zu diesem Zeitpunkt, daß er die Sympathien der Einflußreichen von Kufa, An Nadschaf und Kerbela nach und nach verlor. Bereits am 21. Mai 2004 vermieden es die Prediger in diesen Städten während des Freitagsgebets die Amerikaner als Angreifer zu brandmarken. Sie forderten, daß die Kämpfe, auch von Seiten der Kämpfer der »Mahdi-Armee«, eingestellt werden. Der vorsichtige Meinungsumschwung der Prediger war schnell auch außerhalb der Moscheen spürbar: In Kerbela forderten Demonstranten auf Spruchbändern den Abzug aller Bewaffneten aus dem Bereich der heiligen Stätten. Das Motto der schiitischen Gläubigen hieß jetzt plötzlich: »Ja zum Frieden!«

Doch Moqtada as-Sadr folgte dem Druck der Prediger und der Demonstrationen nicht. Öffentlich leistete er den Schwur, er werde die »Mahdi-Armee« nicht auflösen. Der junge Träger des »schwarzen Turban« gab sich Anfang Mai 2004 während einer Freitagsansprache in der Moschee von Kufa kämpferisch: »Die ›Mahdi-Armee‹ wird so lange bestehen bleiben, bis sich die Besatzungsarmee aus dem Irak zurückgezogen hat. Ich werde in keinem Fall einen Kompromiß mit den Amerikanern eingehen. Es war meine Absicht gewesen, jedes Blutvergießen zu verhindern. Die blutige Auseinandersetzung wurde uns von den Amerikanern aufgezwungen.«

Zum Zeichen, daß er nicht die Absicht hatte, vor der Besatzungsarmee zu kapitulieren, ließ er in Kufa Schützengräben an den Rändern der zentralen Straßen ausheben. Angehörige der »Mahdi-Armee«, bewaffnet mit Kalaschnikow-Maschinenpistolen, kontrollierten Autos und Fußgänger auf Straßen und Plätzen. Auf Häuserwände waren die Worte gesprüht: »Ja zum bewaffneten Widerstand!« Damit brachten die Anhänger des Moqtada as-Sadr ihre Ablehnung der Parole der Demonstranten vom Vortag zum Ausdruck, die gelautet hatte: »Ja zum Frieden!«

Die Milizionäre der »Mahdi-Armee« waren angewiesen, sich nicht auf Waffenstillstandsangebote der Amerikaner einzulassen. Das Fahrzeug einer Patrouille, die den Auftrag hatte, bei Nacht eine Botschaft der US-Kommandeure einem Vorposten am Hauptquartier des Moqtada as-Sadr zu überbringen, wurde beschossen, obwohl die Amerikaner zu erkennen gaben, daß sie unbewaffnet waren. Eine Rocket Propelled Grenade traf das Fahrzeug: Zwei US-Soldaten wurden getötet, ein Soldat entkam verletzt. Die schriftliche Botschaft verbrannte im Auto – sie hatte einen Vorschlag für Waffenstillstand zum Inhalt.

Am folgenden Tag erklärte Qais al-Khazali, einer der Kommandeure der »Mahdi-Armee«: »Die Widerstandsbewegung gegen die Besatzungsmacht tritt in eine neue Kampfphase ein. Wir weiten unsere Aktivität aus. Wir reagieren auf das Verhalten der Amerikaner. Die Ungläubigen wagen es, in unsere heiligen Städte einzudringen. Damit zeigen die Amerikaner, daß sie keinen Respekt vor dem Islam haben.« Die Besatzungstruppe gab zu erkennen, daß sie durch zornige Worte nicht zu beeindrucken war: Panzerverbände rollten durch Kerbela und An Nadschaf. Wenige Stunden später jedoch überraschte Moqtada as-Sadr durch Worte, die erkennen ließen, daß er zum Nachgeben durchaus bereit war.

Flugblätter, die in An Nadschaf durch Kämpfer der »Mahdi-Armee« verteilt wurden, signalisierten die Meinungsänderung. Der Text lautet: »Ich bin bereit, die Kämpfe einzustellen, wenn die Streitkräfte der Besatzungsmacht erklären, daß sie in Verhandlungen eintreten wollen. Die Bedingung ist, daß diese Verhandlungen fair und transparent geführt werden und daß sie von religiösen Autoritäten der schiitischen Mehrheit des Landes kontrolliert werden.«

Moqtada as-Sadr hatte sich nicht freiwillig zu diesem Zugeständnis durchgerungen. Während der zurückliegenden Kämpfe hatte die »Mahdi-Armee« schwere Verluste erlitten, die ihre Kampfkraft geschwächt hatten. Die kritische Situation hatte den Träger des »schwarzen Turban« gezwungen, den Standpunkt seiner Befehlshaber anzuhören. Das Treffen fand in der Imam-Ali-Moschee in An Nadschaf statt. Anwesend war auch Sheikh Mansur al-Asadi, der schiitische Stämme der Region repräsentierte. Er verkündete: »Es ist der Wille der Stämme, daß im Bereich der Heiligtümer von Kerbela, An Nadschaf und Kufa nicht mehr gekämpft wird.« Moqtada as-Sadr mußte sich diesem Willen beugen, denn: Verlor er die Unterstützung der schiitischen Großfamilien, hatte er keine Chance mehr.

Ende Mai 2004 forderte Sheikh Mansur al-Asadi den Rückzug der »Mahdi-Armee« aus An Nadschaf. Seit dem 5. April war Moqtada as-Sadr die höchste Autorität in dieser heiligen Stadt gewesen – jetzt hatte er diese Position verloren.

Sheikh Mansur al-Asadi konnte dem militanten Geistlichen allerdings ein Angebot der Besatzungsbehörde unterbreiten: Der Haftbefehl gegen ihn, der seit April 2003 bestand – seit der Ermordung des hohen Geistlichen Khu'i –, wurde aufgehoben. As-Sadr hatte eine Verhaftung durch amerikanische Truppen nicht mehr zu befürchten. Damit war ihm seine Bewegungsfreiheit zurückgegeben. Er brauchte sich nicht mehr permanent im Schutz der Moscheen von Kerbela, An Nadschaf und Kufa aufzuhalten. Dieses Zugeständnis fiel dem US-Zivilverwalter Paul Bremer nicht leicht. Er stimmte der Aufhebung des Haftbefehls erst zu, nachdem As-Sadr Konsequenzen für den Fall androhte, falls die Zivilverwaltung nicht zu Zugeständnissen bereit war. Mohammed Kataf, As-Sistanis Berater, gab diese Information preis: »Die religiöse Führung hat die Amerikaner davor gewarnt, die Auseinandersetzung in An Nadschaf und Kufa auf die Spitze zu treiben.«

Die amerikanischen Befehlshaber reagierten rasch. Sie ordneten die Beendigung aller Angriffsoperationen in den Gebieten an, die den Schiiten wegen ihrer Verbindung zu den Imamen Ali und Husain am Herzen liegen. Die US-Einheiten zogen sich aus den betreffenden Städten zurück.

Durch einen besonders rasanten Wechsel seiner Ansichten verblüffte Paul Bremer: Er ließ wissen, daß Moqtada as-Sadr nach seiner Meinung durchaus befähigt sei, Minister in einer künftigen irakischen Regierung zu werden. Diese Äußerung wurde am 13. Juni 2004 von As-Sadr aufgegriffen, als er mitteilte, er werde die »Armee des Mahdi« in eine politische Partei verwandeln, die sich am »Prozeß der Meinungsbildung« beteilige. Diese Partei stelle sich bei den Wahlen, die im Frühjahr 2005 stattfinden werden, als politische Kraft der Schiiten zur Abstimmung – der Kandidat Nummer 1 werde Moqtada as-Sadr sein.

Durch diese Ankündigung reizte der Träger des »schwarzen Turban« den US-Zivilverwalter, der erst am 8. Juni angeordnet hatte, daß sich niemand an den »demokratischen Wahlen« beteiligen dürfe, der über eine Miliz, über eine private Armee verfüge. Nach Ansicht von Paul Bremer war die »Armee des Mahdi« eine derartige Miliz – folglich dürfe Moqtada as-Sadr sich nicht am kommenden Wahlkampf beteiligen.

Qais al-Khazali, einer der Vertrauten des As-Sadr, entgegnete: »Im strengen Sinne des Wortes ist eine Miliz eine Privatarmee, eine nach militärischen Gesichtspunkten geordnete Organisation. Etwas derartiges gibt es bei uns nicht. Wir sind als ›populer uprising‹ zu bezeichnen, als unorganisierter Volksaufstand. Das beweist schon der Zustand unserer Bewaffnung. Eine Miliz verfügt über einheitliche Waffen. Derartiges ist bei uns nicht zu finden. Unsere Waffen haben sich durch Zufall angesammelt.«

Qais al-Khazali gab zu erkennen, daß Moqtada as-Sadr seinen Standpunkt in einer weiteren wichtigen Angelegenheit verändert hatte: Seine Bereitschaft zur Teilnahme an Wahlen bedeutete, daß er die irakische Übergangsregierung akzeptierte. Ihre Aufgabe ist es, die Parlamentswahlen vorzubereiten. Wenn Moqtada as-Sadr mit der Übergangsregierung zusammenarbeitet, dann hat er auch seine Feindschaft gegenüber US-Zivilverwalter Paul Bremer aufgegeben. Der Konflikt zwischen den Schiiten des Irak und der amerikanische Besatzungsmacht war von einem Tag zum anderen entschärft.

Am 16. Juni geschah das schier Unglaubliche: Moqtada as-Sadr teilte seinen Kämpfern mit, sie sollen sich nach Hause begeben. Auf den Straßen von An Nadschaf und Kufa wurden Flugblätter verteilt, auf denen der Befehl des Trägers des »schwarzen Turban« abgedruckt ist, die Kämpfe seien sofort einzustellen. Die Kämpfer wurden angewiesen, ihre Kalaschnikow-Maschinenpistolen zu behalten und sie mitzunehmen in die Dörfer, Hütten und Zelte ihrer Stämme zwischen Euphrat und Tigris.

Der Befehl wurde diszipliniert befolgt. Diese Tatsache beweist, daß die »Mahdi-Armee« eben doch eine militärisch organisierte Truppe ist, die auf Anweisungen ihres Kommandeurs hört. Sie ist keineswegs ein spontan entstandener revolutionärer Haufen.

Terror vertreibt den US-Zivilverwalter aus dem Irak

Das Einlenken des Moqtada as-Sadr beruhigte das Land keineswegs. Am Morgen des 24. Juni 2004 wurde Paul Bremer von einer Welle der Gewalt überrascht, die nicht auf Anweisung des Trägers des »schwarzen Turban« zurückzuführen war. Die Angriffe begannen in Baquba. Diese Stadt liegt 55 Kilometer nordöstlich von Baghdad. 150 Bewaffnete, meist junge Männer, griffen zwei Polizeistationen an und vertrieben die irakischen Polizisten. Die Waffen der Polizisten wurden von den jungen Männern eingesammelt und zum Fußballstadion gebracht – offensichtlich planten die örtlichen Befehlshaber der Aufständischen die Besetzung der gesamten Stadt Baquba.

Oberstleutnant Steve Bullimore, der Kommandeur der 1. US-Infanteriedivision, erklärte, daß während des Gefechts um die Polizeistationen zwei amerikanische Soldaten getötet wurden – und sieben irakische Polizeioffiziere. Der Oberstleutnant befahl den Angriff auf die Region des Fußballstadions durch Kampfhubschrauber vom Typ Apache und durch Panzer der Gattung M-1-Abrams.

Am Nachmittag des 24. Juni standen hohe Rauchwolken über der Stadt, das Zentrum von Baquba brannte – wie berichtet wird, ist es jetzt ein Trümmerfeld. Doch bis in die Nacht hinein leisteten die jungen Iraker Widerstand. Amerikanische Offiziere meldeten ihren Vorgesetzten nach Baghdad, der Gegner sei taktisch sehr geschickt vorgegangen: Sie hätten koordiniert gekämpft, nach einem zuvor fixierten Plan. Wer diese Kämpfer zu Gesicht bekommen hatte, berichtete, daß sie schwarz gekleidet gewesen seien und rote Tücher ihre Gesichter verhüllt hätten.

An jenem 24. Juni brachen in vier weiteren irakischen Städten Gefechte aus. Zu erkennen war, daß dahinter eine Strategie steckte. In der Stadt Diyala fuhren Bewaffnete vor das Haus des örtlichen irakischen Polizeichefs und schossen sofort. Der Familie des Polizeichefs gelang die Flucht durch den hinteren Ausgang der Villa.

In der Stadt Buhritz stürmten Bewaffnete die Polizeistation. Anschließend wurde ein Abschnitt der Straße zwischen zwei US-

Lagern besetzt. Während dieses Gefechts erlitten zwei amerikanische Soldaten tödliche Verwundungen.

Dieser Junitag zeichnete sich durch außerordentliche Hitze aus: 50° Celsius wurden gemessen. Die amerikanischen Infanteristen und Panzerfahrer litten weniger unter dem Beschuß ihrer Gegner als unter der Temperatur. In den Berichten der kämpfenden Einheiten finden sich Verlustmeldungen, die als Todesursache angeben: »Collapse from dehydration«.

Den Verantwortlichen der US-Zivilverwaltung wurde zu diesem Zeitpunkt deutlich, daß die US-Offiziere das Problem der Befriedung des Irak falsch angepackt haben. Die »International Herald Tribune« berichtete am 28. Juni 2004, am Tag der Machtübergabe in Baghdad durch Paul Bremer an die irakische Regierung, von fehlgeschlagenen amerikanischen Bemühungen. Die Zeitung zitiert Generalmajor Paul Eaton, einen der Offiziere, die für die Ausbildung einer irakischen Truppe zuständig sind: »Wir haben zu viel zu schnell angepackt. Uns ist völlig entgangen, daß die Menschen hier unterschiedlichen Gruppen angehören und daß sie überhaupt nicht miteinander kooperieren können, daß sie sich gar nicht verstehen. In Amerika haben wir ein nationales Zusammengehörigkeitsgefühl. Wir sind ein Volk. Wir haben unsere Flagge ›Stars and Stripes‹. Im Irak bestimmen unterschiedliche Stämme das Leben, da sind Imame zuständig, Sheikhs von Familien. Jeder fühlt sich mächtig, souverän und autonom. Ich habe mit vielen jungen Männern, mir unbekannten Leuten gesprochen. Sie haben sich nicht als Iraker bezeichnet. Einer sagte: ›Ich heiße Mohammed – ich bin Sunnit.‹ Ein anderer sagte: ›Ich heiße Mohammed – ich bin Schiit.‹«

Bis Generäle und der Zivilverwalter begriffen, daß kaum ein Iraker von der Sehnsucht getrieben war, in einer Demokratie amerikanischen Zuschnitts leben zu wollen, hatte es Monate gedauert. Offiziere und Angehörige der US-Zivilverwaltung waren von der Überzeugung befangen gewesen, die Vision einer Demokratie könnte das Land um Euphrat und Tigris in die Zukunft führen.

Ein wichtiger Schritt zur Realisierung der Demokratievorstellung sollte am 30. Juni 2004 vollzogen werden – am Tag der Übergabe der Macht und eines Teils der Verantwortung in irakische Hand. Seit Beginn des Jahres 2004 hatten sich Präsident Bush und der britische Premierminister Tony Blair festgelegt: Zur Jahresmitte sollte die

15monatige Besatzungszeit enden. Von Juli an sollten irakische Politiker den richtigen Weg in die Zukunft für ihr Land finden. Doch der so oft und so kräftig beschworene Termin geriet ins Wanken. Er wurde verschoben – nach vorn.

Die Überraschung gelang perfekt. Informiert waren nur Ministerpräsident Iyad Allawi, seine wichtigsten Minister, US-Zivilverwalter Paul Bremer und sein engerer Stab. Die Zeremonie der Amtsübergabe sollte so unauffällig wie möglich erfolgen. Paul Bremer gab keinen Grund an für die Vorverlegung des Termins, doch er war leicht zu erkennen: Die Zivilverwaltung hatte Angst, der 30. Juni könne von allen Feinden der Amerikaner zu demonstrativen Anschlägen benützt werden, um die von den USA eingeleitete prowestliche Entwicklung zu verhindern.

Diese Angst war berechtigt. Es war sicher klug, die zur Gewalt entschlossenen Organisationen und Kämpfer zu täuschen.

Die Machtübergabe fand im Amtssitz des Zivilverwalters statt – in einem Raum, der ausgestattet ist mit Möbeln und Gegenständen, die an Saddam Hussein erinnern. Die vergoldete Pracht des vergangenen Regimes lebte noch fort.

Bremer sorgte für rasche Abwicklung. Er hatte eine Kassette aus festem Leder bei sich. Ihr entnahm er ein Dokument, das die Unterschrift des amerikanischen Präsidenten trug. Der Text besagt, daß mit diesem 28. Juni 2004 die Besatzungszeit für den Irak beendet sei.

Kurz war die Ansprache, die Paul Bremer hielt:

»Irak ist heute in einem besseren Zustand als vor 15 Monaten, als noch Saddam Hussein regierte. Wer das bezweifelt, der sollte sich die Massengräber in Hilla oder die Folterkammern rings im Land ansehen, so wie ich dies gemacht habe. Derjenige wird schnell davon überzeugt sein, daß sich vieles zum Besseren gewandelt hat.«

Tatsächlich hatte sich Paul Bremer noch am Vortag die Massengräber von Hilla angeschaut. Diesen Ort des Grauens hatte sich Bremer als Erinnerung eingeprägt. Damit wollte er sich selbst beweisen, daß es den Amerikanern doch gelungen sei, Irak aus den Klauen eines Verbrechers zu befreien.

Die letzte Amtshandlung des US-Zivilverwalters dauerte genau zehn Minuten: Umgeben von Bewaffneten in Zivil, die ihre automatischen Waffen im Anschlag hielten, verließ Paul Bremer seinen bisherigen Arbeitsplatz. Der Stellvertretende Irakische Ministerpräsident Barham Salih begleitete ihn zum Hubschrauber, der vor seiner Residenz wartete. Das Ziel des Flugs war Baghdad International Airport. Mit laufenden Motoren stand dort eine Transportmaschine vom Typ C-130 bereit, die Paul Bremer außer Landes brachte.

Zu dieser Zeit befand sich ein anderes US-Flugzeug vom selben Typ im irakischen Luftraum – es transportierte den amerikanischen Botschafter John Negroponte nach Baghdad. Der erfahrene Diplomat hatte den Auftrag, fortan Verbindung zu halten zwischen der amerikanischen Regierung und den Männern, die durch die Gnade der USA in Baghdad jetzt das Sagen hatten.

Vorgesehen ist, daß die US-Botschaft in Baghdad zur größten diplomatischen Vertretung der USA in der Welt ausgebaut wird. John Negroponte wird einen jährlichen Etat von 8 Milliarden Dollar zu verwalten haben.

Moqtada as-Sadr vergißt den eigenen Aufruf zur Demobilisierung

Zehn Tage nachdem John Negroponte als Vertreter der amerikanischen Interessen und die neue irakische Regierung unter Iyad Allawi in dem von US-Soldaten kontrollierten Regierungskomplex eingezogen sind, zeigte der Träger des »schwarzen Turban« neue Aktivität – nach Wochen des Schweigens und der Zurückgezogenheit. Seine Anhänger erwarteten, daß er sich am Freitag, den 9. Juli 2004, in einer der Moscheen von An Nadschaf und Kufa zu Wort meldete. Doch Moqtada as-Sadr ließ seinen Standpunkt durch minder angesehene Geistliche verkünden: »Die Regierung Allawi besitzt keine Rechtsbasis. Sie ist nicht legitim. Sie ist von der Besatzungsmacht eingesetzt.«

Am Ende der Predigt fand sich die Warnung: »Jeder Angriff auf ein Mitglied der Widerstandsbewegung, gleichgültig ob er einen Schiiten oder einen Sunniten trifft, gilt für uns als Angriff gegen die Gesamtheit der Menschen dieses Landes. Vergebung für eine solche Tat gibt es nicht.«

Daß die Armee des »Mahdi« wieder ihr Selbstbewußtsein zurückerhalten hatte, zeigte sich auf den Straßen um die Heiligtümer von An Nadschaf und Kufa: Junge Männer, die Kalaschnikow umgehängt, kontrollieren den Zugang zu den Moscheen, die dem Imam Ali geweiht sind. Auffällig waren die jungen Gesichter der Milizionäre – in den Städten, in denen seit der Zeit des Propheten Bärte so wichtig genommen werden, gaben Bartlose bärtigen Zivilisten Befehle.

Verlieren die »schwarzen Turbane« an Einfluß?

Moqtada as-Sadr schwankte im Sommer 2004 zwischen Aktivierung der politischen Kraft der Schiiten und Demonstration militärischer Stärke. Dieses Schwanken war ein Anzeichen dafür, daß ihn der Erfolg anderer Gruppierungen und anderer Personen im Irak beschäftigte. Die Träger des »schwarzen Turban« hatten Konkurrenz bekommen, die sie fürchten mußten.

Unmittelbar vor seiner eiligen Abreise hatte Paul Bremer ein Gespräch mit dem künftigen Ministerpräsidenten Iyad Allawi. Noch einmal analysierten die beiden die innenpolitische Situation des Irak. Die US-Geheimdienstoffiziere hatten dem scheidenden US-Zivilverwalter einen umfassenden Bericht zu diesem Thema vorbereitet. Ihr Fazit: Drei Gruppen stehen im Wettstreit miteinander um die Beherrschung des Landes um Euphrat und Tigris.

Die politisch mächtigste Gruppe bilden die Schiiten. Ihr Zentrum befindet sich in den heiligen Städten Kerbela, Kufa und An Nadschaf, aber auch im Baghdader Stadtteil, der ehemals Saddam City hieß, und der jetzt allgemein As-Sadr City genannt wird. Zwei Geistliche unterschiedlichen Ranges empfehlen sich den Schiiten als Führungspersönlichkeiten: Großayatollah Ali as-Sistani und der im Rang weit geringer einzustufende Moqtada as-Sadr, der allerdings den Vorteil besitzt, daß seine Familie mindestens zwei Märtyrer vorzuweisen hat.

Als zweite Gruppe nennt der Bericht der US-Geheimdienstbeamten zur Lage des Irak die Armeeoffiziere und Geheimdienstspezialisten des Saddam-Regimes. Diese halten noch immer treu zu ihrem einstigen Chef und hoffen auf seine Rückkehr an die Macht. Diese Gruppe besteht aus Männern, die zur Baath-Partei gehört haben.

Iyad Allawi, der neue Ministerpräsident, soll bei der Besprechung dieses Punktes seine eindeutige Haltung gegenüber Paul Bremer zum Ausdruck gebracht haben: »Der schlimmste Fehler, den Sie gemacht haben, war der, die Armee des Saddam Hussein aufzulösen und Offiziere und Mannschaften ohne Sold nach Hause zu schicken. Diese Männer hätten leicht für die Zukunft in Ihrem Sinne gewonnen werden können!« Zum Mißvergnügen von Bremer erklärte Iyad Allawi, daß er ziemlich rasch einige Divisionen der Saddam-Armee wieder mobilisieren möchte.

Eine Bemerkung, die Iyad Allawi aussprach, erschreckte Paul Bremer ganz besonders: »Wir müssen das Problem des Landes auf unsere Art lösen, auf eine harte Art – auf die Art der Baath-Partei!«

Mit der Art der Baath-Partei ist Iyad Allawi bestens vertraut. Der Sunnit hatte vor 40 Jahren zu den »jungen Kühnen« gehört, die entschlossen waren, der Partei zur absoluten Macht zu verhelfen. Damals war Allawi praktizierender Arzt, Neurologe, mit Ausbildung in England. In Baghdad gehörte Saddam Hussein zeitweise zu seinen Patienten. Warum sich Dr. Allawi mit seinem Parteifreund im Verlauf der 70er Jahre zerstritt, ist nicht bekannt. Der Arzt sah sich veranlaßt, ins Exil nach London zu fliehen. Dort allerdings spürte ihn ein Agent des Saddam Hussein auf – Allawi wurde bei Nacht in seinem Bett überfallen. Der Attentäter schlug mit einem Beil auf den Liegenden ein. Wunden am Kopf, Brust und dem rechten Bein waren die Folge. Erst nach einem Jahr war Allawi einigermaßen wiederhergestellt.

Im Londoner Exil waren während der 80er Jahre mehr und mehr exponierte Mitglieder der Baath-Partei eingetroffen, die vor Saddam Hussein geflohen waren. Sie gründeten eine Vereinigung, die nach 1990 von CIA finanziell unterstützt wurde. Der damals geknüpfte CIA-Kontakt war dann letztlich der Grund für Paul Bremer, Allawi den Weg zur Staatsspitze zu ebnen.

Vor allem aber wurde bei diesem letzten Gespräch Bremers mit Iyad Allawi über die dritte der Gruppierungen gesprochen, die in Frage kamen für die Beherrschung des Landes. Auch in ihr fanden sich auffallend viele ehemalige Offiziere der Baath-Armee, die sich allerdings von denen unterschieden, an die Iyad Allawi dachte. Die

Offiziere in dieser dritten Gruppe hatten ihren Lebensstil völlig geändert. Hatten sie zu Saddams Zeiten Whisky getrunken, Zigaretten geraucht und offiziell geduldete Freudenhäuser im Baghdad aufgesucht, so lebten sie jetzt nach den strengsten Regeln, die im Koran zu finden sind: Sie sind die Schüler des Mohammed Ibn Abdel Wahhab, der den Moslems im 18. Jahrhundert westlicher Zeitrechnung ein Leben unter puristischen Vorschriften verordnet hat. Der Prediger Mohammed Ibn Abdel Wahhab ist bis heute wirksam mit seiner Forderung, der Moslem habe gegen die Menschen zu kämpfen, die glauben, Gott (Allah) setze sich aus Vater, Sohn und Heiligem Geist zusammen. Der allein gültige Glaubensgrundsatz heißt: Gott (Allah) ist Al-Tawhid – ist eine ungeteilte Einheit.

Dieser Glaubensgrundsatz hat in Saudi-Arabien seine Heimat. Er ist im Irak in jüngster Zeit eingepflanzt worden – durch Prediger, die aus dem Königreich der Sippe As-Saud in das Nachbarland kamen. In kurzer Zeit haben sie viele Anhänger gefunden für die wahhabitische Ausprägung des Islam, die verpönt gewesen war unter Saddam Hussein: Wer sich zu ihr bekannt hatte, war verfolgt worden. Die Befreiung von jener Drangsal verleitete manchen dazu, sich zum kompromißlosen Islam zu bekennen.

Der Sammelpunkt für die »irakischen Wahhabiten« ist ein schlichtes Haus in einem Vorort von Fallujah. Die Räume unterscheiden sich von denen aller anderen Sunniten in der Stadt: Da stehen keine Möbel – auf dem Boden liegen einfache Teppiche aus. Einen Fernsehapparat sucht man vergeblich. Die späten Anhänger des Mohammed Ibn Abdel Wahhab nehmen keinen Gegenstand in Gebrauch, der nicht schon zur Zeit des Propheten Mohammed von den Gläubigen verwendet worden ist. Nur in einem Punkt werden sie diesem Prinzip untreu: Moderne Waffen, wie Rocket Propelled Grenades und Kalaschnikow-Maschinenpistolen sind voll akzeptiert.

Diese Waffen werden gebraucht für den Kampf, den die »Wahhabiten« begonnen haben. In einem Haus im Vorort von Fallujah ist zu erfahren, gegen wen dieser Kampf gerichtet ist: »Wir haben nicht allein das Ziel, Irak von den Amerikanern und allen Fremden zu befreien – wir wollen alle islamischen Länder aus den Klauen der Fremden lösen.«

Schnell ist zu erkennen, daß sich die Parolen der »Wahhabiten« seit Mohammed Ibn Abdel Wahhab nicht verändert haben: Der Prediger hat vor 250 Jahren die »Befreiung des Islam von allen fremden Einflüssen« verlangt, heute erhebt sich wieder der Schrei nach der Wiederherstellung der »Fundamente des Glaubens« – für alle Moslems.

Niemand gibt sich der Illusion hin, der Krieg gegen die »Ungläubigen« sei von kurzer Dauer. Ein Reporter des »Time Magazine« schreibt in der Ausgabe des 5. Juli 2004, daß er in Fallujah diese Meinung gehört habe: »Es kann sein, daß dieser Krieg sehr lange dauert, und daß sich daraus ein Weltkrieg entwickelt!« Die Verantwortung dafür wird allerdings den Andersgläubigen zugeschoben: »Sie haben diesen Krieg begonnen. Das war schon zur Zeit des Propheten Mohammed so. Er wird andauern bis zum Tag des Jüngsten Gerichts!«

Daß ein Kompromiß möglich sei zwischen den Menschen, die Gott nicht als Einheit sehen, sondern als Verbindung von Vater, Sohn und Heiligem Geist, daran glauben die »Kämpfer für die Einheit Allahs« nicht. Den Kampf gegen die Fremden wollen sie ohne Rücksicht führen. Dies ist zu erkennen an der Methode, wie sie ihre Opfer behandeln: Noch nie zuvor in den Konflikten des Nahen Ostens sind Gefangene enthauptet worden. Diese Methode des Tötens setzte ein Symbol: Sie trennt beim Opfer Seele und Leib.

Am 15. Juli 2004 wurden im Tigris zwei Leichen ohne Kopf gefunden. Es stellte sich heraus, daß es sich um Mitarbeiter ausländischer Firmen handelte, die im Irak im Auftrag der US-Armee Transportdienste leisteten.

Die Drohung, Gefangene enthaupten zu wollen, bewirkte, daß Länder, die bisher die USA im Irak unterstützten, schnell ihre Meinung änderten. Die Philippinen hatten sich im Herbst 2003 als Verbündete des Präsidenten Bush dargestellt: Sie schickten 51 Soldaten in den Irak – und wurden vom amerikanischen Präsidenten dafür gelobt. Mitte Juli 2004 verschwand ein philippinischer Staatsangehöriger in der Nähe von Baghdad. Eine der wahhabitischen Gruppen, die in Fallujah ihren Stützpunkt haben, stellten dem arabischen Fernsehsender Al-Jazira ein Videoband zur Verfügung, das den Gefangenen Angelo dela Cruz zeigte. Das Band enthielt die Drohung, dieser Mann von den Philippinen werde enthauptet, wenn sich seine Regierung nicht bereit erklärte, das Kontingent von 51 Soldaten aus dem Irak abzuziehen. Am 16. Juli 2004 begann der

Abzug der philippinischen Truppe. Die Entführer ließen den Gefangenen frei. Der Sender Al-Jazira erhielt ein weiteres Videoband zugestellt, mit einer Dankadresse an die Regierung von Manila, die sich einsichtig gezeigt hätte, ihre Beteiligung am Krieg der USA gegen den Islam einzustellen.

Die »New York Times« beschäftigt sich am 24. Juni 2004 mit dem Phänomen der Enthauptungen der »ungläubigen Nichtmoslems« durch radikale Islamisten. Zitiert wird Richard Murphy, der frühere US-Botschafter in Saudi-Arabien, der jetzt dem Council on Foreign Relations angehört: »Die Methode der Extremisten, ihr Opfer zu töten, ist ganz genau berechnet. Die Extremisten kennen uns ausgezeichnet. Sie wissen, daß eine Enthauptung auf uns einschüchternd wirkt. Die Extremisten haben eine Tötungsart gewählt, die durch ihre Schrecklichkeit einen Nerv bei uns trifft, und weitgehend Beachtung findet. Die Enthauptung ist die äußerste Demonstration der Macht über unsere Kultur und Zivilisation.«

Alan Godlan, Professor für Islamische Studien an der Universität von Georgia meint: »Diese Radikalen enthaupten eben nicht einen einzelnen Amerikaner. Sie enthaupten mit ihrer Tat ganz Amerika. Das abgrundtiefe Erschrecken, das die Amerikaner empfinden, das alle Menschen empfinden, die Bilder von Enthauptungen sehen, genau dieses wollen die extremen Moslems erreichen. Sie erschüttern unsere Moral.«

Am 21. Juli 2004 zeigten die »Kämpfer für die Einheit Allahs«, daß sie entschlossen sind, ihre brutale Strategie fortzusetzen. Sie sind dazu ermutigt worden durch die Haltung der philippinischen Regierung, die ihr Kontingent aus dem Irak zurückgezogen hat – im Gegenzug war der entführte Filipino freigelassen worden. Jetzt befinden sind sechs andere Geiseln in der Hand »islamischer Extremisten«: Drei Inder, zwei Männer aus Kenia und ein Ägypter, obwohl die betroffenen Länder keine Truppen an Euphrat und Tigris entsandt hatten. Indien, Kenia und Ägypten sollten jegliche Präsenz ihrer Staatsbürger einstellen. Im Fall der Weigerung – so lautet die Drohung – würden die Entführten enthauptet werden …

Was im Irak geschah, wurde in Saudi-Arabien nachgeahmt: Der amerikanische Ingenieur Paul Johnson war im Juni 2004 in Saudi-Arabien entführt worden. Am 21. Juli wurde sein Kopf im Verlauf einer Razzia in Riyadh gefunden – in einem Kühlschrank einer Privatwohnung.

Zum Zeitpunkt der eiligen Abreise des US-Zivilverwalters Paul Bremer, mußten dessen bisherige Mitarbeiter zugeben, daß die amerikanischen und die neuaufgestellten irakischen Verbände keinerlei Kontrolle über Fallujah ausübten. Dies war ihr Eingeständnis des völligen Scheiterns: »Zuständig in Fallujah sind die Kommandeure unterschiedlicher Gruppen, die sich weder amerikanischer noch irakischer Autorität unterstellen. Viele dieser Kommandeure repräsentieren harte fundamentalistische Ansichten. Andere wieder sind hohe Funktionäre der einstigen Baath-Partei. Sie benützen Fallujah, um dort unbehelligt den Kampf zur Wiedererringung der Macht über den Irak vorzubereiten.« Die jetzt in Fallujah Verantwortlichen sind alle Sunniten.

Der US-Zivilverwalter – ein Ignorant der Verhältnisse im Irak?

Kaum hatte Paul Bremer Baghdad den Rücken gekehrt, wurde ihm die Schuld am »Aufstand der Sunniten von Fallujah« zugeschoben. »Time Magazine« vom 23. Juni 2004 beschreibt Bremers Arbeitsweise so: »Bremer war in ständigem Kontakt mit Washington. Zum Beispiel mit dem Deputy Defence Secretary Paul Wolfowitz. Bremer hat nie eine Entscheidung nach Beratung mit seinem Mitarbeiterstab getroffen. Er sprach mit Washington. Wenn er mit einem Gespräch fertig war, kam er zu uns und sagte: ›Ich weiß jetzt, was zu tun ist.‹ Er befolgte alle Anweisungen. So stieg sein Ansehen bei den Spitzen der Administration in der Hauptstadt. Man redete schon davon, daß er in Bushs zweiter Amtsperiode Secretary of State (Außenminister) werden würde. Doch von Anfang an machte er den Fehler, auf Anweisung Anordnungen zu treffen, die den Aufstand im Lande anheizten. Mitte Mai verlangte Bremer die Entlassung sämtlicher Mitglieder der Baath-Partei aus allen Ämtern in Stadt und Gemeinde. Innerhalb weniger Tage standen zwischen 30 000 und 50 000 Männer ohne Arbeit und Unterkunft auf der Straße. Sie gingen in den Untergrund.

Das Resultat war, daß in den Sunnitengebieten, in und um Fallujah, der Aufstand gegen die Besatzungsmacht losbrach.«

Die vorsichtige Korrektur der Anti-Baath-Politik fruchtete nichts mehr. Bremer versprach jedem Offizier der früheren Saddam-Armee 150 Dollar im Monat. Das Angebot bewirkte wenig – die irakischen Offiziere fühlten sich gedemütigt.

Paul Bremer hatte – wie die amerikanischen Beamten und Offiziere insgesamt – kein Verständnis für die religiösen Kräfte im Irak, begriff nicht, daß Glaubensbekenntnis für den einzelnen und für die Familie mehr war als private Zugehörigkeit zu einer Glaubensgemeinschaft. Der Schiit bekannte sich zur Vergangenheit, zur Überlieferung, die durch Märtyrer und Imame bestimmt worden ist. Der Sunnit ist stolz darauf, daß er nicht in Abhängigkeit von der Genealogie des Ali lebt, daß er sich frei und ohne Mittelsmänner auf den Propheten Mohammed und Allah berufen kann. Unbegreiflich für Bremer und seine Mitarbeiter war die jeweils bindende Zusammengehörigkeit der schiitischen und der sunnitischen Sippen, Clans, Großfamilien. Wer Schiit oder Sunnit ist, der bleibt es. Es ist undenkbar, daß einer aus seinem schiitischen Clan ausbricht.

Bremer sah in den Trägern des »schwarzen Turban« nicht Zugehörige zur Familie des Ali. Er meinte, er habe Angehörige einer religiösen Hierarchie vor sich – Gemeindevorstände, Bischöfe, Kardinäle. Daß die »Turbane« Indikatoren für Abstammung vom Propheten und von Ali sind, paßte nicht in Bremers Denkvorstellung.

Bewußt jedoch waren Bremers Zivilverwaltung die Begriffe Mehrheit und Minderheit. Die Mehrheit im Irak bilden die Schiiten, die Sunniten sind in der Minderheit. Die sunnitische Minderheit mußte also geschützt werden vor Übergriffen durch die Mehrheit. Bremer zog jedoch die neuere Geschichte des Irak nicht in Betracht: Seit der Mitte des vergangenen Jahrhunderts bildeten die Schiiten zwar konstant die Mehrheit, doch sie standen permanent unter dem Druck der sunnitischen Minderheit, die von der Kolonialmacht England bis in die 50er Jahre hinein gestützt wurde. Der Großayatollah Ali as-Sistani mußte jetzt zu seiner Überraschung feststellen, daß der US-Zivilverwalter von ihm die Beachtung der Rechte der sunnitischen Minderheit verlangte – er sollte ein entsprechendes Abkommen im Namen der Schiiten treffen. As-Sistani lehnte ab. Paul Bremer beharrte auf seinem Plan, die Situation der Sunniten vertraglich abzusichern. Er wollte erreichen, daß sich die Sunniten ohne Vorbehalt an der Befriedung beteiligten – und die Sunniten sollten dankbar dafür sein, daß sie keine Furcht vor den Schiiten haben mußten.

Der Großayatollah legte seine Position dar: »Wir wollen, daß keine Abmachungen getroffen werden, jetzt, zu einer Zeit, in der keine Klarheit herrscht über die Machtverhältnisse im Irak. Ich habe immer gesagt, zuerst müssen Wahlen stattfinden – dann sehen wir wirklich, wer die Mehrheit und damit die Macht besitzt.«

Die Absicherung der sunnitischen Minderheit für die Zukunft war gescheitert. Paul Bremer sah sich gezwungen, nach Washington zu fliegen, um neue Instruktionen einzuholen. Dies geschah während der zweiten Hälfte des Monats Januar 2004. Er begab sich eilig nach New York zu Kofi Annan, dem Generalsekretär der Vereinten Nationen. Bei diesem Treffen wurde definitiv der Termin für die Übergabe der Verantwortung im Irak auf den 30. Juni festgelegt – die Wahlen sollten im Januar 2005 stattfinden.

Dies teilte Bremer nach seiner Rückkehr in die irakische Hauptstadt dem Großayatollah mit. Der wiederum erklärte, er sei mit der Arbeit des Zivilverwalters sehr zufrieden und fügte hinzu: »Die religiöse Autorität verlangt eine klare Garantie dafür, daß die Wahlen nicht unter irgendeinem Vorwand schließlich doch verschoben werden.«

Der Großayatollah ist überzeugt, daß den Schiiten bei diesen Wahlen die Mehrheit der Stimmen zufallen wird. Eine wesentliche Voraussetzung dafür ist – nach seiner Überzeugung – allerdings das Verschwinden des US-Zivilverwalters aus Baghdad. As-Sistani fürchtete zu diesem Zeitpunkt Paul Bremers Manipulation zur Verhinderung seines schiitischen Wahlsieges. Der hohe Geistliche, der über Verbindungen zu den Ayatollahs des Iran verfügt, kannte die Chronologie der Verstimmungen und Konflikte, die jede Normalisierung der Beziehungen zwischen den iranischen Schiiten und der US-Administration verhindert hatten. As-Sistani ist überzeugt, daß sich die Abneigung der amerikanischen Politiker und Diplomaten gegen die Schiiten insgesamt ohne Einschränkung im Irak auswirkt.

As-Sistani hatte bereits eine Erfahrung gemacht, die ihn in seiner Überzeugung bestärkt: Der US-Zivilverwalter hatte im März 2004 die Redaktion und Druckerei einer Zeitung schließen lassen, die in schiitischem Besitz war – die Redakteure dieses Blattes standen Moqtada as-Sadr nahe und ihre Artikel verbargen die Abneigung gegen die USA nicht. Paul Bremer, der sich Übersetzungen dieser Artikel vorlegen hatte lassen, ärgerte sich über deren Tendenz. Nach seiner Meinung gefährdeten diese Texte das Leben amerikanischer Soldaten im Zweistromland. Mit diesem Argument wurde das Blatt verboten.

Sofort wurde der US-Zivilverwaltung vorgeworfen, sie respektiere die Pressefreiheit nicht, die doch zur Selbstverständlichkeit der amerikanischen Demokratie gehöre. Dieser Akt der Unterdrückung demokratischer Grundrechte schreckte viele intelligente Iraker davor ab, sich von Amerikanern in die Zukunft geleiten zu lassen. Moqtada as-Sadr fiel es fortan leicht, Propaganda gegen die amerikanische Besatzungsmacht zu verkünden. Besonders die Schiiten waren der Meinung, das Verbot der Zeitung zeige, daß der noch junge Träger des »schwarzen Turban« von den Amerikanern als Gegner ernstgenommen werde.

Verfahren gegen Saddam: Anklage wegen Unterdrückung der Schiiten

Denjenigen, die bei der Anhörung der Angeklagten anwesend waren, bot sich ein gespenstisches Bild: Es war, als ob das Baath-Regime keine Niederlage erlitten hätte. Saddam war das Zentrum der Anhörung. Zehn weitere Beklagte bildeten den Hofstaat – sie redeten sich untereinander mit den Titeln an, die ihnen Saddam Hussein vormals verliehen hatte. Da wurde vom Stellvertretenden Ministerpräsidenten gesprochen – gemeint war Tariq Aziz. Mit General tituliert wurde Ali Hassan al-Majid, der in Amerika wohl zutreffend als »Chemical-Ali« bezeichnet wird – ihm wird die Schuld gegeben an der Tötung Tausender von Kurden mit chemischen Kampfstoffen.

Mit Erstaunen wurde zur Kenntnis genommen, daß der Richter den Hauptbeklagten überaus sanft behandelte. Da entstand der Eindruck, Saddam sei als »Exzellenz« bezeichnet worden; und Saddam habe den Richter mit »Euer Ehren« angesprochen.

Nach seiner Person befragt, antwortete Saddam klar und deutlich: »Ich bin Saddam Hussein, der Präsident des Irak.« Er wiederholte diese Aussage. In diesem Augenblick entstand im Gerichtssaal und vor den Bildschirmen im Land der Eindruck, der Gefangene beherrsche die Situation. Er stellte die Legitimität des Gerichts in Frage. Dann sagte er: »Was hier geschieht ist eine Theaterkomödie, inszeniert von Bush, diesem Verbrecher, der damit die Wahlen gewinnen will!«

Am 1. Juli 2004 begann mit dieser Anhörung das Verfahren gegen den Ex-Diktator, das erst im Jahr 2005 ernsthaft geführt werden soll. Das Vorspiel von Anfang Juli 2004 löste in der irakischen Bevölkerung unterschiedliche Reaktionen aus. Wer zu den von Saddam Verfolgten zählt, empfand Genugtuung. Vielfach war zu hören: »Für den Irak wird ein Heilungsprozeß eingeleitet, der zur Überwindung des Saddam-Regimes führt.« Von Frauen war zu hören: »Es demütigt uns, sehen zu müssen, wie unser Präsident in Ketten vorgeführt wird.« In ausgesprochenen Sunnitengegenden war Stolz zu registrieren, daß sich der Präsident nicht unterwürfig gezeigt habe.

Im Süden des Irak dagegen, in der Gegend von Basra, in schiitischen Landstrichen, artikulierte sich der Zorn der Menschen: »Was soll dieser Prozeß? Saddam gehört für sein ganzes Leben in einen Käfig aus Eisen gesteckt – und jeder sollte ihn bespucken dürfen!«

Eine Tatsache an jenem 1. Juli 2004 löste allerdings in der Region von Basra Befriedigung aus: Der Richter hob in seiner ersten Zusammenfassung der Anklagepunkte die Unterdrückung der Schiiten durch den Ex-Diktator hervor: »Er hat Hunderttausende unseres Glaubens ausgehungert, ausraubt, gefoltert. Er ist schuld, daß wir Schiiten gelitten haben!«

In der Schiitenstadt Basra wünschen sich die Bewohner, daß im kommenden Prozeß hauptsächlich der Anklagepunkt »Unterdrückung der Schiiten« behandelt wird. Dazu zählt auch die Austrocknung der Sümpfe des Schiitenlands bei Basra. Diese Austrocknung wird weniger als ökologisches Vergehen gesehen, sondern als unmenschliches Verbrechen gegen die Stämme des Südens. Unter den »Sumpfarabern« wächst deutlich ein Selbstbewußtsein. Die Geistlichen – viele sind Träger des »schwarzen Turban« und betonen damit ihre Abstammung von Ali Ibn Abu Talib, dem Schwiegersohn des Propheten Mohammed (600 bis 661 n. Chr.) – stehen nach ihrer Rückkehr in die Sümpfe mehr und mehr unter dem Einfluß der Turbanträger des Iran. Sie laden sehr geschickt die Widerstandskraft der Schiiten gegen den Westen auf.

Lange verharmlost: Die Rolle der iranischen Turbanträger nach der Jahrtausendwende

Abu Musab al-Zarqawi ist eine Schlüsselfigur, wenn man den irakischen Widerstand gegen die USA analysiert. Sein Äußeres ist unauffällig: schmächtig, dünner Bart an den Backen und auf der Oberlippe; stechende Augen unter buschigen Augenbrauen. Eindringlich soll seine Stimme sein – eloquent seine Sprache. Sein Alter: 38 Jahre. Abu Musab al-Zarqawi gehört zu den Beduinenstämmen um die Stadt Zerqa. Er stammt aus Jordanien und ist aufgewachsen in einer Zeit der Kriege und Bürgerkriege im Westen und Osten des Jordan.

Im Jahr 1967 besetzte die israelische Armee das jordanische Gebiet westlich des Jordanflusses. Das haschemitische Königreich, das von Hussein mehr oder weniger dominiert wurde, geriet in den Strudel des »Bürgerkriegs« in Jordanien, der ein Konflikt war zwischen palästinensischen Familien und den Beduinenstämmen. Der Beduine Al-Zarqawi stellte sich als junger Mensch auf die Seite der Palästinenser. Der Grund: Er hatte erlebt, daß sich der König und die Sheikhs der Beduinen von Israel und von den USA beeinflussen ließen – mit dem Resultat: Die Palästinenser waren die Entrechteten.

Al-Zarqawi sah, wie der Staat Israel mit Unterstützung der US-Amerikaner den Nahen Osten unter seine Kontrolle bekam. Der junge Mann erkannte, daß keine Hoffnung bestand, auf eine Wende der Situation zu Gunsten der Unterdrückten: Israel und die USA schienen unschlagbar zu sein.

Doch da gab es einen Hoffnungsstrahl: Im Jahr 1973 wandelte sich Afghanistan von einer Monarchie, die vom Westen abhängig war, in eine Republik, die von einem Revolutionsrat geleitet wurde, der das Land vom Westen trennte. Wesentlich war, daß Afghanistan ein islamisches Land blieb. Die Bevölkerung lehnte die Eingliederung Afghanistans in den sowjetischen Machtbereich ab – sie wollte nicht beherrscht werden von »ungläubigen Marxisten«. Die Moslems standen auf gegen die Fremden, die nicht glaubten, daß Allah die Welt beherrschte.

Dieses offenbar bedingungslos islamische Land Afghanistan war – so glaubte Musab al-Zarqawi – seine geistige Heimat. Dort lernte er, im Kampf gegen die »ungläubigen Sowjets«, das Handwerk des terroristischen Kampfes. Es dauerte nicht lange und Al-Zarqawi galt als Fachmann im Konflikt mit den Ungläubigen. Er bot solchen Gruppierungen seine Dienste an, die den Kampf gegen die Andersgläubigen führen wollten.

Es soll im Frühjahr 2003 gewesen sein, zum Zeitpunkt der amerikanischen Invasion im Irak, daß Al-Zarqawi einer Einladung nach Teheran folgte. Dort wurde er vertraut gemacht mit der Lehre der im Iran herrschenden Geistlichen, deren Hauptanliegen die Bewahrung der »islamischen Identität« ist. Ihr Vordenker ist Dr. Rashid Jalandhari, der Begründer der »International Academy of Quran«, der sagt:

»Das Fundament unseres Glaubens und seine ethischen Grundsätze sind zerstört worden unter dem Einfluß der westlichen Kultur. Die Säulen des Glaubens sind in Gefahr, in den meisten islamischen Gesellschaften zu zerbrechen. Das Problem ist alt: Es begann in Andalusien, daß die Christen über die islamische Welt herfielen. Sie nützten aus, daß die Moslems schwach waren. Die Christen vernichteten uns damals in Europa. Dann aber geschah es, daß die Gedankenwelt der Renaissance die Menschen in Europa beeinflußte. Diese Bewegung ist als anti-religiös zu bezeichnen. Dies nutzten die Juden aus: Sie unterminierten den christlichen Glauben. Die christliche Religion wurde schwächer und schwächer in Europa. Die Regime waren schließlich nur noch weltlich orientiert. Sie besaßen und besitzen keine ethischen Werte mehr; sie begannen die islamische Welt zu attackieren.

Viele unserer Länder wurden damals Kolonien der sogenannten christlichen Welt. Dank ihrer besseren Waffen hatten sie uns besiegt. In den Kolonien ernannten sie unterwürfige Gestalten zu Regierenden. Diese Verräter bekamen die Aufgabe, die Traditionen ihrer Länder zu zerstören und damit unsere ureigene Kultur – der Westen hat ihren Platz eingenommen

Dies war eine satanische Verschwörung. Westliches Denken und westliche Sitten sind in unsere Gemeinschaft eingedrungen.

Die Spuren des Westens sind in jedem islamischen Haus zu finden. Der Lebensstil, der in jedem islamischen Heim zu erkennen ist, hat seine Wurzeln in der korrupten westlichen Kultur. Dies bedeutet, daß die Lebensart des Westens die Hirne und Herzen der meisten Moslems eingefangen hat.

Diese westliche Lebensart beherrscht den größten Teil der Welt. Bei genauer Betrachtung müssen wir feststellen, daß selbst diejenigen, die als gläubige Moslems gelten, nicht frei sind von Spuren westlicher Lebensart. Dieses Phänomen ist vor allem daran zu erkennen, wie wir uns unbeobachtet in unseren Wohnung benehmen. Dies bedeutet, daß unsere islamische Identität vom allmählichen Aussterben bedroht ist.«

Wie Dr. Rashid Jalandhari weiter ausführt, gibt es zwei weitere Gefahrenherde:

»Die wirtschaftliche Unabhängigkeit der islamischen Länder ist bedroht durch die Weltbank und durch den International Monetary Fund. Die beiden Institute sind den Weisungen der Supermärkte unterworfen, die wiederum die islamischen Staaten kontrollieren wollen. Dies geschieht durch Vernetzungen, die sie ›Development Plan‹ nennen. Darin sind alle Länder, die wirtschaftlichen Ehrgeiz besitzen, einbezogen; sie sind gefangen – entkommen können sie nicht mehr. Die ärmeren arabischen Staaten stellen Bodenschätze und Arbeitskräfte zur Verfügung. Das Management aber und die Wirtschaftsplanung wird durch den ›Development Plan‹ bestimmt, der aber ist durch Juden festgelegt. Sie kassieren den Gewinn ein. Mit anderen Worten gesagt: Die Zionisten sahnen ab, was von islamischen Ländern erarbeitet wird. Dies geschieht unter dem Deckmantel der ›wirtschaftlichen Entwicklungspläne‹. Die Betrogenen sind die islamischen Länder.«

Dr. Rashid Jalandhari vertritt den Standpunkt, allein die islamische Familie könne der westlichen Kultur-Aggression Widerstand leisten. Eine Gefahr sieht er in den Bemühungen der UN-Organisationen, in der islamischen Welt Geburtenbeschränkung durchzusetzen:

»Die westlich beherrschten Organisationen haben sich vorgenommen, unsere Frauen aus den Familien zu locken mit dem Versprechen, Unabhängigkeit von der Familie mache sie glücklich. Daß die Frauen in die Familien eingebaut bleiben, das ist bis heute unsere Stärke. Darauf können wir unseren Widerstand gegen den Westen aufbauen.«

Instrumente des kulturellen Angriffs auf die islamische Welt, so Dr. Jalandhari, seien global strahlende Fernsehsender wie BBC und CNN. Gegen diese »satanischen Werkzeuge« des Westens müsse vorgegangen werden – durch striktes Verbot des Empfangs der Satellitenprogramme überhaupt. Diese Satellitenprogramme werden im Zusammenhang mit der bereits stattfindenden Konfrontation zwischen der westlichen und der islamischen Welt gesehen. Dr. Jalandhari sieht sehr wohl die Problematik dieser Auseinandersetzung: »Unsere eigenen Fernsehprogramme sollten attraktiver sein.« Wie dies geschehen könnte, weiß er allerdings auch nicht.

Mit solchen Gedankengängen des »islamischen Philosophen« Dr. Jalandhari ist der aus Jordanien stammende Abu Musab al-Zarqawi in Teheran konfrontiert worden. Der zum terroristischen Kampf bereite junge Mann erkannte manche der Ideen als Bestätigung eigener Erfahrungen und Erlebnisse. Die Gegner seines Kampfes waren klar definiert: die Zionisten und der Westen insgesamt.

Zarqawi sammelte in Teheran Gleichaltrige um sich. Der Gruppe gab er den Namen »Al-Tawhid«. Das Wort bedeutet »Einheit« – gemeint ist die Einheit, die Allah (Gott) darstellt. Einheit im Gegensatz zur »Dreifaltigkeit« des christlichen Gottesbilds. Bemerkenswert ist, daß die Schrift, in der Dr. Rashid Jalandhari seine Gedanken in Teheran publiziert, ebenfalls »Al-Tawhid« heißt. Untertitel: Quarterly Journal of Islamic Thought and Culture. Deutlich wird das Bekenntnis der islamischen Kampfgruppe »Al-Tawhid« zu Glaubensprinzipien, die in Teheran gepflegt werden.

Mit Zustimmung der Träger des »schwarzen Turban« in der iranischen Hauptstadt begab sich Al-Zarqawi nach Baghdad. Seine Gruppierung »Al-Tawhid« folgte ihm.

Das »Time Magazine« vom 5. Juli 2004 zitiert Äußerungen amerikanischer Terrorismus-Spezialisten, die sich mit Al-Zarqawi befaßt haben: »Er erweist sich als Fachmann für die Koordination von Selbstmordanschlägen.« Die Amerikaner äußern sich sogar lobend über seine Effektivität: »Er versteht das Geschäft! Er benimmt sich weniger als Guerillakommandeur. Er ist eher der Chef eines Haufens von Mafiosi. Er steuert die Strategie der Anschläge.« Seine

Steuerungszentrale, so meinen die US-Spezialisten, befinde sich in Fallujah.

Die Selbstmordanschläge, die ihm zugeschrieben werden, führten rasch dazu, daß er von amerikanischen Truppenkommandeuren und Geheimdienstspezialisten als effektivster Feind eingestuft wird. Washington hat eine Belohnung von 25 Millionen Dollar für seine Ergreifung ausgesetzt.

Dem von den Ayatollahs des Iran beeinflußten Feind der Amerikaner wurden Fähigkeiten zugesprochen, die im bewaffneten Konflikt zwischen »Moslems und den Ungläubigen des Westen« nicht in Erscheinung getreten waren: Abu Musab al-Zarqawi konnte junge Männer allein durch seine Persönlichkeit faszinieren – vom Willen Allahs sprach er nur wenig. Er vermied auch von der Klassifizierung der Gläubigen in Schiiten und Sunniten zu reden. Einer, der ihn genau kennt, meint: »Von was er geredet hat, weiß nachher niemand – doch jeder ist überzeugt, daß er recht hat.«

Für die amerikanischen Beobachter mit Geheimdienstschulung ist es unklar, wer eigentlich zu den Anhängern des Jordaniers zählt. Wenige sollen aus dem Irak stammen. Sicher scheint zu sein, daß die maßgeblichen Unterkommandeure alle aus Iran, Syrien und Saudi-Arabien ins Zweistromland gekommen sind. Manche, die Einblick haben in die Struktur der Gruppe »Al-Tawhid« glauben, festgestellt zu haben, daß Mißtrauen herrscht zwischen den Irakern und den »Fremden«. Der Grund dafür ist wohl in der unterschiedlichen Zielsetzung zu suchen: Die Iraker wollen die Ungläubigen aus dem Irak vertreiben – die »Fremden«, vor allem die Moslems aus Saudi-Arabien und Iran, wollen den gesamten Raum des Nahen Ostens freimachen von den Ungläubigen aus dem Westen.

Hatte sich Abu Musab al-Zarqawi zunächst zurückgehalten in Glaubensfragen, so sind im Verlauf der Zeit Verschiebungen bemerkbar geworden. Die Ursache ist in finanziellen Schwierigkeiten zu finden. Noch bis zum Herbst des Jahres 2004 konnten die Organisatoren, die gegen die Besatzungsmacht kämpften, mit der Bereitstellung von Waffen und Munition aus den versteckten Arsenalen der einstigen Republikanischen Garde und der aufgelösten Armee rechnen. Dann aber versiegten diese Quellen. Fortan mußten Waffen gekauft werden. Rocket Propelled Grenades und Kalaschnikow-Maschinenpistolen wurden in großer Zahl von fernöstlichen Lieferanten angeboten, doch die Ware mußte bezahlt werden. Als Geldgeber standen Iran und Saudi-Arabien bereit, die aber verlangten jeweils Bekenntnisse zu bestimmten islamischen Glaubensausprägungen. Saudi-Arabien gab nur Geld, wenn die königliche Familie der Meinung war, der Geldempfänger denke »wahhabitisch«. Die Träger der »schwarzen Turbane« in Teheran verlangen schiitische Ausrichtung.

Der Jordanier Abu Musab al-Zarqawi lehnte den wahhabitischen Fanatismus ab – die Jordanier hatten in der Geschichte durchweg schlechte Erfahrungen mit dem regierenden Haus As-Saud gemacht. Mehr Sympathie empfindet Al-Zarqawi für die Turbanträger in Iran. Deshalb fand er seine wesentlichen Geldgeber in Teheran.

Die Finanzierung aus Iran reichte Mitte Juli 2004 aus, um eine neue Waffentechnik in der Auseinandersetzung mit den Amerikanern zu entwickeln. Hauptmann Philip Ludvigson, zuständig für die Aufspürung von Sprengstoff in der Region Nordirak, meint: »Sie verbessern ihre Technik ständig; sie finden immer neue Methoden, uns umzubringen. Wir rennen hinterher um Gegenmittel zu finden.« Mitte Juli 2004 bringen die Kämpfer der Organisation »Al-Tawhid« Sprengkörper zum Einsatz, die am Rand vielbefahrener Straßen versteckt und die durch Fernzündung zur Explosion gebracht werden.

»International Herald Tribune« zitierte am 17. Juli 2004 einen amerikanischen Offizier, der sein Erstaunen über die Waffenentwicklung nicht verbergen konnte: »Der Intelligenzstandard eines Irakers reicht nicht aus, um derartige Sprengkörper zu entwickeln und zu bauen. Selbst ich hätte nicht die Fähigkeit und das Wissen dazu. Diese Waffe ist intelligent gebaut. Irgendwo muß ein Gehirn sitzen, das die Sprengkörper baut. Ein Gehirn hat sich dies alles ausgedacht.«

Die Suche nach diesem »Gehirn« blieb ergebnislos. Es gelang den Suchtrupps der US-Truppen zwar immer wieder, die elektronische Fernzündung einer Bombe zu verhindern – wobei die Methode geheimgehalten wird –, doch ein Durchbruch in der Abwehr dieser intelligenten »improvised explosive devices« wurde nicht erreicht.

Am 18. Juli 2004 sahen die amerikanischen Kommandeure nur noch einen Weg, den unheimlichen Gegner am Handeln zu hindern: Die Zentrale des Widerstands in Fallujah mußte massiv angegriffen werden. Ein »air strike« sollte erfolgen. Die Frage war allerdings: Wer übernimmt die Verantwortung dafür? Seit der US-Zivilverwalter Paul Bremer das Land verlassen hatte, lag die oberste Autorität – wenigstens im völkerrechtlichen Sinne – in der Hand der eben eingesetzten irakischen Regierung. Sie mußte den Angriff befehlen. Nachdem die Attacke erfolgt war, konnte sich Richard Armitage, der US-Deputy Secretary of State, der sich gerade in Baghdad aufhielt, zufrieden zurücklehnen und mitteilen: »Da ist ein ganz wichtiger Punkt. Wir haben nicht von uns aus angegriffen.« Der Luftangriff hatte um 2 Uhr in der Frühe begonnen. Die amtliche Mitteilung der US-Truppen vom Spätnachmittag des 18. Juli 2004 schilderte Verlauf und Resultat des Angriffs so: »Beschossen und zerstört wurden Kampfstellungen des Feindes und Schützengräben, die nahe bei den Trümmern eines Hauses verlaufen. Zerstört wurde auch der Checkpoint, den foreign fighters bemannt haben.«

Der Leiter des Krankenhauses von Fallujah gab die Zahl der Toten mit zwölf an – es handle sich vor allem um Frauen und Kinder.

Analytiker der Geheimdienste der USA und der Iraker waren der Meinung gewesen, Abu Musab al-Zarqawi habe sich in jenem Gebäudekomplex befunden, der das Ziel des Luftangriffs gewesen war. Doch der Gesuchte zeigte sich bald darauf im Fernsehprogramm des Senders Al-Jazira – ohne auch nur auf den Luftangriff einzugehen.

Iyad Allawi beugt sich Moqtada as-Sadr

Die Überraschung ereignete sich am 18. Juli 2004: Iyad Allawi, der Ministerpräsident der irakischen Regierung, hob das Verbot der schiitischen Wochenzeitung auf. Der Träger des »schwarzen Turban« verfügte damit wieder über sein Sprachrohr, das im März vom US-Zivilverwalter Paul Bremer verboten worden war, mit der Begründung, die Wochenzeitung rufe zur Gewalt gegen die amerikanischen Truppen auf. Der Ministerpräsident hielt dieses Argument nicht mehr für zugkräftig – der Zivilverwalter habe damals im März übertrieben. Paul Bremer sei jetzt nicht mehr zuständig, er habe schließlich das Land verlassen.

Moqtada as-Sadr ließ mitteilen, er schätze die Geste des Ministerpräsidenten.

Der Tag der Aufhebung des Verbots war mit Absicht gewählt: Zu diesem Zeitpunkt zeichnete sich eine Verlagerung des Feindbilds der US-Regierung ab: Iran, die geistige Heimat der Träger des »schwarzen Turban« rückte ins Visier der Regierung in Washington.

Iyad Allawi, der diplomatisch zu denken begann, sah guten Grund, ein positives Zeichen gegenüber den Schiiten – und gegenüber Teheran – zu setzen.

Die Erinnerung an die »Achse des Bösen« erwacht wieder

Der Schwerpunkt der »Achse des Bösen« verlagerte sich von Baghdad nach Teheran. »Wir stehen am Anfang eines veritablen Sturms«, sagte Timothy I. Roemer, ein Mitglied der Kommission zur Untersuchung der Vorgeschichte des 11. September 2001, Mitte Juli des Jahres 2004. Seine Voraussage lautet, daß der US-Kongreß und die Regierung in Washington ernsthafte Konsequenzen ziehen müßten in der Bewertung geheimdienstlicher Erkenntnisse. Die Fehler, die vor dem Anschlag auf die Twin Towers des World Trade Centers begangen wurden, seien beachtlich gewesen. Der Untersuchungsausschuß stellte fest, daß sich zu diesem Zeitpunkt bereits die Aufmerksamkeit der US-Geheimdienste auf den Irak konzentriert hatten, aber daß Aktionen geflissentlich übersehen worden waren, die von der hohen Geistlichkeit in Teheran eingefädelt wurden.

Zwischen Oktober des Jahres 2000 und März 2002 bekamen die iranischen Grenzbehörden die Anweisung, Mitgliedern der Organisation Al-Qaida die Ein- und Ausreise zu erleichtern. Zum Beispiel sollten Pässe nicht gestempelt werden. Sicher ist, daß die Identität des betreffenden Personenkreises den Behörden der islamischen Republik bekannt war. Es handelte sich um zehn Al-Qaida-Mitglieder aus Saudi-Arabien, denen die Passage der Grenze nach und von Afghanistan erleichtert wurde. Angenommen wird, daß die meisten von ihnen seit dem 11. September 2001 tot sind.

Daß die Pässe der Betreffenden nicht mit iranischen Stempeln gekennzeichnet waren, hatte zur Folge, daß sie bei der Einreise in die USA nicht in Verdacht gerieten. Die US-Behörden nehmen an, die Pässe hätten auch keine afghanischen Sichtvermerke gehabt. Unklarheit herrscht darüber, wie das geschehen konnte.

Die Untersuchungskommission zur Vorgeschichte des 11. September weist ausdrücklich darauf hin, einen Beweis dafür, daß die Träger des »schwarzen Turban« in Teheran vom Vorhaben der Organisation Al-Qaida vom Anschlag auf die Twin Towers des World Trade Centers gewußt haben, gebe es nicht.

Seit der Vorlage dieses Berichts wird der Iran wieder mit Argwohn beobachtet. Sorge weckt die Erkenntnis, daß der Sohn des Osama Bin Laden, Saad, zusammen mit Saif al-Adel, dem Sicherheitschef von Al-Qaida, in Teheran lebe. Im Sommer 2004 befürchten die US-Geheimdienste, noch vor der entscheidenden Präsidentschaftswahl in Amerika im November könne der Iran als der jetzt stärkste Teil der »Achse des Bösen« aktiv werden.

Unbemerkt: Saddam selbst beschritt den Weg zum Gottesstaat Irak

Die Überraschung enthüllte der einstige UN-Waffeninspektor Scott Ritter, der sich von 1991 bis 1998 im Irak befunden hatte. Ritter weiß, was damals im Land an Euphrat und Tigris geschah. Unter der Überschrift »Saddam's people are winning the war« gibt er am 23. Juli 2004 in der »International Herald Tribune« sein Wissen preis.

Eine wichtige Erkenntnis: Saddam Hussein hatte angeordnet, daß sämtliche höheren Ränge von Partei und Armee dazu verpflichtet würden, den Koran zu studieren und sich an den Korantext zu halten. Die Auswirkung bis heute: Der islamische Widerstand gegen die Präsenz der Amerikaner wird geleitet von Izzat Ibrahim ad-Duri, dem einstigen irakischen Vizepräsidenten, der unter Saddam Hussein zum aktiven Moslem geworden war.

Scott Ritter räumt auf mit der Vorstellung, der Diktator habe sich leiten lassen von Doktrinen der Baath-Partei. Saddam Hussein hatte den Baath-Sozialismus aufgegeben, als er spürte, daß in der irakischen Bevölkerung islamische Strömungen übermächtig wurden.

Den entscheidenden Schritt in Richtung Gottesstaat Irak habe Saddam Hussein vollzogen mit dem Befehl, in die irakische Flagge seien die Worte einzufügen: »Allahu Akbar!« – »Allah steht über allem!« Damit war Allah zur obersten Autorität im Irak bestimmt.

»Ihr wolltet den Kreuzzug haben. Jetzt handeln wir!«

Als Drohung empfinden irakische Christen solche Worte, die ihnen ins Gesicht geschleudert werden. Zu deutlich hatten christliche Familien im Frühjahr 2003 ihre Freude gezeigt über das Eintreffen der amerikanischen Besatzungstruppen in Städten und Dörfern an Euphrat und Tigris. Sie waren bereit, mit der US-Armee zusammenzuarbeiten – in der Hoffnung, die Gefahr der schiitischen Vorherrschaft im Land sei für immer beendet. Die Freude von damals rächte sich jetzt: Seit Frühjahr 2004 werden die Christen beschimpft und belästigt, als Freunde und Verbündete der Amerikaner bedroht. Daß die Drohungen gegen die Christen ernste Konsequenzen haben können, zeigte sich am Sonntag, den 1. August 2004. Am frühen Morgen, unmittelbar nach Beginn der Frühmesse, detonierten zwei Sprengkörper vor der katholischen Kirche im Baghdader Vorort Karada. Einer der Gottesdienstbesucher war sofort tot, 55 Frauen und Männer wurden verletzt.

Auf diese Detonation folgten weitere vor christlichen Gebäuden in Baghdad und in Mosul. Die Zahl der Opfer verdoppelte sich bis zum Abend jenes Sonntags. Das letzte Ziel dieses Tages war eine Kirche der armenischen Glaubensrichtung. Die Detonation fand während des Abendgottesdienstes statt.

Drei Prozent der 24 Millionen Iraker sind Christen. Sie gehören verschiedenen Gruppierungen an: Sie nennen sich Syrisch-Orthodoxe, Assyrisch-Orthodoxe, Chaldäische Katholiken. Die Gemeindemitglieder sind meist wohlhabende Händler und Handwerker. Viele von ihnen verlassen nach den Anschlägen auf die Kirchen ihre Heimatorte, sie fliehen nach Syrien. Manche berichten, sie seien überfallen worden und hätten in Angst und Schrecken ihr Leben retten können. In das Land wollen sie nicht mehr zurückkehren.

»Kampf den Lästerern Allahs!«

Fünf Tage nach den Anschlägen auf die Kirchen sprach Moqtada as-Sadr, der aktivste und aggressivste unter den Trägern des »schwarzen Turban«, in An Nadschaf diesen Aufruf aus. Zwei Monate lang hatte er geschwiegen, um Zeit zu gewinnen. Er hatte sogar die Milizionäre seiner »Mahdi-Armee« nach Hause geschickt, damit sie Kraft schöpfen und um sich neu zu organisieren. Jetzt aber wurden die Männer wieder mobilisiert. Treffpunkt waren die heiligen Stätten Kerbela, An Nadschaf und der Baghdader Stadtteil Sadr City.

Sheikh Sa'ad al-Basri, der örtliche Kommandeur der »Mahdi-Armee« in Basra, erklärte den britischen Truppen am Shatt el-Arab den »Heiligen Krieg«. Auf seine Anordnung griffen schiitische Milizionäre den britischen Posten an der Al-Gama-Brücke im Nordteil von Basra an. Am Ende des Gefechts, das 15 Minuten dauerte, waren drei Kämpfer des Sheikhs tot. Die Verluste bringen Moqtada as-Sadr von seiner Zielsetzung nicht ab: »Feind ist, wer Allah lästert! Der Feind muß getötet werden.« Er meinte die Amerikaner und deren Verbündete – auch die Christen des Irak. Vor allem aber soll der provisorischen Regierung des Irak durch Widerstand der Boden der politischen Wirksamkeit entzogen werden. Der Träger des »schwarzen Turban« will, daß sich aus dem Chaos die Kraft Allahs als Ordnungsmacht stabilisiert. Mit Hilfe der Imame Ali Ibn Abu Talib (ermordet 661 n. Chr.) und Husain Ibn Ali (gestorben 680) soll dies geschehen.

Der schiitische Grundsatz gilt auch für die Zukunft: »Die Autorität im Staat geht nicht vom Volke aus – sondern allein von Allah!«

Die List der »schwarzen Turbane«

Wer um den 10. August 2004 den Schlagworten der Kommandeure an der Front von An Nadschaf glaubte, der mußte damit rechnen, daß eine Entscheidungsschlacht mit hohen Opferzahlen bevorstand. Der Befehlshaber der US-Marineinfanteristen, die den Zugang zur Altstadt an der Straße, die vom Euphrat her verlief, abriegelten, gab seinen Männern diese Parole aus: »Wir sind entschlossen, diesen Kampf zu Ende zu bringen. Moqtada as-Sadr hat ihn begonnen.«

In der belagerten Altstadt von An Nadschaf in der Moschee des ersten Imam Ali, gab Moqtada as-Sadr das feierliche Versprechen ab, den Kampf nicht aufzugeben, »bis mein letzter Tropfen Blut vergossen ist.«

Die Kämpfer der »Mahdi-Armee« glaubten diesem Versprechen. Zum Beweis, daß es ihm ernst sei, zeigte As-Sadr den Verband an der rechten Hand – die Verwundung sei ihm durch ein amerikanisches Geschoß zugefügt worden.

Anfang August 2004 zitierte »International Herald Tribune« Condoleezza Rice, die Sicherheitsberaterin des US-Präsidenten, mit den Worten: »Ich bin überzeugt, dass wir As-Sadr nie mehr trauen können!« Der Iraker Iyad Allawi, der Ministerpräsident der amtierenden Regierung in Baghdad, folgte der Direktive aus Washington: »Es wird mit As-Sadr keine Verhandlungen mehr geben – und keinen Waffenstillstand!« Doch Allawis Glaubwürdigkeit schwand von Tag zu Tag, mit jedem Ultimatum an die »Armee des Mahdi« und mit jeder Ankündigung, die Frist für As-Sadr werde bald verstrichen sein, die ihm zur Kapitulation beleibe.

Die Fortschritte der US-Armee im Vorfeld des Ali-Heiligtums gaben dem Ministerpräsidenten recht. In hartem Straßenkampf näherten sich die Soldaten der Moschee des ersten Imam. Der Abstand betrug schließlich noch 300 Meter.

3000 Marineinfateristen befanden sich im Einsatz. Die Zahl ihrer Gegner sollen noch gleich hoch gewesen sein. Doch die Amerikaner besaßen Waffen, denen die Mahdi-Kämpfer nichts Gleichwertiges entgegenzusetzen hatten. Die Angreifer setzten Panzer, Artillerie und Kampfhubschrauber ein. Sie wurden allerdings durch ein Problem behindert: Die US-Soldaten hatten strikte Anweisung, die Moschee des Ali nicht zu beschädigen. Zu befürchten war, daß ein Treffer im Bereich des Ali-Grabs die Emotionen der Schiiten völlig außer Kontrolle geraten ließ. Die Amerikaner, die seit den Vorfällen im Gefängnis Abu Ghoraib beschuldigt wurden, ganz offensichtlich Feinde des Islam zu sein, hätten erneut einen Beweis geliefert, im Krieg gegen die Gläubigen der wahren Religion und deren Wahrzeichen zu stehen.

Als sich die Situation zuspitzte, am 12. August, schwiegen unvermittelt die Waffen. Der amtierende Ministerpräsident Iyad Allawi, der zuvor verkündet hatte, es werde keine Verhandlungen und keinen Waffenstillstand mehr geben, hatte seine Meinung geändert. Und Moqtada as-Sadr sprach nicht mehr davon, er sei bereit, seinen »letzten Tropfen Blut« zu vergießen. Er und Allawi zeigten sich entschlossen, zu verhandeln. Ein US-Hubschrauber flog eine Verhandlungsdelegation von Baghdad nach An Nadschaf.

As-Sadr war allerdings nicht selbst zum Gespräch bereit. Er fühlte sich in starker Position gegenüber den »Knechten der Amerikaner«. Er gab seine Bedingungen für eine Beendigung des Kampfes dem Reporter des arabischen Fernsehsenders »Al-Jazira« bekannt.

As-Sadr verlangte den Rücktritt des amtierenden irakischen Ministerpräsidenten Allawi und den sofortigen Rückzug der amerikanischen Streitkräfte aus An Nadschaf. Für seine eigene zukünftige Position stellte er vorläufig keine Forderungen. Klugerweise hielt er sich zurück. Jeder Anspruch hätte derzeit die Machtareale des Großayatollahs verletzt.

Am Abend des 14. August flog die Regierungsdelegation nach Baghdad zurück. Eine Einigung hatte nicht erreicht werden können. Die Regierungsmitglieder lächerlich zu machen, das war das Ziel des Junggeistlichen gewesen – dies ist ihm gelungen.

Die Kämpfe um die Altstadt flammten sofort wieder auf. Ministerpräsident Iyad Allawi stellte erneut ein Ultimatum, das »in wenigen Stunden« ablaufen würde.

Zu diesem Zeitpunkt stellten sich ausländische Beobachter der Situation die Frage: »Warum ist Moqtada as-Sadr der einzige schiitische Geistliche in An Nadschaf, dessen Meinung zu hören ist?

Warum schweigt Großayatollah As-Sistani? Wo befindet er sich überhaupt? Festgestellt wurde, daß er An Nadschaf am 8. August verlassen hatte – drei Tage nach dem erneuten Beginn der Kämpfe nach längerer Pause. Am 5. August hatte die »Mahdi-Armee« einen Polizeiposten in An Nadschaf überfallen. Mit dem Befehl zum Angriff hatte As-Sadr den Konflikt mit der Regierungspolizei und den Amerikanern wieder entzündet. Dem Großayatollah paßte der Zeitpunkt.

Allerdings erhob sich der Verdacht, As-Sistani habe sich durch Flucht vor einer Stellungnahme im aktuellen Konflikt gedrückt. Dieser Verdacht wurde bald entkräftet: As-Sistani hatte durch eine Operation die Blockade einer Arterie beseitigen lassen müssen. Der Großayatollah befand sich in London.

Die Überraschung ereignete sich am 25. August. As-Sistani ließ in London verkünden, er werde am folgenden Tag in An Nadschaf eintreffen. Zu diesem Zeitpunkt befand sich der Großayatollah bereits auf dem Weg vom Flughafen Kuwait nach Basra. Er wußte, wie er Moqtada as-Sadr zum Einlenken bringen konnte. Er ist, als höchster Geistlicher, derjenige, der in der Pilgerstadt über die gewaltigen Beträge der Gelder der Stiftungen verfügen kann. Er verwaltet die Kasse der Spenden, die von den Pilgern an die Moscheebehörde zu entrichten sind. As-Sistani hatte von London aus gedroht, er werde As-Sadr von der Liste der Geldempfänger streichen. Mit dieser Drohung besaß der Großayatollah ein starkes Druckmittel. As-Sadr war für die »Mahdi-Armee« und für seinen eigenen Lebensunterhalt auf die Zahlungen der Moscheeverwaltung angewiesen. As-Sadr hielt es für klug, sich der Autorität zu beugen.

As-Sistani verbürgte sich dafür, daß die Kämpfer der »Mahdi-Armee« unbehelligt das Heiligtum verlassen konnten. Sein Trick: Er rief die Schiiten an Euphrat und Tigris dazu auf, sich in An Nadschaf beim Grab des ersten Imam einzufinden.

Zehntausende der Gläubigen kamen tatsächlich. Sie drängten sich in der Moschee des Ali. Da war eine Stimme aus den Lautsprechern zu hören, über die sonst die Gebetsrufe des Muezzin zu den Gläubigen drangen. Unsicher ist, ob Moqtada as-Sadr selbst diese Worte gesprochen hat:

»Meine Brüder der ›Mahdi-Armee‹. Ich spreche zu euch im Namen Allahs. Legt die Waffen irgendwo nieder. Mischt euch unter die Gläubigen und verlasst mit ihnen zusammen unauffällig die Moschee. Dies ist ein Befehl, dem ihr gehorchen müßt!«

Niemand hielt die Kämpfer auf. Pilger und Kämpfer mischten sich perfekt – schwarz gekleidet waren sie alle. Die US-Soldaten waren bereits dabei, sich vom Heiligtum zurückzuziehen. Diesen Rückzug hatten die Unterhändler des Großayatollah erreicht. Die Souveränität über An Nadschaf lag jetzt in schiitischer Hand.

Außerhalb der Sichtweite der US-Marines jubelten die »Mahdi«-Kämpfer: »Wir sind die Sieger, denn wir haben nicht kapituliert! Niemand hat uns bezwungen!«

Der wahre Sieger aber war der Großayatollah As-Sistani. Die Geistlichen seines Stabs wiesen den Vertrag vor, den As-Sadr unterschrieben hatte. Der letzte Satz lautete: »Ich bin bereit, alle Befehle zu befolgen – in vollem Respekt vor der Autorität!«

Anzunehmen ist, der junge Träger des »schwarzen Turban« weiß, daß dieses Nachgeben für ihn den Aufstieg zu höheren Rängen der schiitischen Geistlichkeit bedeutet.

Bibliographie

Ali Ibn Abu Talib (Imam Ali): Nahjul Balagha (zwei Bände). Sermons, Letters und Sayings. Karachi 1937.

Glibb and Kramers: Shorter Encyclopaedia of Islam. Royal Netherlands Academy, Leiden / London 1961.

Heard-Bey, Frauke: Die arabischen Golfstaaten im Zeichen der Islamischen Republik. Bonn 1983.

Khomeini, Ruholla Ayatollah Al Ozma: Letzte Botschaft. Testament des Führers und Vaters der Islamischen Republik Iran. Teheran 1370 (nach islamischer Zeitrechnung).

Khomeini, Ruholla: Aufruf zum Bekenntnis, daß Gott ungeteilt ist. Teheran (ohne Jahr).

Mackey, Sandra: The Iranians. Persia, Islam and the Soul of a Nation. New York 1996.

Rashid, Ahmed: Jihad. The rise of militant Islam in Central Asia. Yale University 2002.

Rehnema, Sayyed: Iran after the revolution. London 1995.

Simons, Geoff: Targeting Irak. Sanctions and Bombing in US-Policy. London 2002.

Al-Suweidi, Jamal S.: Iran and the Gulf. A Search for Stability. United Arab Emirates 1996.

Tabataba'i, Sayyed Muhammed Husayn: Shi'ite Islam. Columbia University 1975.

Shirin Tahir-Khali (Hrsg.): The Iran–Iraq War. New Weapons, old Conflicts. New York 1983.

Wright, Robin: Die Schiiten. Allahs fanatische Krieger. Spiegel-Buch, 1985.

Ministry of Information: Mesopotamien gestern, Irak heute. Baghdad 1977.

Islamic Thought Foundation: Al-Tawhid. A quarterly Journal of Islamic Thought and Culture (Vierteljahresschrift).

Foreign Affairs. Regelmäßige Publikation, besonders: Juli / August 2003, »After Saddam«.

The Middle East and North Africa Annual Survey. Jahrbücher seit 1981. Europa Publications Limited, London.

Personenregister

Bitte beachten Sie die folgenden Seiten

Van
Vansee
Diyarbakir
Euphrat
TÜRKEI
Urmia
Urmiasee
Aleppo
Mosul
Erbil
SYRIEN
Tigris
Kirkuk
Samarra
Syrische
Wüste
BAGHDAD
Fallujah
IRAK
Tigris
Kut
JORDANIEN
Kerbela
An Nadschaf
Kufa
Euphr
Nasiriya
SAUDI-
ARABIEN
Istanbul
Mosul
Teheran
Meshed
Euphrat
Tigris
Mittelmeer
Baghdad
IRAK
IRAN
Basra
Kuwait
Persischer Golf
SAUDI-ARABIEN
Medina
Mekka
Rotes Meer
Nil
N
0
500 km
Arabisches Meer